JN315044

近世ドイツの刑事訴訟

上口　裕〔訳〕

J. Brunnemann, Tractatus juridicus de inquisitionis processu, 1648

成文堂

一橋大学名誉教授
　　福田　平博士に捧ぐ

訳者はしがき

1 本書は，Johann Brunnemann, *Tractatus juridicus de inquisitionis processu*, 1648（ヨハン・ブルネマン『糺問訴訟法論』，1648年）の全訳及び註解である[1]。

本書に先立つこと13年のベネディクト・カルプツォフ『帝国ザクセン刑事新実務』（初版，1635年）と並び，ドイツ普通法時代の糺問訴訟を代表する著作である[2]。著者ブルネマンはつとに，「カロリーナから今世紀〔＝19世紀〕前半に至るドイツ普通法刑事訴訟史を2章に分かつならば，前半はカルプツォフ及びブルネマンの名をもって，後半は前世紀末及び今世紀初頭の諸立法をもって，その代表とすることができる」と評された刑事法学者である[3]。また本書は，ドイツ領邦国家の中で最も整合的なかたちで糺問訴訟を発展させたブランデンブルク・プロイセンにおける糺問実務に強い影響を与えた点で，ドイツ糺問訴訟史上特別の地位を占める[4]。

本書は，カルプツォフの『刑事新実務』に負うところが少なくなく[5]，糺問訴訟の理論書としてこれを超えるものではないが，ブランデンブルク選帝侯

---

1 著者ヨハン・ブルネマンは，1608年，ブランデンブルク選帝侯領，ケルン・アン・デア・シュプレー（現ベルリン市内）に説教師の子として生まれる。ウィッテンベルク大学で神学及び哲学を学び，1636年フランクフルト・アン・デア・オーデル大学の論理学教授となった。その後，神学を研究し説教活動にも従事した。しかし，体質の弱さが説教師の激務に耐えなかったため，法学研究に向かい，1638年に学位を取得した。1640年フランクフルト大学教授，1664年ブランデンブルク選帝侯顧問官となり，1672年に没した。著書として，本書の他，『訴訟手続適正化及び迅速化論』（1659年），『ユスティニアヌス法典註解』（1663年），『パンデクテン50巻註解』（1670年），『福音書教会及び宗務局慣行から見た教会法論』（1681年。没後刊行）等がある。

ブルネマンの人と著作については，R. v. Stintzing / E. Landsberg, *Geschichte der deutschen Rechtswissenschaft*, 2. Abt., 1884, S. 101 ff.

2 Vgl. F. A. Biener, *Beiträge zur Geschichte des Inquisitionsprozesses*, 1827, S. 118；E. Schmidt, *Einführung in die Geschichte der deutschen Strafrechtspflege*, 3. Aufl., 1965, S. 176.

3 J. Glaser, *Handbuch des deutschen Strafprozesses*, Bd. 1, 1883, S. 92.

4 Schmidt, *a. a. O.*, S. 176；Biener, *a. a. O.*, S. 176.

5 Biener, *a. a. O.*, S. 176.

領刑事手続におけるザインとゾレンを，約250頁という比較的圧縮されたかたちで叙述する著作である（ちなみに，刑事手続を扱うカルプツォフの『刑事新実務』第3部は本書の同型本に組み直して1000頁を下らない大著である）。本書序言に，「刑事事件を扱う者の著しい無知と怠慢とを知り，刑事手続に専心すべき裁判官及び書記のために，諸法学者の著作から若干の規則を選び出し綱要を編むこととしたのである」とある通り，非学識法曹のための執務要領として1648年に刊行された。1704年までに8版を重ね，1737年及び1747年にも版を改めている。この間，1717年にはドイツ語版が刊行された。ドイツ語版を含むその版数が示すように，「明晰かつ具体的な叙述」によって実務に大きな影響を与えたといわれる[6]。

　糺問訴訟は，11世紀のイタリアを中心とする中世都市の成立，12世紀のローマ法復活という政治・社会的な変動を背景として，13世紀のヨーロッパ大陸に新たな犯罪訴追手続として出現した。18世紀後半において，拷問を許容する非人道性を激しく批判され，ヨーロッパ各国での拷問廃止，フランス革命時の糺問訴訟廃止等を経て，衰退に向かった訴訟手続である。糺問訴訟は，ローマ・カノン法，特にイタリア法学において着想され，法制度として完成を見た訴訟手続であるが，拷問，魔女裁判等のイメージと深く結びついていることは周知の通りである。ローマ・カノン法が，「書かれた理性（ratio scripta）」と呼ばれたローマ法及び神法としての聖書に対する註解として成立したという事情に照らすならば，そのローマ・カノン法が生み出した糺問訴訟が，専ら拷問，魔女裁判等の非合理的な思想・制度に尽きるものであったとは考えにくい[7]。確かに，本書においても，拷問，魔女犯罪等が論じられている。しかし他方，著者ブルネマンが実務家に向かって説く糺問訴訟の原理・原則の多くは，現代の刑事訴訟においても妥当する原理・原則である。たとえば，犯人識別手続，誘導尋問の禁止・供述根拠の尋問等を含む詳細な証人尋問の規則，一問一答式の尋問調書作成，伝聞証言に対する警戒，

6　Schmidt, a. a. O., S. 160.
7　W. Trusen, *Der Inquisitionsprozeß—Seine historischen Grundlagen und frühen Formen*, ZRG, Bd., 105, Kan. Abt. 1988, S. 168は，ドイツの一般向け文献のみならず法律家・専門家の間においても，糺問訴訟の歴史的意義が誤解されることは稀ではなく，糺問訴訟が真実発見を目指す点で当初一つの進歩であったことはあまり認識されていないとする。

自白の真実性の検証，共犯者自白への警戒，証拠開示，裁判官が備えるべき徳目及び法的責任等が，360年前に，実務家向けの執務要領の中で詳細に論じられていたことは驚くに値する。

　本書の叙述が示すように，糺問訴訟は，非合理性を孕みつつ，現代にもつながる合理性をあわせ持つ訴訟手続であった。糺問訴訟を理論的に考察する論稿は内外を問わず枚挙にいとまがない。しかし，糺問訴訟の実際，特にその全体像を具体的に示す邦語文献は乏しい。一件記録送付制度の下で学識法曹として鑑定・判決提案に関わった著者が実務家のための執務要領として著した原著の全訳は，このような空隙を埋める資料となろう。17世紀前半に書かれた原著は，今日では，正確に理解することが困難な部分が少なくない（趣旨分明でない箇所も散見される）。脚注はこの点を補足する趣旨である。また，糺問訴訟法学が，どのようにローマ法，カノン法，カール5世刑事裁判令を駆使して形成されたものであるかを示す好個の例として，原著において援用されている法源を訳又は要約のかたちで脚注に示した。

　「解題」において，カール5世刑事裁判令に至るまでのドイツ糺問訴訟史を概観し，カール5世刑事裁判令が本書においてどのように展開されているかを検討した。糺問訴訟史における本書の位置づけを示すものとなれば幸いである。

　なお，邦訳及び註解において至らぬ誤りのあることを恐れる。ご教示を乞う次第である。

2　訳は次のような要領に従った[8]。

(1)　底本として，*Tractatus juridicus de inquisitionis processu*, jam tertia vice in lucem editus et plurimum auctus à Johanne Brunnemanno, Francofurti ad Viadrum, anno M. DC. LXVI（増補第4版，フランクフルト・アン・デア・オーデル，1666年）を用いた。本書初版（1648年）以後に刊行された著作が引用されているのはそのためである。

---

[8] 旧訳として，「ヨハン・ブルネマン『糺問手続法論』(1648年)――邦訳と若干の註解(1)～(8・完)」南山法学9巻1号（1985年）～10巻4号（1987年）がある。改訳にあたっては，訳文及び註解を見直し，また，旧訳では再現した引用文献を省略した。

増補第4版であるが，誤記・誤植と見られる箇所が少なくない。引用上の誤りは，おそらく記憶によって引用したために生じたものと思われる。誤記・誤植は訂正の上邦訳したが，原則として特に注記していない。カルプツォフ『帝国ザクセン刑事新実務』第1巻エーラー訳（注26参照）の前書きは，ラテン語が長い歴史を有しながら語彙が豊富でないため，多義的な語が多く，具体的な文脈における語義が曖昧な場合が少なくないことを指摘している。本書についても同様の印象を受ける。また，ラテン語自体簡潔な表現に適した文体を有し，現代語に翻訳する際には，ある程度補足しなければスムースに読み下すことが容易でない場合が少なくない。亀甲括弧は，訳者による補足である。これに対し，丸括弧は，テキストにおいて用いられた丸括弧を示すほか，イタリックで注として挿入された部分，括弧書きとして邦訳した方が理解しやすい部分を表示するために用いた。

本書には，訳者不詳の独訳版，J. Brunnemann, *Inquisitionsprocess*, 1717がある[9]。ラテン語版にある献辞及び序言を欠く。"Inquisit", "General-Inquisition"等のラテン語系の基本的術語に括弧付きの説明を加えるほかは，原則として直訳である（ただし，冗長と思われる箇所が削除されている場合もある）。適宜参照したが，テキスト理解の上で有益な場合は異同を注記した。

(2) 本書において法源として引用されているのは，主としてローマ法，カノン法及びカール5世刑事裁判令である。ローマ法及びカノン法については，現代のものと異なる当時の引用法を現代の慣用的引用法に改め，法文の訳又は要約を脚注に示した。その際，以下のテキストを用いた。

(i) ローマ法については，

H. Hulot et al., *Corps de droit civil romain en latin et francais*, 14 tomes, 1803-11[10]

引用法は，X. Ochoa et A. Dietz, *Indices titulorum et legum corporis iuris civilis*, 1965 に従った。

---

9 Vgl. Biener, *a. a. O.*, S. 176.
10 羅仏対訳版であるが，訳は逐語的ではない。ドイツ語訳として，K. E. Otto, B. Schilling / K. F. F. Sintenis (Hrsg.), *Das Corpus Iuris Civilis (romani)*, 7 Bde., 1831-1833 があるが，訳は逐語的である。

(ii) カノン法については，

> *Corpus iuris canonici*, editio Lipsiensis secunda, pars prior : *Decretum Magistri Gratiani*, 1879 ; pars secunda : *Decretalium collectiones*, 1881

引用法は，X. Ochoa et A. Dietz, *Indices canonum, titulorum et capitulorum corporis iuris canonici*, 1964 に従った。

(iii) 「カール 5 世皇帝及び神聖ローマ帝国刑事裁判令」（たんに「カール 5 世刑事裁判令」，「カロリーナ」とも呼ばれる）については，原著に引用されたものはそのまま邦訳したほか，脚注において条文を引用する場合は，

> F. -Chr. Schroeder (Hrsg.), *Die Peinliche Gerichtsordnung Kaiser Karls V. und des Heiligen Römischen Reichs von 1532 (Carolina)*, 2000（下線部分は引用略称。以下同じ）

を用いた。引用に際しては，「刑事裁判令」又は「カロリーナ」を用い，括弧内ではローマ法，カノン法の引用にあわせて"CCC"を用いた。

カロリーナの邦訳には，以下の翻訳を参照した。

> 塙浩訳「カルル五世刑事裁判令（カロリーナ）」神戸法学雑誌 18 巻 2 号（1968 年）[11]
>
> J. Gobler, *Imperatoris Caroli Quinti de capitalibus judiciis constitutio*, 1543[12]
>
> J. H. Langbein, *Prosecuting Crime in the Renaissance*, 1974[13]
>
> G. Remus, *Nemesis Karulina*, 1594[14]
>
> F. A. Vogel, *Code criminel de l'Empereur Charles V. vulgairement appellé la Caroline*, 1734[15]

カロリーナの註解には，以下のコンメンタールを参照した。

---

[11] 塙浩『フランス・ドイツ刑事法史』(1992 年) 所収。旧訳では，塙訳を基本として，解釈を異にする場合に試訳を付した。本書では専ら試訳を用いた。
[12] ゴブラー（ドイツの法律家。1504-1567）『カール 5 世皇帝刑事裁判令』。比較的逐語的なラテン訳に簡単な註解を付す。
[13] 手続法を中心とした抄訳である。
[14] レームス（アルトドルフ大学教授。1561-1625）『カロリーナ刑事裁判令』（ちなみに，"Nemesis"はギリシャ神話上の復讐の女神）。意訳的なラテン語訳に簡単な註解を付す。
[15] ヴォーゲル（フランス王国スイス連隊付大判事）『カール 5 世皇帝刑事裁判令――俗称カロリーナ』。フランス王国スイス連隊の軍法としてフランス語訳されたものである。訳は意訳（かつ一部省略）であり，簡単な註解が付されている。

S. F. Boehmer, *Meditationes in constitntionem criminalem Carolinam*, 1770[16]

D. Clasen, *Commentarius in constitutiones criminales Caroli V. Imperatoris*, 1693[17]

J. P. Kress, *Commentatio succincta in constitutionem criminalem Caroli V. Imperatoris*, 1730[18]

(iv) 聖書からの引用章句の邦訳は，日本聖書協会『舊新約聖書』(1981年) を使用した。

(3) ブルネマンがしばしば引用する文献として，ザクセンのカルプツォフ，イタリアのクラールス及びファリナキウス，ネーデルランドのマテウス等の著作があるが，註解には，未見のファリナキウス[19]を除き，次の版を用いた。

B. Carpzov, *Practica nova imperialis saxonica rerum criminalium*, editio quinta, tres partes, 1665（ed. prima, 1635)[20]

J. Clarus, *Sententiarum receptarum liber quintus*, 1568[21]

A. Matthaeus, *De criminibus, commentarius ad lib. XLVII et XLVIII. Dig.*, editio prima Ticinensis, duo tomi, 1803（ed. prima, 1644)[22]

---

16 ベーマー（フランクフルト・アン・デア・オーデル大学教授。1704-1772)『カール5世皇帝刑事裁判令省察』。

17 クラーセン（ヘルムシュタット大学教授。1622-1678)『カール5世皇帝刑事裁判令註解』。

18 クレス（ヘルムシュタット大学教授。1677-1741)『カール5世皇帝刑事裁判令小註解』。

19 P. Farinacius, *Operum criminalium pars prima, variarum quaetionum et communium opinionum criminalium liber prius*（出版年不詳). ファリナキウス（イタリアの法律家。1544-1618)『刑事法著作集第1部　刑事法問題及び共通意見集第1巻』。

20 カルプツォフ（ライプツィッヒ大学教授，ライプツィッヒ参審人会主席。1595-1666)『帝国ザクセン刑事新実務』。第1，2巻は刑法に，第3巻は刑事訴訟法に当てられている。各巻とも50問からなり，多数の文献が典拠として挙げられるほか，カルプツォフ自身が関与したライプツィッヒ参審人会の裁判例を収録する。カルプツォフに関する簡単な紹介として，上口裕「カルプツォフ」勝田有恒・山内進編著『近世・近代ヨーロッパの法学者たち』(2008年) 136頁以下。

21 クラールス（イタリアの法律家。1525-1575)『受容命題集第5巻』。近世初頭のドイツ刑事法学に強い影響を与えたイタリアの法学者。本巻は，「犯罪について」と題し，各犯罪類型をアルファベット順に論ずるほか，「刑事実務（practica criminalis)」と題する最終章（§. finalis）は，100の設問において刑事手続を論ずる。本書の初版では各パラグラフは番号を欠き，引用は設問番号とパラグラフ最初の数語をもってするのが慣例である。

22 マテウス（ネーデルランドの法律家。1601-1654)『犯罪論――学説彙纂47巻及び48巻註解』全2巻。犯罪及び訴訟手続に関する学説彙纂47巻及び48巻の註解である。第1巻は，総論に相

訳者はしがき　vii

J. Oldekop, *Decades quinque quaestionum ad processum criminalem necessariarum (alter duorum tractuum contra B. Carpzovium J. C.)*, 1691 (ed. prima, 1655)[23]

J. Oldekop, *Observationes criminales practicae*, 1685 (ed. prima, 1625)[24]

J. Zanger, *Tractatus de quaestionibus seu torturis reorum*, 1592[25]

(4) 原著の引用文献は，出版年，版数を欠き，また書名も省略されたかたちで示されるか，場合によっては書名も略され，巻数等のみが挙げられている。原著の引用文献を忠実に再現することはあまり意味がないと思われるので[26]，原則として割愛した。ただし，テキストやその背景を理解する上で有益と思われる場合は，文献の内容を脚注に示した。これに対し，ローマ法，カノン法，カール5世刑事裁判令からの引用法文は原著通り再現した[27]。

巻末の12章構成の「糾問刑事裁判令草案」(Formula aliqua ordinationis criminalis inquisitoriae sine praejuidicio)は，いまだ糾問手続令を持たない地方，都市が立法を行う際のモデルとして，また，糾問実務に携わる人々のための指針として，収録されたものである。ブルネマンは「裁判令草案」が法令として採用されることを期待していたようであるが，そのドイツ語版が勅令によってポメルン地方に法令として公布されたのは，約半世紀後の1706年である[28]。

本書の出版を快くお引き受けいただいた成文堂社長阿部耕一氏，同取締役土子三男氏に深く感謝の意を表します。

当する簡単な「プロレゴメナ」を前置し，刑法各論を扱う。第2巻は，主として訴訟手続及び刑罰を扱う。

23　オルデコープ（ドイツの弁護士。1597-1667）『糾問訴訟に関する50問——反カルプツォフ論第2巻』。

24　オルデコープ『刑事実務評論』。

25　ツァンガー（ドイツの法律家。1557-1607）『被告人拷問論』。

26　カルプツォフ『帝国ザクセン刑事新実務』第1巻の前半部分のドイツ語訳として，*Practica nova von Benedikt Carpzov*, übersetzt von D. Oehler, 2000 がある。大量の引用文献及びライプツィッヒ参審人会の裁判例は，テキストが読みにくくなり，現代の読者には意味がないという理由で省略されている。

27　引用法文とテキストが符号しないと考えられる場合はその旨注記した。

28　Biener, *a. a. O.*, S. 175 f.; Stintzing / Landsberg, *a. a. O.*, S. 106.

目　次

訳者はしがき

ヨハン・ブルネマン『糾問訴訟法論』（1648年）

献　辞	1
序　言	8
第 1 章　糾問の定義	11
第 2 章　糾問の区分	18
第 3 章　糾問の主体	22
第 4 章　糾問の端緒	44
第 5 章　糾問が可能な犯罪	57
第 6 章　糾問の対象となる者	65
第 7 章　一般糾問	71
第 8 章　特別糾問の形式	81
第 1 節　被告人尋問と関連事項	81
第 2 節　犯罪の証明と被糾問者の有罪の証明	126
第 3 節　被告人の防禦	167
第 4 節　法有識者団への糾問記録送付	187
第 5 節　拷問とその執行	193
第 6 節　不在者に対する手続	230
第 9 章　各犯罪に対する刑罰	247
第 10 章　有責判決の執行	285
第 11 章　糾問に対する異議申立て	298
糾問刑事裁判令草案	307
解　題──ドイツ糾問訴訟小史──	327

献　辞

英明かつ偉大なる君主にして封主，ブランデンブルク辺境伯にして
　選帝侯なるフリートリヒ・ウィルヘルム[1]殿下への第1版の献辞

英明かつ偉大なる選帝侯にして慈悲深き封主であられる殿下！
　イタリア，イスパニア，フランス及びその他の国々における習俗を歎いたイタリアの人マキァヴェッリが，ドイツにはかのローマの習俗の健全と敬虔とがなお残されていると述べたことは，ドイツ人にとって大いなる名誉であります。私は，ドイツ人に関するマキァヴェッリの証言が永遠に正しからんことを，我が国情が改善されんことを，そして，我々が異国人の〔悪しき習俗の〕餌食とならざらんことを切に願うものであります。しかし遺憾ながら，我々は既に久しくかかる名誉を失っております。異国の言語，衣服，立居振舞いとともに，異国の習俗，悪徳，犯罪までが持ち込まれ，敬虔さが多くの人々によって打ち捨てられてきております。我々はかかる罪を，殺戮的なかの戦争[2]とそれに伴う数多の厄災によって償う (luere) こととなりました（願わくば，それが浄化 (eluere) であったことを）。それは，神を畏れざる振舞いに対し相応しい罰でありました。かかる習俗の頽廃の原因を尋ねますならば，紀律の軽視 (neglectus disciplinae) をおいて他に原因がないことを知るのであります。

1　フリートリヒ・ウィルヘルム（1620-1688）。1618年，ホーエンツォレルン家のブランデンブルク選帝侯ヨハン・ジギスムントは，相続により，神聖ローマ帝国外のプロイセン公領をポーランド王から授封された。ブルネマンが本書を執筆した当時は，大選帝侯フリートリヒ・ウィルヘルムの下でブランデンブルクとプロイセンは同君連合の関係にあった（ブランデンブルク・プロイセン）。1701年，フリートリヒ・ウィルヘルムの子，ブランデンブルク選帝侯・プロイセン公フリートリヒ3世が，初代国王フリートリヒ1世として戴冠しプロイセン王国が成立する。2代国王がフリートリヒ・ウィルヘルム1世（兵隊王），3代国王がフリートリヒ2世（大王）である。1806年の神聖ローマ帝国解体によって，ブランデンブルク選帝侯領がプロイセン王国ブランデンブルク州となるまで，プロイセン国王がブランデンブルク選帝侯を兼ねた。

2　ドイツ30年戦争（1618-1648年）を指す。

人体中の体液（humores）³の調和は完全ではありえず，日々悪しき体液が見いだされるところであります。ある場合には，これは薬によって癒しうるものであります。それと同様，国家の中にも，治癒されるべきものが日々見いだされ，その治療は専ら紀律によって行われるのであります。すべての事情を仔細に眺めますならば，紀律は失われ，恣に罪を重ねる忌むべき放縦がそれに取って代わっていると，認めるほかないのであります。

教会においても，かつての教会の紀律はその痕跡をとどめておらず，ために，我々は，教義の正しさにおいて彼ら〔＝旧教徒〕に優れているのと同じ程度に，紀律の軽視の故に，異端者に後れをとっております。その結果として，教義の改革によって取り戻したものを，我々は，敬虔ならざる生活によって，ほぼそのすべてを失っております。教会及び教会人に，教会の決定に基づいて非行を処罰する権威と権限とを返還することによって，かかる過ちを取り除かざる限り，教会と国家における永遠の平和は望むべくもないと思料いたします。恣に罪を犯す放縦がとりわけ学校大学（scholae et academiae）においてはなはだしいことは，何びとも知るところであり，ために私は，君侯が人々とともに，全力を挙げてかの野蛮かつ恐るべき放縦を大学から駆逐すべく決意されざる限り，大学は遂には破滅に至るものと確信いたしております。同時に習俗の頽廃によって身を汚すのであれば，学を修めることが一体何の益となるのでありましょうか。さらに，国家には，それなくしては市民社会（civilis societas）が存続することのできない，何らかの紀律が存在しております。確かに，現に犯罪に対し糺問が行われ，裁判に付された者が相応しい刑罰を科され，あるいは，その他の相応しい贖罪が行われていることを見るのであります。しかし，これが様々のかたちで妨げられていることもまた，否定しえざるところであります。すなわち，ある種の罪については，糺問の行われることは稀であります。例を挙げますならば，瀆神，教会財産侵害，偽誓，安息日違反，両親に対する罵詈雑言（injuria），決闘，淫行勧誘，暴利行為等について糺問が行われることは稀であります。重罪，たとえば嬰児殺，毒殺等でさえ，しばしば処罰されることなく放置されるおそれがある

3　ヒポクラテス説は，人の健康は4体液（血液，粘液，黄胆汁，黒胆汁）の均衡に左右されると説く。

のであります。他方，官憲は多くの犯罪について糺問を行っているのでありますが，今日，量刑に際して身分が考慮され，地位高き者は緩やかに処罰され，あるいは，罰せられることなく放免され，かつ身分の故に免責される一方で，地位低き者には厳格な法がそのまま行われているおそれがあるのであります。これは，ユベナリス〔ローマの風刺詩人。60-140？〕の諷刺にある通りであります。

　　烏に仏，鳩には鬼の監察官
　　　　　Dat veniam corbis, vexat censura columbas.

このようなことが，今なお行われているのでしょうか。私は確信をもって断定はいたしません。しかし，いかなる犯罪に対しても，奨励と報賞が与えられることがあってはならず，善行には報賞が，非行には刑罰がそれぞれ与えられるべきであると思料いたします。これが混同されるならば，国家に功績のあった者が容易に大胆不遜な行為に出ることになるからであります。マンリウス・カピトリヌス〔ローマの執政官。†前384〕が，ジュピター神殿の守護に功績があったにもかかわらず，罪を犯したためにカピトル丘から谷底に突き落とされたのはそのためでありました。また，私に間違いがなければ，これ〔＝信賞必罰〕は，高貴の人々に刑罰を言い渡した，ポーランドの大書記官にして，和戦いずれにおいても卓越せる手腕を示したヨハネス・サモスキウスの意図でもありました。高貴の（illustris）人であるならば，その罪はそれだけ一層顕著（illustrior）となり，他の者を思いとどまらせるためには，罰はそれだけ一層顕著なものになる，とトワーヌス〔フランスの歴史家。1553-1617〕は述べております。また，教皇ニコラウスは，Precipue C. 11 q. 3 c. 3[4]において，高位聖職者が人民に対し〔他の聖職者よりも〕一層悪質な罪を犯しており，福者（Beatus）グレゴリウスが命じたように，その罪について他の者よりも厳しく罰せられている，としております。

罪人に刑を科すに際して息子を容赦しなかった者の例がないわけではあり

4　Precipue C. 11 q. 3 c. 3（グラティアヌス教令集第2部第11事例第3設問第3法文）には，テキストと同じ章句が見えるが，テキストに引用されていないグレゴリウスの言葉は，「高位聖職者は，彼らが罪を犯すならば，その領民に罰の恐しさを示すために，死をもって罰せられるに値することを知るべきである」というものである。

ません。昔日の例は措き，それに相応しい，エトルリア大公コスムス〔コジモ１世。1519-1574〕の最近〔＝1562年〕の例を挙げることにいたします。コスムスの子の中に二人の息子があり，弟ガルシアスは，ほぼ16歳にして既に枢機卿となった兄ヨハネスに対し，幼い嫉妬心から長い間激しい憎しみを育み，その命を狙っておりましたが，友と離れて一対一で田舎道で兄と出会うことがあり，格闘の末短剣で兄を刺し殺したのであります。いばらの茂みの中からその屍が発見され，異変が父コスムスに伝えられると，何が起きたかに思い当たったコスムスは，深夜屍を町に運び込み，邸の奥まった部屋に安置することを命じました。周囲の者を下がらせ，その部屋に赴き，ガルシアスを呼び寄せて兄について質しました。犯行を否認するや，ガルシアスに屍に近づくことを命じ，屍の衣服を取り去ると，間もなく犯人の前で血が吹き出で[5]，コスムスは言ったのであります。「神と我とに復讐を求める汝の兄の血を見よ。かかる息子どもを産み，あまつさえ死に後れる我が身の不運。一人は，恐るべき兄殺しに倒れ，〔その屍を〕今ここで眼前にしなければならぬ。また一人は，臣民に対して敬虔，公正なる法の執行者たらんとすれば，神を畏れる心の命ずるままに，除かなければならぬ。父にとって，子を殺すことは罪である。しかし，兄殺しによって父を苦悶させ，家門を流血と剣によって破滅させた者を永らえさせては，一層大きな罪を犯すことになろう」。ガルシアスは，犯行を認めながら，争いの原因はヨハネスが作ったのであり，兄を殺さなければ自分が殺されたのだ，と言い募ったのであります。ヨハネスの温和な性格を知るコスムスは，赦しを乞うガルシアスが身に帯びていた，兄殺しに用いた短剣を，跪くガルシアスから奪い取り，抜き払って言ったのであります。「家門の厄病をこれ以上広がらせないために，厄病を我が臓腑から裂き取ることを，ただ今判決した。最愛の息子の死を，世の習いに背いてもう一人の息子の死によって償うほかない。しかし，深慮と公正に反するよりは，後世によって呪うべき酷薄な父と呼ばれることを我は選ぶ。汝に相応しくない生命を，それを汝に与えた父の手によって奪われることを喜べ」。このように言い，神がこの行為を許されんことを，神が罪を犯した息

---

5 神判の一種として，被疑者を死体のそばに連れて行き，死体から血が流れた場合に有罪とする棺桶審があった。時代的に見て，このエピソードは神判を意味しないと思われる。

子に恵みを賜らんことを祈り，ヨハネスの屍の傍で，兄殺しに用いたその短剣をもってガルシアスを殺害したのであります。騒ぎを起こすことなくこの不運な出来事を葬り去るために，この英君は，二人の息子は流行病で相次ぎ他界したという噂を流した，とトワーヌスの歴史書は伝えております。

同様に，大グレゴリウス〔グレゴリウス1世。540-604年〕もまた，次のような言葉で司教たちを戒めております。「さらに私は，あなたがたの誰かが何びとかによる恩顧，寵愛，追従によって，我々に命ぜられたことから外れ，あるいは真実を枉げることなく，司祭に相応しく，神のために真実を発見する用意がなければならないことに注意を喚起しておく」(Sicut inquit C. 2 q. 7 c. 46[6])。

しかしながら，経験という教師は，糾問手続 (forma inquisitionis) の下で非常にしばしば様々の誤りが犯されていることを教えております。その原因は，経験のない者に職務を行わせる裁判権者が処罰されるべきことを定めるカール5世皇帝刑事裁判令1条に反して，貴族的なものである真正罰令権 (imperiumu merum) が，今日，法律知識の全くない庶民によって行われることも稀ではないという点にあると思料いたします。まさにそれがために，前掲裁判令218条において皇帝陛下が厳しく禁止しかつ廃止する，種々の不合理極まる慣行が生じるようになったのであります。また。死刑事件よりも，取るに足らぬ些事について，しばしばより周到な審判 (causae cognitio) がなされているということも否みがたいのであります。

かかる由々しき事態に，とりわけ我が国のために私になしうる範囲において対処すべく，この夏学期，大学及び学部業務の間の寸暇に著した糾問に関するこの小論稿を公にしたいと考えております。さらに，すべての裁判官，書記及び刑事裁判に関わるその他の人々に対し，読者を遠ざける冗長さを避けできる限り簡潔に努めた本綱要を手に取ることを躊躇することのないように，また，本書で論じられたことを機会があれば実行に移されるよう，特に，被告人尋問に関して述べられたことについては，被告人の人物によって区別し，愚直な者を混乱させ，術策による尋問によって罠に陥れることを避

6　テキストとほぼ同趣旨の章句が見える。

けるべく節度を保つよう，注意を喚起したいと思料いたします。愚直な者の尋問には，狡猾ですべてを否認し，真実を隠して虚偽を捏造する者の場合と同じ方法をとるべきではないからであります。それゆえ，裁判官には賢明さ，惻隠の情，そして適度の厳しさがなければなりません。いわば，油にはブドウ酒が，寛大さには厳格さが加えられなければなりません。グレゴリウスが教会裁判官に命じているように，裁判官には愛があれ，しかし優柔であってはならない，厳格であれ，しかし激してはならない，熱き心があれ，しかし度を超してはならない，神を畏れよ，しかし必要以上に許してはならない（Disciplina D. 45 c. 9[7]），のであります。

　英明なる殿下にこの著作を献呈申し上げるについては多くの理由があります。何よりも，私は，国父にして慈悲深き主君たる英明なる殿下によって教授の一員に加えられた者であり，これを感謝の心をもって想起し，英明なる殿下に対する感謝の心を，（民衆の歓呼の中を凱戦中であられる国父なる殿下に直々に申し上げることができませんので，）これを公にしなければ，忘恩の譏りを受けるであろうことを虞れるからであります。さらに，拙き著作ではありますが，その主題において，神によって多くの人民に対する権力と，正義の守護と罪の懲罰のための剣を与えられ，そして，雷鳴のごとき戦争の呪詛の下にあるにもかかわらず，この数年間ささやかなる平和を我々が享受することを，その加護の下に可能とされた君侯にとって，まことに相応しいものだからであります。神がその大いなる力によって，この平穏を永遠たらしめ，戦争の糸を短くされ，光輝ある平和を堅固なる鎖によって繋ぎ留められんことを！はなはだ弛緩せる教会，大学，国家の規律を回復する知恵を与えられ，あまねく繁栄が見られんことを！

　それゆえ，英明なる殿下が忠良なる僕による本書のささやかな献呈をご嘉納され，また私に選帝侯殿下のご寵愛を拒まれざるよう，お願い申し上げる次第であります。

　　　　　　　キリスト生誕後1647年11月5日，フランクフルトにてこれを記す。

7　Disciplina D. 45 c. 9（グラティアヌス教令集第1部第45分節第9法文）には，テキスト同じ章句が見える。

英明なる殿下へ

　　　　　　　忠良なる僕　ヨハン・ブルネマン（博士）

序　言

　親愛なる読者に挨拶を！

　糾問刑事訴訟（processus criminalis inquisitorius）に関する著作を公にする意図が奈辺にあるかは，本書のはじめに明らかにした通りである。すなわち，刑事事件を扱う者の著しい無知と怠慢とを知り，刑事手続に専心すべき裁判官及び書記のために，諸法学者の著作から若干の規則を選び出し，綱要を編むこととしたのである。たかだか金銭の問題でしかない民事訴訟については，すべての領邦において，多数かつ冗長な規則が見いだされるのに対して，人の生命と名誉にかかわる事件に関する規則が存在することが稀であることについて，私は常々驚きを感じてきた。確かに，ある領邦には糾問訴訟に関する法令を見出すことができるが，簡潔なものであり，裁判官がそれから十分な知識を得ることができない。ために，事件が難しいものになればなるほど，事件は，遊び半分（perlusoriè），はなはだ浅薄な取り扱いを受けるのが通例である。

　その後〔＝本書の出版後〕，平和が回復された時点でどのような方法によって裁判手続（cursus justitiae）を改革し，手続を短縮することができるか，という問題がドイツ各地に巻き起こり，我が国においてもこの点について検討が行われた。私もこの緊急の仕事に助力を求められ，民事訴訟に関する論稿を公刊し，その中で，訴訟短縮のための方策を1654年の帝国最終決議その他から採録した。いずれの小著も読者に受け容れられたため，法学生からの需要が多かったにもかかわらず，入手が全く不可能となっていた。刑事訴訟論が3度，民事訴訟論が2度，版を改めることになったのはそのためである。

　糾問刑事訴訟論については，とくに2点を付け加えた。すなわち，裁判官はすべての犯罪について糾問を行いうるか否かが，確実な法令，法範によって解決を見ていないと考え，この点に付いて多くの箇所で検討を加えた。と

いうのは，契約において故意になされた偽誓について，裁判官がそれを職権によって処罰できるか否かが疑問視され，また，若干の犯罪についてはその点について疑問がないにもかかわらず，裁判官の職務が行われることが稀だからである。私は，公衆の憤激を惹き起こし（scandalosus），かつ悪しき手本となる故意の犯罪は，いかなるものも，裁判官によって処罰されるべきものである，と考える。

　ユスティニアヌス帝の法（Leges Justinianeae）及び帝国最終決議は，様々の犯罪を，重罪のみならず，軽罪及び特別罪（delicta extraordinaria）をも含めて禁止する。したがって，これらの軽罪及び特別罪は禁止されており，禁止に反して行われるならば処罰されるべきものとして扱われている。〔これらの犯罪の〕処罰に際しては法学者の学説に基づいて特別刑が科されるべきものとされているために，刑罰が明示的には定められていない。しかし，〔これらの犯罪に対して〕弾劾も糺問も行われないとしたならば，処罰はいかにして可能となるのであろうか。軽罪であってもこれを処罰しなければ，次第に規律と国家全体を破滅させることになろう。私は，軍歴でよく知られた将軍が次のような注目すべき経験を語ったことを記憶している。すなわち，大学内での犯罪は重罪のみが処罰され，軽罪が不問に付される大学管理のあり方は全く遺憾というほかない，将軍は兵士の最も軽い犯罪ついても相当の刑罰を科すという〔大学におけるのとは〕異なる統制方法を行っており，この結果，最も軽い犯罪ですら処罰されることを知っている彼の部下は敢えて重罪を犯すことがない，というのである。まさに至言であり，人は突然悪をなすようになるのではなく，軽い罪は重い罪へのいわば梯子であり，また，原因が結果の中に流入するように，軽い罪はしばしば重い罪の中に含まれているのである。したがって，一言でいうならば，この新版においては，裁判官は糺問を行うに際して重罪と軽罪の区別をすべきではないということを示そうとしたのである。

　次に，多くは今日になって考えだされた，正規刑に関する多数の制限と例外〔の妥当性〕を，特に，神の法によれば死刑によって償われるべき（神は，死刑が行われなければ大地は汚されると明言されている）二つの犯罪，すなわち，殺人と姦通について検討した。〔これらの罪に対する刑罰の〕例外を数え

上げようとするならば，例外の数が，原則が適用される場合よりも多くなるほどである。酩酊，不法侵害，正当な憤怒，〔被害者の〕不快な振舞い，あるいは，屍を切り刻まなかったこと等の事情を主張することで正規刑を免れることのできない殺人犯はどれほどいるであろうか。疑いもなく，殺人犯（強盗殺人犯を除く）10人中，死刑に値する者はほぼ皆無となろう。これは神意に適うことであろうか。これで禍に終止符が打れることを期待するのであろうか。私よりも相応しい人がこの問題を詳細に論ずるときのため，ただこの点を指摘しておくにとどめたい。確かに，殺人犯をして死刑を免れせしめることは，神の正義の求めるところではなく，多数者にとって，災いとなる大いなる無慈悲，国家にとって，いうならば反逆である。正義が行われよ (Fiat justitia)，しかして信仰と国家と良心が保たれるからである。一言でいうならば，各人にそれぞれ相応しきものを配分する正義，すなわちあらゆる国家の最高の真の利益と福祉の最良状態，これが蔑ろにされるならば，国家は滅亡せざるをえず，また，これが栄えるならば，国家は興隆するであろう。これは聖俗の歴史が示すところである。読者は本書において述べられたことをすべて善意に解されるであろう。私は何びとかの名誉を傷つけることを意図したことはなく，法に関する知識と良心とが命ずると思われたことのみを，平静の心をもって，私の信ずるところに従い，決して何びとかを傷つけんとする意図に出ることなく，論じようとしたのである。

以上

第1章　糺問の定義

　　摘要
1　刑事事件の手続は何種類あるか（1）
2　糺問とは何か（2）
3　糺問は神法によれば適法か（3, 4）
4　カノン法によればどうか（5）
5　ローマ法によればどうか（6, 7）
6　現代のドイツ・ローマ帝国法によればどうか（8）
7　慣習法によればどうか（9）
8　裁判官は糺問を行う義務があるか（10, 11, 12, 13, 14）
9　糺問は弾劾と競合しうるか（15, 16, 17, 18）
10　糺問を行おうとする裁判官は，弾劾する意思の有無について，被害者又はその親族を尋問すべきか（19）
11　糺問開始後，弾劾はもはや許されないか（20）
12　弾劾による正規訴訟が糺問訴訟に変化することがあるか（21）

　　1　刑事事件の手続には二つの種類がある。一つは弾劾（accusatio）によるもの，他は糺問（inquisitio）によるものである。
　　2　ところで，糺問とは，その職務及び権限に基づき裁判官が行う犯罪に関する証拠収集（informatio super delicto），また，カルプツォフによれば，職権に基づき裁判官が行う適法な，犯罪に関する証拠収集である。
　　3　ここで直ちに，糺問訴訟（inquisitionis processus）は法律的に許されているか否かが問題となる。糺問訴訟それ自体は，あらゆる法において許され，命ぜられ，かつ官憲（magistratus）[1]の義務とされていることは，まずはじめに神の法に基づいて証明される。「汝の邑の一に〔邪僻なる人々興り我らは今まで識らざりし他の神々に往て事へんと言てその邑に住む人々を誘ひ惑はしたりと〕言あら

---

[1]　通例，裁判官ないし裁判権者を指す。

ば汝これを尋ね探り善問べし若しその事真にその言確かにして斯る憎むべきこと汝らの中に行はれたらば……一切の者を……尽く撃ころすべし」（申命記13・12），「その事を汝に告る者ありて汝これを聞き細かに査べ見るにその事真にその言確かにして〔イスラエルの中に斯る憎むべき事〕行われ居たらば……」（申命記17・4）。

4　これらの言葉によって，人々（populus）特に官憲は，背教（apostasia）のみならず，あらゆる罪に対して糺問することを命ぜられている。アカンが犯した聖物窃盗の罪に対して，このことを身をもって示したのが，イスラエル人の軍の長ヨシュアである。この糺問訴訟は，手続の点で特異なものであるが[2]，ヨシュア記第7章に記されているところである。モーゼの律法は様々の種類の罪と罰を定めるが，官憲は弾劾人（accusator）の申立てをまって犯罪を審問すべきものであって，一般の風評（fama）に基づいて審問してはならない，とは定められていないのである。

5　カノン法上糺問が許されることは，Sic audieris C. 23 q. 5 c. 32[3]；X. 5. 1. 9, 17, 19, 21 et 24[4]によって証明される。

---

[2]　籤によって，真犯人であるアカンがイスラエルの民の中から選び出されたことを指す。

[3]　申命記13・12以下を引き，異神を祭る者を糺問し滅ぼすべしというエホバの掟が，キリスト以前においても守られたのであれば，キリスト以後においては一層守られなければならない，とする。

[4]　グレゴリウス9世教令集第5巻第1編第9章以下を指す。公知性あるいは風評を弾劾に代わるものと位置づけ，糺問訴訟を弾劾訴訟の一種として正統化する次のような章句が見える。
①「罪が犯されたことが公知であるときは，弾劾人の訴え（clamor accusatoris）を必要としない」（X. 5. 1. 9）。
②「教会裁判所は罪人の過ちを明らかにすべきであるが，弾劾人と裁判官は同一人であってはならない。しかし〔風評がある場合は〕，風評が〔犯人を〕訴追し，非難の声が〔犯人を〕告発しているのであるから，弾劾人においてなすべき事柄は果たされていることになる」（X. 5. 1. 17）。
③「司教に対し悪しき風評があることを知った場合でなければ，直ちに糺問を開始することのないよう，貴下の注意を促しておく」（X. 5. 1. 19）。
④「何びとも，何ら風評もない，あるいは，いまだ一般の非難の声によって指摘されていない犯罪について，そのような〔＝犯行を見たという2, 3の者の宣誓〕供述に基づいて処罰されるべきではない。むしろ，このような供述は受け入れられてはならない。糺問は，すでに一般の非難の声があがっている犯罪についてのみ行われるべきだからである」（X. 5. 1. 21）。
⑤X. 5. 1. 24は，高位聖職者が「不当に罰せられることのないように」，また，「恣に罪を犯すことがないように」，次のような「相応しい薬」を用いるべきだとする。すなわち，「頭格刑（diminutio capitis），すなわち僧籍剥奪（degradatio）に連なる刑事弾劾は，予め適法な訴追登録がなされなければ，許容されない。しかし，ある聖職者について不正の風評があり，もはや

6 ローマ法上，糺問が許されるだけではなく，むしろ領邦君主（praeses[5]）に命ぜられていることは，D. 1, 18, 13[6]から明らかである。これによれば，領邦君主は悪事を働く者を国家から取り除き，教会窃盗，強盗殺人，人身掠奪，窃盗等を追捕することを命ぜられている（C. 9, 4, 1 ; C. 9, 2, 7[7]）。

7 ところで，D. 50, 6, 2[8]は，弾劾されていない者は公職を禁ぜられるべきではないとする。この法文の趣旨は，既に刑事弾劾を受けているのでなければ，何びとも公職から追われるべきではないという点にある。すなわち，それが直ちに証明されるのでなければ，何びともたんなる噂を理由として公職から追われるべきではないのである。たとえば，まだ被告人となっておらず，犯行が直ちに証明されないのであれば，大学の長に選任されることも可能である。しかし，以上のことは，糺問は行われないということを意味しない。糺問は弾劾に代わるものであり，また，上記法文は当時しばしば生じた〔弾劾訴訟の〕事例に関するものにとどまるからである。したがって，被弾劾人にせよ被糺問者にせよ，直ちに〔有罪が〕証明されないのであれば，公職を禁ぜられないということになる[9]。

8 今日糺問が許されることは，ドイツ法（jus Germanicum）によれば疑う余地がない（CCC 8, 214, 219[10]）。

公衆の憤激（scandalum）を招くことなく無視しえない，あるいは危険を招くことなく放置しえないほどに，一般の非難の声が高まったときは，逡巡することなく……不正の糺問，処ання行われなければならない」。なお，訴追登録が要件とされているのは，ローマ法及びカノン法上訴追登録は，誣告であれば弾劾人にタリオ刑を科す根拠となるからである（vide Carpzov, q. 106, n. 40）。

5 "praeses" は，ローマ法上「属州長官」であるが，ここでは，属州（＝領邦）の長，「領邦君主（ランデスヘル）」を指す。
6 前文において，平和で静穏な属州を維持すべき属州長官の義務を定める。
7 C. 9, 4, 1 は，公安官（publicae sollicitudinis cura）（仏訳は「公訴官」）による訴えがある場合は，犯人を処罰し，無辜を放免するため，直ちに審問が行われなければならない，と定める。C. 9, 2, 7 は，長官の許に職権によって犯罪が告発された場合において，その審問が，弾劾に関する手続（solennia accusationum）によることなく行われるべきことは，よく知られた事実であるとする。
8 何びとも，いまだ弾劾されていない限り，公職を禁じられない，弾劾人が弾劾を取り下げた場合も同様である，とする。
9 以上の論証の趣旨は判然としない。
10 各規定は，弾劾訴訟以外に糺問訴訟が可能であることを前提とする規定である。刑事裁判令 8 条及び 214 条については「解題」Ⅲ-3，219 条については 8 章 4 節 3 参照。

9　慣習上も全く争う余地がなく，ローマ法上特別手続（remedium extraordinarium）とされる糺問手続は，正当な慣習によれば，弾劾手続と同様，正規手続（remedium ordinarium）となっている[11]。むしろ，弾劾は市民の間に消し難い憎悪をもたらすがゆえに，弾劾よりも糺問のほうが好ましいのである。ヴェネティア人の許で，弾劾の任務は，私怨によってではなく法律の定めるところに従ってこれを行う官憲にすべて委ねられるべきものとされたことは，けだし当然であった。

10　告発（denunciatio）又はその他により，糺問の契機（via ad inquirendum）が与えられた場合は，むしろ裁判官は糺問訴訟を行う義務を負い，これを懈怠するときは，「訴訟を自己のものとする（litem suam facere）[12]」ことになる。

11　糺問を懈怠する裁判官は，自己の職務について査問手続（sindicatus）[13]を受けなければならない。また，懈怠に対する神の復讐と刑罰を免れないであろう。狼が羊を食らってしまった（悪人が手本を示して善人を堕落させた）場合，羊飼いは，知らなかったと言っても，それで赦されるわけではない。

12　ところで，下級裁判官が公然たる噂のある公的犯罪（delictum publicum）[14]を糺問しなかった場合，通例，正義を行わなかった廉で裁判官自身に対して国庫官（フィスカル）が手続を行うことは，経験が示すところであるが[15]，正当でもある。なぜなら，公的犯罪によって，国家の平穏と市民社会

11　Clarus, q. 3, versi. Sed certè は，カスティリア，ナポリ王国，フランス，フランドル等について，「糺問手続は弾劾手続と同様に，正規手続である」ことを指摘する。

12　原田慶吉『ローマ法』（1955年）235頁は，「『審判人が訴訟を自己のものとする』とは，当初は繋争物を争の解決まで保管した審判人が該物を私する行為を指したと解せられるが，後には『悪意を以て法律を枉げて判決をする』行為となり，更には過失に基づく誤判をも含むに至った」とする。Inst. 4, 5, pr. ; D. 50, 13, 6 は，「訴訟を自己のものとした」審判人は罰せられるべきものとする。

13　査問手続については「解題」Ⅲ-5参照。テキストの「査問手続を受ける」とは，法的責任を追及されるという意味である。

14　ブルネマンは「公的犯罪」について特に述べていないが，Matthaeus, tom. 1, prolegomena, cap. 4, n. 7 は，公的犯罪については公衆訴追が可能であり，私的犯罪については被害者訴追のみが可能であるとする。

15　国庫官とは，本来国王や領邦君主の国庫（fiscus）の利益を代理する官吏である。E. Schmidt, Fiskalat und Strafprozeß—Archivalische Studien zur Geschichte der Behördenorganization und des Strafprozeßrechtes in Brandenburg-Preußen, 1921によれば，罰金刑事件をはじめとして，刑事事件が財産没収を伴うことが少なくないため，国庫官は，刑事事件への関与を強めることになった。

の調和が害され，その処罰が公的秩序の存続（vigor publicae disciplinae）のために必要とされているからである（D. 39, 4, 9, 5；D. 9, 2, 51, 2[16]）。

13　犯罪を処罰しない官憲は，犯罪人と通謀し，あるいは，あたかも共犯者のように犯罪者の言動を是認するものとみなされる（C. 4, 63, 2；C. 1, 6, 3)[17]。裁判官は，犯罪人に免除した刑罰を自ら受ける意思がないのであれば，彼の許に係属する事件に軽い刑罰を科し，あるいは全く処罰しないことは許されない，と皇帝は命じている[18]。殺人者，教会窃盗及び類似の犯罪人を処罰することは無益な流血ではなく，法律の執行だからである（Homicidas C. 23. q. 5. c. 31[19]）。また，犯罪の糺問に敢えて不熱心，怠慢な裁判官は，神の許でその犯罪の共犯とされ，共犯としての心情から犯罪を厳しく糺問しなかった，とされることを知るべきである（C. 2. q. 7 c. 46[20]）。

14　それゆえ，ブランデンブルク選帝侯，ポメルン侯及びメクレンブルク侯殿下は，1617年1月22日付協約において特に次の点で合意された。すなわち，「上記選帝侯国及び侯国において臣下たる官憲として裁判権を有するすべての者は，刑の執行のため相手方が〔犯人を〕追捕することが必要とならないよう，有責判決を受けた者に対する速やかな刑の執行に万全を期すべきものとする」。

15　ここで問題となるのは，弾劾によって手続が一旦開始された後，弾

犯罪の探知，裁判所への告発を行うほか（S. 34），裁判権者としての君主の命令により，罪体の確認，被告人及び証人の尋問，法有識者団への鑑定依頼等糺問手続全般を行い（S. 37f.），訴訟遅延と裁判拒否を監視し，これを領邦君主に告発する（S. 53）等の任務を行った。

16　D. 39, 4, 9, 5は，収税請負人による不法行為は，2倍ないし3倍の賠償を課され，刑事訴追を免れないが，前者は私人の利益を，後者は「公的秩序の維持」が要求するのである，とする。D. 9, 2, 51, 2には，「犯罪が処罰を免れることがあってはならない（neque impunita maleficia esse oportet)」という章句が見える。

　　ちなみに，カルプツォフは，「犯罪が処罰を免れることのないように（ne crimina impunita remaneant)」という必罰原理を，具体的な結論を導くために適用する（e. g. q. 103, n. 38；q. 114, n. 17；q. 125, n. 5)。

17　C. 4, 63, 2は，蛮族に金で支払いを行った者に死刑を科し，かかる犯罪を知って処罰せず，又は庇護した裁判官は共犯者として処罰されるべしとする。C. 1, 6, 3は，再洗礼等を禁止し，その違反者を処罰せず，又は法定刑より軽く処罰する裁判官は，違反者が受けるべきであった刑をもって処罰されるとする。

18　前注のC. 1, 6, 3を指す。

19　テキストと同趣旨の章句が見える。

20　テキストと同趣旨の章句が見える。

劾人が手続を追行しない場合，裁判官が職権で糾問を行い，犯人に不利益な証人を取り調べ，そして犯罪事実の解明に向けて，糾問訴訟を並行して行うことができるか否か，である。クラールスはこれを肯定し，スカッキア〔イタリアの法律家。1568-1618〕は慣習に基づいてこれを擁護する。ロイスナー〔イエナ大学教授。1545-1602〕は，イエナ大学法学部の法律鑑定を援用してこれを是認する。弾劾人は，根拠のある訴訟を放棄すべきではなく，法に反するならば同害報復の刑を受けることを知るべきである。また，国庫（fiscus）は，〔訴追者と被告人の間に〕取引（collusio）がなされないよう配慮すべきことを知るべきである。なぜなら，悪が取り除かれることは公共の利益であり，また，弾劾人は訴状中の救済文言（clausura salutaris）[21]によってそれ〔＝悪が取り除かれること〕を申し立てたのであり，〔弾劾人が訴訟を放棄するならば，国家はあらためて糾問手続を行うことになり，〕一つの裁判でなしうることが無意味に二つの裁判に分割されることになるからである。また，疑いが残る場合には，証拠不十分が推定されるが，証拠不十分によって被弾劾人が放免された場合であっても，より明白な証拠が後に発見されるときは，糾問訴訟によって新たに有責判決をする（condemnare）[22]ことが可能である。

16 これ〔＝裁判官による糾問訴訟〕が許されなければ，正当な理由があるにもかかわらず弾劾人が敗訴することがしばしば起こることは確実である。この点は，民事事件ではともかく，刑事事件では大きな問題である。刑事事件においては，〔弾劾に失敗する〕弾劾人の当然な悲嘆と彼が負うべき危険[23]，そして公共の利益が，これ〔＝裁判官による糾問訴訟〕を要求するように思われる。

17 カルプツォフの見解は反対のようであるが，争点決定がなされ，訴訟が開始された後に弾劾人が訴訟を放棄した場合に，裁判官が弾劾人に代

---

21 訴えに不備がある場合に備え，職権による救済を申し立てる文言をいう。A. B. Meehan, *Compendium juris canonici*, 1899, p. 247f. は，「民事における訴状には，結論すなわち請求及び請求原因を表示することが一般に必要である。その際，『右の諸点につき，法律上可能なより良きすべての方法に照らして，法と正義が私に与えられることを申請する』という救済文言を付加するのが有利である」と述べる。
22 「放免判決」，「有責判決」の意義については，9章注2参照。
23 刑事裁判令12条によれば，被告人の身柄拘束を求める弾劾人は，担保の提供を求められ，敗訴の場合は，裁判費用の償還，被告人が被った損害の賠償の責を負う。

わって正規手続を継続すべきことは認めている[24]。

18　これに対し，裁判官が弾劾に理由があると考える事件において，弾劾人が弾劾を維持しようとするにもかかわらず，敗訴するおそれがある場合はどうすべきか。上記の理由及び学説に基づいて，この場合も，弾劾人の存在にかかわらず裁判官は職権により真相を解明すべきものと考える。

19　裁判官が，被害者又はその親族，相続人を召喚し，弾劾する意思の有無を尋問する必要がないことについては，全く争いがない。これが法律であるが，クラールス及びスカッキアは，法律ではなく専ら慣習によってこれを支持する。また，1644年3月我が法学部はBの参事会に対して同旨の法律鑑定を行ったと記憶する。

20　糺問が一旦開始された場合は，弾劾人が現れても糺問を妨げない。むしろ，糺問が弾劾を妨げるのである。今日，糺問が，弾劾に劣らず正規の手続となっているからである。弾劾訴訟よりも糺問訴訟のほうがはるかに頻繁に用いられていることは，経験の示す通りである。

21　とりわけ，諸法学者の受容命題（recepta sententia）によれば，被告人に拷問が科されるときは，弾劾訴訟は糺問訴訟に移行する，という点に注意しなければならない。カルプツォフは裁判例によってこれを確認する[25]。また，数年前我が法学部はGの参事会に対して同旨の法律鑑定を行ったと記憶する。これについては後述する。

---

[24] Carpzov, q. 107, n. 46, 52 は，争点決定前に弾劾人が訴訟を追行しない場合は，裁判官は糺問訴訟を行う権利と義務があるが，争点決定後に弾劾人が訴訟を追行しない場合は，既に形成された正規訴訟が糺問訴訟に変化するわけではないが，裁判官は弾劾人に代わって正規訴訟を継続することができるとする。

[25] Carpzov, q. 107, n. 60 は，その根拠付けとして，「正規訴訟において被告人の身体に何らかの方法で苦痛を与えることは，法に定められていない。したがって，被告人が拷問を受けるのであれば，訴訟は糺問訴訟とならざるをえない」と述べている。

第 2 章　糺問の区分

　　摘要
1　糺問の区分（1）
2　一般糺問とは何か（2）
3　特別糺問とは何か（3）
4　両者の目的はどのように異なるか（4, 5, 6, 7）
5　両者は糺問主体においてどのように異なるか（8, 9, 10）
6　両者の対象はどのように異なるか（11）
7　両者はその端緒においてどのように異なるか（12）
8　両者の形式はどのように異なるか（13, 14）
9　予め一般糺問を行うことなく特別糺問を行うことができるか（15）
10　最一般糺問とは何か（16）

　1　糺問の形式及びその他の要件を論ずる前に，糺問の区分を論ずる必要がある。ファリナキウス及びカルプツォフによる多数の引用例が示すように，糺問は多数の論者によって様々に区分されているが，他の区分法はともかくとして，我が大学と裁判所において受容されている区分に従うことにする。すなわち，一般糺問と特別糺問の区分がこれである。
　2　一般糺問は，風評（fama）の出所はどこか，犯罪が実際に行われたか否か，誰が犯人と推定され，あるいはみなされうるかを探知するために行われる。一般糺問のほかに，最一般糺問（inquisitio generalissima）について論じられることがある。これは教会巡察使が職権によって行うのが通例であるが（X. 5. 1. 7[1]），敬虔な裁判官も，臣民の生活一般や，臣民の間に様々な悪徳が蔓延していないかどうかを知るために，職権によってこれを行うべきであ

1　X. 5. 1. 7は，「職階の上下を問わず，改善を要すると知り又は信ずる事項――いまだ判明していない犯罪を除く――について，真実のみを，かつすべての真実を糺問官に供述する」ことを聖職者に宣誓させることを許している。犯罪摘発ではなく，教会運営維持のための一般的な調査活動が，テキストでは最一般糺問と呼ばれている。

る。そうでなければ，裁判官は注意深い羊飼いの名に値しないからである。このように〔悪の〕温床に先手を打つことによって，多くの悪が避けられるのである。

3　これに対し，特別糺問は，一般糺問によって判明した犯罪に基づいて特定の者に対して行われる。

4　両者の差異をさらに明確にするには，両者が次の点で異なることに注意しなければならない。第1に，目的における差異。すなわち，一般糺問は，専ら風評の出所，風評のある犯罪が実際に行われたか否かを知るために，裁判官による証拠収集として行われる。他方，特別糺問は，犯罪が行われたことが確定した後，その犯罪に対し正当な刑罰を科すために，誰が犯人であるかを明らかにする目的で行われる[2]。

5　したがって，バルドゥス〔イタリアの法律家。1327-1400〕が糺問を事実糺問と法律糺問とに区分するのは正当と思われる。事実糺問とは，裁判官が事実すなわち犯行の証拠を収集するために行う糺問であり，法律糺問とは，犯罪の処罰のための糺問である。バルドゥスのいう事実糺問は一般糺問に，法律糺問は特別糺問に当たるのである。

6　ボッシウス〔イタリアの法律家。1488-1546〕の，糺明のための審問（judicium ad inquirendum）と有責判決のための審問（judicium ad condemnandum）という区分もこれと異ならない。

7　一般糺問はいわば準備であって，特別糺問への途を拓くものである。なぜなら，一般糺問によって裁判官が，あるいは犯罪事実あるいは犯人について何らかの知識を得た場合にはじめて，その特定人に対し，特別糺問によって職権による糺問を行うのが通例だからである。

8　第2に，糺問主体における差異。一般糺問は，真正罰令権（merum imperium）[3]を有しない者によっても行われることがある。しかし，特別糺問は，当該犯罪に相当する刑罰を科す権限を有する者によってのみ行われる。

2　刑事裁判令6条は，徴憑がある場合に被疑者の身柄を拘束することができるが，十分な徴憑がなければ直ちに拷問することは許されず，裁判官は，「被拘禁者が行ったという風評及び嫌疑のある犯罪が現に行われたか否か」を慎重に取り調べなければならない，と定めている。カロリーナにおいては，一般糺問と特別糺問の区別は知られていなかったのである。
3　3章注2参照。

通例，すべての裁判官がかかる刑罰権を有するが，犯罪に対する刑罰が身体刑，すなわち身体に苦痛を加えるものであるとき，又は死刑であるときは，特別糺問は真正罰令権を有する者によって行われなければならない。

9　この差異は第1の差異から生ずる。すなわち，特別糺問は処罰のために行われる，しかるに，真正罰令権を有しない者は公的犯罪に対して刑罰権を有しない，ゆえに，真正罰令権を有しない官憲は特別糺問を行うことができない，のである。しかし，上級の官憲による特別糺問が可能となるよう，下級の官憲によっても，直ちに遅滞なく一般糺問が行われるべきである。カルプツォフはこの差異について簡単に触れている。

10　以上に関する具体例は我が大学の中に見出すことができる。大学人の間で殺人が行われた場合，大学当局が直ちに犯罪と犯人について一般糺問を行い，これに基づいて事実報告書（narratio facti）を作成し，選帝侯殿下の許に送付する。大学人に対する真正罰令権ないし流血刑罰権を留保されておられる選帝侯殿下は，特別糺問を開始されるか，あるいは裁量に基づいて特別糺問を大学に委ねられるのである。

11　第3に，糺問対象における差異。一般糺問においては，犯罪それ自体の有無が糺明される。犯罪が行われたことが確かであれば，たとえばある者が傷害されたことが明らかであれば，犯人について一般糺問が行われ，裁判官は，事件について知識を有すると考えられる証人を，特定の氏名を暗示することなく，誰が犯人であるかを知るか否かについて，尋問する。さらに，犯罪が行われたことが確実となり，かつ特定人に対し犯人であるとの推定が生じた場合に，その特定人に対して特別糺問が行われ，その犯罪について何を知るかについて，証人尋問が行われる。クラールスはこれが実務であるという。

12　第4に，糺問の端緒（causa impulsiva）における差異。一般糺問は，裁判官が犯罪が行われたとの何らかの噂，風評によって促された場合に行われるが，第4章において検討するように，特別糺問はより強い徴憑を前提とする。

13　第5に，糺問形式における差異。一般糺問では，項目書ないし尋問項目書（articuli seu interrogatoria）は特定人ではなく，不特定の犯人を対象と

するが，特別糺問では，特定人を対象とする。

14　同様に，一般糺問での証人尋問は略式かつ無宣誓で行うことができるが，無宣誓の証人が，情愛等の理由から真実を隠蔽するおそれがある場合は，宣誓を課すことが必要である。これに対し，特別糺問では常に宣誓が必要である。詳細は以下の糺問形式の章（＝第8章）を見よ。

15　場合によっては，一般糺問を先行させることなく，直ちに特別糺問を開始することが可能である。すなわち，犯人が現行犯逮捕された（in flagranti crimine deprehensus）場合がそうである。これは，一般糺問を先行させることで犯人が逃亡し居所不明となることを防ぐためである。また，この場合一般糺問は無意味でもあろう。

16　糺問の種類は二つであると述べたが，最一般糺問についてはどのように考えるべきか。最一般糺問については様々な説明がなされている。若干の者は，D. 1, 18, 13[4]に従って，管轄区から悪事を働く者を除くために，通例官吏が就任後に発布する禁令若しくは告示又は命令を最一般糺問と呼ぶ。ある者は，住民の住居においてなされる，盗品その他の物の捜索，すなわち，家宅捜索を最一般糺問であるとする。しかし，いずれも全く糺問の名に値しない。前者は，一般糺問の一部にすぎないという理由から，後者は，同じ理由のほかに，この種の捜索は民事事件でも行われるという理由からである。しかし，前述のように，裁判官が風評がない場合でも臣民の生活一般に〔調査のために〕立ち入ることを最一般糺問と呼ぶのであれば，いわば糺問の一種として維持することができる。

4　州内の安寧・静謐を保つことを属州長官の任務とし，州内の犯罪取締を命ずる。

第3章　糺問の主体

　摘要
1 　誰が糺問主体となるか（1，2）
2 　刑事事件における裁判籍は何種類あるか（3，4，5）
3 　住所地の裁判官は他所で犯罪を行った者に対して糺問しうるか（6）
4 　管轄権のない裁判官は犯人を裁判籍地に引き渡すべきか（7，8）
5 　今日引渡しは行われているか，行われているとすれば，どのような場合か（9，10，11，12，13，16）
6 　引渡しが行われる場合の要件は何か（14，15）
7 　犯人が住所地以外の他の裁判区で犯罪を行った場合，誰が裁判官となるか（17，18）
8 　境界地において犯罪が行われた場合，誰が裁判官となるか（19）
9 　公道で犯罪が行われた場合，誰が裁判官となるか（20，21）
10　他の裁判区で逮捕された者に対して裁判官は糺問を行いうるか（22）
11　その犯罪について恩赦がなされた者に対して糺問しうるか（23）
12　〔管轄権の〕優先は可能か（24）
13　淫行勧誘の糺問官は誰か（25）
14　不法侵害の糺問官は誰か（26，27，28）
15　いかなる裁判官が聖職者に対して糺問を行いうるか（29，30，31）
16　いかなる裁判官が貴族に対して糺問を行いうるか（32，33，34，35，36）
17　いかなる裁判官が学生に対して糺問を行いうるか（37）
18　裁判官の資格はどのようなものでなければならないか（38）
19　どのような精神に従って刑事事件を処理すべきか（39，40）
20　良き裁判官の義務（41，42）
21　裁判官の敬虔（43，44）
22　裁判官の思慮（45）
23　裁判官の学識（46）
24　カール5世皇帝は裁判官はどうあるべきものとしたか（47）
25　裁判官はその職務を委譲することができるか（48，49）
26　いかなる場合に裁判官は真正罰令権及び糺問の職務を委譲することができるか（50，51，52，53，54，55）
27　糺問の職務を委譲しうるための要件は何か（56）

28 糺問訴訟において裁判権の延長はあるか（57）
29 告発官とは何であったか（58）
30 書記の職務（59, 60）
31 糺問訴訟に端緒を与えあるいは糺問を促す者とは誰か（61）

1　糺問主体となるのは管轄権のある（competens）裁判官である。これに反するときは，糺問は法律上当然に無効である（C. 7, 48[1]）。

2　管轄権を有する裁判官とは，真正罰令権（merum imperium）ないし死刑科刑権，又は，刑罰として拘禁，罰金若しくは追放を科される犯罪については混合罰令権（mixtum imperium）ないし下級裁判権（bassa jurisdictio）を有する者でなければならない。科刑権をもたない犯罪について糺問することは無意味だからである（D. 2, 1, 3[2]）。

3　どの裁判官が管轄権を有するかを知るためには，次の点に注意すべきである。刑事事件における裁判籍（forum competens）には，住所地，すなわち原籍地（origo）ではなく居住する地による裁判籍[3]，又は犯罪地による裁判籍がある。軍人であっても，重罪たる一般犯罪については犯罪地による裁判籍に服さなければならない（D. 49, 16, 3, pr.[4]）。貴族の場合も同様である（C. 3, 24, 1）。犯罪はすべての名誉を奪うからである（C. 3, 24, 1[5]）。

4　刑事事件における裁判籍としては，さらに，犯行の着手による裁判籍

---

[1] 勅法彙纂第 7 巻第 48 章は「管轄権がない裁判官によって判決されたといわれる場合は」という標題を有し，「一定の事件につき任ぜられた裁判官が，その事件に属さない事柄について判決を下しても，効果を生じない」（第 1 法文）などの法文を含む。
[2] 罰令権には真正罰令権と混合罰令権があり，前者は死刑の科刑権（potestas），後者は金銭をめぐる事件に関する裁判権（jurisdictio）であるとする。
[3] ローマ法上は，原籍地による裁判籍も認められた。Cf. A. Berger, *Encyclopedic Dictionary of Roman Law*, 1953, p. 476.
[4] 属州長官は，脱走兵が当該属州において重大な罪を犯していない限り，審問の上，報告書とともに脱走兵をその指揮官の許に移送しなければならない，なぜなら，勅令によって，脱走兵は犯罪地において処罰されるべきものとされているからである，とする。
[5] 処女を強姦し，境界標を移動し，又は何らかの不法若しくは犯罪の現行犯として逮捕された，皇族ではない貴族は，犯罪地たる属州において処罰されるべきであり，裁判権の免属を主張することができない，犯罪によってこの種の特権の効力が消滅するからである，とする。

(forum inchoati criminis) がある[6]。法学者は一般に，"crimen inchoatum"を刑事訴訟の開始と解し[7]，したがって〔管轄権の〕優先（praeventio）[8]を認める。ここから，法学者は，刑事事件においても裁判権の延長（prorogatio jurisdictionis）[9]が行われると結論するが，これを優先による裁判籍ではなく，犯行の着手地による裁判籍と解するヴェーゼンベック〔ベルギーの法律家。1531-1586〕のほうがおそらく正しい。

　5　刑事裁判における裁判籍の最後の種類は，犯人の逮捕地による裁判籍である（C. 3, 15, 1[10]）。法学者は，主として放浪民及び逃亡者について問題になるとする。すなわち，放浪民が犯した罪についていかなる土地においても処罰されうることは，多数法学者の意見となっている。しかし，C. 3, 15, 1及び D. 1, 18, 3 et 13[11]の法文が無条件であることを考えると，放浪民でない者もまた，逮捕地において公的犯罪につき処罰されうるというのが正確である。犯人は犯罪地で処罰されるべしとしている D. 48, 2, 7, 4 et 5[12]は，これを否定する理由とはならない。これらの法文は他の可能性を排除する趣旨ではなく，また，逮捕地の裁判官による処罰を禁ずるものではなく，申立てがあった場合について犯人引渡しの必要性を示唆しているにすぎない。したがって，ファリナキウス，クラールス及びマテウスが述べているように，住所地の裁判官が糺問しうることを否定する者は確かに誤っている。

　6　ここで問題となるのは，第1に，住所地の裁判官は他所で犯罪を行っ

---

[6] 本章17は，犯罪着手地も犯罪完成地も裁判籍となりうるとするのであるから，両者あわせて犯罪地による裁判籍となると解される。本章18で言及されているローマ法文の解釈の対立に影響されたために，犯行着手地による裁判籍が独立に存在するような記述となったものと思われる。
[7] "crimen inchoatum"は，「犯行の着手」とも「刑事訴訟の着手」とも解しうるために，このような解釈の差異が生じるという趣旨であろう。なお，本章18参照。
[8] 「管轄権の優先」の意義については本章24を参照。
[9] 船田享二『ローマ法』第5巻（1972年）40頁は，"prorogatio fori"を「管轄の合意」とする。ここでは文脈を考慮し，"prorogatio jurisdictionis"を「裁判権の延長」とする。「裁判権の延長」の意義については本章57を参照。
[10] 刑事裁判の裁判籍を，「犯罪が行われ，着手され，又は犯人とされている者が発見された場所」とする。
[11] D. 1, 18の第3法文は，属州長官の罰令権が「暴力をもって何ごとかを行った（quid manu commiserint）」非属州民にも及ぶことを，第13法文は，「悪しき者が属州から除かれる」よう措置すべき長官の義務を定める。
[12] D. 48, 2, 7の第4節は，奴隷は犯罪地において処罰されるべきことを，第5節は，瀆神罪を犯した者は犯罪地たる属州に送致されるべきことを定める。

25

た者に対して糺問しうるか否かである。原籍地[13]又は現在の住所地の裁判官は，他所で行われた犯罪について審問することが可能であり，犯人を犯罪地に引き渡す必要がないという肯定説が一般的でかつ正しい。そうでなければ，犯罪地が糺問に関する唯一の裁判籍ということになり，これは正しくないからである。さらに，住所地による裁判籍は一般的なものであって，裁判を行いうる他の裁判籍と競合するときは，結果的に〔管轄権の〕優先が生ずるということも理由となる。この見解はファリナキウスが挙げる多数の論者によって支持されている。ただし，ファリナキウスは，住所地の裁判官と犯罪地の裁判官が同一の領邦君主の下にある場合については例外を設け，この場合は後者が前者に引き渡すべきものとする。皇帝によって正規の裁判官の裁判権から免属（exemptus）された者は，正規の裁判官によって逮捕され，引き渡されることはない。しかし，重罪についてはかかる特権は効力を有しない。また，特権の付与者たる皇帝がかかる意図を有していたとは推定されない。

7　第2に問題となるのは，管轄権のない裁判官は犯人を裁判籍のあるところに引き渡す義務があるか否かである。これは一般的に否定されている[14]。

8　ここから，犯人を裁判籍のあるところに引き渡すためには，何らかの裁判権を有していなければならないことが明らかになる。

9　今日の慣習によれば，裁判官が同一の領邦君主に臣従する場合を除いて，引渡しが全く行われていないが，これは健全である。ファリナキウス，ヴェーゼンベック，カルプツォフがこの慣習について確言している。

10　裁判官が同一の領邦君主の下にある場合は，領邦君主は引渡しを命ずることができる。クラールス，コヴァルヴィアス〔スペインの法律家。1512-1577〕，ファリナキウス等の説くところから，犯人引渡しの行われる場合を知ることができる。第1は，上述した領邦君主の命令による場合である。第

13　原籍地による裁判籍を認めない本節3の記述との関連が判然としない。本節注3参照。なお，Carpzov, q. 110, n. 6 et seqq. は，今日の慣習によれば裁判籍は住所地，犯罪地，逮捕地の3種であるとする。
14　論拠として，cap. 1. de privileg. in 6 が挙げられているが，不詳。

2 は，対面（confrontatio）のための引渡しが要請された場合である。この場合は通例，引き渡された者の自由な帰還が妨げられることのない旨の保証が行われる。第3は，本章12の例のように，隣接する〔裁判区の〕裁判官の間に協定が結ばれた場合である。第4は，かつて一方が他方に引渡しによって協力し，他方が誓約書により，他の機会に一方に協力する義務を負っている場合である。第5は，本章13の場合である。第6は，D. 49, 16, 3[15]の場合である。ところで，ある者が強盗殺人又は窃盗を理由に私の裁判区（territorium）において逮捕されたので，犯罪地の裁判者に対し，身柄引取りを求め，引き取らなければ被逮捕者を釈放すると通告した場合は，どうであろうか。犯罪地の裁判官は身柄引取りを強制されない，というのがこれに対する解答である。なぜなら，逮捕した裁判官も管轄権を有する正規の裁判官であり，〔逮捕地の裁判官による〕引渡しが義務的でないのと同様，〔犯罪地の裁判官による〕引渡し請求も義務的ではないからである。これは最近行われた法学部の法律鑑定の結果でもある。

11　当該引渡しが引渡し側の裁判権を害し若しくは危うくするものではないこと，並びに，次の同様の機会には自らも引渡しを行うことを内容とする誓約書の提出を条件として，礼譲と友好のために，裁判官が他の裁判官に対して犯人を引き渡すことがしばしば行われている。

12　前掲の協約によって，ブランデンブルク選帝侯，ポメルン侯及びメクレンブルク侯殿下との間に，特に，誓約書が提出されない場合においても相互に自己の領邦内で逮捕された強盗犯（praedo）又は強盗殺人犯（latro）を引き渡すべきことが，取り決められている。すなわち，「選帝侯及び侯は相互に，選帝侯又は侯の臣民にして自己の領邦において逮捕された強盗を留め置くことなく，誓約書のない場合においても（なぜなら，本協約とともに，かつ本協約に基づいてすでに，犯人引渡しが引渡し側の領邦君主としての高権及び裁判権を害するものでないことが約定されるからである），これを引き渡し，送致するものとする。ただし，強盗の引渡しを受けた選帝侯又は侯は，これに対して本協約の定めるところに従い，刑の執行に努めるものとす

15　本章注4参照。

る」。

13　ところで，とりわけ，犯罪地において犯人が逮捕され，糺問が行われ，刑事事件の審理がなされ，かつ判決が行われたにもかかわらず，被告人が逃亡し，他所において逮捕された場合，被告人を引き渡すことは正義に適うことである。カルプツォフは，今日でも引渡しが行われうるこの種の場合について，その要件を詳論している。

14　すなわち，次のような要件がそれである。(1) 略式の審問（cognitio）によって，引渡し側の裁判官が引渡しを要請した裁判官と同等の裁判権を有すること，及び，引き渡されるべき者の犯行があったことが確認されなければならない。(2) 犯罪が軽罪ではなく，重罪であること。これは見せしめのためである（D. 49, 16, 3[16]）。しかし，私はこの第2の要件は疑問としたい。公衆の憤激を惹き起こす犯罪（crimen scandalosum）はすべて犯罪地において糺問されるべきだからである。また，裁判官は罪が重罪であるか否かにあまり心を用いるべきではなく，犯罪がどの程度憤激を惹き起こすものであるかは，犯罪地の裁判官のほうがよりよく判断しうると考える。(3) 引渡しを求めた者の費用によって行われること。

15　ファリナキウスによれば，犯人が犯罪地に引き渡された場合において，それまでの手続を行った裁判官が管轄権を有しなかったときは，犯人に対し新たに手続が行われなければならない，という第4の要件が付け加わる。それまでの手続を行った裁判官が管轄権を有していたときは，以前の手続が続行される，とファリナキウスは述べている。しかし，これは被糺問者が以前の手続の瑕疵を主張しない場合に限られる，と解する。

16　一つの罪につき既に裁判官による処罰を受けた者について，他の罪による処罰のために，他の裁判官への引渡しが要請される場合がある。

17　裁判籍に関する第3の問題は，犯人がある裁判区において犯罪に着手し，他の裁判区において既遂に達した場合，たとえば，ここで傷害し，他所で死に至らしめた場合，誰が裁判官となるのか，である。カルプツォフはツァンガーと同じく，犯罪はそれが完成された地において既遂となるのであ

16　本章注4参照。

るから，着手地ではなく，完成地によるべきであると，この問題に答えている。しかし，この卓越せる人物に対して差し出がましい言い分であるが，ローマ法に従って次のような見解をとるべきだと考える。すなわち，前掲の事例のように，あるいは，他の例を挙げるならば，ある地方で処女を誘拐して他の領邦で強姦した場合，ある場所で文書を偽造して他の場所で行使した場合，あるいは，ある場所で被害者を縛り他の場所で強奪した場合のように，犯人から見ても被害者から見ても犯罪がある裁判区で開始され，他の裁判区で完成に達したときは，犯罪着手地及び犯罪完成地の裁判官のいずれもが管轄権を有し，したがって，ファリナキウス，クラールス，マテウス等が説くように，〔管轄権の〕優先が生ずる，と私は主張したい。

18　私が誤っていなければ，この見解は，C. 3, 15, 1[17]中の「行われ若しくは着手された場所（ubi commissa vel inchoata）」という文言によって証明される。なぜなら，「着手された」という語は訴訟（processus）の着手ではなく，ヴェーゼンベックに従って，犯罪の着手の意味にとるべきだと考えるからである。これは，文脈の示すところでもある。すなわち，主辞は同一，すなわち犯罪であり，これについて，「行われ若しくは着手された」と述べられているのである。それゆえ，後の賓辞は「訴訟」ではなく，前の賓辞がかかる「犯罪」に関するものと解されるべきである。さらに，この法文は〔管轄権の〕優先ではなく，裁判籍に関するものだという理由が付け加わる。そして，以上の見解は公共の利益にも合致する（D. 9, 2, 51[18]）。しかし，ここで殺人の依頼がなされ，他所で殺人が行われた場合はどうか。若干の論者は，殺人の行われた地の裁判官のみが裁判を行うべきだとする。クラールスがこの見解をとるが，ファリナキウスはその妥当性に疑問を提起し，マテウスはこの見

---

[17]　法文は，"Quaestiones eorum criminum quae legibus aut extra ordinem coércentur, ubi commissa vel inchoata sunt, vel ubi reperiuntur qui rei esse perhibentur criminis, perfici debere, satis notum est（法律により又は非正規手続により処罰される犯罪の審問が，犯罪が行われ若しくは着手された場所，又は犯罪の犯人とされる者が発見された場所において行われるべきことは，よく知られている）"である。犯罪地及び現在地（逮捕地）による裁判籍を認める規定である。

[18]　「市民法においては，公共の利益のために，厳格法の定めに反して（contra rationem disputandi），多くの事柄が認められている」という章句が見えるが，テキストとの関連が明らかでない（「厳格法の定めに反して」という部分は，「弁論・討論の本来の方式に反して」が字義であるが，独訳版に従う。「衡平法」と対比される意味での「厳格法」である）。

解を否定する。殺人の依頼それ自体犯罪であり，殺人が実行された場合その刑罰が加重されるにすぎないからである。また，依頼者がここで有罪とされ，依頼を受けた者が他所で無罪とされても不合理ではない（D. 48, 4, 17, 6[19]）。同様に，ここで証拠不十分により放免された依頼者が他所で再び訴追されることも不合理ではない。

19　第4に問題となるのは，犯罪，特に殺人が境界地において行われ，行為自体，たとえば殺人行為がいずれの裁判区で行われたかが不明の場合，誰が管轄裁判官となるのか，である。これについては様々な見解があるが，この問題は裁判官の判断に委ねるべきであって，裁判官はいかなる犯行にも随伴する事情，徴憑及び推定根拠，とくに血液等々の発見場所に基づいて犯罪地を決定すべきであり，とくに，行為者のいた場所よりも被害者のいた場所を考慮すべきである，というカルプツォフの見解に従いたい。犯罪地について疑いが残るときは，双方の裁判官によって審問が行われる。瀕死の状態にある者は様々な動きをするから，頭部の位置だけでは〔管轄裁判官を〕決定することはできない[20]。

20　第5として，公道での犯罪について，公道が他の裁判官の裁判区の中にある場合，誰が公道について真正罰令権を有するか，が問題となる。この場合，糺問権は，その裁判区の裁判官ではなく，収益高権（regalia）の帰属する領邦君主に属するというのが正しく，かつ共通意見となっている。かかる見解の根拠は，公道又は国王道路（国王の軍用道路及び帝国道路）は収益高権に属するという点にある。しかし，フリチウスは，ザクセン選帝侯領ではこれが遵守されていない[21]と伝えている。現在は他の地方においても同様であろう。罰金徴収の見込みがなければ，裁判官は刑事裁判権の行使に熱心でないのが通例だからである。

19　男が姦通で有責判決を受けた場合であっても，偽証等による誤判がありうるから，女は直ちに有罪とはされず，無罪の主張・立証を許される，とする。テキストは，一人の共犯に対する有責判決は，当然に他の共犯に対する有責判決を意味するものではないという趣旨であろう。
20　Matthaeus, tom. 2, lib. 48, tit. 8, cap. 5, n. 6 によれば，境界線上にある被害者の（人体の主要部分である）頭部が発見された裁判区の裁判官が管轄権を持つべきか，脚部が発見された場所の裁判官が管轄権を有するかについて議論があるとする。これを前提とした記述である。
21　「遵守されていない（hoc non observari）」とは，領邦君主の裁判官が公道における事件の取締りに不熱心であるという趣旨なのであろうか。

21　しかし，農村又は都市において，公道上で犯罪が行われたときは，道路裁判権（Strassen-Gericht）を有する農村又は都市の裁判官が審問を行う。

22　第6の問題は，管轄権を有する裁判官が，自己の裁判区内ではなく，他の裁判区，しかも領邦君主を異にする裁判区において，属吏又は受命者に犯人を逮捕させた場合，犯人に対して糺問を行うことができるか否か，である。ファリナキウスはこれを否定する。他の裁判区で逮捕させるべきではなかったからである。しかし，これは逮捕地の裁判官が犯人の身柄返還を求めた場合に限るべきである。逮捕地の裁判官が身柄返還を求めず，裁判権侵害に異議を述べない場合は事情が異なり，裁判官は被逮捕者を放免することなく，犯行について審問を行うべきである。犯人を他の裁判区において逮捕した裁判官は，いずれの裁判区においても逮捕されてしかるべき犯人に対しては，何らの誤りも犯しておらず，たんに逮捕地の裁判官に対して，誤りを犯しているにすぎないからである。

23　第7として問題となるのは，当該犯罪について，犯罪地において恩赦された者，放免判決を受けた者，又は有責判決を受けた者に対し住所地その他において再度糺問を行うことができるか否か，である。ファリナキウスは，第1の場合とその他の場合とを区別する。恩赦の場合，裁判官がいずれも同一の領邦君主に臣従しているときは，裁判官は犯人に対して手続を行うことができないが，裁判官が各々異なる領邦君主に臣従している場合は事情が異なる。すなわち，裁判官が，恩赦を与えた領邦君主に臣従しているときは糺問を行うことができないが，その領邦君主に臣従していないときは，恩赦はその裁判官を拘束しない。犯人はまだ有責判決を受けておらず，かつ，その裁判官も同様に正規の裁判官であるから，糺問を行うことができるであろう。これに対して，すでにある裁判官から放免判決又は有責判決を受けている場合は，〔管轄権の〕優先が生じ，臣従する領邦君主の異同にかかわりなく，他の裁判官は，前の糺問において通謀又は偽罔が行われた場合を除いて，糺問手続を行うことができない。なお，詳細は第6章を見よ。

24　最後に，2名の裁判官が管轄権を有する場合――それが起こりうることは上述したところから明らかである――は，〔管轄権の〕優先が生じ，最初に糺問を開始した裁判官が他の裁判官による糺問を妨げるという点に注意す

べきである。しかし，一方の裁判官が書面をもって召喚したところ，他の裁判官が犯人を逮捕したという場合は，後者の立場が優先する。ただし，犯人が他の裁判官の裁判権を回避するために意図的にある裁判官の手に自らを委ねた場合，あるいは召喚された者がすでに命令抗拒の状態にある（contumax）場合を除く。

25　ところで，特に〔淫行の常習なき婦女に対する〕淫行勧誘（stuprum）について，その審問と糾問は真正罰令権を有する者の権限に属するのか，あるいは，混合罰令権ないし下級裁判権を有する者の権限に帰属するのかという問題がある。単純淫行勧誘及びそれより軽い犯罪である淫蕩（fornicatio）に対する刑罰は今日，裁量的であるから，ベールリッヒ〔ザクセンの法律家。1586-1638〕がその糾問は下級裁判権に属するというのはおそらく誤りではない。なぜならば，真正罰令権を有しない裁判官の許においても，窃盗，不法侵害（injuria）[22]，淫蕩，瀆神，偽誓，中傷，安息日違反，喧嘩，集会・会同における暴力行為，種々の偽罔行為（fraus et stellionatus）[23]，暴利行為等を刑事訴追し，特別刑[24]，罰金刑，拘禁刑，追放刑又は類似の刑罰[25]を科すことができる

---

[22]　ブルネマンは不法侵害について特に論じていない。Matthaeus, tom. 1, lib. 48, tit. 4, cap. 1, n. 1 は，不法侵害を，「公序良俗に反して他人に加えられた名誉毀損」と定義し，その犯行形態には行為（res），言葉（verba），文書（litterae）によるものがあるとする（D. 47, 10, 1, 1 参照）。後２者はたしかに侮辱ないし名誉毀損に当たるが，前者は，近代的な意味では名誉に対する犯罪とは捉えられていない多様な権利侵害行為を含む。マテウスは，たとえば暴行，所有物利用・公権行使を妨げること，他人の羞恥心を害することなどを挙げる。なお，Inst. 4, 4, 1 ; D. 47, 10 参照。

したがって，"injuria verbalis"（5 章 12 参照）のように名誉毀損的な行為を指すことが明らかなときは「名誉毀損」と訳し，"injuria"，"injuria realis" は「不法侵害」と訳した。

[23]　D. 47, 20, 3, 1 et 2 は，取引上の欺罔行為を欺罔罪（stellionatus）と名付け，特別刑によって処断しうるものとする。「一般的にいうならば，罪名のない場合は，欺罔罪となる。その数を数え上げる必要はない」とされていることから明らかなように，他の犯罪類型に包摂されない，欺罔行為を含むすべての可罰的行為が欺罔罪とされている。欺罔罪に関するブルネマンの記述は，5 章 9 を参照。

[24]　ブルネマンは特別刑について説明を与えていない。カルプツォフによる説明を掲げる。

「判決に際して裁判官は，正規刑すなわち法律に定められた刑に従うべきこと，理由なく裁量によってこれを変更することの許されないことは確立した法である。正規刑が欠ける場合にのみ，特別刑若しくは裁量刑を科すことができる。すなわち，ごく頻繁に法律に見られるように，法律自体が刑罰を定めることなく科刑を裁判官の裁量に委ねている場合，及び，行われた犯罪が特定の名称を有せず，かつ法律・法令に明示的に規定されていない場合がそれである。すべての犯罪の個々の態様を列挙し，刑を明示することは不可能だからである。しかし，具体的に挙示されなかった罪は，そのことをもって処罰を免れることがあってはならない。それゆえ，この種の

からである。²⁵ また，後に論ずるように，憤激を惹き起こすべての犯罪について糺問が行われるという見解が正しいとすれば，真正罰令権を有する裁判官のみならず，専ら民事裁判権のみを有する裁判官もまた，糺問を行うことが可能であり，かつ行うべきだということになろう。笞刑及び死刑は真正罰令権に属するが，追放刑，拘禁刑及び罰金刑は，刑事裁判権を有しない裁判権者もまた科すことができるのである。したがって，単純淫行勧誘又は淫蕩の処罰は下級裁判権者によっても行うことができることになる。もっとも，真正罰令権者による処罰も可能である。ただし，強姦 (stuprum violentum) は真正罰令権に専属する。これに対し，さほど重大とはいえない偽罪 (crimen falsi)²⁶ については，混合罰令権を有する裁判官も審問を行うことができるが，予期に反して〔法有識者団によって〕身体刑の判決が行われた場合はどうか。この場合は，かつて法務官 (praetor) の許での裁判において，多くの事件が省長官 (praefectus praetorio) の許に移送されたように²⁷，判決の執行及び事件全体を真正罰令権のある裁判官の許に移送することができると考える。ただし，反対の慣習がない場合に限る。

　26　不法侵害については，裁判官に対してなされた場合，裁判官は自分に対して加えられた不法侵害について自ら糺問することができるか否か，が常に問題となる。一般に，不法侵害が職務に関連して裁判官に加えられた場合と，私人としての裁判官に加えられた場合が区別される。クラールスによれば，前者では，不法侵害は裁判官自身に対してというよりもむしろ職務に対して加えられたのであるから，自ら糺問しうるが，後者では糺問を行うことができない。

　　　犯罪は欺罔罪 (stellionatus) という一般名によって表示されるのである。すなわち，罪名がない場合は，常に欺罔罪としての訴追が行われる。これは，法律に基づく処罰ではなく，特別の懲罰を目的とするものであり，裁量刑による被告人の処罰を要求する」(q. 133, n1 et seqq.)。なお，慣習上確立した刑罰も正規刑とされることについては，q. 132, n. 6参照。
25　カルプツォフによれば特別刑として科しうるのは，身体刑としての笞刑，断手刑，民事刑としての追放刑，拘禁刑，罰金刑であり，死刑は除かれる (q. 133, n. 16, 25)。ブルネマンが「類似の刑罰」と述べるのは，身体刑を除外する趣旨であろう。
26　ローマ法上，偽罪は，裁判の証拠に関する犯罪，文書犯罪，通貨偽造，度量衡器の偽造等を含む。D. 48, 10参照。
27　ブルネマンはローマ帝政期を念頭においている。船田享二『ローマ法』第1巻（1968年）394頁参照。

27　これに対して，ガイル〔帝室裁判所陪席。1526-1587〕は次のような要件が必要だとする。(1) 不法侵害が職務との関連で官憲に加えられたものであること。(2) 不法侵害が明白であって，さらなる証明若しくは糺問を必要としないこと。(3) 刑罰が，たとえば市長（Consul）が不法侵害行為の取消し又は不法侵害に対する賠償の支払いを求めて訴追しようとしている場合のように，当事者の利益にかかわるものではなく，国家の利益にかかわるものであること。(4) 正規刑が科されること。しかし，この第4の要件は適用されることがほとんどないと思われる。不法侵害については，いかなる場合に正規刑が科されるかが問題となるからである。不法侵害に対する刑罰は多様であり，かつ裁量的であるため，裁判官が悪意の疑いを受けることなく裁量を行うことは困難である。事実，裁判官が不法侵害に対する刑罰を自ら決定することはできないのであって，一件記録を法有識者団（collegium juridicum）[28]に送付すべきである。

28　被糺問者が，裁判官に不公正の疑いがあると申し立てる場合は，裁判官は審問を行いえず，あるいは，少なくとも公証人（notarius）を立ち会わせる義務を負う。カルプツォフもほぼ同様に説いている。これは今日広く承認されるところとなっており，被糺問者又はその親族が申し立てる場合は，裁判所書記（notarius judicii）と並んで公証人の立会いが行われている。敵意，悪意を持っていると疑われることを欲しなければ，賢明な裁判官はこれを拒むべきではないであろう。

29　上述したところから明らかなように，糺問を受けるべき犯人は，糺問裁判官の裁判権に服するものでなければならない。聖職者については，犯罪地において糺問に服する義務があるか否かが問題となる。これは一致して否定されている。民事の場合と同様，刑事の場合も，世俗裁判官は聖職者に対して裁判を行うことができないからである（X. 2. 1. 4, 10, et 17 ; X. 2. 2. 12, 18, et sim.[29]）。これは，信仰と教会に関する事件の場合を除いて，俗人が教会

28　8章4節2は，「法有識者団，すなわち法学部，参審人会，領邦君主」とする。法有識者団については，「解題」Ⅲ-2参照。

29　① X. 2. 1. 4 は，「しかし，聖職者が世俗の裁判官の許で，犯罪につき有罪を証明され，又は自白した場合，そのことをもって司教による有責判決が下されるべきではない。なぜなら，世俗の裁判官によって下された判決も，その面前においてなされた自白も，〔聖職者を〕拘

裁判官の許に訴えられ，かつ裁判されないのと同じである。クラールスは，これらの二つの規則の拡張と制限について論じている。

30 しかし，アウグスブルク信仰告白を支持したドイツ・ローマ帝国内領邦君主は宗教和議によって委託された権限に基づき，司教裁判権を行使しており[30]，聖職者が，アウグスブルク信仰告白を支持した領邦君主の裁判権に服することは疑いがない。したがって，以下に述べるように，僧籍剥奪（degradatio）[31]が聖職者の処罰に先行しなければならないが，領邦君主は聖職者の犯罪について糺問し，かつ聖職者を適法に処罰することができる。

31 領邦君主は，宗務局（Consistorium）を通して，かかる裁判権を教会及び世俗に関する事件，同じく軽罪事件について行使する。重罪事件については，聖職者が犯罪地で逮捕された場合は，犯罪地の世俗裁判官が管轄する。しかし，重罪について逮捕されなかった場合は，領邦君主が糺問を行う。

32 貴族が領邦都市において犯罪を行ったが，都市官憲が貴族に対し糺問手続を行い，これを処罰する権限を有している場合はどうか。シュテファーヌス〔ブランデンブルクの法律家。1576-1646〕はこの問題を論じ，正当にも，領邦君主の臣下であって常時宮廷に生活する貴族とそれ以外の貴族とを

束しないからである」とする。

② X. 2. 1. 10 は，現行犯逮捕された聖職者を俗人が処罰しうるか否かという請訓に対し，「職階を問わず，聖職者が窃盗，殺人，偽誓又はその他魂の死に至る罪を犯す際に適法に逮捕され，かつ有罪を証明された場合は，教会裁判官によって位階を剥奪される（deponendus）べきである」とする。この規定は，聖職者身分の剥奪によって世俗法に基づく処罰の実現を目的とした規定である。10章注18参照。

③ X. 2. 1. 17 は，「正しい裁判が行われないために（pro defectu iustitiae）聖職者が世俗の裁判官の許に引き出されるという，絶対にあってはならないことが生じないように……聖職者を訴える俗人に対ししかるべく正しい裁判を行う」べきことを定める。

④ X. 2. 2. 12 は，「〔聖職者は〕その意に反し，またはその意思によって，世俗の裁判に服する旨の契約をなすことができない。それは，放棄することのできる私的特権ではなく，むしろ，教会全体に公のものとして付与された特権であり，私人の契約によって廃棄しうるものではないからである」と定める。

⑤ X. 2. 2. 18 は，「私人は合意により，裁判権を行う者を定め，自己の裁判官を選ぶことができるが，聖職者は，それが聖職者であり，かつ管区司教の同意のある者でなければ，自己の裁判官として同意することができない」とする。

30 Vgl. Abschied des Augusburger Reichstages §. 20（1555）, abgedruckt in : K. Zeumer, Quellensammlungen zur Geschichte der deutschen Reichsverfassung in Mittelalter und Neuzeit, 2. Teil, 1913, S. 345.

31 10章注18参照。

区別する。そして，前者については，都市官憲の糺問を否定し，このような貴族による犯罪の審問と処罰は領邦君主の権限に属する，と述べている。なぜならば，人がある者の裁判権から免属されている場合は，その家族もまた免属されているからである（C. 5, 7, 1[32]）。

33　しかし，私はこれを，宮廷貴族が領邦君主が現在する都市にいる場合，又は，その都市において領邦君主の要務を執行している場合に限るべきだと考える。したがって，他の都市に自己の要務のために滞在している場合は除外される。なぜなら，裁判権から免属された者であっても，裁判権から免属されていない場所で——この場合は，領邦君主の居住もしくは滞在する都市以外の場所で——罪を犯したときは，その地の法令と慣習に従って処罰されるという確かな規則があるからである。

34　領邦君主の宮廷に生活しない貴族の場合は，犯罪地の如何にかかわらず，それが領邦君主の居住する都市であっても，都市官憲が犯罪地において真正罰令権を有する限り，都市官憲によって処罰される。なぜなら，犯罪は原則として裁判籍を発生させ，この場合はその例外に当たらないからである。すなわち，貴族が都市において犯罪を行ったという事実そのものによって，貴族は都市裁判官の裁判権に服することになるのである（Authenticae C. 3, 15[33]）。同じことは，軍人についても（D. 49, 16, 3[34]），また上述のように聖職者についても妥当する。ファリナキウスも同意見である。

35　しかし，今日では通常，次のような場合分けがなされることが知られている。すなわち，都市官憲が犯罪地において貴族を逮捕した場合，貴族に対して糺問訴訟を行うことができる。しかし，貴族が逃亡した場合は，貴族が領地で生活していることが明らかであっても，糺問訴訟を行うことができない。この場合は，貴族を召喚することができず，審問は領邦君主の権限に属するからである。

36　強盗に関しては，1617年1月22日ブランデンブルク選帝侯，ポメル

32　結婚を強要するために自己の職権を利用した官吏がなおその職にあるときは，その被害者は「その家族とともに，当該官憲の裁判権に服することを拒否することができる」とする。

33　C. 3, 15に付された新勅法抜萃引用文（Authenticae）は，「ある属州において罪を犯した者が……その属州において裁判を受けるべきことは確立した法である」とする。

34　本章注4参照。

ン侯及びメクレンブルク侯殿下の協約の中に，明確な規定がある。「これに対し，貴族的特権及びその他の特権（Befreyung）が収益をもたらし，利益となることがあってはならず，その種の特権はすべからく，その名称の如何を問わず，一つの例外もなく，これをもって完全に無効とされ，廃棄されるべきである。人民の安寧が至高の法であるべきにもかかわらず，これらの特権によって万人に害が加えられているからである。さらに，殺人，野盗，掠奪，強盗を事とする者はもはや騎士若しくは特権享受者たる資格に値しない」[35]。同旨の勅令については，シェープリッツ〔ブランデンブルクの法律家。1566-1634〕を見よ。

　37　学生が死刑相当の犯罪を行った場合は，審問を行うのは大学，領邦君主又は司教である。ただし，これは犯罪が大学のある場所又は都市で行われた場合に限る。学生が他の場所，他の都市で犯罪を行った場合は，バルドゥスに基づいて上述した〔＝本章33〕規則による。法学者は，フリートリヒ1世皇帝の新勅令"Habita"[36]に基づき，大学は学生に対する刑事裁判権を付与されているとするが，マテウスが次のような理由からこれを疑問視するのは正当である。(1) このような重大な問題を皇帝がこれほど無頓着に扱ったとは考えにくいことである。(2) その旨を明示していない勅令の中で真正罰令権が規定されているとは考えられない。(3) 皇帝は，学生の〔選択した〕裁判官の許に出訴しない者の敗訴を命じたのであるが，これは民事事件の問題である。(4) 皇帝は，学生が他人の犯罪を理由に訴追されることを禁じたのであり[37]，したがって，自己の犯罪に基づいて訴追されることは可能である。また，学生が軍人及び貴族よりも寛大に扱われているとは考えられない。

35　これはいわゆる強盗騎士を対象としたものであり，都市等は領邦君主の手をまつまでもなく，自らの手で貴族身分を有するものに対しても糾問訴訟を行いうることを定めたものと解される。
36　これは，C. 4, 13, 5末尾に，1158年11月の「フリートリヒの新勅令」として見いだされる。勅令は，学徒とりわけ法学教授に対して皇帝の特別の庇護を与え，学生に対する訴えを提起しようとする者は，学生の選択するところに従い，皇帝によって裁判権を付与された教師又は都市の司教の許に訴えを提起しなければならない，これ以外の裁判官の許に訴える者は，訴えに理由のある場合においても敗訴する，と定める。
37　これは，新勅令の「いかなる属州の者にせよ他人による犯罪又は債務を理由に学徒に損害を与えてはならない（decernimus, ut……nec ob alterius cujuscunque provinciae delictum sive debitum……aliquod damnum eis inferat）」という部分を指す。

38 裁判籍については以上である。次に，刑事裁判官の適格性について若干論ずることにしたい。第1に，裁判官はその正しい生活においてよく知られた誠実な人物，良きキリスト教徒でなければならない。また，Quator C. 11. q. 3. c. 78[38]が次のような言葉で述べている四つの情念に捉われてはならない。

　　これらの四つのもの，恐怖，憎悪，偏愛，財物は
　　しばしば人の正しい心を狂わせる
　　　　Quator ista, timor, odium, dilectio, census.
　　　　Saepe solent hominium sanos pervertere sensus.

39 さらに，厳格を衒い，あるいは，寛大だという徒な評判を得るために，厳格な判決あるいは緩やかな判決をなすべきでない（D. 48, 19, 11, pr.[39]）。なぜならば，厳格との評判を得るために無情，苛烈な態度をとる裁判官の過ちは有害だからである。また，なぜならば，ひとは慈悲心によって神の許へと高められるように，苛烈な振舞によって地獄へと堕ちるからである。これは，スカッキアが典拠を引きつつ論じている通りである。スカッキアはまた，アウグスティヌスの次の言葉を引いている。「キリスト教徒たる裁判官よ，敬虔な父として職務を行え。神を畏れぬ振舞に怒りを忘れてはならないが，罪の重さに対する復讐心を満たそうとしてはならず，〔罪人が〕罪を犯すことによって受けた傷を癒す心を持たなければならない」。また，同じくグレゴリウスの次の言葉を引いている。「愛があれ，しかし優柔であってはならない。厳格さがあれ，しかし挑発的であってはならない。熱き心があれ，しかし激してはならない。神を畏れよ，しかし必要以上に許してはならない」。

40 なぜなら，人の血に飢え，人を罪することを誇るならば，罪ある者を罰するとはいえ，それは殺人だからである。

41 良き裁判官は，「知は，汚れた魂に入ることなく，罪に堕ちた肉体に

---

38 ブルネマンは記憶によって引用したのであろうか，表現はかなり異なる。その大意は，「人間の判断を狂わせる四つのものがある。恐怖—権力を恐れて真実を語らない。貪欲—贈物によって人の心を堕落させる。憎悪—敵の不利益を謀る。愛情—友人，肉親の利を謀る」というものである。

39 テキストと同趣旨の章句が見える。

宿ることがない」というソロモンの言葉を想うべきである。

　42　裁判官は，刑事事件を扱うときは常に，ユダヤの王ヨシャパテの言葉を想うべきである。「汝らは人のために裁判(さば)するに非ずエホバのために裁判するなり裁判する時にはエホバ汝らと偕(とも)にいます　然ば汝らエホバを畏れ慎みて事(わざ)をなせ我らの神エホバは悪き事なく人を偏視(かたよりみる)ことなく賄賂(まいない)を取ること無ければなり」(歴代志略下19・6)。また，「神を畏れることが知の始まりである」という言葉を常に想うべきである．

　43　モーゼの舅エテロが裁判官に求めた徳を備えるべきである。すなわち，「賢して神を畏れ真実を重んじ利を悪(にく)むところの人」(出エジプト記18・21)でなければならない。

　44　ソロモンとともに次のように祈るべきである。「聴き別る心を僕(しもべ)に与へて汝の民を鞫(さば)かしめ我をして善悪を弁別(わきまふ)ることを得させしめたまへ」(列王紀略上3・9)。

　45　第2に，糺問官 (inquisitor) 若しくは裁判官は賢明でなければならない。〔職務に〕伴う危険が大きければ，それだけ一層賢明さが必要となるからである。

　46　第3に，学識のあること。アウグスティヌスがいうように，「裁判官の無知は，無辜にとって，ほぼ常に禍である」からである。

　47　これらの適格性のすべてを，カール5世はその刑事裁判令1条において定めている。「まず，朕は，それぞれの地の事情の下で見いだしうる，信仰厚く，名誉，知識，経験ある者，最も有徳かつ最良の者が，すべての刑事裁判所の裁判官，参審人[40]，裁判所書記に任ぜられる[41]ことを命じ，定め，

---

[40] 雪冤宣誓，決闘，神判等の形式的な証拠法しか知られていなかったゲルマン法の訴訟手続において，判決を下すのは参審人の役割であり，裁判官の役割は裁判所を設営し判決の執行を確保することにとどまった(「解題」III-2参照)。

　これに対し，ローマ・カノン法の実質的な証拠法を前提とするカロリーナにおいては，裁判官は証人尋問，拷問を含む被告人尋問等の訴訟手続を自ら指揮する役割を付与されている。参審人は，裁判官とともに判決の評議を行い (CCC 81)，最終裁判期日において旧来の「判決発見人」としての役割を与えられるが (CCC 92, 93. 10章注11参照)，その役割は縮小ないし形式化している。Vgl. A. Schoetensack, *Der Strafprozeß der Carolina*, 1904, S. 15.

[41] テキストは，"daß alle peinlich gericht mit Richtern, vrtheylern vnd gerichtßschreibern, versehen vnd besetzt werden sollen, *von frommen, erbarn, verstendigen vnd erfarnen personen, so tugentlichst vnd best die selbigen nach gelegenheyt jedes orts gehabt und zubekommen seyn*" である。Gobler,

欲する。このために，貴族及び学識者を用いることを可とする。以上に際し，すべての官憲は，刑事裁判所が最もよく構成され，何びとにも不正が行われることのないよう，宜しく努めなければならない。そして，人の名誉，身体，生命及び財産にかかわる重大な事件においては，毅然かつ慎重なる職務執行が相応しく，これに違背する場合においては，何びともその過誤と懈怠を，適法相当な理由があるものとして免れることがあってはならず，この法令に従い，しかるべく処罰されなければならない。この点につき，刑事裁判所を所有するすべての官憲は厳粛な警告を受けるものとする」。しかし，刑事裁判令1条がどの程度適切に遵守されているかは，遺憾ながら経験の示す通りであり，都市では学問も刑事裁判についての知識もない者によって，農村では農民その他刑事裁判の経験のない者によって刑事事件が取り扱われているのが実情である。刑事裁判官の宣誓については，刑事裁判令3条を見よ。

48　ところで，真正罰令権を有する者がこれを第三者に委譲（delegare）し，第三者をしてこれを行わせる例がしばしば見られるので，論述を先に進め，これは法律上可能であるか否かを検討する。確かにローマ法上は，真正罰令権を第三者に委任，委譲（mandare et delegare）[42]することが許されないことは確立している。真正罰令権は君主（princeps）による授封又は法律に基づいて特に付与されたものであり，委譲することが許されないからである（D. 1, 21, 1, pr.; D. 50, 17, 70[43]）。したがって，犯罪が死刑又は身体刑相当のもの

---

　　cap. 1はイタリック部分が，"iudicia omnia publica & poenalia Praetoribus, iudicibus & scribis prouideri atque constitui, tam integris, probis, honestis & prudentibus uiris, aptis atque idoneis, quam loci cuiusque occasio & commoditas subministrare possit" と解するので，これに従う。

42　ローマ法上, jurisdictio delegata と jurisdiction mandata との間には，前者の場合，裁判権を委譲された者による裁判に対し裁判権を委譲した者の許に上訴することができるという意味で新たな審級が創設されるのに対して，後者の場合，上訴は委任者の裁判に対する上訴を受理すべきであった者の許になされるという差異があった（Berger, *op. cit.*, p. 524）。

43　D. 1, 21, 1, pr. は，「法律，元老院決議又は勅令により特に付与されたものは，裁判権の委任（mandare）によって移転（tansferre）されることはない。ただし，官憲としての権限により有するものは委任することができる。したがって，法律又は元老院決議（たとえば「姦通罪に関するユリア法」及び類似の法）により刑事裁判権を行使する官憲がその裁判権を委任することは誤りである」，とする。

　　D. 50, 17, 70 は，犯人を死刑またはその他の身体刑に処する権限を付与されたものは，その権限を第三者に移転することができない，とする。

でなければ，その犯罪に対する審問は，〔裁判官としての〕適格性を有する者であれば，第三者に問題なく委譲することができる，ということになろう。

49　流血刑事件 (causa sanguinis)[44] においては，正規の裁判官，とくに真正罰令権を有する貴族が自ら裁判を主宰すべきである (D. 50, 17, 70 ; CCC 2)。カール5世皇帝は刑事裁判令2条において次のように定める。「その所領のために刑事裁判所を設営すべき者が，心身の虚弱，若齢，老齢その他の障碍により，刑事裁判所を設営し，主宰することができない場合において，その必要あるときは，上級裁判官〔＝領邦君主〕(oberrichter) の了解及び承諾を得て，自らに代わるべき適切な者を刑事裁判所設営のために任命し，配置しなければならないる」[45]。ここから，やむをえざる場合を除いて，いかなる貴族その他の裁判官も自ら刑事裁判を主宰すべきことが明らかになる。

50　しかし，法律上若干の例外がある。(1) 領邦君主は真正罰令権に属する事件〔の裁判権〕を委譲することができる (C. 3, 24, 3, pr.[46])。

51　(2) 真正罰令権者の不在に基づいて例外が認められる (D. 1, 21, 1, pr.)。この理由に基づく場合は，真正罰令権それ自体ではなく，〔個々の〕刑事事件の審問が委任されるにすぎない。

52　(3) 重篤な疾病の場合も例外となる (D. 42, 1, 60)。

53　(4) 若齢若しくは老齢により，又は精神の障碍及び類似の障碍のため，刑事裁判を主宰することができない者〔の場合〕も，例外となる (CCC 2)。カール5世皇帝の法は，上級裁判官 (superior) の同意を要求するが，慣習上これは必要とされていない。

54　(5) 若干の法学者は，カノン法によれば刑事事件〔の裁判権〕を委譲することができるとする (X. 5. 17. 4[47]; VI. 1. 13. 2[48]; VI. 1. 16. 7[49])。しかし，そ

---

[44] ドイツ語訳は「死刑事件」とする。Carpzov, q. 102, n. 11 は，流血を伴う刑はすべて流血刑であるとする見解に対し，死刑のみが流血刑と呼ばれるべきだと述べている。

[45] 領邦国家の裁判官には，①領邦君主の任命する裁判官，都市参事会が任命する裁判官と，②領主裁判権者でもある裁判官（又は領主裁判権者が任命する裁判官）がある。本条のこの規定は，②の裁判官に関するものである。また，本条でいう「上級裁判官」とは領邦君主を指すと解され，刑事裁判所令において，領主裁判権に対する国家的統制に言及する唯一の規定である (R. Blankenhorn, *Die Gerichtsverfassung der Carolina*, 1939, S. 16)。

[46] 退任後の高官に対する刑事事件の裁判権を，皇帝又は勅令により皇帝の権限を委託 (mandare) された者に留保する。

れが認められるのは次の3例の場合に限られるとするコヴァルヴィアス及びギルケーヌスのほうが正しい。[48] すなわち、[49] (1) 領邦君主によって委譲が行われた場合。これについては上記において触れた。(2) 教会当局によって流血刑が科される場合、教会当局はこれを第三者に委託しなければならない (Ⅵ. 3. 24. 3[50])。(3) 司教が司教代理を任命した場合 (Ⅵ. 1. 13. 2)。

55 プルックマンが述べているように、カノン法上はどうあるにせよ、この点についてはローマ法に従いたい。カノン法上真正罰令権を委譲することが可能な理由は、カノン法上流血刑が科されることがないという点にあり、そして、この理由は世俗裁判所では妥当しないからである。

56 刑事事件の〔裁判権の〕委譲が適法となる場合について、二つの要件が必要だと考えられる。(1) 委譲が裁判権付与者の同意を得てなされること。刑事裁判令2条は「その上級裁判官の承認を得て」と定めている。この規定は守られない傾向があるが、遵守するほうが安全であろうと考える。(2) 刑事事件〔の裁判権〕が包括的に委譲されるのではなく、個々に委譲されること。しかし、修道院の場合、都市貴族 (Baro) 若しくは〔都市在住の〕領主が都市外に所領を有する場合、又は、同一の地域に対し複数の貴族が裁判権を

---

47 法王アレクサンダー3世は、管区のキリスト教徒を略奪・殺害するサラセン人の処置について請訓した大司教に対し、次のように回訓している。「貴下の裁判権に服する者に対し、貴下は罰金刑及び笞刑を科すことができる。ただし、笞刑は流血刑となってはならない。したがって、節度をもって行うべきである。しかし、これ〔=キリスト教徒の犯罪〕以外に、サラセン人のはなはだしい蛮行が行われたときは、死刑又は四肢切断の刑を受けるべきであるから、刑の執行それ自体 (vindicta ipsa exercenda) は王権に留保されなければならない」。

48 テキストは、"cap. licet. X. de officio vicarii" であるが、グレゴリウス9世教令集第1巻第28編には "licet" で始まる章は存在せず、テキストは "cap. licet. Ⅵ de officio vcarii"（第六書第1巻第13編第2章）の誤記と思われる。以下の法文についても同様である。第六書第1巻第13編第2章は、司教の職務の一般的委任は裁判権の行使を含むが、非行の糺問、懲戒、処罰、又は特権、職階等の剥奪を行う権限は特別委任によらなければならない、としている。

49 司教は、教区のいずれの地においても「自ら又は第三者を介して」教会裁判所の管轄に属する事件を審問し、必要ならば、教会人を逮捕し、逮捕を命ずることができる、とする。

50 Ⅵ. 3. 24. 3 は、「世俗裁判権を有する司教又はその他の高位聖職者若しくは聖職者が、その裁判区内において殺人その他の犯罪が行われたために、その代理又はその他の者に、これにつき真実を糺問し、裁きを受けるべき者を発見すべきことを命ずることは、代理又はその他の者が、正義の求めるところに従い、犯人に対し流血刑を行うに至った場合であっても、カノン法に反するとみなされるべきではない。なぜなら、確かに聖職者は流血刑事件の審問を行うことは許されないのであるが、〔この場合聖職者が〕有しているのは世俗裁判権であるから、これを他の者に委任することによって、カノン法に違反するおそれを除くべきであり、かつ除くことができるからである」とする。

有する場合，今日ではしばしば刑事事件の〔裁判権の〕包括的委譲が行われるのが見られ，裁判代行者（administrator justitiae；Gerichtshalter）等が任命されている[51]。

57　裁判権の延長について若干付言する。確かに，法学者は一般に，クラールスの所説に基づき，刑事裁判権の延長が可能であるとしている。しかし，バルドゥスによれば，糺問訴訟が行われる場合は，裁判権の延長は生じない。これについては，二つの場合を分別すべきである。(1) 裁判官が流血刑相当の犯罪に対して裁判権を有しない場合。この場合，存在せざるものは，延長もされえない。(2) 裁判官が，確かに裁判権を有するが，特権を有する特定人に対して裁判権を行使することができない場合，被逮捕者が裁判官が裁判権を有しないことを知って手続に対して答弁を行ったときは，領邦君主がこれを妨げない限り，被逮捕者は裁判権を延長したことになる。そうでなければ〔＝その認諾を前提としなければ〕裁判権の延長は特権を付与された者としての名誉を損なうことになろう（X. 2. 2. 12[52]）。

58　以上，糺問において裁判官の職務を行う糺問主体について述べた。以下，裁判補助者（minister judicii）について簡単に触れる。かつて，裁判補助者として告発官（delator publicus）があり，職務として犯罪を告発した（D. 48, 3, 6；D. 48, 16, 6, 3[53]）。これはイレナルカ（irenarcha[54]）と呼ばれたが（D. 50, 4, 18, 7；C. 10, 75, 1[55]），この種の官が忘れ去られたことは司法にとって大きな損失であった。

59　書記[56]もまた欠くことのできない補助者の一人であり，供述，行為を

---

[51] Kress, art. 2, §. 6 は，「今日，委譲の〔正当な〕理由が存在しない場合であっても，領主裁判権を売却し質入し，したがって委譲することも可能である。……それゆえ〔刑事裁判令2条にいう〕『その他の障害』という文言に，いかなる事由が含まれるかを論ずることは無意味である」と述べている。

[52] グレゴリウス9世教令集第2巻第2編第12章は，すでに一部を本章注29に訳出したように，聖職者が世俗裁判権に服することを禁ずるものであって，テキストにいう認諾による裁判権の延長それ自体を禁じており，テキストとの関連性が明らかでない。

[53] D. 48, 3, 6 は，「イレナルカが窃盗を逮捕したる場合は，その共犯者について尋問し，尋問の記録を封印の上，法務官による審問のため送付すべきものとする」と定める。D. 48, 16, 6, 3 は，告発によって訴えを提起する告発官（nuntiator）は告発を裏付けなければならない，とする。

[54] 治安判事を意味するギリシャ語に由来するようである。

[55] D. 50, 4, 18, 7 は，イレナルカとは，公の秩序の維持と習俗の保全のために任命された官吏である，という。C. 10, 75, 1 もほぼ同旨。

録取し、⁵⁶糺問記録及びその他のすべての記録を誠実に作成する（X. 2. 19. 11⁵⁷）。

60　それゆえ，その職務の大きさと重要性若しくは厳粛性を考えるならば，人選には注意を払い，その周到，誠実かつ書記能力の確かな者が選任されるべきである。この点に関して，とりわけ困難なかかる職務をしばしば学識も経験もない者に委ねる多くの裁判官の無頓着，そしてこれほどの重要事に対する許されざる無関心に驚かされることが多い。

61　糺問を促す者（instigator seu promotor inquisitionis）と呼ばれる者もまた，糺問による刑事裁判の補助者である。これは三者に分かれる．第1は，上述のイレナルカのように職務としてこれを行う者である。裁判官に対して犯人の糺問を請求する国庫官（フィスカル）も同じである。第2は，裁判官は国庫官に代わって糺問に立ち会う者を選任するのが通例であるが，かかる者は裁判官の委任に基づいて糺問を促す者である。第3は，裁判所に出頭し，被糺問者に対して不利益な証人，証拠を提出することによって，自発的に糺問を促す者である⁵⁸。

56　テキストは，"actuarii, notarii, scribae, exceptores seu amanuenses" であるが，一括して「書記」とした。
57　「正規訴訟においても，非正規訴訟においても，裁判官は常に，訴訟上の行為をすべて記録させるために，可能ならば公証人若しくは能力のある2名の者を立ち会わせなければならない」とする。
58　ブルネマンは，カノン法上の「要件を緩和された弾劾手続」としての "inquisitio cum promovente" を念頭においていたと思われる。4章注11を参照。

第4章　糺問の端緒

　摘要
1　裁判官はいかなる端緒に基づいて糺問を開始すべきか（1）
2　裁判官は推認根拠がない場合に糺問を行うことができるか（2）
3　裁判官は随意に糺問を行わないことができるか（3）
4　糺問の端緒の第1，犯罪の公知性（4）
5　公知性とは何か（5）
6　なぜ公知の犯罪に対しても糺問が必要なのか（6）
7　糺問の端緒の第2，現行犯逮捕（7）
8　糺問の端緒の第3，裁判官による〔犯行の〕認知（8，9）
9　糺問の端緒の第4，風評（10）
10　風評は糺問の不可欠かつ唯一の要件か（11，12，13）
11　風評の出所が不明の場合，裁判官は糺問を行うべきか（14，15，16）
12　糺問の端緒の第5，被害者の告訴（17，18，19，20）
13　糺問の端緒の第6，告発（21，25）
14　公的告発とは何か（22）
15　特定告発の要件は何か（23）
16　犯罪の一般告発がなされた場合，裁判官は何を行うべきか（24）
17　何びとも告発をなしうるか（26）
18　犯罪を証明することができない場合，告発者は濫訴を推定されるか（27）
19　糺問の端緒の第7，共犯者の自白（28）
20　糺問の端緒の第8，裁判外の自白（29）
21　管轄権を有しない裁判官の許での自白（30）
22　この種の自白に対して錯誤の抗弁をなしうるか（31）
23　糺問の端緒の第9，民事訴訟における犯罪の抗弁（32）
24　糺問の端緒の第10，脅迫（33）
25　糺問の端緒の第11，交友（34）
26　糺問の端緒の第12，盗品の発見（35）
27　糺問の端緒の第13，逃亡（36）
28　糺問の端緒の第14，敵対関係（37）
29　糺問の端緒の第15，被害者との和解（38）

30 糺問の端緒の第16，行状（39，40）
31 糺問の端緒の第17，身体の状況（41，42）

1 裁判官が職権により糺問訴訟を行おうとする場合は，恣意的にこれを行うことは許されない。裁判官に糺問を決意させ，裁判官をして職権を発動させる事情，すなわち，糺問の端緒が予め存在しなければならない。

2 したがって，裁判官は，何らかの推認根拠（conjectura），推定根拠（praesumptio）がないにもかかわらず，安易かつ不注意に糺問を行ってはならない。糺問は，とりわけ，ある者に向けられていることが明らかな場合には，名誉ある人々から見れば，被糺問者の評判を低下させ，傷つけるからである。そして，予め徴憑（indicium）が存在しない場合に行われた糺問は法律上当然に無効である。ただし，悪魔が毒麦の種を播いているのではないかという危惧に基づき，裁判官が人民の生活全般について調査を行う，最一般糺問（generalissima inquisitio）の場合は事情が異なる。

3 逆に，徴憑又は糺問の端緒が存在するにもかかわらず裁判官が糺問訴訟を行うことを怠った場合は，上述のように，自己の職務について査問手続を受けなければならない。

4 裁判官をして糺問を開始させる端緒の第1は，罪体の確定，すなわち，犯罪が公知である（delictum est notorium）ことである[1]。

5 公知性とは，事物の明証性（evidentia rei）によって証明され，又は人々

---

[1] J. Ph. Lévy, *La hiérarchie des preuves dans le droit savant du moyen-âge depuis la Renaissance du droit romain jusqu'à la fin du XIV siécle*, 1939によれば，中世のキリスト教会において聖職者を統制する手続として，原告の訴え，原告の挙証責任などを前提とする正規裁判手続が整備されるが，他方では，その厳格性と非効率性を回避するために，公知の（notorius）犯罪は正規裁判手続を要しないとする公知性の観念が準備された（p. 34）。非行が公知とされる場合は，①弾劾の手続は不要となり職権による手続が可能，②非行の立証が不要，③反証と上訴の禁止（p. 33, 39）という効果を生じた。当初，公知性は，①「万人の目に明らかなもの，すなわち，否定することができない程度に事実の明証性を帯びるもの（Qoud exhibet et offert se oculis omnium, id est quod ita habet facti evidentiam quod non potest negari）」と定義されるような事物の明証性を指したが，後に範囲が拡大され，②裁判上の自白，③既判事件にまで拡大された（p. 39）。公知とされた場合の手続の迅速性・効率性が拡大の理由であったことはいうまでもない（上口裕訳「ジャン・フィリップ・レヴィ『中世学識法における証明の序列』(1)」南山法学12巻1号〔1988年〕111頁以下参照）。

の視覚（conspectus et visus）に曝されているために，もはや隠蔽することができないことをいう。ただし，何が公知であるかは，裁判官の裁量に委ねるのが正しい。

　6　ところで，クラールスが，公知犯（notorium crimen）については，裁判官は，糺問のみならず，有責判決及び執行についても法の定める手続によらないでこれを行うことができる，と述べている。したがって，犯罪が公知で，犯人が一般に知られている場合に，なぜさらに糺問する必要があるのか，疑問が生ずるかもしれない。これに対しては次のように答えることができる。すなわち，後に犯罪が公知であったことが否認された場合に，記録に基づいて直ちに公知性を証明するために，また，裁判官が職務に関する査問手続を受ける危険を避けるために，犯罪が公知であっても，裁判官として犯行及び犯人に関する証拠収集を行い，これを記録にとるべきである。犯行が公知であっても，犯人が不明である，あるいは，犯人が明らかであっても，犯行の原因，犯行についての〔犯人の〕弁明が明らかでない場合がある。したがって，被糺問者が犯行についていかなる弁明もできないことを〔裁判官が〕十分に知っている場合でなければ，裁判官は法定の方式を践まないで手続を進めることはできない，とオルデコープが警告するのは正しい[2]。裁判官にとって犯人が公知であっても，特に犯行が犯跡を残さない犯罪（delictum facti transeuntis）である場合は，犯行の公知性それ自体について証人を尋問し，犯行を公知と考える理由を述べさせるべきである。しかし，何が公知であるかを証人に尋問すべきだというのは正しくないと思われる。

　7　糺問を行うべき第2の端緒は，何びとかが現行犯（flagrans crimen）として逮捕された場合である。この場合は，クラールスの説くように，裁判官は弾劾又は当事者の訴えをまつことなく犯行の内容，及び犯人の弁明があると思われる場合はその弁明について糺問を行うことができるからである[3]。

---

[2]　風評を弾劾人の存在とみなすことで職権手続を正当化することが必要であった，弾劾訴訟的観念が強固な時代（1章注4参照）においては，公知犯ないし明白犯の観念は，職権手続を正当化する有用な観念であった。しかし，あらゆる徴憑，嫌疑が糺問開始の端緒になりうるという原則が確立した時代において，その有用性は低下した。また，刑事裁判令16条は，公然又は明白な犯行を否認する者に対する拷問を定めており，公知犯，明白犯は証明不要という効果を認められてはいない。

8 糾問の第3の端緒は，裁判官自身が犯行を目撃した場合である。裁判官は一件記録及び証明に基づいて裁判すべきものであるから，この場合〔直ちに〕犯人に対して有責判決をすることはできない。しかし，糾問を行うことは可能である。

9 裁判所においてかつ裁判官の面前において犯罪が行われた場合は，裁判官はいうまでもなく糾問を行うことができる。濫訴（C. 9, 46, 1[4]），偽証（C. 4, 20, 13[5]），偽造文書行使（C. 4, 19, 24[6]）がその例である。

10 糾問の端緒の第4は，風評若しくは悪評（fama seu diffamatio）である。これは弾劾人（accusator）に代わるものであって[7]，風評がないにもかかわらず行われた糾問は法律上当然に無効となる。ブランデンブルク選帝侯，ポメルン侯及びメクレンブルク侯殿下間の協約は，「特定人に対し領邦中に広がった風評は，その者を逮捕拘禁する十分な理由である」と定める。

11 しかし，ときおり若干の弁護人に見られる誤りであるが，風評とその諸要件が糾問の不可欠の要件であると考えるべきではない[8]。

12 他の端緒，たとえば，被害者，公正かつ信頼に足る者若しくは官吏による告発（delatio）[9]，又はその他後述する端緒によっても裁判官は糾問に着手できるのであるから，風評は唯一の糾問の端緒ではない，ということに注

---

3 ゲルマン法では本来，現行犯逮捕は，原則的な証明手続の一つであった被告人による雪冤宣誓を一定の要件のもとで排除し，原告による有罪立証を許容するという訴訟法的効果を有した（「解題」I-4参照）。しかし，糾問訴訟においては，たんなる糾問の端緒の一つであり，刑事裁判令16条においても格別の訴訟法的効果を与えられていない（vide Kress, art. 16, §. 2）。
4 「濫訴に対する処罰は，弾劾人が出頭して弾劾事件の審理が行われているときになされるのが通例である。したがって，弾劾事件の審判が終わってから弾劾人の濫訴の処罰を求めるのは慣習に反する」とする。
5 「自己側の証人として提出した者が別訴において不利益証人として提出された場合，この証人の適格について異議を申し立てることができない。……ただし，明らかな証拠によって，証人が金銭の贈与，約束によって買収されたことを証明する場合は，その根拠ある主張を維持することを許すべきことを命ずる」とする。
6 「文書を疑わしいとして，これを法廷において主張する者が主張の真実性を証明しない場合は，文書偽造の被告人として，偽罪の犯人と同じく拘禁されるべきことを命ずる」とする。
7 Carpzov, q. 103, n. 35 は，糾問訴訟と風評の関係について，「何びとも弾劾人なくしては有責判決を受けることがないということを認めるとしても，風評は弾劾に代わるものであるから，決して糾問手続に弾劾人が欠けるわけではない」と説いている。なお，1章4を参照。
8 本章注10に引用したX. 5. 1. 24を参照。
9 被害者による告訴，第三者又は告発官による告発（denunciatio）と同義であろう。本章25, 26を参照。

意すべきである。

13　したがって，クラールス及びこれを引用するファリナキウスが風評に基づく糾問はもはや主たる地位を占めておらず（カルプツォフも同旨である），風評がない場合であっても裁判官は一般糾問をなしうる，というのが正しい。ファリナキウスは，他の徴憑が存在する場合，それは風評よりも強い徴憑になるという。さらに，風評を不可欠の要件だとする法学者は特別糾問との関連でそのように述べているのであるが，風評の要件が具わっているか否かは，まさに一般糾問によって明らかにされるのである。

14　風評以外の犯罪の徴憑が存在せず，かつ，風評の出所について，公正なる人物であるということが確認されていない場合，裁判官はこのような風評に基づいて糾問を行うべきか，という問題がある。風評が弱いものであって，むしろ噂（rumor）にすぎず，かつ，それが公正なる人物から出ていることが証明されない場合は，〔被疑者として〕特定人の氏名が明示されず，かつ，犯行と犯人を発見する目的で一般的に行われるのであれば，裁判官が一般糾問を行い，犯罪の風評及び犯人について証人を尋問することができる，と考えるべきである。裁判官が一般糾問にとどまる限り，糾問は何びとに対する名誉毀損ともならないと思われるからである。したがって，風評が確実か否か，出所は誰かが明らかになるよう，一般糾問が行われるべきだということになる。

15　一般糾問において証人が風評に関して尋問され，風評について糾問が行われるべきことは，何びとも認めるところである。しかし，すでに風評とその内容が明らかになっている場合に，何のために風評について糾問が行われるのであろうか。

16　要するに，重罪に関する噂が裁判官の耳に達した場合，とりわけ何度も噂が裁判官の耳に達し，かつ公然たる風評がこれに続いた場合は，裁判官はこれを無視することなく，風評に代わる詳細な知識を得るために，風評の出所と原因を糾問すべきである，ということである。

17　糾問の端緒の第5は，被害者の告訴（querela）である。告訴があるときは，裁判官は直ちに職権によって証拠収集（informationes）を行う。

18　これは全く正しく，被害者，たとえば傷害された者が告訴の中で特

定の犯人の氏名を挙げた場合は、一般糺問を省略して直ちに特別糺問に着手することができる。

19　特定人の氏名が挙げられなかった場合は、たんに一般糺問のみが開始されうる。

20　若干の論者は、被害者が官憲に告訴を提出した場合は、被害者は弾劾人とみなされ、手続は正規訴訟若しくは何らかの第3の種類の訴訟となり、裁判官は職権によって手続を行うことができない、としている。しかし、カルプツォフがこの見解を否定し反駁しているのは正しい。

21　糺問の端緒の第6は、告発（denunciatio）、すなわち、何びとかが裁判官に犯罪が行われたことを告発する場合である。告発とは犯罪が行われたことの告知（notificatio）である。3種類がある。その1は、福音書に基づく告発（denunciatio evangelica）であり（Si peccaverit C. 2 q. 1 c. 19）、訓戒を目的とする[10]。その2は、贖罪を目的とするカノン法上の告発[11]である。その3は、刑

10　「もし汝の兄弟、罪を犯さば、往きてただ彼とのみ、相対して諫めよ。もし聴かば其の兄弟を得たるなり。もし聴かずば一人、二人を伴い往け、これ二三の口に由りて、凡ての事の慥かめられん為なり。もし彼等にも聴かずば、教会に告げよ。もし教会にも聴かずば、之を異邦人または取税人のごとき者とすべし」（マタイ伝18・15-17）が、「福音書に基づく告発」という名称の由来である。

　Si peccaverit C. 2 q. 1 c. 19は、右の「もし汝の兄弟、罪を犯さば、往きてただ彼とのみ、相対して諫めよ」に対応するかたちで、「私は〔殺人犯を〕決して暴くのでもなく、放置するのでもない。ひそかに諫め、神の裁きと畏れに血を流す良心とを想い起こさせ、悔悛を勧めるのである。我々はかかる愛（caritas）を備えなければならない」とする。

　ところで、X. 5. 1. 24は、刑事訴訟は弾劾、告発、糺問によって行いうるが、①弾劾には訴追登録（inscriptio）が、②告発には愛に基づく警告（caritativa monitio）が、③糺問には風評（clamosa insinuatio）が先行しなければならない、としている。Si peccaverit C. 2 q. 1 c. 19の定める「手続」がcaritativa monitioと解される。

11　カノン法上、告発はたんなる糺問の端緒ではなかった。本来、カノン法上の告発手続によって科しうる制裁は宗教上の贖罪に限られ、前注において述べたように、caritativa monitioが奏功しなかった場合にはじめて告発手続が可能であった。

　しかし、糺問手続の導入をはかったインノケンティウス3世の下で、告発手続は糺問手続と結合して刑事手続としての性質を帯びるに至った。すなわち、「糺問訴訟は次第に弾劾訴訟の完全な消滅をもたらし、弾劾手続は告発手続にとって代わられた。告発手続は長い歴史を持つものであったが、かつてはたんに贖罪を科しうるにすぎなかった。しかし、今や告発は糺問手続の端緒となり、本来の刑罰を科すことを可能にするものとなった。その場合、告発は風評としての意味を有し、裁判官の活動を促すものであった。さらに、告発人は手続当事者となって、証明活動を行うことも可能であった。これは往時の著作家が"inquisitio cum promovente"と命名した手続である。promotorは積極的な役割を果し、実質的に見ればこの手続は訴追登録の要件をはずされた緩和された弾劾手続であった」（A. Esmein, *Histoire de la procédure criminelle en France*,

罰を目的とする裁判所に対する告発である。告発には公的なものと私的なものとがあり，前者は国家による刑罰を科すため，後者は当事者に対する賠償を行わせるものである。

22　ここで検討しようとする公的告発には，特定の犯人の氏名が挙げられておらず，犯行のみが表示される一般告発と，特定の犯人が表示される特定告発とがある。

23　特定告発の要件は，(1)書面によること，(2)犯罪の表示，(3)犯人の氏名，(4)告発人の氏名である。(4)の要件は，告発書が誹謗文書でないことを確認し，かつ，誣告が判明した場合の処罰を可能にするため，また，告発人が良い評価を受けている人物であり，信用できるか否かの判断を可能にするためでもある。告発人の氏名の表記は，犯行について知識を有する証人の氏名が表示されている場合であっても必要である。証人の氏名が表示されている場合，裁判官は，告発書作成者と同様尋問することができる。そして，これによって犯行が確定される場合もありうる。(5)宣誓。これは不悪意宣誓（calumniae juramentum）[12]と解する。しかし，告発人が不悪意宣誓をなすべきか否かは，裁判官が判断すべきである。

24　犯罪が行われたとの一般告発があった場合，犯行が犯跡を残す犯罪（delictum facti permanentis）であれば，まず最初に罪体（これについては適当な箇所で後述する）について糺問し，犯行が明らかになったならば，犯人について糺問すべきである。これに対して，犯跡を残さない犯罪の場合は，裁判官が直ちに犯人に関する糺問を行えば足りる。なぜならば，この種の犯罪は他の方法による証明がほとんど不可能であるため，犯人に関する証拠収集を通して犯行を明らかにするほかないからである。

25　告発は告訴とは異なる。前述した告訴が被害者によってなされるのに対して，ここで述べる告発は，官吏又は被害者でない第三者たる私人に

1882, p. 76. Vgl. F. A. Biener, *Beiträge zur Geschichte des Inquisitionsprozesses*, 1827, S. 58 ff., 81)。

　ブルネマンは，本章23以下において，特定告発について，書面によること，不悪意宣誓等の要件が科されることを述べているが，告発のこのような要式行為性は，カノン法上，告発が「緩和された弾劾手続」であったという事情を考えると理解しやすい。

[12]　誣告でないことの宣誓。弾劾訴訟においては，弾劾人に要求された。

26 ここで，弾劾適格のない者もまた，告発をなしうるか否かが問題となる。〔告発官としての〕職務により若しくは利得のために告発を行う者は通例〔弾劾適格もないような〕貧しくかつ卑しい身分の者であることを理由に[13]，クラールスはこれを肯定する。この種の告発人であっても，職務により告発する場合は，被告人が無罪となっても誣告を推定されないが，自らの意思により告発を行う場合は，相当の告発理由が証明されない限り，誣告を推定される。

27 何びとも確知した犯罪を告発する義務があるか。大逆罪については疑う余地がない（C. 9, 8, 6[14]）。告発しなければ無辜が処刑される場合もまた，告発を行うべきである。人が殺された場合は，少なくとも殺人の事実を官憲に告発すべきである。死者の遺産が十分であれば費用の償還がなされる（D. 29, 5, 25, pr.[15]）。大窃盗（magnum furtum）が行われ，告発によって盗品を所有者が回復しうる場合も同じである。一般に，告発がなされなければ国家又は私人が害を蒙るであろう場合，特に殺人の場合は，大地が清められ，かつ，無辜が糺問を受けることがないように，告発がなされるべきである。しかし，誣告を行った者は，損害を償い，誣告について処罰されなければならない（D. 48, 16, 6, 4[16]）。

28 糺問の端緒の第7は，共犯者の存在を認める共犯者の自白である。例外犯罪（crimina excepta）[17]，又は通常共犯者なしには行うことのできない犯

---

[13] 自ら弾劾訴訟を行う負担に耐えない者が，告発によって糺問手続を始動させることを認めるのが妥当であるという趣旨であろう。

[14] lex non authentica として削除されている。

[15] 審問（quaestio）を受ける前に逃亡した奴隷を発見し訴追した弾劾人に対し，相続財産又は国庫から支払われるべき報酬について定める。

[16] 他人に危害を加えるために，書面，証言，その他のものを得，書面を作成し，あるいは法廷に提出する行為を誣告とする。

[17] Matthaeus, tom. 1, prolegomena cap. 4, n. 14 によれば，例外犯罪は，「法律の一般規定から除外された犯罪」であり，重罪・軽罪の中の重罪とほぼ一致する。大赦（abolitio generalis）との関係では，教会窃盗，姦通，近親相姦，強姦，墳墓損壊，毒殺，魔術（mathematica），殺人，近親殺，貨幣偽造，大逆罪が例外とされ（C. 1, 4, 3），教会に逃避した者の安全（アジール）との関係では，殺人，姦通，強姦のみが例外とされる（Nov. 17, 7）。
　マテウスによれば，例外犯罪とは，ある法規――一般的には，被告人又は共犯者にとって有利な法規――の適用範囲から除外された重罪ということになる。

罪を除いて[18]，原則的には何びとも共犯者について尋問されるべきでない（C. 9, 2, 17[19]）。しかし，共犯者に関する尋問が適法な場合において，共犯者について尋問された犯人が，糺問のための徴憑を提供することがある。告発された者が犯罪の嫌疑を受けるような種類の人物である場合，あるいは顕著な事実を被告人が自白した場合がそれである。しかし，自白する者が魔女の幻影について口走る場合は，正しい理性に従う限り，他に徴憑がなければこのような自白に基づいて糺問を行うべきではない。同様に，魔女は，誰それがブロッケン山の集会や洗礼式でしかじかの美しい着物を着て，山羊に乗り，あるいは，踊っているのを見た，と自白するのが通例である。しかし，他に徴憑がなければ，健全な精神をもっている者，常識のある者は，他の者に関するこのような自白を信用することができないであろう。しかし，徴憑が拷問を行うのに十分か否かは他の箇所で論ずべきものであり，ここでは専ら糺問の開始について論ずる。

29　糺問の端緒の第8は，犯行を認める裁判外の自白である。この場合，裁判官が糺問を行う十分な理由がある。さらに，クラールスは，これは拷問を行う十分な理由であるという。この見解は，「自ら大言壮語するなど，強制を受けることなく，〔訴えられ又は疑われている非行を行ったことなどを〕供述したことが十分に立証される場合は〔それにつき拷問に付せられるべし〕」と定める刑事裁判令32条によっても是認される。

30　管轄権のない裁判官の面前でなされた自白もこれに属する。管轄権のある裁判官に対してなされたものであっても，裁判所外で私人としての裁判官になされ，かつ，記録に留められなかった自白も同様である。

---

[18] X. 2. 18. 1 は，殺人を自白した聖職者が他の聖職者による教唆を主張した場合について，「貴下が他の方法及び適法なる証拠（iustae rationes）によりそれが真実であることを確信した場合でなければ，刑を科すべきではないと考える。両法の定めるところによれば，自白した者を第三者の犯行について尋問すべきではなく，また，反逆罪の場合を除いて，罪を認めた者の自白はいかなる第三者に対しても許容されないからである。しかし，彼らにその種の悪しき風評があるときは，各人にその教会の同僚3名を伴い雪冤宣誓を行うことを命ずべきである」とする。

[19] 拷問を受けて自白した者が第三者を巻き込むことを許してはならないとし，その根拠として，「古法の定めるところによれば，自分が自白した事柄についてのみ尋問されるべきであって，第三者の犯行について尋問されるべきではない」とする。また，D. 48, 18, 16, 1 には，「自己の有罪を自白した者を，第三者〔の犯行〕に関して拷問してはならない」という章句が見える。

なお，共犯に関する供述を得るための拷問が許される場合については，8章5節64参照。

31 以上で述べたことは，被告人が事後的に錯誤を主張，証明した場合には妥当しない。自白に関する錯誤が証明されたときは，自白から生じた推定が消滅するからである。

32 糺問の端緒の第9は，民事として訴えが提起された事件において，抗弁又は再抗弁の方法により，原告，被告又は証人につき，犯罪があったとの告発がなされた場合である。この場合，管轄権を有する限り裁判官は糺問を行うことができる。ハイギウス〔ドイツの法学者。1559-1599〕は，偽造文書を用いた原告に対して，被告が偽造文書の抗弁を提出する例でこれを説明する。この場合，次のような区別が可能である。すなわち，被告が反訴（reconventio）によって原告の犯罪を告発したときは，民事裁判の終結前でも，糺問若しくは刑事訴訟を行うことができる（C. 3, 8, 4[20]）。抗弁として告発がなされたときは，はじめに犯罪について糺問を行うか，あるいは，二つの裁判を一つの判決で終結させるかは裁判官の裁量に委ねられるべきである（C. 3, 8, 3[21]）。

33 糺問の端緒の第10は，犯行に先立ってなされた脅迫である。脅迫行為の後に実行行為があったときは，脅迫は，裁判官が一般糺問に限らず，脅迫者に対して特別糺問を行う理由となる。場合によっては，脅迫は拷問のための徴憑となることもありうる（CCC 32[22]。しかし，この規定はここでの検討対象ではない）。

34 糺問の端緒の第11は，犯罪者との交友である（論拠として，「どのような交友関係を持っているかについて気を配り」とする D. 26, 7, 3, 2；D. 21, 1, 25, 6[23]）。

---

20 「民事事件の審理が中断されるときは，より重要な事項はより重要でない事項に優先するから，まず犯罪について審判されるのが通例である」という章句が見える。
21 「民事事件の審理に際して刑事に関わる問題が生じ，又は，刑事訴追が開始された後に民事事件が追訴されるときは，裁判官は一個の判決によって両者を同時に終結させることができる」とする。
22 8章5節注207参照。
23 D. 26, 7, 3, 2は，数名の後見人があり，その1名のみが後見事務を行う場合は，他の後見人は名誉監督人（tutores honorari）として後見人の行状に注意すべき責任があるとする。D. 21, 1, 25, 6は，奴隷売買の取消しとの関連において，奴隷の価値の減少は，身体に関して生ずるだけではなく，購買者の他の奴隷からの影響によって賭博者，大酒飲み，無頼となった場合にも生ずるとする。

35 糺問の端緒の第12は，盗品の発見である。場合によっては，他の徴憑が競合するならば，たとえば，譲渡者の氏名を挙げることができなければ（C. 6, 2, 5[24]），盗品の発見という事実だけで，拷問に十分であり（CCC 43），したがって糺問を行うのに十分であることはいうまでもない。前掲のブランデンブルク選帝侯，ポメルン侯及びメクレンブルク侯の協約は次のように定めている。「強奪された物若しくは金銭がある者の許で発見され，それらの物を譲渡した〔者であって，本人が強盗でないことの〕保証人となりうる者の氏名を明らかにすることができないか，又はその意思がない場合，これは強盗の証明として十分であるものとする」。同じく，刑事裁判令38条は次のように定める。「ある者が，強奪された財物[25]を所持し，売却し，あるいは引き渡すなど，不審な行動を行ったことが明らかになり，しかも，売主及び〔本人が強盗でないことの〕保証人を示そうとしない場合は，その財物が強奪されたものであることを知らず，善意によって取得したことを明らかにしない限り，強盗の十分な徴憑がその者に対して生ずるものとする」。

36 糺問の端緒の第13は，逃亡である。逃亡の着手又は準備という徴憑に基づいて，身柄拘束，さらには拷問も行うことができる。しかし，犯罪が行われたことが常に確実でなければならず，またその他の事情が競合することが必要である。したがって，逃亡の事実についてまず証拠が収集されなければならない。

---

[24] 「汝の相手方が汝に要求すること，すなわち，汝が自分が所有することを認めた財物の譲渡人を明らかにすべしという要求は法に適っている。なぜなら，名誉ある者が受けるべきではない嫌疑を避けんとするのであれば，その財物を見も知らずの通りすがりの者から購入したという弁明は適切なものではないからである」とする。

[25] テキストは，"gütter, so geraubt sein" である。塙訳はこれを「公奪」とする。ドイツ中世における Raub は公然たる奪取を意味したとする学説を根拠とするものであろう。F. Schaffstein, *Raub und Erpressung in der deutschen gemeinrechtlichen Strafrechtsdoktrin, insbesondere bei Carpzov, Festschrift für L. Michaelis*, 1972, S. 282 は，"Raub" の構成要件を示していないカロリーナがゲルマン法，ローマ法のいずれを前提とするかは不明であるが，カロリーナ以後の普通法学説がイタリア法にならい "Raub" を強奪の意味に解した事実を指摘し，その例として，"rerum ablatio et spolium violentum（物の暴力的な奪取）"（Carpzov），"violenta ablatio rei mobilis, dolo malo, animo lucri faciendi facta（故意による，領得の目的でなされた動産の暴力的な奪取）"（Matthaeus），"rei alienae mobilis animo lucri faciendi per vim personae illatam facta ablatio（領得の目的で，人に対する有形力によってなされた他人の動産の奪取）"（Boehmer）を挙げる。このような事情から，"Raub"，"rapina" は「強盗」とした。

37　糺問の端緒の第14は，重大な敵対関係，すなわち，被害者と被糺問者との間の重大な敵対関係である。この場合は，直ちに特別糺問を開始することができる。

38　糺問の端緒の第15は，被害者との和解である。なぜならば，犯罪が和解可能なものであるか否かを問わず，和解の事実から，少なくとも糺問を行うべき推認根拠が生ずるからである。そのように説くファリナキウスは，拷問について論じているのであるが，その所説は糺問についても一層強く妥当する。なぜなら，より蓋然的でないことからより蓋然的なことへの推論に基づいて（argumento conducto à minus probabili ad magis probabile），「刑事裁判令において拷問に十分とみなされる徴憑はすべて，糺問を行うに十分な徴憑である」という規則が定立されるからである。

39　糺問の端緒の第16は行状（vitae genus）である。たとえば，騎士又は徒士が旅舎にしばしば滞在するという事実から，糺問に十分な推認根拠がこれらの者について生ずる。カール5世皇帝刑事裁判令39条がそのように定めている。すなわち，「騎士又は徒士が，頻繁に旅舎に滞在，飲食し，その費用を十分に賄うに足るしかるべき職務，取引又は収入のあることを示すことができない場合は，多くの悪行，特に強盗の疑いを生ずる。これは，これら悪党を放置することなく，逮捕し，拷問し，その犯行を厳しく処罰すべきことを定める，朕及び帝国の一般ラント平和令から明らかである。同様に，各官憲は，疑わしい乞食及び浮浪民を入念に監視しなければならない」。前掲の選帝侯及び侯の協約も同趣旨である。すなわち，「同様に，騎馬の無頼の徒又は下僕が旅舎に滞在，飲食するにもかかわらず，かかる出費を賄うに足るしかるべき職務，取引，職業に従事していることを示すことができない場合は，これらの者は十分なる嫌疑を受ける。したがって，これらの者を，公布された帝国ラント平和令に従い，身柄を拘束し，厳しく拷問し，かつ事情に応じて重罰に処することができる」。1548年の帝国ラント平和令の"Von den Herrenlosen Knechten"の章，及び1551年のアウグスブルク帝国最終決議の"Nachdem auch hin und wieder"の章等を参照[26]。

40　刑事裁判令39条が乞食について定めるところがジプシーにも妥当することは疑われていない。また，強盗を宿泊させ，これと深く交わること

も，糺問の端緒となる行状に含まれる (CCC 40)。

　41　糺問の端緒の第17は，身体の状態である。たとえば，通常より大きくなった娘の腹部が急に小さくなり，かつ顔色がすぐれず，体力が弱った場合，刑事裁判令35条によれば，裁判官は事情を明らかにするため糺問を行わなければならない。同条は次のように定める。「処女と目される娘が秘密に子を出産し殺害したと疑われるときは，通常より大きな腹部を目撃されたことがあるか否か，さらに，腹部が小さくなり，その後顔色がすぐれなかったか否かが特に取り調べられなければならない。この種の事実が発見され，かつ，娘がこの種の行為を疑いうる人物であるときは，さらなる事実の解明に役立つ限り，人目のない場所において，経験のある女によって検査されなければならない」。皇帝は36条において，乳が出るかどうかを調べるため，どのようにして産婆が娘の乳房に触れるべきかを定めている。

　41　官憲が以上の端緒に留意することは稀であり，これらを無視するのが通例である。とりわけ，〔被疑者の〕身分が高い場合がそうである。官憲は，〔刑事裁判令において〕身分を斟酌していない皇帝に対し，この点で責を負うべきである。以上が，裁判官が糺問に着手することができる主たる端緒である。

26　1548年カール5世ラント平和令23章に類似規定が見いだされる (Karls V. Landfriede, abgedruckt in : K. Zeumer, *Quellensammlungen zur Geschichte der deutschen Reichsverfassung in Mittelalter und Neuzeit*, 2. Teil, 1913, S. 337)。

第5章　糺問が可能な犯罪

摘要
1 糺問はすべての犯罪について可能か（1, 2, 3）
2 神の第1の律法に反する罪について（4）
3 神の第2の律法に反する罪について（5）
4 神の第3の律法に反する罪について（6）
5 神の第6の律法に反する罪について（7）
6 特に酩酊について（8）
7 偽罔罪について（9）
8 贋の度量衡器について（10）
9 暴利行為について（11）
10 名誉毀損について（12）

1　ローマ法上，原則として，すべての種類の犯罪について裁判官が糺問を行いうるのか，あるいは，特定の犯罪についてのみ可能であるのかについて，確かに，法学者の間で意見の一致はない。前者の見解を主張する者として，サリケトゥス，とくにゴメツはいくつかの論拠を挙げてこの立場を擁護し，ハイギウスは他の法学者と同様，以上の論者を称賛している。

2　今日では慣習に基づいてすべての種類の犯罪に対して裁判官が糺問を行いうるという点で，ほぼすべての法学者の意見は一致している。多くの地方におけるかかる慣習について，多数法学者が報告している。その法学者の中には，ファリナキウス，ハイギウス等を付け加えることができる。ただし，かかる慣習は，その犯罪が，国家の平穏を害するような，重大で公衆の憤激を惹き起こすようなもの（magnum et scandalosum）である場合に限られる（D. 48, 2, 6 ; X. 5. 1. 21[1]）。

1　D. 48, 2, 6は，プロコンスルの職務として，軽罪について略式で審判し，移送するか又は笞刑を加えるものとする。テキストとの関連性が明らかでない。また，X. 5. 1. 21も同様である。ただし，既に引用したように（1章注4），「何びとも，何らの風評もない，ないし，いまだ公衆の

3　しかし，よく考えるならば，何らかの法律によって禁じられ，かつ，禁令に反して行われたことはすべて糺問の対象になるというのが最も正しい。なぜならば，(1) 犯罪を禁ずる法律が執行されないことがあってはならないからである。すなわち，法学者の定立する規則によれば，ある行為が禁止されているが，刑罰が規定されていない場合は，常に刑罰は裁判官の裁量に委ねられるとされている。これに対し，犯罪を禁ずる法律が刑罰を規定している場合，刑罰を執行するには，事件について予め糺問，審問を行うことが不可欠である。刑罰が規定されていない場合は，事件の審問を予め行った上で，裁判官が裁量により刑罰を決定するのである。(2) 官憲は神の律法を記した2枚の石板[2]の守護者であり，それゆえ，あらゆる罪が糺問によって解明されるべきだからである。(3) 重罪についてさえ，誰もが弾劾人の役割を，さらには証人の役割をも拒むのであるから，一体誰が（いわゆる）軽罪について審問し処罰し，弾劾人が必要となる場合に誰が弾劾人になるのであろうか。このような事情の下で，仮に裁判官の糺問が許されないとするならば，これらの犯罪の処罰は神の手に委ねられることになり，罪の枡（mensura peccatorum）が満ちて神が正しき裁きによってこの世を滅ぼされるときまで，犯罪が罰せられることなく跳梁することを我々は座視することになろう。

4　したがって，ここでは重罪を例として取り上げるのではなく，裁判官が〔糺問を行うべきか否かを〕迷うような，軽罪と思われる犯罪を例にとって，上述の規則を説明することにしたい。最初に，律法[3]の第1に反する罪について検討する。ここではまず迷信が問題となるが，これについて糺問を行っている裁判官はいるであろうか。確かに，迷信が一件記録に現われ，証明されることがあるが，迷信それ自体としてではなく，魔女行為（magica diabolica）に関連してその証拠として現われているにすぎない。その結果，婦女子が魔女行為の罪につき無罪とされた場合は，迷信行為を理由に裁判官の裁量による特別刑で処罰されている。しかし，このような処罰は偶然的なものに

非難の声によって指摘されていない犯罪について……処罰されるべきではない。……糺問は，既に公衆の非難の声が挙がっている犯罪についてのみ行われるべきだからである」という章句が見える。
2　出エジプト記34・27参照。
3　出エジプト記20・3以下。

とどまり，またそれは，法律鑑定を求める官憲の意図を超えているのである[4]。通常は，多くの迷信行為が罰せられることなく公然と行われている。聖ステファーヌスの日に馬の血管を切り裂くことが公然と何ら憚るところなく行われているという一例を挙げるだけで，その裏付けとして十分である。メルクリウスの棒，すなわち占い棒（Wünschruthe）等々についてはいうまでもない。

5　第2の律法に反する罪として，(1) 瀆神。私の知る限りでは，これに対する糺問は行われないわけではないが，一層稀である。(2) 偽誓。(3) 救世主の秘跡，聖傷，雷鳴，雷光，雹，あるいは人間の敵たる悪霊にかけてなされる呪詛。誰がこれらについて糺問を行っているのか。糺問を行う者はいない。恐るべきこれらの犯罪は罰せられることなく跳梁している。これらの犯罪は軽い罪とみなされているのであろうが，これらを軽い罪と考える者は全くの狂気としか思われない。我々が自ら糺問することを欲しないために，神が糺問を行われ，これらの罪を犯す者，これらの罪を阻止せず跳梁させている者を罰せられている。それゆえ，これらの罪に対する糺問が命ぜられているのである（ヨブ記24，1548年警察令「上記の瀆神の言葉を聞いた者は」の章以下，日曜日ごと信者に瀆神の言葉を吐くことを戒めることを牧師に命ずる1577年警察令第1章）。ここには，聖傷，秘跡，雷鳴，雹にかけて吐き出される呪詛も含まれる。我々が名のみのキリスト教徒ではなく，真実のキリスト教徒であれば，これらの犯罪について怠らず糺問を行うはずである。

6　第3の律法に反する罪として，安息日の神聖を害する罪がある。この罪は，我々のもとで全く罰せられることなく，かつ，公然と糺問を受けるおそれもなく犯されている。ワイン，ビール酒屋がこのことをはっきり示している。この罪は公然と行われているのであるから糺問を行う必要もないのである。ときには，安息日における飲酒は，神による懲罰として天から万人に課された公租であり，安息日の神聖を冒すことでのみ支払われるのだ，という弁護論さえ行われている。我々は，こうして，鎮められるべき神の怒りの炎の中に油を注いでいるのである。

---

[4]　魔女事件を審問した官憲が判決機関に鑑定を依頼したが，魔女行為ではないという鑑定がなされ，意図に反して迷信行為としての処罰にとどめざるをえなかったという趣旨であろうか。

7 第6の律法に反する罪として，姦通，淫行勧誘 (stuprum)，淫蕩 (fornicatio) に対して糺問が行われるが，醜行の現場で取り押さえられない限り，糺問が行われることは稀である（第4，第5の律法[5]に反する罪の多くが処罰を免れているが，それほど犯罪の数が多いわけではない。もっとも，殺人の場合はこれを隠蔽するためあらゆる工夫がなされている）。これらの犯罪が場合によっては，一般の風評に耳をかさない裁判官を除けば，誰も疑わないほど明白であるにもかかわらず，裁判官は糺問の困難を口実にするのが通例である。疑わしい家から出された女中を風評とその出所について尋問しさえすれば，これらの肉の罪に関する糺問は容易なはずである。

8 ここでは，酩酊及びその原因たる飲酒についてのみ論ずる。これについては，数多の帝国勅令が発せられてきている。1512年ケルン帝国最終決議は次のように定める。「これまでの帝国議会において飲酒が一度ならず厳しく禁止されている。にもかかわらず，これまでほとんど遵守されず，（今日では全く）執行あるいは適用されることがない。それゆえ，とりわけ飲酒からは酩酊が，酩酊からは多くの瀆神行為，殺人その他の悪徳が生じ，よって飲酒は貴下の名誉，魂，理性，身体及び財産を危うくするものであるから，すべての領邦のいずれの官憲も，上下，聖俗を問わず，貴下自身及び貴下の臣民の飲酒の習慣を廃し，重罰をもって飲酒を禁止しなければならない」。そして，それ以下の条項においては，貴族，及び，それを怠る官憲に対する国庫官（フィスカル）の糺問について定めている[6]。同様の規定は，1530年改正警察令の「飲酒について」の章の中にも見いだされ，飲酒と酩酊からは殺人，姦通が生ずるとされている。同じことは，法有識者団においても知られているところであり，多くの殺人が姦通と同じく酩酊に原因があるとされている。そして，これほど重大な罪であるにもかかわらず，不適当な憐憫の情から正規刑が減軽され，諸領邦が悪業によって汚されるということがしばしば起きている。同趣旨の規定はまた，1548年警察令の「飲酒について」の章の中にも見いだされる。ここでは，家族に呪詛，飲酒，酩酊を禁ずることがすべての家長に命ぜられており，次の条項が付加されている。「朕はま

---

5 それぞれ，父母を敬え，人を殺してはならないという戒めである。
6 貴族について定める，というのは領主裁判権について定めるという趣旨であろうか。

た，各官憲が牧師及び説教師に，酩酊から行われる呪詛の例を挙げて飲酒を慎むべきことを，安息日ごと人民に告知すべく命じ，同じく，官憲がこれを書面をもって人民に布告することを欲する」。さらに，1577年改正警察令の中にも「過度の飲酒，乾杯について」の条項があり，その末尾において，官憲は牧師に，安息日ごと信者に過度の飲酒，乾杯及び酩酊を慎むよう説教することを命ずべし，と定めている。いくつかの帝国最終決議には，安息日には常に戒められるべき悪徳が挙げられている。それは瀆神と酩酊である。ここから，これらの悪徳を憂慮せる皇帝及び諸侯が，しばしば，酩酊が処罰されるべきものと定め，厳粛にすべての官憲に対し糺問及び処罰の職務〔の励行〕を命じたことを知ることができる。してみれば，官憲がなにゆえにこれ程不可欠の職務を怠り，ために今日では酩酊が処罰されることがない結果となっているのか，驚くほかない。それゆえ，何百年にもわたってこの悪徳が罰せられてこなかったというだけでも，ドイツを襲った打ち重なる厄災の十分な原因になりうるのである。我々は，それ自体獣的であるというだけでは足りない，そして他の多くの罪の母胎ともなる，かかる犯罪を神による懲罰に委ねている。それゆえ，その罪が明白であるにもかかわらず罰せられていない者がしばしば神の怒りに触れることは，驚くに値しない。ところで，下級裁判権者 (Magistratus inferiores) がこの罪の処罰にかくも不熱心な理由は，私が誤っていなければ，とりわけ，農村及び都市の裁判権者が独占的なビール及びワイン販売権を与えられている場合があり，そのため，市民，農民の酩酊が彼らの利益になるという点にあるのである。かくして，酩酊は禁止されず，処罰されないのである。もう一つの理由は戦禍によってもたらされたものである。すなわち，ある者は，市民のワイン，ビールの飲酒と酩酊が禁止され，これが処罰されるとしたならば，〔失職するであろう〕ワイン及びビールの給仕人はどのようにして公租を納めることができるのか，と述べている。我々はこのようにして，酩酊によって神の怒りに触れる危険を冒し，神の怒りに油を注ぐのである。すなわち，とくに安息日に広く見られる酩酊とそこから生ずる犯罪のゆえに，これらの禍によって我々が苦しむだけではなく，我々は，ドイツ全土に広がった最も有害な誤ちによって，神の怒りに新たに油を注いでいるのである。

9　次に第7の律法であるが，ここでは，窃盗——これについては我々は十分速やかに糺問を行っている——のほかに，偽罔罪（stellionatus）[7]が禁止されている。これは，様々な詐術による背信行為としてほぼ公然と行われており，我々はこれによって他人を欺き，他人のものを騙取しているにもかかわらず，この犯罪は処罰を免れている。偽罔罪は契約に関して多く見られる。偽罔罪は特別刑によって罰せられるべきであり，そのために糺問が行われなければならないと，デキアーヌス〔イタリアの法律家。1507-1581〕及びファリナキウスは，偽罔罪に関する章において述べている。しかし，何びとの目にも明らかなほど明白でなければ，偽罔罪が裁判となることはなく，また，たまたま異国人によって行われたのでなければ，容易に罰せられないのが通例である。

　10　贋の度量衡器は，若干の地方において糺問の対象とされるのみで，他の地方では注意が払われていない。そのためさまざまの度量衡器詐欺が行われている。我々は，他の重要な職務に忙殺されていると称して，この犯罪について糺問を行わないのである。

　11　同じく第7の律法の中には，暴利行為の禁止が含まれる。暴利行為は事情を知った者に対して行われるが，窃盗は犯行を知らない者に対してなされるという違いを除くならば，暴利行為は窃盗に非常に類似した犯罪であり，これが重罪でありかつ窃盗類似の犯罪であることは否定することができない。マラントゥスは，彼の時代に暴利行為が甚だ大胆となり，悪魔に嗾された若干の（エピクルスの徒たる）キリスト教徒が，ユダヤ教徒や信仰のない者よりも甚だしい暴利行為を行っている，と嘆いている。暴利行為がカノン法上犯罪であり，弾劾人がいない場合においても糺問を行うべきことは疑いがない（X. 5. 19. 15[8]）。1500年アウグスブルク帝国最終決議の「暴利契約について」の章，1530年及び1548年アウグスブルク改正警察令の「暴利契約について」の章から明らかなように，暴利行為者に対する刑罰を定める多くの帝国最終決議があり，ドイツ・ローマ帝国においてもこの点について疑

7　3章注24参照。
8　暴利行為者を弾劾する者が現われない場合であっても，その他の証拠によって彼らが明白な暴利行為者であることが確実ならば，有責判決をすることができるとする。

問の余地がない。そして、カルプツォフは、暴利行為に対する糺問訴訟に関する官憲の鑑定依頼（requisitio）に対しその趣旨の〔ライプツィッヒ参審人会による〕回答がなされるのが通例である、と述べている。

12　第8の律法との関連で、若干の法学者は名誉毀損（injuria verbalis）に対する糺問を認めていない。カルプツォフの所説を援用して、名誉毀損は重罪に入らないというのである[9]。カルプツォフの所説はザクセンの裁判所（Forum Saxonicum）に関するものであるが、これらの法学者は、この点ではローマ法も同様であるとみなしている。

しかし、これらの法学者も若干の例外を認める。(1) 官憲に対し職務との関連で加えられた名誉毀損の場合。(2) 名誉毀損が公知である場合。公然と行われる名誉毀損によってしばしば国家の平穏もまた害されることが明らかだからである。(3) 細民に対して名誉毀損が行われた場合。マラントゥスは、D. 1, 16, 9, 6[10]を根拠に、このような場合裁判官は職権で手続を行うべきである、と結論する。これは聖書にも一致する。細民は弾劾訴訟を行うこともできないし、また、敢えてそうすることもないからである。それゆえ、ヨブは、彼は貧しい者の願いを退け、寡婦の目を衰えさせたことはないと言ったのである[11]。また、エホバが、「善をおこなうことをならひ公平をもとめ虐げらるる者をたすけ孤子(みなしご)に公平をおこなひ寡婦の訴えをあげつらへ」といわれ（イザヤ書 1・17）、イスラエルの民は「孤子の訴(うつたへ)を糺さず」、「貧者の訴を鞫(さば)かず」と嘆かれ（エレミヤ記 5・28）、また、エレミヤは、「物を奪はるる人をその暴虐者(しへたぐるもの)の手より救ふべし」と戒められたのである（エレミヤ記 22・3）。(4) 官憲は、学生に加えられた名誉毀損を職権により処罰することができる（Authenticae C. 4, 13, 5[12]）。教会のため財産が遺贈された場合もこれと類似し

---

[9]　Carpzov, q. 107, n. 22 は、ザクセン法における糺問訴訟の対象犯罪は、「国家の平穏を害する重大かつ公衆の憤激を引き起こす犯罪」に限られるとする。
[10]　プロコンスルに対して、弱者たる訴訟当事者のために職権又は申立てにより弁護人を選任すべきことを命じている。
[11]　「我もし貧き者にその願ふところを獲(え)しめず寡婦(やもめ)をしてその目おとろへしめし事あるか」（ヨブ記 31・16）。「寡婦の目を衰えさせたことはない」のテキストは、"nec oculos viduarum confecisse"であるが、「寡婦の助けを拒んだことはない」、「寡婦の目を涙で曇らせたことはない」等の訳もある。
[12]　これは、「朕は彼ら〔＝学生〕をあらゆる不法侵害から保護せんと欲する」という章句を含む。

ており、この場合、相続人又はその他の者が遺贈財産を引き渡さなければ、それは最終的には国庫に帰属する（Authenticae C. 6, 42, 32[13]）[14]。

しかし、私は、公衆の憤激を惹き起こす名誉毀損はすべて職権で処罰しうる、と主張したい。なぜなら、名誉毀損に対して訴訟を行いうるほどの資力も時間もない者が多いからである。これらの者は争訟を好まず、処罰を神に委ねることを選ぶ。ここから市民の間に憎悪、敵意が生まれるのである。

特に糺問が行われるべき犯罪については、以上で述べたことで十分とする。

13　相続財産が国庫に帰属することがあることに言及する。
14　この部分（独訳も同じ）は、前のテキストとの関係が不明である。

第6章　糺問の対象となる者

摘要
1　当該人物に対して適法に糺問をなしうるか否かを裁判官は知らなければならない（1）
2　別手続において放免判決又は有責判決を受けた者に対して糺問をなしうるか（2）
3　その例外について（3，4，5）
4　放免判決を受けた者の場合はどうか（6，7，8，9）
5　正犯が判明しない場合，犯行の依頼者に対して裁判官は糺問をなしうるか（10）
6　正犯に対するよりも先に，幇助者及び助言者に対して糺問をなしうるか（11）
7　被害者と和解した者に対して糺問をなしうるか（12，13，14）
8　国庫と和解したものであるときはどうか（15）
9　犯行に対する恩赦を領邦君主より得たる者に対して糺問をなしうるか（16）

1　裁判官は，当該犯罪に対して糺問権を有すること，及び，告発された犯罪（denunciatum crimen）が糺問に値することを確信したときは，まずはじめに，風評のある当該人物に対して糺問手続を行うことができるか否かを知らなければならない。ここで問題にするのは，当該人物が糺問を行おうとする裁判官の裁判権に服しているか否かではない。ここでは裁判権の存在が前提となっている。そして，これについては3章で十分に論じたところである。ここで裁判官が判断を求められているのは，当該人物の一身的事情もしくは客観的事情によって糺問が妨げられないか否かである。

2　たとえば，別の訴訟において，それが正規訴訟であるか非正規訴訟であるか，あるいはたんなる証拠収集手続（processus informativus）[1]であるかを問わず，いったん有責又は放免判決を受けた者に対して，新たに糺問を行いうるか否か，が問題なのである。有責判決を受けた者に関しては，これは当然に否定される。既判事件の抗弁（exceptio rei judicatae）が障碍となるからで

---
[1]　一般糺問の趣旨のようであるが，一般糺問において有責判決等がありえないことは明らかである。

ある（D. 47, 12, 6^2）。

　3　しかし，これには次のような例外がある。(1) 裁判官の職権によるにせよ，弾劾人の申立てによるにせよ，通謀（collusio）によって，しかるべき刑よりも軽い刑を他の裁判官から受けた場合（C. 9, 2, 11^3）。この命題は自明である。そうでなければ誰もが正規刑を免れうることになるからである。通謀は他の点でも法律上排斥されている（D. 48, 5, 3 ; D. 47, 15, 3, 1^4）。しかし，ファリナキウスは，この例外を，裁判官が異なり，かつ裁判官が同一の領邦君主（superior）に臣従していない場合，又は，〔裁判官に〕錯誤があった場合に限定する。前者の限定は確実な根拠を欠くと思われるが，後者の限定は確かに正しい。

　4　(2) 有責判決を受けた者に対し，糺問することができないと述べたが，これにも，教会裁判所による有責判決によって公的贖罪（poenitentia publica）を命ぜられた者には適用がないという例外がある。ファリナキウスはその理由として，教会裁判所における処罰は国家の刑罰（poena civilis）を科すものではなく，また，国家による処罰は教会の刑罰を科すものでもないとする。教会法上の刑罰若しくは公的贖罪，すなわち，我々の呼び方に従えば，公的な赦免請願（deprecatio publica）は，その非行によって害された教会に対する償いにすぎず，国家に対する償いは国家の刑罰によって行われるからである。

　5　(3) 以前に，付随的にしかも抗弁を介して当該犯罪について手続が行われ，正規刑ではなく，より軽い特別刑による処罰が行われた場合も，例外となる。たとえば，民事裁判において，証人に対して姦通を犯した旨の異議申立てがなされ，それが証明されたために特別刑が科され（X. 2. 25. 1 : X. 2.

2　既に損害額を支払った者に対して，墳墓侵害に関する再度の訴えをすることができないとする。
3　既に他の者によって訴追されたが有罪を証明されなかった者を再度弾劾しようとする場合は，「まず，通謀がなされ，被告人がそれがために放免されたことを証明すべきである」とする。
4　D. 48, 5, 3 は，女の夫と父が同時に女を姦通について弾劾しようとする場合，いずれが弾劾人たりうるかという問題について，「父親は，夫が名誉喪失者であることを証明するか，又は，夫は妻を弾劾しようとしているよりは，むしろ妻と共謀しているということを示すのでなければ，夫に対し劣位におかれる」とする。
　　D. 47, 15, 3, 1 は，同一犯罪について現に放免判決を受けているという抗弁がなされた場合，先の弾劾人の通謀が認定され宣告されるまで，再度の訴追は認められない，とする。

10. 2⁵），かつ，証人の証言が排斥されたが，法律上の名誉喪失とはならず，事実上名誉を大いに失したにすぎない場合がそれである。このような事情は，姦通についてあらためて糺問訴訟を行い，正規刑によって処罰することを妨げない。これは，糺問訴訟とそれに基づく有責判決が，民事裁判において〔姦夫の証言を〕排斥することの障碍にならない，あるいはその逆の場合も障碍とならないのと同じである。

6　有責判決を受けた者について，同一の犯罪に関して新たに糺問することができないと述べたが，これは放免判決を受けた者にも妥当し，ある犯罪について放免判決を受けた者は同一犯罪につき他の裁判官による糺問を受けない。同一犯罪につき2度糺問することは許されず，また，いったん放免された者にさらに苦痛を与えることは許されないからで（D. 4, 9, 6, 4 ; D. 48, 2, 7, 2 ; C. 9, 2, 9⁶）。

7　しかし，上に述べたところは常に妥当するわけではなく，次のような例外がある。(1) 有責判決を受けた者に関する例外から分かるように，通謀によって放免されたものである場合。

8　(2) 終局的に放免されたのではなく，たんに手続追行から放免された（ab observatione judicii absolutus）場合。一般にこのような者に対してあらためて糺問を行いうることは，一致して認められている。たとえば，手続の無効により仮放免された（ab instantia absolutus）⁷場合（D, 48, 2, 3, 1⁸），あるいは，

5　X. 2. 25. 1 は，「専ら抗弁として問題とされた犯罪について証人が有罪を証明され，又は自白した場合，法の定める手続に従って証人に対する弾劾が行われていないのであるから，正規刑によって処罰することができない。したがって，とりわけ，〔抗弁として〕問題とされた犯罪が当該事件に関連性がないと考えられる場合は，〔証人を〕証言から除斥すれば足りる」とする。
　　X. 2. 10. 2 もほぼ同じく，「民事訴訟において証人に対して犯罪が証明された場合であっても，それによって正規刑は科せられず，その証言が措信されないだけである。これは証人に対して弾劾が行われていないという理由に基づく」としている。

6　① D. 4, 9, 6, 4 は，民事事件について，「同一人の責任について繰り返し審問が行われないために（ne saepius de ejusdem hominis admisso quaeratur）……〔既判事件の〕抗弁が認められる」，② D. 48, 2, 7, 2 は，「長官は同一人物が既に放免判決を受けた犯罪について再度弾劾されることを許してはならない」，③ C. 9, 2, 9 は，「すでに公的犯罪について訴追を受けた者は，他の者によって同一犯罪について再度弾劾されることはない」とする。

7　"absolutio ab instantia" は，前出の "abosolutio ab observatione judici" と同義である。"instantia" には，"gerichtliche Verfolgung einer Rechtsache" の意味があり，「訴追からの解放」という意味である。

犯罪を行っていないからではなく，犯行が証明されないために放免された場合である（クラールス及び多数の論者を引用するファリナキウス。クラールスは，判決に疑義がある場合は後者であると推定される，という[9]）。しかし，後者の〔証拠不十分による放免に関する〕共通意見については，殺人罪の被告人が犯罪の証明が不可能であったために既に放免判決を受けている場合は，〔当事者間の〕通謀があったことが証明されない限り，再度これを弾劾することができないとするC. 9, 2, 11[10]を根拠に，普通法に合致するか否かが疑われている[11]。この疑問に対しては，この法文は糺問手続よりもはるかに好ましくない弾劾手続に関するものであると答えることができる。我が法学部もこの一般的な見解に従って鑑定を行った，と記憶する。

9　(3) 民事事件において付随的に有責とされた者に対してあらためて糺問を行うことができるように，民事事件において抗弁によって，すなわち民事上の問題として摘示された犯罪についていったん放免された者に対する糺問は禁じられていない。

10　本章における主たる問題の第2は，正犯（principalis delinquens）が誰であるかまだ判明しない場合，依頼者（mandator）又は幇助者（auxiliator）に対して糺問することができるか否かである。ファリナキウスは，この問題を論じ，引用する他の論者に従い，かつ彼自身が提出するいくつかの論拠に基づいて，否定的な結論をとる。しかし，次のような例外を認めている。(1) たんなる企図又は依頼が，その実行を待たずに，すでに処罰に値するような犯罪となる場合。(2) 正犯の犯行それ自体は明らかとなっているが，正犯が誰

8　D, 48, 2, 3, 1.「訴追登録が法律に従って行われなかった場合は，被告人の氏名は抹消されるが，弾劾人は再度弾劾を行う権限を有する。」
9　Clarus, q. 57, versi. Sed hic quaero は，放免判決の意義について疑問が生ずる場合について，「刑事事件の放免判決に疑義がある場合は，犯罪の証明がないために放免されたとみなされる」と述べている。
10　第2の弾劾人は，被告人が前の弾劾手続において放免されたのは被告人と第1の弾劾人の間の通謀に基づくものであることを証明すべきものとしている。
11　Matthaeus, tom. 2, lib. 48, tit. 16, c. 4, n. 16 は，C. 9, 2, 11；D. 47, 15, 3, 1 等を援用し，「弾劾人が犯罪を証明しなかったため放免される場合は，犯罪から放免されるのであって，たんに審級から放免されるのではない。さらに，被告人が3度拷問され，3度とも犯罪を否認し，あるいは自白を撤回する場合は，拷問の反復は十分な刑罰であり，多くの者は3度拷問されるよりは死を選ぶのであるから，3度拷問された者を犯罪から放免しないのは不正義である，という論拠を援用することができるだろう」とする。

であるか知られていない場合。なぜならば，これらの場合は，正犯といわれている者が不明であっても，依頼者に対して糺問を行うことが一般に可能だからである。

11 同じ問題は幇助者[12]及び助言者についても生ずる。正犯が判明する以前に，幇助者又は助言者に対して糺問を行うのは前後が逆であるようにも思われるからである。しかし，正犯及び正犯の犯行が判明するよりも，幇助者の方がより容易に確定するような場合がありうる。ところで，オルデコープは，裁判官は〔被糺問者たる〕共犯者が犯行を容易ならしめるために幇助し又は助言した旨を〔糺問記録に〕明示すべきである，と注意を与えている。しかし，このような注意は無用だと考える。幇助者がどのように処罰されるべきかは，〔裁判官が共犯者の行為を〕どのように表示するかによってではなく，法律と証言に基づいて〔法有識者団によって〕判断されるからである。

12 本章における第3の問題は，特に殺人の場合に，犯人が被害者の親族と和解するのが通例であるが，この場合，この種の和解にもかかわらず，官憲は犯人に対して糺問を行うことができるか，そして行うべきか，である。法学者の全く一致した，かつ妥当な見解によれば，当事者の和解は裁判官が職権により糺問を行うことの障碍とはならない。その根拠は明白である。弾劾人は自己の不利益に処罰を放棄することはできるが，しかし，これが国家の利益を害することは許されず，かつ，国家がいったん取得した権利を私人の契約によって消滅させることはできないからである (D. 2, 14, 38[13])。

13 また，これは，前掲協約に現われたブランデンブルク選帝侯及び近隣諸侯の見解でもある。「強盗が強盗の被害者又は殺された者の親族と秘密に若しくは公然と和解した場合，これは上級裁判権者にとって何ら妨げとならない。上級裁判権者は公共の利益のために謀殺者及び強盗を訴追する権利をなお有するものとする」。

14 被害者との和解を理由に刑罰を減軽すべきかは別個の問題である。この問題に言及する論者として，トロイトラー〔ボヘミアの法律家。1565-1607〕，

---

[12] 再び「幇助者」に言及するのは奇妙であるが，上のテキストは「依頼者」に関する記述であるという趣旨であろう。
[13] 「公法は私人間の契約によって変更することができない」とする。

カルプツォフ及びその他がある。被害者との和解を理由に刑の減軽をなしうる理由は全くない。また，殺人罪においてはそのような刑の減軽は極めて危険であり，公益にとって破滅的である。なぜなら，利益には2種類があって，一つは公益であり，一つは私益であり，私益という点で被害者が満足しても，公益が消滅し，あるいは減少することはないからである。それゆえ，刑の減軽を認める若干の論者の見解は，オルデコープによって十分にかつ断固として反駁されている。また，このような見解からは，裕福な殺人犯は常に死刑を免れることが可能となり，死刑は貧しい殺人者にのみ科される，という結果が生ずるであろうし，このような気まぐれと誤った憐憫によって王国と領邦を破滅させ，我々の法学を人の血によって穢すことになろう。事実，最近，我が学部はその一，二の構成員の見解を排して，殺人の被害者の寡婦及び子と和解したある貴族に対して斬首刑を言い渡している。そして，これには，領邦君主の同意が与えられた。なぜなら，領邦君主は確かに和解に同意を与え，あるいはむしろ寡婦の私益を強調したのであるが，これは恩赦を意図したものではなかったからである。また，良き領邦君主であれば，良心に照らし（in foro conscientiae）殺人に対する刑罰を免除する権限を有すると考えることはないのである。したがって，被害者がどの程度の被害を蒙ったかが考慮されるべき窃盗の場合を除いて，和解はいかなる場合にも科刑に際して考慮されるべきではない。

15 被害者と和解した犯人に対しても糺問をなしうると述べたが，国庫と和解した場合は事情が異なる。この場合，国庫ないしその代理人（procurator）は糺問を行うことはできないからである。官憲がどのような方法によって犯人と和解しうるかは後述する。

16 上述したところから明らかなように，かつ，法学者がC. 9, 51[14]に基づいて説いているように，犯人が領邦君主から恩赦を得た場合は，当該裁判官がその領邦君主に臣従している限り，正規の裁判官は犯人に対して糺問することができない。

---

14 C. 9. 51は，「判決を受け，かつ恩赦を受けた者について」という見出しを有し，たとえば第10法文は，「朕の慈悲により汝が〔流刑から〕帰還した場合は，属州長官による訴追を受けることをおそれる必要がない。流刑者名簿への記載は既に無効とされているからである」とする。

第7章　一般糾問

　　摘要
1　一般糾問は法律に従い，邪悪な感情によることなく行われるべきである（1, 2）
2　罪体が糾明されるべきである（3）
3　犯人が犯行を自白した場合も同様である（4）
4　罪体はどの程度確実であるべきか（5）
5　犯跡が残る犯罪及び犯跡が残らない犯罪の罪体確認はどのような方法によるべきか（6, 7, 8, 9, 10, 11）
6　その例証（12, 13, 14）
7　罪体については専門家の判断が必要である（15）
8　罪体糾問の方式に関する法学者の見解（16, 17）
9　殺人死体の検視に際して遵守すべきことは何か（18, 19）
10　多くの裁判官の不注意が非難されている（20）
11　裁判官に対する警告（21）
12　人が毒殺されたとされる場合，何について糾問が行われるべきか（22, 23）
13　この場合大いなる慎重さが必要とされる，そしてその理由は何か（24, 25）
14　殺人の場合，何について糾問が行われるべきか（26, 27）
15　一般糾問における糾問項目書（28）
16　殺された者の顔，氏名を知る者がいない場合はどうすべきか（29）
17　死体を掘り返すことができる場合があるか（30）
18　一般糾問における証人尋問では暗示を行ってはならない（31）
19　一般糾問においてはあらゆる事情について糾問が行われるべきである（32）

　　1　糾問〔＝特別糾問〕の形式について詳論する前に，一般糾問について若干触れておきたい。まずはじめに，カルプツォフが D. 48, 2, 3, 1[1] に基づいて警告しているように，糾問不適式の抗弁（exceptio ineptae inquisitionis）によって訴訟が無効とされることがないように，裁量ではなく，法律と確立し

1　6章注8参照。

た慣習に従い（C. 9, 2, 6²），糺問を行うべきであることについて，裁判官の注意を喚起しておきたい。

 2　裁判官は憎悪から，敵意をもって，あるいは軽率に（Iudicet C. 3 q. 7 c. 4 ; Iudicare C. 11 q. 3 c. 61³），あるいは好意をもって（D. 3, 6, 5⁴），糺問を行ってはならない。また，性急に（イザヤ書 8・7，C. 7, 53, 1 ; Non solum C. 11 q. 3 c. 77⁵）行うべきでもない。コトマン及びカルプツォフが警告しているように，愛の心をもって，理性と法律を尊重する意図に基づき，法の定める手続に従って糺問を行うべきである。

 3　次に，一般糺問においては，裁判官は罪体，すなわち犯行それ自体の糺明に努力すべきである。なぜなら，罪体が糺明されなければ，裁判官は，拷問はいうまでもなく，特別糺問を行うこともできないからである（D. 29, 5, 1, 24 ; D. 29, 5, 5, 2 ; D. 9, 2, 23, 11 ; D. 47, 2, 68, 4 ; D. 49, 14. 29, pr.⁶）。

2　刑事訴追を受けたことさえ知らないうちに属州長官によって有責判決を受けた者に対して，省長官による救済を指示し，「省長官は，新たな慣習に基づきかつ法定の手続に反して行われたすべての事柄を糺明し，正義に従ってこれを匡すであろう」とする。

3　Iudicet C. 3 q. 7 c. 4 には，「裁きを下すとき憎悪，敵意，軽率によって心を動かされざる者が裁きを行え」という章句が見える。Iudicare C. 11 q. 3 c. 61 は，「臣民の事件において自己の憎悪又は好意に動かされる者は，臣民に対して正しい裁きをすることができない」とする。

4　有利な判決を得るための裁判官に対する金銭の提供は訴権を発生させる，とする。

5　C. 7, 53, 1 は，「まずもって，法の定める手続に従い，汝が相手方に対して訴えを起こし，事件の審理が行われた上で，判決を得るべきである」として，判決前の裁判官の執行命令を性急であったとする。

　Non solum C. 11 q. 3 c. 77 は，「他人について虚偽を述べる者のみならず，告発に直ちに耳をかす者もまた罪を犯すものである」とする。

6　D. 29, 5, 1, 24 は，奴隷の所有者が殺された場合の遺言書開封ないし相続開始との関連で，「所有者が殺されたという事実が確定した場合でなければ，その奴隷（familia）は拷問されてはならないという点にも注意しなければならない。したがって，本元老院議決が適用されるためには，所有者が犯罪によって死亡したことが明らか（liquere）でなければならない」とする。このウルピアヌス法文は，いわゆる罪体論の論拠として援用されることが多い（F. A. Biener, *Beiträge zur Geschichte des Inquisitionsprozesses*, 1827, S. 92 ; K. A. Hall, *Die Lehre vom Corpus Delicti*, 1933, S. 1）。このほか，引用法文中，罪体確定に関連するのは，被告人が殺害を認める場合は，原告は自白に基づく訴権（actio confessoria）が認められ，「被告人が殺害した事実を立証する必要はないが，何びとかによって人が殺されたという事実は必要である」とする D. 9, 2, 23, 11，及び，「まずはじめに事実が確認され（constare），そして犯行について判決がなされなければならない」とする D. 49, 14, 29, pr. である。

　D. 29, 5, 5, 2 は，「遺産に属する財産は，家長が殺されたこと，及び，奴隷が拷問され死刑とされる前に相続人が遺産を相続したことが証明された場合でなければ，没収されるべきではない」とするが，テキストとの関連が必ずしも判然としない。

4 ある者が犯行を自白しても、罪体が確認されない限り、有責判決まで手続を進めることはできない (D. 48, 18, 1, 27[7])。

5 裁判官にとって、罪体はどの程度確実でなければならないか。カルプツォフが、必要とされる罪体確認〔の程度〕は、特別糾問、拷問、有責判決のいずれが問題であるかによって異なる、と説いているのは正しい。一般糾問のためには風評が確認されていることで十分であり、特別糾問のためには犯行それ自体がより確実であることが、拷問のためにはさらに一層の確実性が、そして有責判決のためには最大の確実性が要求される。

6 特定人に対する糾問のためには、罪体の糾明が必要であるが、犯跡の残る犯罪と犯跡の残らない犯罪との区別がなされるべきである。犯跡の残る犯罪とは、殺人、処女強姦、貨幣偽造、窃盗、放火等のように、その痕跡が残る犯罪である。窃盗の痕跡となるのは、盗品の発見、破られた戸口、発見された梯子、鉄梃等である。他は、痕跡を残さない犯跡の残らない犯罪であって、たとえば、ある種の魔女行為、姦通、また、上述したところから明らかなように、暴行 (injuruia realis) 等がそれである。

7 前者では、罪体の確定が必要であるが、後者では、その性質上罪体を確認することが不可能であるから、徴憑 (indicium) 及び推認根拠 (conjectura) によって罪体が糾明されるだけで足りる。

8 犯跡の残らない犯罪について述べたことは、隠密裡になされる犯罪についても妥当する。したがって、この種の犯罪の場合、推認根拠による罪体確定で十分である (CCC 60[8])。

9 しかし、犯跡の残る犯罪も場合によっては、隠密裡になされる犯罪及び犯跡の残らない犯罪と〔同様に〕みなされることに注意すべきである。たとえば、ガイウスが殺されたといわれており、かつ海に投げ込まれている場合、及び類似の場合には、裁判官は専ら推認根拠によって罪体を確認すべきである。あるいは、淫蕩の疑いのある婦女が、以前に腹部が大きくなっているのを見られ、そして、夜間川に何かを投げ込むのを目撃された場合、罪体

---

7 「何びとかが任意に犯行を自白する場合においても、常にそれを信用することは許されない。恐怖その他の理由から〔誤った〕自白をすることがあるからである」という章句が見える。
8 拷問による自白の真実性を確認する必要を定める規定であり、テキストの関連性が不明である。

は推認根拠によって十分に糾明されていると考えられ、裁判官は特別糾問を開始することができる。

　10　しかし、犯跡の残るその他の犯罪においては、ファリナキウスが説くように、明白かつ確実な証明が必要である。私はこれを、別途罪体が糾明されていなければ有責判決には至りえないという趣旨だと解する。通常は、一般糾問では罪体が略式に糾明されるならば足りるのであって、有責判決のための罪体立証を行う一層確実な証明は、その後になされるのである。これは、裁判官は一般糾問において慎重になりすぎて、犯人に逃亡の余裕を与えることがないようにするためである。

　11　したがって、アンブロシヌスがクラールスを引いて、犯跡の残る犯罪においても、遅滞の危険又はその他の正当な理由があり、かつ、蓋然的な根拠によって裁判官がある程度犯行を確認している場合は、被疑者（suspectus）の身柄拘束に及ぶことができる、と説くのは正しい。なぜなら、身柄拘束されていない者を拘束するよりも、身柄拘束されている者を釈放する方が容易だからである。

　12　犯罪それ自体は存在するように見えるが、しかし、それが悪意及び故意によってなされたかどうかに疑問がある場合は少なくない。たとえば、ある者が刺殺されているのが発見されたが、自分で刺したのか、他人によって刺されたのか不明の場合、幼児の死体が発見され、他殺なのか、自然死なのか不明の場合、井戸の中に溺死体が発見され、誤って落ちたのか、投身なのか、誰かに殺されたのか不明の場合が、それである。同様に、服毒による死体について、その哀れな死者が自ら服毒したのか、すすめられて毒と知らずに飲んだのかが問題になることがある。

　13　これらの場合及び類似の場合にあっては、すべの事情を勘案して、本人が健常な精神をもっていたか否か、剣を所有していたか否か、誤って井戸に落ちることがありえたか否か、病気であったか否か、食事後直ちに気分が悪くなったのか否か、などを判断すべきである。

　14　罪体とその性状は、以上のような事情及びその他類似の事情から容易に明らかになるからである。それが犯罪によるものではなく、偶然等によって生じたことが明らかになったときは、さらに糾問を行う必要はない

が，犯罪によることが判明したとき，又はその疑いが残るときは，糺問を続行すべきである。

15　しかし，罪体の糺問をめぐって，それを判断することが裁判官の職務に属さないために，裁判官が判断を下すことのできない事柄が多々生ずる。たとえば，毒殺であるか否か，毒は体内で発生したものであるか，あるいは飲まされたものであるか，飲まされたものが果たして毒であったか否か，がそれである。すなわち，悪い体液から合成されて毒性を帯びたものが，体内で形成された毒であり，これが温かい毒と呼ばれ，体外から摂取されたものが冷たい毒と呼ばれる。体内形成毒はそれほど急激な症状を呈しない。したがって，急に生じた吐気，胃痛，四肢痙攣，動悸，卒倒，嘔吐，冷汗，爪の青変，身体の膨張，口唇の黒変，死後の爪の黒変，頭髪の脱落のような容態の急変は外部毒の証拠と見られる。〔これに対し〕風評，毒の購入，相続への強い期待，配偶者の姦通〔等の事実の有無〕は，裁判官の判断事項 (juridica judicia) である。さらに，重大な傷害があった場合も，裁判官は傷害の状態について糺問しなければならない。その他，処女が強姦されたか否か，病気が自然なものか，あるいは魔術によるものか，死亡の結果が傷害に基づくものか，あるいは不養生に基づくものかについても，同様に糺問しなければならない。以上の場合及び類似の場合，内科医，外科医，薬剤師，産婆等経験のある専門家の知識を利用することが必要となろう。

16　したがって，たとえば殺人の場合，検屍のため裁判官が自ら赴くか，又は参審人 (scabinus) を内科医及び外科医とともに派遣し，傷が刺傷か創傷かを記録するという法学者の推奨する方法は，賞賛されてしかるべきである。この場合，傷の状態は入念に，かつ，いかなる武器によるものと考えられるかも，記録されるべきである。なぜなら，入念に記録された傷の状態に基づいて——たとえば，武器が傷の状態と一致した場合——しばしば犯人を知ることができるからである。

17　カール5世皇帝の刑事裁判令149条も同趣旨の規定を置いている。「裁判官は，2名の参審人 (schöppen)，1名の裁判所書記及び——得ることが可能ならば——予め宣誓させた1, 2名の外科医とともに，埋葬前の死体を慎重に検視し，かつ，受けた傷，打撲，打撃につき，その外観及びその診断

を慎重に注記し記録させなければならない」。

18 この規定に基づいて，カルプツォフが，次の4点に注意すべきであると説くのは正しい。(1) 裁判官は，参審人及び裁判所書記とともに死体のもとに赴くことを拒んではならない。(2) 1名若しくは複数の内科医及び外科医を立ち会わせるべきである。(3) これらの内科医及び外科医は予めその判断について宣誓を行うべきである。この宣誓は，ある事が真実であることの宣誓ではなく，ある事が真実であると彼らが信じていることの宣誓であるから，彼らは宣誓を拒んではならない。ただし，彼らが就任又は職務の受託に際してすでに宣誓している場合は，この宣誓は省略されるのが通例である。それゆえ，若干の弁護人（practicus）がかかる宣誓を執拗に要求するのは根拠のないことである。彼らは，医師がかかる宣誓を容易に行わないだろうことを知っており，宣誓を求めることによって依頼人の利益を計ろうとするのであるが，これは彼らの魂に，場合によっては領邦全体に対しても，害を加えることになる。(4) 傷の状態を注意深く検分し，記録すべきである。

19 毒殺されたといわれている者の死体の検視に際しても，同様に注意が払われるべきである。すなわち，この場合は，臓腑を解剖し，毒が体内形成毒か，体外から摂取された毒か，いかなる毒かについて，内科医の意見を徴すべきである。

20 以上の点に関する，多くの裁判官の無関心，不注意，怠慢は処罰されてしかるべきである。武器によるにせよ毒物によるにせよ，殺人の風評が広がっているにもかかわらず，検屍を行わず，そのため，犯人がしかるべき刑罰を免れ，ときには無辜が処罰されるという結果さえ容易に生じうるのであり，かかる無関心，不注意，怠慢につき裁判官は，至高の裁判官としての神に対し，そして場合によっては地上においても領邦君主に対し，重い責任を負うことになろう。また，私が誤解していなければ，裁判官は費用を惜しむという吝嗇から一般糺問を怠り，時には誤った裁判を行い，神の怒りを彼ら自身と民の上に招いている。それゆえ，かつてある者が若干の裁判官について，彼らにとって真正罰令権は幼児にとっての剣にすぎない，と述べたが，これは多数の裁判官に当てはまるといってよい。ところで，受傷者が受傷によって直ちに死亡した場合にも，傷の検視を求めるのを常とする弁護人

がいるが（私はこれは非常に驚いている），オルデコープがこれに反駁するのは正しい。むしろ，問題は，ある間隔をおいて，数時間後又は数日後死亡した場合，検屍を行わないことが犯人をして刑罰を免れせしめることになるか否かであり，若干の論者もこの点を問題としている。しかし，カール5世皇帝は刑事裁判令147条において，疑わしき場合について解剖を要求しているのであり，また，頭部に受傷して脳が流出し，あるいは腹部に受傷して汚物が流出しているなどの場合，受傷箇所から内科医の判断によっても傷の致命性を証明することが可能なのであるから，検屍を求めることは馬鹿げている。もっとも私がこのようにいうのは，裁判官の怠慢を弁護するためではなく，このような〔不要の検屍を申し立てる〕方法によって殺人者をして正規刑を免れさせようとする弁護人の主張を反駁するためである。時期が夏であったり，現場が都市から離れている等の事情により，時には場所及び時期の関係で解剖が不可能な場合がある。また，神の法によれば殺人事件における死体の解剖は不可欠なものとはされていないと記憶する。このような法はとくに尊重されるべきである。

21　要するに，私は，ある者が毒殺された，あるいは他の方法により殺害されたとの風評が広がったときは常に，遅滞なく死体の解剖を命ずべきであるという点について，すべての裁判官の注意を喚起しておきたいのである。これは，罪体の解明のみならず，民衆の嫌疑を受けている者の無実を明らかにすることにも役立つからである。その際，病人を治療した内科医又は病人を見舞った人々から内密に事情を聴取した上で諸徴憑を勘案することを，裁判官に推奨したい。

22　特に，毒殺の風評又は噂があるときは常に，裁判官は1名又は複数の内科医及び外科医を帯同して遅滞なく死体のもとに赴くべきである。なぜなら，この場合，とくに夏期には，遅滞の危険があるからである。そして，死体を解剖の上，次の諸点を解明すべきである。

(1)　毒物又はその痕跡が死体に発見されるか否か。この点については，薬剤師の所見も必要である。

(2)　毒物が発見された場合，それは摂取されたものと考えられるか否か。

⑶　その毒物の名称は何か。
⑷　その毒物で死ぬことがありうるか否か。
⑸　最近その種の毒物を薬剤師のもとで買った者がいるか否か。いるとすれば，それは誰か，等々。
　　引き続き次の諸点を解明すべきである。
⑴　死者はどの位の期間病臥していたか。
⑵　病状はどうであったか。
⑶　誰が死者に薬餌を与えたか。
⑷　死者はしばしば嘔吐していたか否か。頻繁な嘔吐の事実は他の事情が競合するならば毒殺の徴憑になる，とカルプツォフは説いている。

24　この点に関して裁判官が慎重すぎるということはありえない。毒殺は最も重大な犯罪であるから，裁判官が良心に疚しさを感ずることなく毒殺の風評を無視することは不可能であり，かつ，上記の方法に基づき，摂取された物質の性質に従って罪体が十分に明らかにされない限り，証明のできない犯罪であり，それゆえ，裁判官は上記の専門家を介してすべての事情を正確に取り調べ，記録しなければならないからである。

25　証人が，毒が盛られるのを目撃したこと，そして，その後死の結果が生じたことを証言したとしても（第三者のいる前で公然と毒が盛られることははなはだ稀ではあるが），前掲の諸事項について予め糺問が行われていない限り，かかる証言は不十分だと考えられる。なぜならば，それが毒であるか否か，毒物効果が体内形成によるものか否かを知りえないからである（ゴメツは前述の手続を推奨する）。裁判官がこの種の犯罪を故意に隠蔽したときは，永遠の裁判官によって罪ありとされることを免れない。これはクラールスの述べている通りである。

26　殺人があったという噂にすぎない場合であっても，裁判官は，1名又は複数の内科医及び外科医，そして死人の身許が不明であるか又は他所者であるときは証人をも伴い，遅滞なく死体のもとに赴き，死体の性別，身長，髪の色，髭，年齢を，外部から見て知りうる限りで，そして着衣を書記に記録させるべきである。これは，埋葬後ある者が殺されたという風評が生じた場合，この者がそこで殺された者と同一か否かを確実に知りうるようにする

ためである。さらに、死体発見の場所、同じく、どこで血痕が発見されたか、また、傷が創傷であるか刺傷であるか、いかなる種類の武器によるものかを記録させるべきである。死体を裸にさせ、身体の他の箇所に傷があるか否か、そして傷の深さを調べるべきである。

27 しかる後、前述のように、傷が致命傷であるか否か、他の死亡原因が考えられるか否かについて、内科医及び外科医の判断が加えられるべきである。この判断は特に、受傷者がある期間病臥した場合に必要であり、その際、病臥の期間、病臥した家の主人又は家人による看護の有無、経過の状況が解明されなければならない。

28 次いで、事件につき知識を有すると見られる証人が、次の事項について尋問さなければならない。

(1) 殺された者は知り合いであるか否か、それは誰であるか。
(2) 被害者が他殺であることを知っているか否か。
(3) 〔知っているとすれば〕どこからそれを知ったか。
(4) 誰が被害者を殺害したのか。
(5) 誰かを犯人として疑っていないか否か、〔疑っているとすれば〕嫌疑の根拠は何か。
(6) あるいは、犯人を探し出す方法を知らないか否か。
(7) 被害者と第三者の間に敵対関係があったことを知らないか否か。
(8) その他、本件について証人が知っていることは何か、等々。

29 死体の身許が証人によって確認されない場合は、氏名、出身地、さらには犯人が確定するまで、死体を教会又は他の公共の場所に安置することができる。

30 埋葬死体の発掘が必要となる場合がある。これは、とくに子殺しの場合に行われると記憶する。カルプツォフが述べているように、実務では日々次のようなことが見られる。すなわち、子殺しの被告人は、何よりもまず、死体をどこに埋め、あるいは捨てたかを尋問される（カルプツォフは確かに特別糾問について述べているのであるが、ある種の場合には同じことを一般糾問においても行うことができる）。自白がなされると、場合によっては場所の特定のため被告人もその場所に引致され、引き続いて、死体が注意

深く探索され，地中の死体が掘り起こされ，裁判官が子殺しの罪体を確認するのである。そして，死体に触れさせるため，被告人自身を死体の傍に引致するのが通例である。これは迷信のためではなく，死体に近づく被告人の態度，怯えているか，顔面蒼白であるかを裁判官が観察するためである。これによって無罪又は犯行の何らかの新しい徴憑が明らかになることがある。ただし，ほとんど腐敗した死体の場合にもよく起こることであるが（その理由は神のみぞ知る），血の流出は，それだけでは特別糺問，いわんや拷問を行うには不十分である（カルプツォフは，血の流出という徴憑は，他の徴憑があるときは全く無視すべきではないという）。このような徴憑で足りるとする法学者はいないのである。

　31　裁判官は，一般糺問を行う際に，特定人を挙げ，その者が犯人であるか否かを証人に尋問してはならないことに注意すべきである。D. 48, 18, 1, 21によれば，この種の暗示は法律上極めて危険なものとされているからである。この法文において法学者〔＝ウルピアヌス〕は次のように述べている。「尋問を行おうとする者は，L・ティティウスが殺人を行ったか否かというような特定の尋問を行うべきではなく，誰が殺人を行ったかという一般的な尋問を行うべきである。なぜなら，前者は供述を求めているというよりも，供述を示唆していると考えられるからである。トラヤヌス皇帝も同様に勅答している」。

　32　結論として，何らかの犯罪が行われたといわれ，かつ犯人が判明しない場合は常に，裁判官は罪体及び犯行の性質，さらに場所，時，その他の事情について糺問を行わなければならない。これらの事情を確定しておくことは，爾後の特別糺問に不可欠であり，また有益でもあるからである。

第8章　特別糺問の形式

第1節　被告人尋問と関連事項

　　摘要
1　特別糺問は誰に対して行われる（1）
2　証人が特別糺問において尋問される前に被告人を尋問することができるか（2, 3）
3　召喚は必要か（4）
4　被糺問者を拘禁しうるための要件は何か（5, 6, 7, 8, 9, 10, 11）
5　逃亡した犯人に対してはいかなる手続を行うべきか（12, 13）
6　徴憑は記録にとられるべきである（14）
7　被害者の告発は被告人を逮捕するのに十分か（15, 16）
　　逮捕命令はいかなるものでなければならないか（17）
8　共犯者の自白がある場合はどうすべきか（18）
9　徴憑が弱いものである場合はどうすべきか（19）
10　獄房及び拘禁はどのようなものであるべきか（20, 21, 22, 23）
11　獄房は性別によって区分されるべきである（24）
12　被拘禁者の氏名は裁判官に報告されるべきである（25）
13　被拘禁者は分離して拘禁すべきである（26）
14　被拘禁者が病弱の場合はどうすべきか（27）
15　裁判官は被告人を尋問する前に何を行うべきか（28, 29, 30, 31, 32）
16　尋問は尋問項目書によって行われるべきである（33）
17　尋問項目は質問の形式で作成されるべきである（34）
18　個々の尋問項目は一事項，一事情のみを内容とすべきである（35, 36）
19　被告人は犯行について一般的に尋問されるべきか（37）
20　暗示はできる限り避けるべきである（38, 39, 40, 41, 42）
21　ただし，具体的事実を指摘することが有益な場合を除く（43）
22　尋問項目の順序（44, 45, 46, 47, 48）
23　被告人にとって有利になりうる事情についても尋問されるべきである（49, 50, 51, 52）
24　不処罰の期待を与えて自白を引き出してはならない（53, 54, 55, 56）

25 詐術を用いてよいか（57, 58, 59, 60, 61）
26 尋問項目は徴憑に基づいて作成すべきである（62）
27 さらに，尋問項目は犯罪の性質に従って作成されるべきである（63, 64）
28 被告人はすべての事情について尋問されるべきである（65）
29 尋問は一回限りで終わるべきではない（66）
30 一般尋問項目とは何か（67）
31 特別尋問項目に先立って尋問されるべき項目とは何か（68, 69, 70, 71）
32 尋問項目の作成（72）
33 尋問項目はどのような順序で配列されるべきか（73）
34 尋問は裁判官，参審人及び書記の立会いの下で行われるべきである（74）
35 被告人が答弁を行おうとせず，徴憑の記録の写しを求めた場合はどうすべきか（75）
36 被告人が答弁の猶予を求めた場合はどうすべきか（76）
37 被告人は宣誓の上答弁しなければならないか（77）
38 被告人が命令に従わず答弁しようとしない場合はどうすべきか（78, 79, 80）
39 曖昧な言葉で答弁する場合はどうすべきか（81, 82）
40 被告人が自白を始めた場合は，裁判官は尋問を中断してはならない（83）
41 被告人が虚偽を述べる場合はどうすべきか（84）
42 裁判官は犯人の供述を中断してはならない（85）
43 被告人が狂気の振る舞いをする場合はどうすべきか（86）
44 被告人の態度は注意深く記録すべきである（87）
45 被告人が前に答弁したことを理由に供述しない場合はどうすべきか（88, 89, 90）
46 被告人が供述した事情については糺明が行われるべきである（91）
47 被告人の供述は逐語的に録取されるべきである（92, 93, 94）
48 唖者についてはどのように尋問すべきか（95）
49 尋問が終了した時は供述を読み聞かせるべきである（96）
50 尋問の具体例

　1　一般糺問によって，犯罪が行われたことが確定し，かつ，何びとに対して訴訟を行うべきかが判明した場合は，裁判官は，まず神の助力を祈った上で，特別糺問を開始し，一般糺問において風評又は証人の供述に基づく嫌疑を受けた者に対し，糺問を行うべきである。

　2　まず始めに被告人（reus）に関して証人を尋問すべきか，あるいは，

最初に被糺問者（inquisitus）を尋問項目書に基づいて尋問し，答弁を求めるべきかが問題となる。その慣習があるとするクラールス等の法学者は前者の見解をとるが，法律上は後者の方がより正しいように思われる。なぜなら，被告人によって争点決定がなされない限り，適法に証人尋問を行うことができない，とするのが確立した法範（regula juris）であり，かかる法範に従ってならない理由がこの場合明らかでないからである。さらに，先に被告人を尋問しておかなければ，何について証人を尋問すべきかを，裁判官はどのようにして知るのであろうか。また，被告人が犯行若しくは犯行状況を自白するならば，自白にかかる事実を証明する必要もなくなるのである。

3　事実，我が国の裁判実務は——クラールス自身，法律的にはより正当であると認める——後説を明らかに裏づけるものである。すなわち，一般糺問により，訴訟を行うべき対象者が確定したときは，この者が糺問項目（articuli inquisitionales）について尋問されるのが通例であり，糺問項目を否認したときにはじめて，証人がその糺問項目について尋問されている。したがって，以下では，まず始めに被告人尋問について検討する。

4　被告人が答弁を強制される前に，召喚が必要である。召喚には，強制召喚及び文書又は口頭による召喚があり，裁判官は，たんに文書又は口頭による召喚にとどめるか，あるいは身柄拘束を行うべきかを慎重に判断しなければならない。カルプツォフ等の法学者にならって，この点を若干の規則によって説明したい。

5　第1規則は，3個の細則からなる。(1)当該犯罪について死刑又は身体刑を科しうる場合は，強制召喚，すなわち逮捕拘禁（captivitas et carceratio）を行うことができる。

6　(2)当該犯罪が追放刑又は罰金刑相当の場合は，文書又は口頭による召喚を行うべきであり，拘禁してはならない。これは，被糺問者の拘禁が刑罰それ自体よりも重い不利益となることを避けるためである。もっとも，D. 49, 9, 1[1]に照らすならば，この細則は追放刑との関係では疑問が残る。この法文によれば，罰金刑に対置される重刑の中に追放刑が含まれているからで

---

[1] 死刑，追放刑事件等，罰金刑事件以外の事件について，本人以外の者による上訴申立てを認めず，本人が裁判官の許に出頭すべきものとする。

ある。しかし，今日では，追放刑に値する被告人はたやすく拘禁されてはならないという規則が認められている。

7　(3) 結果がなお不確定的であるために——たとえば〔場合によって死の結果が発生しうる〕傷害の場合，あるいは，刑罰が裁量的であるため死刑に至りうる場合——身体刑が科されるか，罰金刑が科されるか不明な場合は，裁判官の〔犯人の身柄を確保しなかったという〕過失によって裁判が無意味となることを避けるため，裁判官は，犯罪の結果の不確定を理由に被告人の逃亡を阻止すべきである。これはカルプツォフが述べている通りである。

8　第1細則は，D. 48, 3 に述べられているところに従い限定することが必要である。すなわち，被告人が大いなる名誉を享受しているか，あるいは富裕であるために，直ちに逃亡するおそれがない場合は，担保提出又は誓約を許すことができる（D. 48, 3, 1；Authenticae C. 9, 4, 3[2]）。したがって，この種の被告人は，犯行が重罪でない限り，直ちに投獄されてはならない。しかし，重罪の場合は，被糺問者の貴族身分，名誉，性別によって投獄，拘禁を免れないことは，慣習の示すところであり，かかる慣習はカルプツォフが証明するところである。これは我が選帝侯領においても，たとえば博士号取得者のような名誉ある人々は，はなはだしい重罪であって，かつ，強い徴憑がある場合にのみ，投獄されるべきであるというかたちで，認められている。名誉ある人々は拘禁との関係では常に寛大に扱われるべしとされる理由は，逃亡のおそれが少ないことにある。身分ある人々は宣誓を許されるが（C. 12, 2, 17, pr.[3]），今日では宣誓は稀であり，多くの場合は保証人を立てることが認められている。監視付きの自宅拘禁も可能であるが，重罪たる殺人においては行われるべきではない。

---

[2]　D. 48, 3, 1 は，身柄拘束を行う際に，獄舎に収容する，兵士に引き渡す，保証人に監督させるなどのいずれの方法をとるかは，犯罪の性質，被告人の地位，財産，無実の可能性，評判を考慮して決定すべきものとする。
　　Authenticae C. 9, 4, 3 は，民刑事を問わず，女子が投獄，拘禁されることを許さず，犯罪の性質によって女子の拘禁が必要である場合においても，担保提供又は誓約によって拘禁を免れうるものとする。さらに，犯罪が非常に重いものである場合は，修道院に置するか，女子に引き渡して監視させるべきものとする。
[3]　顕官に対し，私人による民刑事の訴追がなされた場合，顕官は担保の提供を求められることなく，保証として誓約のみが要求される，とする。

9 第2細則については，カルプツォフ自身，浮浪者及び細民には妥当しない，との制限を加えている。追放刑に処せられる者には，それに違反して立ち戻った者に一層重い刑罰を科す根拠となる不復讐宣誓 (Urpheda) が科されるため，追放刑に処せられた被告人を，不復讐宣誓をなすべく出頭させる必要があるからである。これが実務であることはカルプツォフが証明している。罰金刑が科されるにすぎない被告人であっても，逃亡のおそれがあり，担保を供しえない場合は，投獄することができる。なぜなら，貧困のため罰金を免れる者は，身体的苦痛を加えられなければならないからである (D. 48, 19, 1, 3[4])。また，その種の被告人が潜伏している場合は，裁判所捕吏 (apparitores) によって逮捕することができる (C. 9, 3, 2 et 3[5])。被告人はその住居から勾引されないという規則 (D. 2, 4, 18[6]) は，犯罪の場合には妥当しないのである。

10 上述したように，一般糺問及び特別糺問は推認根拠なしに行うことはできないのであるから，推認根拠のない投獄が許されないのは当然である。推認根拠なしに投獄しうるか否かは，問題にするまでもない。カール5世皇帝刑事裁判令第6条は，「犯行について一般の風評があり，あるいは信ずべき徴憑 (anzeygung) によって犯行を疑われた者が官憲により拘禁されるときは……」，同じく218条は，「風評及びその他の十分な徴憑が先行しないにもかかわらず，軽率に，憐れむべき者たちが官憲により逮捕，投獄され……」と定めている。ファリナキウスは，かかる見解をより一般的であり，衡平に適うとする。

11 もっとも，時には徴憑が逮捕に十分なほど強くないことがありうることは否定できない。したがって，カルプツォフにならい，次のような第2規則を立てることにしたい。すなわち，特別糺問に十分な徴憑 (それが何であるかについては4章で述べた) は，他に特段の事情がなければ，逮捕に十

---

4 罰金を支払えない貧者は裁量刑に服すべきものとする。
5 第2法文は，不在の被告の身柄拘束の手続を定め，第3法文は，裁判官の命令によらなければ裁判のため引致されないとする。
6 「多数の法学者は，各人の住居は各人にとって全く安全な避難所であるから，人をその住居から法廷に召喚する (in jus vocare) ことは許されず，人をその住居から法廷に召喚する者は暴力を用いるものとみなされる，としている」。

分な理由となりうる。なぜならば，逮捕は特別糺問の準備だからである。

12　私は，徴憑に関して裁判官の裁量を否定するものではなく，むしろ，賢明な裁判官は，被告人の人物，犯罪の性質，その他の事情及び推認根拠それ自体を慎重に考量すべきものと考える。たとえば，カルプツォフの説くところによれば，犯行を否認し，逃亡をはかる者を適法に逮捕拘禁しうることは疑いがない。なぜなら，逃亡の他，風評，被告人による脅迫，敵対関係，1名の証人の証言，被告人の裁判外の自白等の弱い徴憑であっても逮捕拘禁に十分だからである。逮捕のために，手配書を所持する捕吏が派遣されるのが通例であり，かつ，それが妥当である。この手配書は，逃亡犯人が発見された地の官憲に対し，逃亡犯人逮捕の許可を要請するものである。これは日々の経験が示す通りである。

13　我が選帝侯領，ポメルン及びメクレンブルク侯領において，強盗及び強盗殺人犯の逮捕がどのように行われるかは，前掲した諸侯協約中"Auch soll alsdenn"の章が定めるところである。「さらにまた，潜伏中の強盗犯を確かに発見し告発を行った者には，選帝侯及び侯の国庫より，強盗事件の性質により増減される一定金額がしかるべく交付される旨を，襲撃の行われた地に隣接するすべての地区の教会において告示することも行われるべきである。これを支出する領邦は強盗犯の財産（彼がそれを有する場合）より償還を得ることができる。追跡の必要が生ずる場合において，選帝侯領及び侯領のために裁判所を設置すべき義務のあるすべての者は，被害者若しくは強奪された者又は公道監視官，宮廷国庫官等による信ずべき第1報に基づき，速やかに，強盗犯を捕縛するに十分な数の追手による強盗犯の追跡を命じなければならない。また，周辺のすべての小都市及び地区に対し速やかに通牒を発し，同様に強盗犯を追跡すべきことを命じなければならない」。協約はさらに，鐘を鳴らして合図を送るべきこと，追手は領邦境界を考慮する必要がなく，国境において引き返してはならないこと，地区の裁判官は捕縛された強盗犯を〔身柄を引き取り〕逮捕する義務があり，これらを怠るならば重罰を科され，その官職又はその名誉ある地位を失うこと，また，貴族にせよ平民にせよ〔犯人は〕，死刑に値する破廉恥罪を犯した者が通例拘禁される獄房に拘禁されるべきことを定めている。同じく，前掲協約からは次のような結論

が引き出される。(1) 犯罪を行った者を知っている者はそれを申し出るべきことを，犯人庇護に対しては刑罰が科され，〔犯人の告発に対しては〕報酬が与えられることとあわせて，司祭を通し人民に告示することができる。その際，Extrav. Com. 5. 5[7]によれば，背叛，反乱，放火の脅迫，とくに窃盗については，破門をもって威嚇することが許されよう。(2) 犯人追捕が官憲の負担とならないよう，犯人追捕に要した費用は強盗犯，殺人犯等の財産から填補しうることに注意すべきである。(3) 犯人が逃亡中であり，遅滞の危険があるときは，裁判官はたんなる訴えに基づいて犯人を追捕することができる場合があることに注意すべきである。(4) 普通法上，通常は許されないことであるが，強盗については，自己の裁判区域において犯人追跡を開始した裁判官は，他の裁判区に逃亡した犯人をそこで逮捕することができる。

14　時間が許すならば，裁判官が，逮捕するに至る理由となった徴憑を書面化し，拘禁命令 (decretum de capiendo) を書面とするのが適当である。終局判決を待っていたのでは〔中間判決に対する〕不服が十分には救済されえない場合は，すべての中間判決について上訴することが可能であるから，この拘禁命令に対しても上訴することができる (D. 49, 1, 1, 1 ; D. 49, 5, 2[8])。しかし，たとえば，現行犯として捕縛されたものである場合，又はそれが公共の利益に適う場合は，裁判官は上訴を却下して拘禁命令を執行することができる。

15　もっとも，カルプツォフが正当にも指摘しているように，告発人が保証を提出した場合であっても，他に犯行を推定させる根拠がなければ，被害者の告訴又は告発 (querela vel denunciatio partis laesae) にのみ基づいて安易

7　Extrav. Com. 5. 5（普通付録書第5巻第5章）において，教皇ヨハネス22世は，掠奪された教会の宝物を取り戻すために，掠奪者又は現に掠奪品を所持する者に4か月以内にこれを返還することを，掠奪品のある場所を知る者に同一期間内に通報することを命ずるとともに，これに従わざる者に破門を科し，さらに，各地の司教，司祭に日曜日，祝祭日ごとに破門者の氏名を公表することなどを命じている。

8　D. 49, 1, 1, 1.「何びとかが朕に書を寄せ，朕がその者に何ごとかを勅答した場合において，朕の判決を争おうとする者には上訴が許される。争おうとする者が，朕に対する書の内容が虚偽であるか，事実に反することを証明するならば……朕の決定はなかったものとみなされるからである」。
　　D. 49, 5, 2.「民事事件において，裁判官が拷問の中間判決を行ったときは，終局判決前に上訴することができる。刑事事件においては，中間判決が法に反する場合に上訴することができる」。

に投獄すべきではない。被害者は，保証を行うことによって裁判官に免責を与えなければならないが，理由なく人を投獄したとすれば，裁判官は職務を正しく執行しなかったことになるからである。事実，かかる保証はあまり意味がない。なぜなら，ある者が法律に反することを申し立て，保証を行った場合，かかる保証からは訴権（actio）が生じないからである。たとえば，ある者が裁判官に理由を審問することなく私を投獄することを申し立て，保証を行った場合，私見によれば，不法侵害を理由に私から訴えを提起された[9]裁判官は，保証者に対し償還を求めることができない。反良俗的行為（turpe）からは債務が発生しないからである（D. 17, 1, 12, 11[10]）。バルトルス（イタリアの法律家。1313-1357）とその他の法学者は，不当に投獄された者を保証人を立てることと引き替えに釈放した場合は，被拘禁者が拘禁に正当な理由があることを自白したとみなされるから，裁判官は刑罰を免れうる，とする。しかし，このような〔保証人を立てさせるという〕予防策は不当である。条件付きで保証人を立てた者は，直ちに自己の有責（debitum）を自白したことにはならないからである。

16　傷害の被害者が告発を行ったが，その容態が重いという場合は，この告発は逮捕を行うのに十分である。

17　裁判官は捕吏に対して，生命を脅かさない方法で逮捕すべきことを明示的に命ずべきである。生死いずれでもよいから連行せよと命ずべきではない。このような命令は，国家の安全がそれを要求する場合又は被逮捕者が抵抗する場合等を除いて，違法である。

18　犯人が共犯者について自白した場合はどうすべきか。かかる負罪（inculpatio）に基づいて，共犯者として名指しされた者を直ちに逮捕すべきか。自白が任意になされ，詳細であり，犯人がこの自白を一貫して維持し，告発された者に対して相当な（probabilis）嫌疑が生じ，かつ両者の間に敵対関係がない場合，かかる自白に基づいて適法に投獄しうることは，この種の自白

---

[9] Capzov, q. 111, n. 68 は，違法な拘禁によって被糺問者の名誉を害した裁判官は不法侵害として処罰されるべしというのが法学者の一致した見解であるという。

[10] 「放蕩なる青年が汝に娼婦の保証人となることを指示し，汝が女の素性を知ってこの委任を引き受ける場合，汝は委任に基づく訴権を取得しない。これは相手方がそれを失うことを知って金銭を貸与する場合に類するからである」。

が拷問に十分であると定める刑事裁判令31条[11]に照らし，疑う余地がないように思われる。

しかし，共犯者の自白について上述したような事情が存在しない場合は，裁判官は，他の推認根拠がない限り，安易な投獄を行うべきではない。

19　徴憑が逮捕に着手するには不十分であるときは，カルプツォフの次のような助言に従うべきである。すなわち，裁判官は，裁判所属吏を介して犯人を文書又は口頭により召喚し，犯罪につき尋問し，その答弁を注意深く録取すべきであり，犯人が出頭せず又は答弁において変遷動揺したため，嫌疑が深まった場合には拘禁することができる。召喚を受けた者は通例，出頭する前に召喚理由の開示を求めるが，これは拒否されるべきである。上位の者（superior）の命令に従うのは当然だからである。また，刑事事件において，召喚理由の開示は危険である。また，召喚理由の開示を求めることによって，被召喚者は嫌疑を深めており，召喚理由が示されなければ出頭しようとしない反抗的な被疑者がしばしば〔出頭を〕強制されることになるのはそのためである。

20　獄房が耐え難いことがないように，獄房の状態に配慮し，かつ被拘禁者の身等に相応しいものにしなければならない。被糺問者は，暗い忌まわしい獄房ではなく，明るい太陽の光の射す獄房に収容されるべきである。脱獄を防ぐため夜間暗い獄房に収容すべき場合であっても，太陽の光によって生気を取り戻させるため，日の出とともに明るい獄房に移すべきである。憐れな被糺問者を地下の獄房に拘禁する者は殺人者とみなされるべきである。同趣旨の見解はC. 9, 4, 1[12]にも見い出される。また，刑事裁判令11条は，「獄房は，拘禁する施設であり，被拘禁者に大きな苦痛を加えるためのものであってはならない」と定める。獄房は人を拘禁する施設と考えるべきであり，人を罰する施設と考えるべきではない（D. 48, 19, 8, 9[13]）。しかし，逃亡のおそれがあるか否か，老齢か若齢か，強健であるか虚弱であるか，共

11　共犯者の自白が，名指しされた者を拷問するに十分な徴憑となるための要件を詳細に規定する。
12　収容すべき獄房について，テキストと同趣旨の章句が見える。
13　「獄房は拘禁のために用いられるべきであって，罰するために用いられるべきではない」という章句が見える。

犯及び仲間がいるか否かなど，人物の点を考慮すべきである。共犯等がいる場合には，何びとも被告人と，処罰を免れ逃亡を試みるために通謀することができないように，被告人を拘禁しなければならない。

21　良好な施設を備えた獄房がない場合は（すなわち，獄舎が十分に安全で，良好な施設を備えるため逃亡のおそれがなく，重罪犯人についても手枷，足枷を用いる必要がない場合を除いて），鉄鎖に繋いで拘禁することができる。ただし被告人が既に有罪を証明された（convictus）のでなければ，安易にこれを行うべきではない（C. 9, 3, 2[14]）。真正罰令権を有する裁判官は，事件が起こる前に，良好な施設をもつ獄房を手配すべきであろう。獄吏を置くことを惜しんで，鉄鎖の工夫に才を示し，四肢を縛り骨まで締め上げるような鉄鎖を用いる裁判官の残酷さは許されない。このような鎖は拷問それ自体よりも苛酷であり，それゆえ，かかる鎖を用い，あるいは耐え難い獄房に拘禁することによって犯人に激しい苦痛を与えた裁判官は，領邦君主によって，裁量刑，場合によっては真正罰令権の剥奪をもって罰せられうるだけでなく，罰せられなければならない。

22　なぜならば，被拘禁者を鉄鎖，足枷，首輪によって繋留することができる場合——前述のように，獄舎が十分に安全でない場合——であっても，これらの鉄具は被拘禁者に苦痛を与えるものであってはならないからである。したがって，忌まわしい獄房に拘禁され，あるいは鎖によって繋留されている者は，シュパイエルの帝室裁判所（Camera Spirensis）[15]又はその他の上級裁判官に不服を申し立て，釈放文言付き命令を求めることができる。もっとも，釈放文言付き命令とかかる文言のない命令との違いはほとんどない[16]。裁判官が獄房が怖るべき状態にあることを否定したときは，被拘禁者又はその親族は，獄房を査察し，獄房の状態を〔上級〕裁判官に報告するための受任裁判官の派遣を申し立てることができる。この場合，証人は，尋問

14　きつい手枷，鉄鎖の使用を禁止し，土牢ではなく光のある場所での収容を命じ，誤って不当に長期間被告人を拘禁した獄吏を速やかに死刑に処さない裁判官の処罰を定める。
15　シュパイエルは1527年以後約1世紀半にわたって帝室裁判所の所在地であった。
16　「拘禁は違法である。したがって，釈放を命ずる」のが釈放文言付き命令，「拘禁は違法である」とするのが釈放文言のない命令であり，後者でも，拘禁を違法とする以上釈放を命ずるのと異ならないという趣旨か。

する必要のあるときを除いて召喚する必要はないと考える。到着した受任裁判官は裁判官，場合によっては被拘禁者，少なくともその親族に対して，その任務を告知し，かつ，裁判官に獄房を解錠させなければならない。被拘禁者が獄房において死亡したときは，裁判官又は獄吏に対して不利益な推定が生じ，死因につき領邦君主による糺問が行われる。

　23　カール5世皇帝は刑事裁判令218条において，その他のあらゆる悪習を明確に禁じている。「多くの刑事裁判所及び刑事裁判権を有する官憲の許においても，多くの濫用が行われ，ために，獄房が，拘禁のためではなく，拘禁された者を罰するための施設となっている」。

　24　男女を同じ獄房に拘禁することのないよう，男女別の獄房が用意されるように配慮すべきである (C. 9, 4, 3[17])。ユスティニアヌス皇帝は，勅法彙纂中のこの法文に付された新勅法において，重罪を犯した女子は修道院に拘禁されるべしと定めている[18]。しかし，これに従うべきではなく，むしろ，とくに犯行が重罪にあたるときは，女子は名誉ある地位の女子であっても，修道院ではなく公けの獄舎に男子から隔離して拘禁するか，相応しい監視を付し，又は担保を提出させた上で，裁判官の居館の一室若しくはその他の家宅に拘禁すべきである。

　25　加えてここで，大きな都市のように被拘禁者が多数ある場合に関して，C. 9, 4, 5[19]において勅命が定める事項につき注意を促しておきたい。すなわち，このような場合，獄舎の長は，毎月当局（potestas）若しくは刑事裁判官に対して，被拘禁者の氏名，嫌疑，年齢及び状況を報告しなければならない。これは，裁判官が被拘禁者の存在を失念することなく，すべての被拘禁者が速やかに放免され，あるいは有責判決を受け，長い間獄房に苦しむことがないようにするためである。

　26　同一犯罪につき複数の共犯者がいる場合につき，カール5世皇帝は刑事裁判令11条において，彼らは同一の獄房ではなく，異なる獄房に拘禁し，隔離されるべしと定めている。すなわち，「獄舎がそれを許す限り，彼

17　テキストと同趣旨。
18　本節注2参照。
19　以下のテキストと同趣旨。

らは相互に隔離されなければならない」と定め,「相互に口裏を合わせ,犯行を取り繕うため謀議することを防ぐために」との理由を挙げている。これらの文言は,性別を考慮せず,〔一般的に〕「相互に隔離されなければならない」としているのであるから,女子を男子から隔離するだけではなく,男子もそれぞれ隔離すべしという意味に解さなければならない,とするシュテファーヌス及びカルプツォフが正当である。

 27 重篤な病で病臥している者又は重傷の者を獄房に拘禁すべきでないことも忘れてはならない。裁判官は,自宅において十分な看護を受けることができるよう,保証人に引き渡すか,自宅に看守付きで拘禁すべきである。

 28 糺問を受ける者,より適切に表現すれば,これから糺問を受けるべき者が拘禁されたときは,裁判官は,糺問において自らなすべきことを理解しなければならない。(1) 裁判官自身に関していうならば,裁判官は何よりもまず神の助力を祈ることに努めるべきである。神は知者に知恵を,賢者に知識を授け,神は深妙秘密のことを顕し,暗黒の中にあるものを知り,そして光は神とともにあるからである(ダニエル書2・21以下)。

 29 (2) 裁判官は,簡潔に手続全体の構想を立て,その要約を作成すべきである。そうすることによって,何をなすべきか,何を省くべきか,何を十分に,何を簡略に行うべきかを,いわば鏡を見るように容易に知りうることになり,よって手続を神の助力により成功させることができるからである。

 30 (3) 裁判官は,神を畏れる心をもって,卑しき欲望,特に貪欲を心から去って尋問を行い,専ら真実のみを心懸けるべきである(カルタリウス〔イタリアの法学者。1539-1581〕は,裁判官は被告人に対して怒りを発してはならないという)。

 31 (4) 裁判官は依怙贔屓する心を去らなければならない。アンブロシヌスは,貴族たる被告人に対しては,相当の敬意を表すべく,より丁重な態度をとることを認めているが,他方,裁判官に対して次のように警告している。すなわち,被告人が貴族,官憲,富裕であるからといって真実糺明に怯んではならない,被告人が貧しく身分が卑しいからといって真実発見に不注意,軽率であってはならない,この点においても,また被告人に対して抱く心情と意図においても,被告人すべてを同じ地位,名誉,身分の者とみな

し，すべての被告人に対して等しい厳格さと威厳とをもって臨むべきである，と。

32　(5) 裁判官は，被糺問者と言葉を交わす場合，厳格すぎる態度，親しすぎる態度をとるべきではない (D. 1, 18, 19, pr. ; D. 1, 16, 9, 2[20])。皇帝が命じているように (Nov. 17, 5, 3[21])，威厳のある，いわば恐怖を与える顔貌を示すべきである。もっとも，強情な者も従順な者もいるのであるから，人による区別が必要であり，強情な者には恐怖を与える態度を，従順な者には懇切な態度をとるべきである。

33　尋問を行うに際し裁判官は，略式尋問ではなく——これでは真相が正しく解明されないから——尋問項目を用いて被告人に答弁させる方法によるべきである。これは，ザクセンの裁判所においてのみならず，我々〔＝フランクフルト大学法学部〕が常に「被糺問者は特定の尋問項目につき尋問されるべし……」と鑑定しているように，わが選帝侯領においても，日常経験するところである。

34　糺問項目ないし尋問項目については次の点に注意すべきである。(1) 糺問項目を，請求原因項目 (positiones)[22]と同様，「本件犯行につき被糺問者が有責なることは真実である」といった文言を用いて，平叙文として作成する書記がいるが，これは正しい方法ではないと考える。糺問項目は，裁判官が行う尋問にほかならず，犯行が公知なものでない限り，平叙文として作成されるべきではないからである。さらに，当事者が提出し，真実であることを主張し，かつ，立証宣誓 (juramentum dandorum) によって証明することを誓約する請求原因項目と，裁判官がまだ真実とはみなしておらず，すでに存在する徴憑に基づいてその真偽を糺問しようとしている糺問項目との間に

20　D. 1, 18, 19, pr. は，司法の任にある者は近づき易い人間であってはならず，自己に対する不敬な振舞いを許してはならない，そのために属州長官は属州民とあまりに親しく交わってはならない，とする。D. 1, 16, 9, 2 は，プロコンスルは，軽侮を受けないために，弁護人の訴えを忍耐と明察をもって聴取すべきである，とする。

21　以下のテキストと同趣旨。

22　A. B. Meehan, *Compendium juris canonici*, 1899, p. 247によれば，「訴状に請求原因項目 (positiones) 又は立証項目 (articuli) が添付される場合がある。positiones とは相手方当事者に認諾又は否認させるために，一方当事者によって提出されるいわば主張である。この positiones は，それが証明を要するものである場合は，articuli と呼ばれる」。

は，大きな差異がある。それゆえ，良心の咎めなしに，また被糺問者の名誉を傷つけることなく，被糺問者がたとえば姦通を行ったことは真実である，とはいうことはできないのである。また，糺問項目を平叙文で作成するならば，刑事裁判令の命ずるところに反して，被糺問者に事実を暗示することになろう。さらに，裁判官が犯行について確信している場合であっても，糺問されるべき他の事実が存在することもありうる。これらの事実は，たとえば「被糺問者は他に窃盗を行ったか否か」という尋問の形式で取り上げる以外になく，裁判官が「被糺問者に他にも窃盗を行ったことは真実である」という糺問項目を作成するのは妥当ではない。なぜなら，このような糺問項目に対して被告人は，それは真実ではなく，名誉を侵害するものだ，と答弁しうるからであり，また，平叙文で，何某が被告人の共犯者であった等々ということは不可能だからである。もし，糺問項目が平叙文で述べられるならば，裁判官は決して犯行の真相を解明することにはならないであろう。事実，被告人尋問について最も経験のあるイタリア人の方法に注目するならば，スカッキア，フロレリウス，フラミニウス，カルタリウス，トラキルス，アムブロシヌス等の著作から明らかになるように，イタリア人は専ら質問の形式で糺問項目を作成するのを常としている。正規の刑事訴訟では平叙形で項目が作成されることがあるが，これは，犯行及びその全事情が弾劾人に十分明らかになっている場合に可能なのである。しかし，今我々が問題としているのは，糺問訴訟である。もっとも，国庫官，都市法律顧問（syndicus）又は私人が弾劾する正規訴訟[23]においても，項目は質問の形式をとるのがよいと私は考える。なぜなら，弾劾人が犯行の事情について平叙の形式で請求原因項目を作成するならば，被告人に答弁を暗示することになり，これは，その見出し及び本文において「犯行の諸事情を被拘禁者に予め告げることなく……」と定める刑事裁判令56条に反するからである。生きる気力を失った被告人がすべての項目を肯定してしまうことがありうるから，伴う危険は糺問の場合と同じであり，裁判官は確実に罪体と被告人の犯意を認定することができない。それゆえ，弾劾訴訟においても，犯行の事情に関する項目は叙

---

[23] 「解題」Ⅲ-3，Ⅳ-1参照。

述の形式をとるべきではないと考える。被糺問者が全面的に否認した場合にのみ，以下で述べるように，あれこれの事実を被糺問者に摘示すべきである。この場合は，暗示の危険がないからである。

35 (2) 糺問項目は，一事項が一項目となるように作成されるべきである。一部の者の悪しき方法となっているように，一項目に一事項以上が含まれてはならない。単純無知な被糺問者が一つの尋問項目を自白しようとしたにもかかわらず，〔複数の尋問事項を含む〕項目全部を自白したとみなされる場合が考えられ，被糺問者及び真実発見のいずれにとっても危険だからである。たとえば，「被糺問者が，喧嘩の発端をつくり，そして剣で数度切りつけたことはないか否か」と尋問をした場合，単純な被糺問者が，後者の尋問事項のみを肯定しようとして，単純に肯定の答弁をするならば，これは裁判官にとって前者をも肯定したように見えよう。したがって，無辜を害しないためには，裁判官は尋問事項を区分しなければならない。また，〔鑑定を求められるならば，〕わが法学部は，「この点につき再度被糺問者を糺問項目書に基づき尋問し，各項目——これは一つ以上の尋問事項を含んではならず，尋問事項はそれぞれ区別されるべきである——に対して答弁させなければならない」と鑑定するであろう。カルプツォフも，ライプツィッヒ参審人会によって，再三同様の法律鑑定がなされたと報告している。複数の肢を含むために多義的であるような項目が，〔民事事件において〕排斥されるのが正しいのであれば，刑事事件では当然排斥されるべきではないか。民事の被告には答弁の内容を熟慮する余裕があるが，刑事の被告人はその余裕はないのである。この点について議論の余地がないにもかかわらず，日常的にこれに反することが行われている。それゆえ，裁判官は，一項目に複数の尋問事項が含まれることのないように，複数の尋問事項を一項目に含めることによって〔被告人を〕偽罔したという非難を受けることがないように，最大の注意を払うべきである。

36 犯罪が一個であっても，いくつかの事情が存在する場合は，一事情につき一項目が作成されるべきである。たとえば，「被糺問者は何某を背後から剣をもって故意に傷害したことがないか否か」という尋問は行うべきではない。単純な被糺問者が，犯行それ自体を認めるが，個々の事情を否認し

ようとする場合に、問題が生ずるからである。したがって、裁判官は、「被告人は何某を傷害したことがないか。第2に、それは故意ではなかったか。第3に、被告人は何某の背後にいたのか、前にいたのか」と尋問すべきである。

37　(3) 特定の犯罪について尋問するのではなく、一般的に、犯罪を行ったか否かを尋問すべし、とする法学者がいる。しかし、この見解は、D. 48, 18. 1, 21[24]によって証明することができない。この法文は被告人〔尋問〕ではなく、証人〔尋問〕に関するものだからである。それゆえ、クラールスは、その反対が実務で行われているとしている。もっとも、被告人が単純な人間と思われる場合、あるいは生きる気力を失い死を恐れていないと思われる場合は、裁判官はまず一般的に〔犯罪を行ったか否かを〕尋問する方が賢明だと考えられる。

38　(4) 犯行の事情を〔被糺問者に〕暗示しないために、糺問項目の中に、犯行の事情、内容、身体のどの部分を刺したかなどを表示しないことが必要であり、かつ有益である。裁判官は暗示を与えることを極力避けなければならないからである。

39　これはカール5世皇帝の命ずるところでもある。「尋問に際し、犯行の諸事情を被拘禁者に予め告げるならば、これ〔＝尋問によって真相を解明する〕の妨げとなろう」(CCC 56)。これは、同条の見出し「犯行の諸事情を被拘禁者に予め告げることなく……」からもうかがえるところである。

40　たとえば、「被糺問者はペトルスを剣によって傷害したか否か」、「ペトルスの頭部に切りつけたか否か」、「それはペトルスの家の前で行われなかったか否か」、「それは夜の12時ではなかったか否か」等々の形式の尋問を裁判官は行うべきではない。このような尋問方法は、事実の発見に役立つよりも、言い逃れの方法を教えるものだからであり、特に拷問の威嚇を受け、あるいは現に拷問された単純な被告人は、暗示された通りにすべての事情を肯定することになるからである。

---

[24] 「拷問を行おうとする者は、ルキウス・ティティウスは殺人を行ったかという特定の質問をすべきではなく、一般的に、誰が殺人を行ったかという尋問をすべきである。これ以外の尋問方法は答弁を求めるというよりは、答弁を暗示するものというべきである」。

41 したがって、私は裁判官及び書記に対して、このような尋問方法を避け、以下のように尋問することを奨めたい。(1)「被糺問者はペトルスを傷害したか否か」、(2)「何を用いて傷害したか」、(3)「ペトルスの身体のどの部位を傷害したか」、(4)「町のどこで起きたか」、(5)「時刻は何時であったか」。

42 なぜなら、被告人に犯行の状況及び内容が暗示されなければ、より確実に真実が解明され、また、被告人が暗示されることなく自発的に供述した犯行状況が証人の供述と一致するならば、裁判官は確信をもつことが可能となり、被告人が否認した場合は、容易にその虚偽を証明しうるからである。

43 しかし、被告人が、犯行若しくはその状況について何も知らない振りをする場合は、具体的な事実を摘示するのが有効である。これはしばしば、被告人にその犯行が既に発覚していることを気付かせ、自発的に自白させる効果がある。たとえば、殺人行為の時刻を尋問された被告人が、その時刻は在宅しており、眠っていたので知らないと答弁した場合、「何某と小路で出会わなかったか否か、何某に挨拶をしなかったか否か」と尋問しても、暗示を与えるおそれはないであろう。共謀、背叛、密通、魔術、偽罪等を直ちに確認することのできる文書が存在する場合や、共犯者を直ちに対決させることができる場合などにも、端的な事実を不意打ち的に被糺問者に対して摘示することが許され、このような方法によって被告人が直ちに自白した例を一件記録の中に読むことができる。

44 (5) 刑事法学者は、裁判官に、いつも同じ手順ではなく、〔被告人の〕個性に合わせて異なる手順をとることを奨めている。すなわち、被告人が単純な人間ならば、まず、いかなる理由により逮捕拘禁されたかを尋問し、次いで端的に犯行それ自体に及び、徴憑と犯行それ自体について尋問することができよう。

45 被告人が狡猾と思われる場合は、尋問は徹底して反覆されるべきである。まず始めに、当該事件に直接の関係が全くなさそうな、あるいは、被告人が違法と考えていない事柄、たとえば、迷信行為や特定人との交際などについて尋問すべきである。したがって、この場合は、回り道をして十分に尋問を反覆した後に、核心に入るべきである。なぜなら、被糺問者は危険で

ないと思うことを答弁するであろうが，後に，この答弁に基づいて，否認したい事実を否認することができない状態に追い込みうる可能性があるからである。「被糺問者はペトルスを知らないか否か」，「いつから知っているか」，「友人関係であったか否か」，「ペトルスと仲違いをしなかったか否か」，「どこで仲違いをしたか」，「ペトルスとの間に裁判沙汰がなかったか否か」などがその種の尋問の例である。

46　このような尋問は偽計による尋問のように見えるかもしれない。しかし，この尋問方法は，単純な被告人ではなく，狡猾ですべてを否認しようと身構えていると思われる被告人に対して用いるべきものであるから，偽計による尋問ではない。次に，被告人は真実を述べるよう強く促されるべきである。その際，被告人に供述させても有罪を証明することができないのではないかという懸念を持つ必要はない。被告人が意識的に虚偽を述べた場合は，上に述べたような尋問方法を用いて巧みに被告人を混乱させ，そして，何が狙いであるかを知らないまま糺問項目に対してした彼自身の答弁によって，被告人の有罪を証明しうる可能性があるからである。もっとも，このような尋問項目は，無辜を混乱させるために作成されてはならない。専ら狡猾な者の虚言を曝くためにのみ作成されなければならない。

47　尋問に関して裁判官は慎重，賢明，敬虔でなければならず，被拘禁者の性格及び気質を知らなければならない。これは一般糺問及び風評から判断することができる。事実，裁判官が被告人の人物を考慮して異なる尋問項目を立てることは，カール5世皇帝の意図するところでもある（CCC 46 は，「その人物及び事件の事情に応じ，最も有益な言葉を用いて」と定める）。

48　私は，犯行の原因及び内容に関連する事項を看過することがなければ，裁判官は事件に関連しない尋問項目を用いて事件解明に役立たない事項も解明すべきである，とは考えない。もっとも，被糺問者はしばしば，事件に関連がないわけではないことを事件に関連がないと考えるものである。たとえば，青年特有の犯罪（delictum juventutis），淫行，あるいは被告人がかつて作成した誹謗文書について尋問される場合が，その例である。この場合，被糺問者はこれらの犯罪につき既に刑に服しているかもしれないが，〔これらの犯罪を行ったという事実は，〕判決を下すべき者が，念頭に置くべき被糺問者

の前歴を知るのに役立つのである。

49　(6)　裁判官は，被告人の無実を明らかにしうる事実についても尋問しなければならない。裁判官は，被告人の防禦と無罪に役立つこともまた糺問すべきだからである。また，糺問全体が，たんに被糺問者の防禦が妨げられないだけではなく，むしろ防禦が容易になるように，被告人が無実であれば容易に防禦することができるように，遂行されるべきだからである。これは，カルプツォフがシュルテス〔ザクセン選帝侯顧問官。1571-1629〕に基づいて述べている通りである。

50　例を挙げて説明すれば次の通りである。女子が，出産したが死産であったこと，そのときは一人であったこと，しかし新生児に危害を加えていないと供述した場合，刑事裁判令131条によれば，かかる徴憑は拷問を行うのに十分である。しかし，女子が供述したことが真実である可能性があるから，裁判官は諸事情を，蕩子（stuprator）が彼女と同衾した時期を，糺明すべきである。女子がしかじかの週又は日であったと答弁するときは，蕩子もまたその時期について尋問されるべきである。同衾の時期から見て胎児の成熟には時間が足りない，あるいは胎児が生を享けるのに不十分である場合のように，同衾の時期から被糺問者の無罪が明らかになることがあるからである。

51　(7)　むしろ，裁判官は，被糺問者がその無罪を犯行の諸事情その他に基づいて証明しうるか否かを，職権で糺問すべきである。刑事裁判令47条は，問題の時刻には他所におり，犯行現場にはいなかったことを被告人が示しうるか否かを，裁判官が糺問すべきものと定めている。すなわち，「被告人が，被告事件たる犯行を否認するときは，被告事件たる犯行について無罪であることを示すことができるか否か，追及されなければならない。そして，被告事件たる犯行の時刻に第三者とともにある場所にいたという，被告人の犯行ではありえなかったことを示す事実を証明し提示しうるか否かについて，特に被告人の記憶を喚起しなければならない」と定め，「このような記憶喚起が必要となるのは，多くの者が，無罪であるにもかかわらず，無知又は驚愕のため，自らの無罪を主張し立証する方法を申し立てることができないからである」という理由を挙げている。したがって，被告人が殺人を否認

するときは，無罪を証明することができるか否か，誰が不俱戴天の敵として被害者を狙っていたか，被告人と被害者の間にかつて生じた不和について既に和解がなされていることを証明しうるか否か，被害者は〔被告人の負わせた〕受傷の結果死亡したのではなく，疾病により死亡したことを証明しうるか否か，について尋問がなされるべきである。

　52　被糾問者が事件に関連する証拠（argumentum）を挙げて無罪を主張するときは，被糾問者の負担において，また，被糾問者が無資力のときは公費によって，被糾問者の弁明の真偽を証人尋問により糾問することは，裁判官の責務である。これは，カール5世皇帝自身，刑事裁判令47条において詳細に述べている通りである。すなわち，同条は，「被告人又はその親族が貧困のため上記の費用を負担しえないときは，犯罪が処罰を免れ，無辜が違法に処罰されることのないよう，官憲又は裁判官の負担において，裁判官は訴訟手続を進めなければならない」と規定する。しかし，防禦については他の箇所で詳述するので，ここでは，被告人がもし無罪であれば，その無罪が尋問項目〔に基づく尋問〕から明らかになるように，また，被告人尋問によって爾後の防禦手続（processus defensionis）の準備が可能になるように，尋問項目が作成されるべきことを指摘するにとどめる。

　53　(8) 裁判官は，不処罰の約束によって自白を引き出してはならない。裁判官は，これをできる限り避けるべきであり，他の適法な方法によって犯行の真実を解明することに努めなければならない。

　54　真実発見のために何かを偽装する（simulare）ことは裁判官に許されている。しかし，何かを偽装すること——これはソロモンも行ったことである[25]——と，欺罔する（mentiri）こととは大いに異なる。したがって，不処罰の約束によって引き出された自白は，ファリナキウスが詳論しているように，有責判決をするのに決して十分ではない。

　55　裁判官には，犯罪に恩赦を与えることのできる上級裁判官と，それをすることのできない下級裁判官がある。恩赦権がある場合であれば，ファリナキウスが証明しているように，裁判官は不処罰の約束を守る義務があ

---

[25] 列王紀略上3章のソロモンの故事を指す。なお，本章58参照。

る。ただし，良心が許す限度において。なぜなら，殺人の解明のために不処罰の約束がなされた場合，この約束は，良心から見て神の法に反し，遵守することができないからである。また，恩赦権がない場合であれば，裁判官は，自己の職権と裁量権に属しないことを約束しており，不誠実で虚言を弄するものである。

56　カルタリウスは，証人によって既に犯行が確認されている場合は，例外として，裁判官は不処罰の約束という詐術（cautela）を用いることができると述べているが，認めることはできない。このような場合においてもそれは偽罔であり，是認することができない。また，〔そのようにしてまで〕裁判官が被告人から自白を引き出すべき理由があるとは思われない。もし，証人によって被告人の有罪が証明されている（convictus）のであれば，被告人の自白を求める理由はもはやないからである。むしろ，例外として不処罰の約束が許されるのは，犯行について全く手掛かりがなく，その解明が国家にとって重要事である場合，たとえば，国家に対する陰謀の風評がある場合（C. 9, 8, 5, 7[26]），フェーデ状（litera diffidatoria）[27]その他の脅迫状が貼り付けられているのが発見され，都市全体が恐慌状態に陥った場合，あるいは，大窃盗が行われた場合などである。これらの場合において内通者に与えられた不処罰の約束は守られなければならない。また，犯罪が特別刑相当のものであって，かつ何らかの事情によって酌量を行うのが相当な場合も，上級裁判官は不処罰又は減軽を約束することができる。我が法学部も同旨の法律鑑定を行ったと記憶する。

57　真実発見のため，裁判官が，偽罔を目的としない名誉ある詐術（cautela honesta）を用いることは許されないか，という問題を検討しておくことは無意味ではない。確かに，名誉ある詐術は，現代においては，裁判官と弁護人に世上称賛をもたらすが，かつては彼等を地獄へと導くものであった，といわれるのは不当ではない。これは，他の論者を援用してカルタリウスが述べている通りであり，刑事裁判令100条も，裁判官が不必要な偽罔的な尋問

26　反逆罪の陰謀に参画した者が陰謀の発覚する前にこれを通報した場合，赦免が与えられるべきものとする。
27　独訳は「放火脅迫状」とする。

方法を用いることを厳しく禁じている。しかし，裁判官が偽図のためではなく，〔被告人の行う〕欺瞞を曝くために詐術を用いるのであれば，全く不合理だとはいえない。このような目的のためであれば，民事事件においても，詐術を行うことは許されているのである（D. 31, 1, 77, 31 : D. 4, 3, 1, 2[28]）。

　58　列王紀略上第3章に語られ，X. 2. 23. 2においても引用されているソロモンの故事と同様，クラウディウス皇帝も，実子たる青年を自分の子ではないと主張する母親に青年との結婚を命ずることによって，自白させたことは，トランクィルスの『クラウディウス伝』が語っている通りである。また，フラミニウスは，カール大帝は，拘禁されている父子のいずれかが殺人を行ったことを確信していたが，いずれが犯人であるかを知ることができないため，両者の絞首を命じたところ，ついに真犯人であった父が犯行を自白し，無実の息子を放免したことを伝えている。

　59　このような詐術は注意深く用いられなければならない。詐術として用いられた死刑〔の威嚇〕に対する恐怖のために死亡した被告人の例が知られているからである。パリス・ド・プテオ等がこのような事例を報告している。

　60　あたかも拷問されるかのように思わせるために行われる，拷問具を用いて行う威嚇及び拷問を示唆する言葉による威嚇（territiones reales et verbales）は，以上のような理由から弁護される[29]。

　61　裁判官が，既にすべてを知っており，犯行について知らないことは何もないかのように述べるという詐術もここに属する。しかし，犯人を知らないのに知っているかのように述べることは避けるべきである。それは真実に反して嘘をいうことであり，ドミヌス・デ・ソトゥスによれば虚言は常に違法だからである。しかし，犯行が糺問官に知られていると被糺問者に信じさせるように，糺問官が言葉を選んで発言することは許される。この場合，

28　D. 31, [1], 77, 31には，「兄が彼のために残した遺産を拒み，そして無遺言死亡を理由に当該資産を取得するのが賢明であろう。彼は，そうすることによって偽図されることを免れようとするのであり，悪意で行為したとはみなされないであろう」という章句が見える。
　　D. 4, 3, 1, 2は，自己又は他人の利益を守るために詐術を用いた場合，偽図行為があったとはいえないとする。

29　拷問の威嚇（bedrohung der mater）は刑事裁判令46条が定める。なお，本章5節21参照。

決して虚言を述べないように，慎重さと節度が必要である。すなわち，裁判官は，次のような方法又は類似の方法によって，被告人を自白に至らしめることができるだろう。「汝がどこにいたか，いかなる命令を受けたかは明らかになっている。証人によって汝の有罪は証明されよう。あるいは，汝が思いもかけなかった方法によって真実を自白せざるをえなくなるだろう。犯行はいずれ明らかにならざるをえないのであるから，神の栄光を称え，犯行を自白せよ」。

62 (9) 糺問項目は，徴憑に基づいて作成されなければならない。すなわち，ある者に対し徴憑に基づく嫌疑があることが一般糺問から判明した場合には，特別糺問において，徴憑に基づいて糺問項目が作成されなければならない。たとえば，ある女に対して魔女行為の徴憑があることが一般糺問から判明し，第1の徴憑が悪魔に引き渡して苦しめてやりたいと脅迫した事実，第2の徴憑が魔女との交わり，第3の徴憑が怪しげな態度をとった事実である場合は，次のような尋問項目が作成されるべきである。「何某を知らないか否か」，「某所で某日，何某といかなる会話をしたか」。ここで，二人の間でなされた会話をすべて述べるよう被告人に促すことができる。「いかなる意味でそのようなことを言ったのか述べよ」，「何某に魔術をかけるつもりはなかったのか否か」，「魔術をかけることができるのか否か」，「何某を知らないか否か」，「何某と交際があったか否か」，「どのようなきっかけからか」等々。したがって，裁判官は個々の犯罪の徴憑を刑事裁判令に基づいて理解しておくことが必要である。

63 (10) 裁判官は，それらの諸点について尋問することができるように，犯罪の内容，性質，状況をよく知っていなければならない。たとえば，魔女は通例悪魔と契約を結び，魔女行為を行う際に特定の言葉を使うものであるから，魔女行為の嫌疑のある者は，特に，悪魔と契約を結んだか否か，慣用の言葉を用いるか否か，それはどのようなものであるかについて，尋問されるべきである。同様に，殺人が武器を使用することなく行われることは稀であるから，被告人は凶器について尋問されるべきである。以下同様。

64 犯行が重罪であるか軽罪であるか，密行されるものであるか，証明が難しいか，頻繁に犯されるものであるか稀なものであるか等々もまた，考

慮されるべきである。これら事情及びその他の事情を考慮した上で尋問に臨むべきであって、簡単に糺問すべき徴憑と、慎重に糺明すべき徴憑を区別しておかなければならない。

65 ⑾ すべての事情について、被告人を入念に尋問しなければならない。たとえば、いかなる理由からそれを行ったか、その場所はどこか、日時はいつか、犯行のあった時どこにいたか、共犯者と元来付き合いがあったか否か。これらの事情からしばしば被告人にとって有利な事実が明らかになるからである。もし被告人が何らの弁解もできない場合は、裁判官は犯行について確信をもつことができる。また、何らかの事情について被告人が虚偽を述べるならば、被告人に不利な推定が生じ、これによって一層容易に被告人の有罪を立証することができる。〔尋問されるべき〕事項は、"Quis, quid, ubi, quibus auxilis, cur, quomodo, quando"〔誰が、何を、何処で、誰の助力により、なにゆえに、どのようにして、いつ〕という周知の暗誦用短句から、あるいは、量、数、好悪、人的関係、行為、場所、時、身体の状態といった一連の範疇から、知ることができる。

66 ⑿ 裁判官は、尋問を一回で済ませることなく、いくつかの事項を尋問したならば、他の項目は機会をあらためて尋問するように注意すべきである。特に、被告人が巧妙狡猾、すべてを否認しようとする場合はそうである。この場合は、被告人を一般尋問項目 (interrogatoria generalia) 及び拘禁理由について尋問し、かつ被告人が事件全体について簡単に供述したならば[30]、裁判官はここで第1回尋問を打ち切り、被告人の答弁を検討の上、被告人をして真実を自白させるべく特別尋問項目 (interrogatoria specialia) を作成することを推奨したい。もっとも、尋問が終了した場合であっても、被告人の答弁から新たな〔尋問を要する〕事情が明らかになった場合は、被糺問者

---

30 本章33においてブルネマンは、被告人尋問を略式で行ってはならず、尋問項目に基づいて行うべきであると述べている。しかし、ここで言及されている「事件全体について簡単に供述」させるという尋問方法は尋問項目に基づく尋問ではなく、略式尋問である。このような被告人尋問形式の緩和について、F. A. Biener, *Biträge zu der Geschichte des Inquisitionsprozesses*, 1827, S. 177 は、「被告人尋問を伴わない一般糺問の成果のみを資料として尋問前に作成されるべきものとされた特別糺問項目書は、当然、常に不十分にならざるをえなかったからである」という。なお、Vgl. E. Schmidt, *Fiskalat und Strafprozeß—Archivalische Studien zur Geschichte der Behördenorganisation und des Strafprozeßrechtes in Brandenburg-Preußen*, 1921, S. 62 ff.

をして新たな尋問項目につき答弁をなさしめることは可能である。

67　⒀　裁判官は，いかなる尋問項目を立てるべきかを知らなければならない。尋問項目には2種類，一般尋問項目と特別尋問項目とがある。一般尋問項目として，裁判官は，(i) 被糺問者の氏名，(ii) 両親，(iii) 生国，(iv) 年齢，(v) 学歴，(vi) 生活歴，(vii) 財産，(viii) 何らかの犯罪について風評を立てられ若しくは有責判決を受けたことがあるか否か等々について尋問すべきである。

68　特別糺問項目とは，犯行それ自体に関する項目をいう。ここではまず，被告人は，逮捕された理由，あるいは現に尋問されている理由を知っているか，あるいは少なくとも見当がついているか否か，どのようにして，いかなる理由から逮捕されたか，を尋問されるべきである。これは，尋問のきっかけを作り，それに対する答弁に応じて他の尋問項目を立てるためである。

69　被告人が拘禁の理由を正しく述べた場合は，裁判官は，犯行の一部始終を〔物語的に〕述べることを命ずることができる。被告人が犯行の一部始終を中断されることなく（この点に注意せよ）陳述した後で，陳述から漏れた点又は曖昧に供述された点について，犯行を解明するために，厳粛に尋問されるべきである。これは，他の論者を援用してフラミニウスが述べている通りである。陳述を中断することは，犯行を陳述している者が何らかの事情を述べ忘れる結果を招くのが常であるから，避けなければならない。したがって，被告人が虚偽を述べていることを裁判官が知っていても，供述を最後まで続けさせるべきである。被告人が正直かつ正確に犯行を陳述した場合であっても，この供述に基づいて作成されるべき尋問項目について，被告人はさらに尋問され，答弁を促されるべきである。これは，自白を一層明確なものたらしめ，かつ，無実の者が誤った自白によって有責判決を受けることがないようにするためである。

70　被告人によって犯行の一部始終が陳述され，被告人が巧妙狡猾であり，顕著な事実を否認し，かつ虚言を弄していることが明らかになった場合は，休止を挟み，尋問を中断すべきだと考える。これは，裁判官がどのような特別尋問項目を作成すべきかを考慮するためであり，どのような特別尋問

項目を立てるべきかは，一般尋問項目に対する被告人の答弁及び被告人による犯行の陳述を検討することによって知りえよう。

71　したがって，被告人がするであろう答弁——賢明な裁判官であれば，これは事実に関する被告人陳述の中から推察することができる——に関しては，被告人が〔事実に反する〕答弁をしたならば，答弁内容が虚偽であること，不可能であること，あるいはありそうにないことが〔直ちに〕明らかになるような尋問項目を作成すべきである。

72　⒁ 尋問項目書を正しく作成するためには，裁判官は尋問全体の証明課題（argumentum principale）を定め，尋問項目すべてをこの証明課題に向けて配列しなければならない。既に述べたように，被告人が狡猾であるときは，〔尋問を〕一般的事項から始め，被告人を追いつめ，意に反して犯行を自白させるように，尋問項目を配列すべきである。証明の小前提（minor argumenti propositio）において，すべての徴憑が言及されていなければならず，徴憑も項目として上に述べたように配列されるべきである。

73　狡猾な被告人に対しては，直接かつ端的に，犯罪を行ったか否か，犯行時に現場にいたか否かを尋問すべきではない。否認することは目に見えているからである。むしろ，犯行の前後の数日間どこにいたかを尋問すべきである。たとえば，犯行が6月20日であれば，17日又は18日はどこにいたか，誰のもとで食事し，遊び，眠ったか，翌日は何をしたか，そして，20日はどうであったか，という尋問を行うか，あるいは，順序を変えて，被告人は6月22日どこにいたか，同じく21日は何をしたか，そして，犯行の日である20日はどうであったか，という尋問も可能であろう。被告人が否認するときは，このような方法によって容易に虚言を証明することができよう。なぜなら，被告人がその期間一緒であった者の氏名を述べるならば，〔答弁の〕真偽を確かめるため，被告人の挙げた者を直ちに尋問することができるからである。

74　以上で，尋問項目の作成については十分である。ところで，尋問項目すなわち糺問項目は，裁判官，2名の参審人及び宣誓した書記の面前で（これらの者の立会いはカール5世が刑事裁判令46条において命ずるところである），被告人に提示され，一般の実務が示すように，弁護人（advocatus）

の立会いなく，被告人の答弁が求められなければならない。犯行について知識を有するのは，弁護人ではなく被糺問者であり，また，被糺問者は争点決定において法律問題について答弁する義務はなく，仮に答弁したとしてもそれによって不利益を蒙ることはないからである。D. 48, 1, 12[31]は反論の理由とはならない。本法文は，当該事件の弁護人ではなく，〔裁判官によって〕助言を求められる専門的知識を有する助言者に関する規定だからである。訴訟代理人（procurator）を介して行う答弁も許されないし（D. 48, 1, 13, 1[32]），また書面による答弁も許されない。答弁は，書記によって記録されなければならない[33]。したがって，カルプツォフが，しばしば刑事事件を浅薄な仕方で処理し，書記を用いることなく，被告人の答弁を自ら記録し，あるいは秘書ないし牧師に記録させる貴族ないし官憲の怠慢及び軽率を非難しているのは理由のないことではない[34]。

75 被告人が全面的に答弁を拒み，徴憑の写しの交付を申し立てることがしばしばある。したがって，ここでは，自己の無罪を証明しようとする被糺問者に，糺問項目及び補充項目に対する答弁に先だって，申立てを許すべきか否かが問題となるが，これは否定されるべきである。被糺問者の答弁は，それによって訴訟が開始される争点決定に代わるものだからである（C. 3, 9, 1[35]）。したがって，民事訴訟において争点決定後にのみ抗弁の提出が許されるように，自己に有利な事実を主張し，そのために徴憑の写しを求めて

---

31 「被拘禁者を審問しようとする者は，その裁判権を行使する属州都市に居住する，最も名望のある市民及び弁護士の援助を求めなければならない」。
32 「代理人が公的犯罪の訴追に関与することは無益である。これは弁護について一層強く妥当する。しかし，元老院決議によれば，欠席者の弁明を裁判官に提出することはできる。弁明が正当な理由に基づくならば，判決は延期される」。
33 テキストはこの一節を欠くが，独訳から補充した。この一節を挿入すると以下とのつながりが理解しやすくなる。独訳が直訳主義に徹していることを考えると，これは印刷ミスによる脱落であろう。
34 Carpzov, q. 113, n. 41 は「1622年ザクセン選帝侯領裁判手続令によれば，農村の貴族裁判所（judicia nobilium pagana）における民刑事事件の審問は宣誓した書記がこれを主宰（praeesse）しなければならない」として，法律的知識のある者を得がたい地方の領主裁判所における手続に書記が関与すべきことに言及している。
35 「たんに請求がなされ，あるいは，被告人が裁判前に訴えについて告知を受けただけでは，裁判所の許に訴えがなされたとはみなされない。争点決定と訴えの提出との間には大きな差異があるからである。すなわち，事件に関する〔当事者の〕陳述によって裁判官が訴訟について審問を開始するときに初めて，争点が決定されるのである」。

いる被告人は，まずもって答弁を行い争点を決定しなければならない。さらに，〔写しが交付されるならば，〕被告人が，開示された徴憑から，虚言を曝かれることなくかつ答弁が〔後に行う〕無罪主張の障碍とならないように尋問項目にどのように答弁すべきか，を知ってしまうおそれがある。

76　被告人に答弁の意思があるが，しかし答弁の猶予を求めた場合，これを許すべきか。クラールス及びフラミニウスは，自己の犯行について尋問されている場合は，被糺問者に猶予を与えないことが一般的な慣習であるとする。なぜならば，民事では多くの場合，事件は文書によって推認され解明されるが，刑事では良心が取り調べられており，〔過去の〕違法な行為が簡単に忘れられることはないからである。民事でも，自己の行為について尋問される場合は，熟慮期間が常に認められるわけではない。しかし，私はこの点について裁判官の裁量を全面的に否定するものではない。すなわち，犯行が古いものか，あるいは最近のものか，被糺問者に物忘れをする傾向があるか否か，いかなる理由から猶予を申し立てているのかを検討すべきであり，これらの事情及び類似の事情を慎重に考慮すべきである。

77　次に検討すべきは，被告人は，尋問項目に対して宣誓の上答弁することを強制されるべきか否かである。イタリアではこれが認められていることは，クラールス，ファリナキウス等の著作から明らかであり，ドイツでも経験のない裁判官が被糺問者に宣誓を課す例があることは，カルプツォフが指摘しているほか，経験からも明らかである。しかし，このようなやり方は認めないのが正しい。偽誓のおそれがある場合は，宣誓を要求すべきではないからである。これはクラールスが正しく指摘している通りであり，彼は，被告人は自発的に犯行を自白するものではないから，このようなやり方は偽誓の機会を与えることになると述べている。したがって，被告人は宣誓することなく，尋問項目に対して答弁させられるべきである。おそらく偽誓をするであろう者に宣誓をさせる者は，殺人者以上〔の罪人〕だからである（Ille qui hominem C. 22 q. 5. c. 5[36]）。

---

[36]　「虚偽の宣誓をするであろうことを知って，宣誓させる者は，殺人者以上〔の罪人〕である。殺人者は肉体を滅ぼすが，かかる者は魂を，しかも彼が宣誓せしめた者と彼自身の二つの魂を滅ぼすからである」。

78 被告人が全面的に答弁を拒む場合はどうすべきか。フラミニウスの説くところによれば，書記は裁判官の命令に基づいてこの点を記録すべきである。そして，軽罪においては，担保の没収または罰金刑によって，命令に従わない被告人に答弁を強制することができる。重罪においては，答弁しなければ自白したものとみなされるだろうという威嚇を付け加えることができる。〔民事では〕請求原因項目に答弁することを拒む者は自白したものとみなされるからである（Ⅵ. 2. 9. 2[37]）。もっとも刑事では，本来これ〔＝擬制自白〕は正規刑としての死刑を科すのに十分ではない。

79 （適法な徴憑が存在することを前提として，）「糺問項目に答弁しなければ他の命令又は厳しい命令を受けるだろう」という威嚇の文言を用いて被糺問者に〔答弁を〕強制することも可能である。

80 事実，徴憑が蓋然的（verisimilis）なものであれば，拷問を示唆することができる。すなわち，裁判官は，答弁を拒み続けるならば拷問綱にかける，と申し向けてよい。そして，なお答弁を拒み続け，かつ徴憑に基づく嫌疑があるときは，フラミニウスの推奨するように，拷問によって答弁を強制するか，又は，執拗な答弁拒否を，民事事件の場合のように，否認と解し，証明〔手続〕に入ることができる。

81 場合によっては，被告人は答弁をするが，「確実には言えない」，「想い出せない」，「そんなことはありえない」といった曖昧な表現を用いることがある。この場合は，被告人に，明確かつ断定的な言葉で尋問項目に答弁するよう警告すべきである。裁判官は，被告人が曖昧かつ不確実な供述について新たな虚言を考え出す余裕を与えないために，次の尋問項目に移る前に，不確実で曖昧な答弁について説明することを被告人に要求することもできる。それでも断定的に答弁しようとしないときは，拷問に付すことができる。これは，犯行を自白させるためではなく，肯定又は否定の答弁をなさしめるためである[38]。多義的な言葉，あるいは，言外の意味を持っているよう

---

[37]「請求原因項目に答弁することを命ぜられ，これを拒み，又は欠席によって命令抗拒を犯した被告は自白した者とみなされる。ただし，答弁を命じられる前に欠席した場合を除く。この場合は，命令抗拒として被告に対する手続を行わなければならない」。

[38] 答弁強要のための拷問について，Crpzov, q. 113 は，次のように述べている。「〔重罪の場合，〕被告人が，明確な肯定又は否定による答弁を拒み，答弁しないか，不確実あるいは曖昧な答弁を

に思われる答弁も許されない。「子供は生きていたかもしれない。自分は子供に毒物[39]を与えたかもしれない」といった，不確定的な答弁も許されない。

82　しかし，上に述べたような拷問は，被告人が，犯行それ自体又は犯行にかかわる重要な事情であって，しかも，記憶に新しいと思われる事柄について尋問されている場合に〔のみ〕行われる，ということに注意すべきである。犯行に関するそれ以外の事情，状況について尋問され，それを想い出すことができないと絶えず言う場合は，フォリリウスが正しく指摘するように，断定的な答弁をなさしめるために拷問を用いるべきではない。裁判官は，それらの事実を忘れたという供述は信用できるか否か，たとえば，日時を忘れたというのは信じてよいか否かを考量すべきである。

83　被告人が真実を自白し始めたときは，裁判官は決して尋問を中断，延期すべきではなく，可能な限り尋問を継続し，少なくとも主要事実（principiale negotium）について被告人が真実を述べるまで尋問を続けるべきである。昼食，夕食，睡眠，その他尋問を妨げるものについて注意を向けるべきでない。なぜならば，カルタリウスがいうように，供述を始めた被告人が自白を中断させられたため意気沮喪し，かつ，悪しき助言を受けて，明らかになりかけた真相を黙秘することがしばしばあるからである。

84　訴訟〔の経緯〕から見て真実でないことが明らかな供述を被告人がした場合，裁判官は直ちに虚言について被告人を叱責すべきではなく，一層徹底的な尋問をさらに行うことにより被告人の虚言を明らかにすべきである。

85　裁判官は，尋問項目に対する被告人の答弁を言葉や嘲笑によって中断しないように注意すべきである。アンブロシヌスが警告しているように，中断は被告人の自白を妨げ，始めかけた自白を撤回する気持ちを起こさせる

するときは，クラールスによれば，断定的な答弁を得るために拷問することができる。バルドゥスによれば，この種の拷問は真実発見ではなく，答弁強制のためである。したがって，この種の拷問には，どのような徴憑であっても十分である。断定的に答弁しない事実が，拷問に十分な徴憑となるから，他の徴憑は不要である。被告人が刑罰を逃れるのを防ぐにはこのような手段が必要である」(n. 56 et seq.)。「これに対し，身体刑を科されない軽罪においては，自白したならば科されるであろう刑罰の威嚇の下で被告人の答弁が強制される。その結果，答弁を拒む被告人は，自白しない有罪を証明するものとみなされ，裁量刑をもって処罰される。すなわち，これは推定に基づく，命令抗拒の擬制，観念上の証明である」(n. 59)。

[39] "Quips"であるが，不詳。文脈に照らし「毒物」とした。

ことがあるからである。また，裁判官は，驚き〔の態度をとること〕，頭を振ること，あるいは威嚇的な表情〔をすること〕によって，被告人に〔答弁を〕変更する気持ちを起こさせることがないように注意すべきである。

86 被告人が狂気，すなわち正気を失った状態を仮装することがあることはよく知られている。この場合は，内科医の助言を求め，被告人は狂気であるか，あるいは佯狂であるかを診断させるべきである。被告人と交友のあった者も，被告人が狂気，すなわち正気を失った状態にあるのを1度でも見たことがあるか否かについて尋問されるべきである。また，正気の者が常時狂気の振りをすることは通常不可能であるから，獄吏は被告人のすべての言動を注意深く観察すべきであり，それによって佯狂か否かが十分に証明される。フラミニウスが，拷問にかけるという威嚇，さらには，十分な徴憑がある場合は拷問によって，仮装を発見することができると述べているのは正しい。苦痛に耐えて仮装を続けることは困難だからである。

87 被告人が答弁するときは，いかなる態度で答弁するか，大胆であるか，怖ず怖ずしているか，赤面あるいは狼狽しているか，蒼ざめて答弁しているかをよく観察すべきである。書記は裁判官の命令があるときは，これを注意深く記録にとどめるべきである。他の法学者と並んでツァンガーが，D. 48, 18, 10, 5[40]を根拠に説いているように，これらの態度は，他の重要な徴憑と競合するときは，それ自体何らかの徴憑となるからである。

88 場合によって，同一の犯行又は事情について再度尋問することが必要となる。この場合，被糺問者が，その尋問項目については既に尋問を受け答弁したと述べて，前の答弁を楯に供述しない場合，裁判官はかかる答弁に満足すべきか。メノキウス〔イタリアの法律家。1532-1607〕及びボシウスがこの問題を論じているが，被糺問者及び証人に共通する問題である。このような答弁を許すか否かは，裁判官の裁量に委ねられるべきである。裁判官が，被糺問者が答弁，供述するときの表情や狼狽を観察したいと考える場合があるからである（D. 48, 18, 10, 5）。

---

40 「声の調子そのもの，そして，入念かつ詳細な尋問は，真実発見に資するところが大である。証人の言葉，供述するときの証人の示す落ち着き又は狼狽……から，真実発見に役立つ資料が明らかになるからである」。

89 法学者は一般に，〔再尋問される〕証人及び被糺問者に二つの救済手段を認めている。第1の救済手段は，答弁する前に自己の前の答弁を知りたいと申し立てることである。ボシウス及びフラミニウスは被糺問者についてこれを認め，メノキウスは証人についてこれを認めている。しかし，裁判官は，この申立てが理由のあるものであるか十分に注意すべきである。たとえば，犯行が複雑でも古いものでもない場合や，最近尋問を受けたものであって，前に供述したことを再度供述することが容易である場合のように，この申立てに正当な理由がないと思われる場合は，裁判官はこれを却下すべきだからである。これは，メノキウスがカルタリウスを引いて，裁判官に教示している通りである。確かに，尋問が数年前に行われたのでない限り，被糺問者の申立てを安易に認めるべきではない。被糺問者自身の顕著な行為に関して尋問を繰り返すならば，被糺問者の確実な知識，強固な記憶，そして容易に虚言が明らかになるものである。したがって，前の尋問の読み聞かせ（praelectio）は原則として被糺問者に認めるべきでない。

90 第2の救済手段は，被糺問者及び証人が，「現在の記憶に従って供述するが，もし前の供述がこれと異なるのであれば，前の答弁をもって今の答弁に代える。前の答弁のときの方が記憶が確かだったからである」と述べた上で答弁するというものである。これは，被糺問者よりも証人について認められている。

91 被告人が尋問に答弁した場合，その自白を直ちに信用してはならない。被糺問者が述べた個々の状況について入念に，少なくとも主要なる状況について事実確認が行われるべきである。これは，刑事裁判令54条が明確に規定するところである。すなわち，「拷問により，又は拷問によらず行われた自白に関する上記尋問項目書を用いる場合は，裁判官は，その地に〔人を〕派遣し，真実性の確認に有益な範囲において，自白にかかる犯行に関し被尋問者が供述した状況につき，自白内容の真実性を慎重に糺明させなければならない。もしある者が，一部前掲したような犯行の程度及び形態（maß und form）[41]を供述し，〔供述内容と〕同一の状況が判明するならば，被尋問者が

---

[41] 刑事裁判令48条以下が，殺人罪，反逆罪などの犯行を自白した者に対し，さらにどのような尋問を行うべきかを定めていることをさす。

自白した罪を現に犯したことが明らかになるからである。特に，その者が，現に起きたことであって，無辜ならば知りえない事情を供述する場合はそうである」[42]。自白は，〔その真偽の〕取調べを経なければ信用するに値しないから，このような糺明行為は，はなはだ有益であり，かつ不可欠でもある（D. 29, 5, 1, 24. 7[43]）。しかし，このような糺明行為は，時間と費用を要するため，多くの裁判官によって不当にも怠られている。それゆえ，我が法学部が常に，「貴下がしかじかの状況について取調べをなす場合は……」と法律鑑定を行っているのは正当である。

92 最後に，答弁する被告人の言葉は，彼の供述した通りに，書記によって録取されなければならないことに注意すべきであり，フラミニウスは，神を畏れる良き裁判官はこれを遵守していると述べている。これは，被告人の内心が他の言葉によって表現されることによって，被告人の内心と異なる意味に解されないようにするためである。この点に関連して被告人が不利益を蒙ることがあり，また実際に不利益を受けた例を私は知っている。

93 それゆえ，私は，被告人の口から出た供述は直ちに〔裁判官によって〕口述され，〔書記によって〕録取されるよう，裁判官及び書記の注意を強く促しておきたい。被告人が犯行とその一部始終について陳述する場合のように長いものであっても，被告人の答弁をまず全部聴取し，その後で，陳述を書記に違う言葉（彼らは意味は同じだと考えるのであるが）で口述する裁判官のやり方は危険である。解釈によって本来の意味を曲げ，被告人の内心を誤解することが非常に多いからである。したがって，被糺問者の供述は彼の言葉通りそのまま記録されるべきである。これは，ローマ教皇パウルス3世が"in suo motu proprio"において命じたところであると，フラミニウスは報告している。

---

[42] 刑事裁判令53条は，拷問で自白した被告人を，さらに詳細に，特に犯人のみが知りうる事情（いわゆる「秘密の暴露」）について，補充尋問すべきことを命じている。これをうけて54条は，拷問の有無を問わず，自白の真偽を，自白に含まれる具体的事実に即して検証すべきものとしている。ちなみに，バンベルゲンシス66条は，"Jtem so obgemelte fragstuck auff bekentnuss, die auss mater geschiht, gebraucht werden"（J. Kohler / W. Scheel, *Die Carolina und ihre Vergängerinnen*, Bd. 2, 1902）となっており，拷問による自白についてのみ信憑性の吟味を命じていた。

[43] 7章注6参照。

94 　被糾問者の多くは無知な者，農民であるため，その言葉使いがそのまま記録されるならば，一件記録が送付される学部はしばしばその真意を理解することができない，という声がある。被糾問者の言葉使いを変えず，残しておくべきである。そして，農民に，彼らの言葉の意味を説明させ，言わんとしていることを異なる言葉で明らかにさせるべきである。我が学部が，この点につき，「被糾問者の言葉そのままに，若しくは被糾問者自身の言葉が記録される〔べきである〕」として，法律鑑定を求める者の注意を促しているのは理由のないことではない。もしこれが守られなければ，法学部，参審人会（scabinatus）の助言者（assessores）は簡単に誤ることになり，容易に被糾問者に不利益な結果となるのである。

95 　唖者を尋問すべきときは，唖者が知っている記号を用いて尋問すべきである。その記号は記録し，唖者と親しく唖者の用いる記号を理解できる者を立ち会わせなければならない（オルデコープは，自ら舌を切った者の例を挙げる）。

96 　尋問が終ったならば，尋問項目及び答弁を被糾問者に読み聞かせるのが有益である。これは，(1) 答弁又は録取に誤りがあった場合，これを訂正し，(2) 被糾問者が後日調書の誤りを主張した場合，これを容易に反駁しうるようにするためである。

　被告人を尋問する者が範例とすることができるように，被告人尋問の2，3の例を挙げる。

　所定の手続を済ませた上で，裁判官または書記は被告人に対して次のように尋問する。
　　(1)　被糾問者の氏名は？
　　　　――ティティウスです。
　　(2)　両親は誰か？
　　　　――何某です。
　　(3)　両親の職業は何か？
　　　　――何々です。

(4)　両親はどこに住んでいたか？
　　　　※誰によって，どのような養育をされたかは非常に重要だからである。
(5)　被糺問者の年齢は？
　　　　※要注意（NB.）。この尋問項目は不可欠である。科刑に際して法学部がとりわけ年齢に注意すべきことは刑事裁判令及びローマ法から明らかだからである。
(6)　結婚しているか否か？
(7)　今までどこに滞在していたか？
(8)　職業は何か？何によって生活しているか？
　　　　※この二つの尋問項目からしばしば犯行の徴憑が明らかになる。たとえば，疑わしい人々と交友があった場合。未知の他所者であって信用し難い人物であるときは，被告人がこれまで住んでいたと言う地方の官憲に文書をもって照会すべき場合もある。これによって被告人に対して徴憑が生ずることがしばしばあることはよく知られている。
(9)　どのようにしてこの地方に来るに至ったか？
(10)　いかなる理由から，いかなる事情で拘禁されたかを知っているか否か？（まだ逮捕されていない場合は，）何のために法廷に召喚されたかを知らないかどうか？
　　　――本当のところはよく分からないが，何某と喧嘩をしたため，何某の死亡が自分のせいにされているからに違いないと思います。
　　　　※ここで被告人は，彼の行為を細大漏らさず簡単に陳述するよう促されるべきである。被告人が事件の一部始終を中断することなく述べた後で，裁判官は被告人に，それは事実そのものであるか否かを質すべきである。これが終わったならば，上述した通り，直ちに又はある期間を置いて特別尋問項目の尋問を開始することができる。具体例として，若干の犯罪に関する特別尋問項目を次に掲げる。たとえば殺人罪については以下のような尋問項目を立てることができよう。被告人が現に，殺人の被害者ペトルスに傷害を与えたが，それ

は，ペトルスの挑発があり，防衛のためであった，と述べていると
しよう。この場合，次のような尋問がなされる。

〈第1例〉
(1) 被糺問者は被害者を知っているか？
　　――はい，被糺問者は被害者を知っています。又は，私は被害者を
　　知っています。
　　　※被糺問者のその他の言葉がそのまま記録される限り，答弁を三人称，
　　　一人称のいずれで記録してもよいが，被糺問者の言葉それ自体が録
　　　取されるべきである。
(2) 被害者としばしば付き合いがあったか否か？
　　――はい。
(3) それはいつからか？
　　――約3年前からです。
(4) いかなる理由から付き合っていたか？
　　――隣人だったからだろうと思います。
(5) 今回以前にも被害者と喧嘩をしたことがないか？
　　――あります。被害者とうまくやって行くことができなかったので
　　す。
(6) なぜ被害者と喧嘩したのか？
　　――被害者が自分の家畜を差し押えたからです。
(7) 誰かそのとき傍らにいたか？
　　――何某がいました。
(8) したがって被害者に遺恨をもっていたのではないか？
　　――遺恨といってもそれ程ではなかったのです。
(9) この差押えのことで誰かと話をしたか？
　　――はい，話をしたと思います。
(10) 誰と話をしたか？
　　――よく覚えていません。
(11) センプロニウスを知っているか？

──はい。
(12)　彼と差押えについて話をしなかったか？
　　　──いや，していません。
(13)　この恨みは決して忘れないとは言わなかったか？
　　　──よく想い出せません。（ここで次のように注意する。良く考えた方がよい，罪を証明されると立場が一層悪くなる。）
(14)　カイウスの家での子供の洗礼式にセンプロニウスとともに出席しなかったか？
　　　──出席しました。
(15)　そのときこの件のことを思い出〔して，そのことを話〕さなかったか？
　　　──話しました。
(16)　何と言ったのか？
　　　──被害者の何某は私の家で無法を働いたので，話をつけてやると言いました。
　　　　　※被糾問者は，これで，〔被害者が無法を働いたという〕弁解をしているが，犯行を自白しているので，犯行に先立つ数日間どこにいたかを尋問する必要はなく，さらに次のように尋問するべきである。
(17)　どのようにして当日被害者と出会ったか？
　　　──被害者は騎馬でやって来るや，悪態をつきながら襲って来て，刀を抜きました。
(18)　どのような悪態か？
　　　──私が彼のことを何某の前で中傷した，と彼は言いました。
　　　　　※ここでその原因についてもさらに尋問する。
(19)　傍に誰がいたか？
　　　──隣の家の下男がいました。
(20)　被害者はどのような刀を持っていたか？
　　　──猟刀です。
(21)　被糾問者はどこに立っていたか？
　　　──壕のこちら側の村に近い方に立っていました。
(22)　被糾問者は壕を越えて被害者の方へ行くことができたのか？

——（被糺問者は顔を赤らめて，答える。）壕のその部分が深かったかどうかよく覚えていません。

※裁判官に知られていないこのような状況が述べられたときは，刑事裁判令48条以下に基づいて上述したように，その場所の状態が被糺問者の供述通りであるか否かを，検証（αὐτοφία）すべきである。

(23) 被害者を何によって撃ったのか？
——猟銃です。

(24) 被害者を狙ったのか？
——狙ったのではありません。銃を被害者に向けただけで，〔刀を抜いた〕被害者を制止しようとしただけです。しかし，銃が暴発したのです。

(25) なぜ猟銃を持って外出したのか？
——畑に出ている家の者のところに行こうとしました。

(26) 被糺問者はいつでも銃を持って外出するのか？
——いつもではありません。稀にそうするだけです（被告人は身体を震わす）。

(27) 何発の弾丸を装填したか？
——1発だけです。

(28) 弾丸を装填するとき，何と言ったか？
——覚えていません。

(29) 被糺問者は，悪しき隣人，気狂い犬を撃つために装填するのだ，と言わなかったか？
——そう言ったかもしれません。

※被糺問者が自発的に自白しようとしないときは，ある状況を被糺問者に申し向けてよい場合もあることは上述の通りである。

(30) 被糺問者は，鍛冶屋の戸口を通り過ぎる時，隣人の何某が村の方に馬で出掛けなかったかと尋ねなかったか？
——尋ねました。

(31) 以上から，被糺問者が被害者を悪意をもって殺害したことは明らかではないか？

——そんなことはありません。
㉜ 多くの人が聞いているのであるから、被害者を脅したことをどのようにして否認することできるのか？
——それについては何も知りません。
㉝ 二人の間には深い壕があったのであるから、被害者が襲って来たとどうして言えるのか？
——襲って来たと思います。
㉞ 被害者は1発以上撃たれたのではないか？
——知りません。
㉟ 被害者に復讐する目的で外出したのではないか？
——いや、決してそういうことはありません。

※いうまでもなく、事案上必要となれば、さらに尋問項目を作成することができる。裁判官は細かな状況についても尋問することを厭うべきではない。細かな状況から、被告人の有罪、無罪に関連することが明らかになることもあるからである。以上に際し、裁判官は悪意、憤怒、復讐心を持つことなく、神を畏れ、専ら真実発見を心すべきである。

〈第2例―魔女行為の場合〉

所定の手続を済ませた上で、すなわち、神への祈り、年、日等〔の記録〕、同じく一般尋問項目〔の尋問〕を済ませ、拘禁の理由を尋問した上で、被糺問者は次のように尋問されるべきである。
(1) ベルタを知っているか？
——はい、よく知っています。
(2) ベルタとは友人であるか？
——特に友人という程ではなく、時折出会うだけです。
(3) 彼女から呪咀の術を習ったことがあるか？
——いいえ、全くありません。
(4) 彼女が魔女行為の疑いをかけられていたことを知らなかったか？
——いいえ、知っていました。人は彼女のことを疑っていました

が，彼女が本当に魔女かどうかは，私は知りません。
(5)　その場所で，普通よりも2倍バターを造れるという方法をベルタから教わったと言わなかったか
　　　　——想い出せません。
(6)　セイアを知っているか？
　　　　——はい，よく知っています。
(7)　彼女とはこれまで不仲だったのではないか？
　　　　——彼女に対して特に敵意を持ったことはありません。
(8)　彼女を脅したことはないか？
　　　　——想い出せません。
(9)　彼女の造ったビールが何度か変質して，桶の中で酸っぱくなったことはないか？
　　　　——それは聞いたことがあります。
(10)　誰からそれを聞いたか？
　　　　——ティティウスからです。
　　　　　　※要注意。それを話したか，いかなる機会に話したか，その話のきっかけを作ったのは被糺問者の方ではないか否かにつき，後日ティティウスを尋問すべきである。
(11)　ビールをだめにしたのは被糺問者自身ではないか？
　　　　——そんなことは決してありません。
(12)　このようなことは悪性の者どもの仕業であることも否定するか？
　　　　——いいえ，その通りだと思います。
(13)　しかじかの日にセイアの家にいたか？
　　　　——はい。
(14)　彼女のビール造りについて尋ねなかったか？
　　　　——はい，尋ねました。
(15)　ビール造りを失敗させる方法を知っていると言わなかったか？
　　　　——言ったかもしれません。（裁判官はここで，然り，然らずのいずれかで正しく答えるように注意したところ，被糺問者は次のように答えた。）そう言ったことを想い出しました。

⒃　どのような方法のことを考えていたのか？
　　──どのような方法のことを考えていたのかよく想い出せません。
　　　　※真実を述べるよう，強く促し，最近のことを知らないというのは信
　　　　用できない等々というべきである。
⒄　プロクラを知らないか？
　　──はい，よく知っています。
⒅　彼女とは仲が悪くはなかったか？
　　──いいえ，そんなことはありません。
⒆　畑でプロクラとセイアのビール造りについて話をしなかったか？
　　──はい，話をしました。
⒇　どうしてそのような話になったのか？
　　──私（被糾問者）が始めました。
㉑　そのような話をするいかなる理由があったのか？
　　──セイアのビールが何度か酸っぱくなったことを聞いていたから
　　　です。
㉒　この話になる前，二人は何の話をしたか？
　　──私がセイアのことで不平を言いました。
㉓　プロクラはそれについて何と言ったか？
　　──彼女もセイアのことで不平を言いました。
㉔　なぜプロクラは被糾問者を叱ったのか？
　　──私がセイアの損害を喜んだからです。
㉕　セイアのことで文句を言ったと前に供述しているが，間違いない
　か？
　　──（はじめて身体を震わせ，何も答えない。しばらくして，次の
　　　ように言った。）想い出せません。
㉖　セイアはそのような目に会うと自分は予言していた，と〔プロクラ
　　に〕言わなかったか？
　　──プロクラが宣誓した上でそう言ったのであれば，私はそう言っ
　　　たと認める他ありません。
　　　　※プロクラは既に一般糾問において，宣誓の上この尋問項目を肯定し

ていのであるから，真実を述べるよう強く促すべきである。
- ⑵⑺ 耳は良いか？
  ——いいえ。良い方ではありません。
- ⑵⑻ 7月21日プロクラと話をしたか？
  ——いいえ。
- ⑵⑼ プロクラが前日の7月20日セイアの家の戸口でセイアと交わした会話を，なぜ知っているのか？
  ——（はじめは沈黙したが，その後で次のように供述した。）聞こえて来たのです。
- ⑶⑼ 四軒も離れたところに立っていて，どうして聞くことができたのか？
  ——二人は大きな声で話をしていました……。
  ※さらに同様の尋問項目を作ることができるが，尋問者は，直ちに徴憑そのものについて尋問するのではなく，まず一般的事項について尋問し，次いでおもむろに徴憑そのものに及ぶという方法をとるべきである。次に，子殺しの例を挙げる。

〈第3例〉

所定の手続及び一般尋問項目を済ませた上で，
- ⑴ これまでどこに住んでいたか？
  ——クリューガーさんのところです。
- ⑵ 病気だったのか？
  ——いいえ。
- ⑶ ではどうしてそのような蒼い顔をしているのか？
  ——わかりません。
  ※尋問の理由を気付かせないため，話題を変え，次のように尋問するべきである。
- ⑷ クリューガーのところでの仕事は何であったか？
  ——家畜の世話です。
- ⑸ 夜も家畜の世話をするのか？

(6) 月曜の前夜どこにいたか？
　　——雌牛が出産するので世話しておりました。
(7) 何時に起きたか？
　　——真夜中でした。
(8) 家畜小屋の牛の傍以外のところに行かなかったか？　よく考えよ。
　　——他のところには行きませんでした。
(9) 川には行かなかったか？
　　——はい，川に行ったことを想い出しました。
(10) そこで何をしたか？
　　——牛の後産を運んで行きました。
(11) 月曜の前夜出産したというのはどんな雌牛か？
　　——黒斑のある雌牛です。
　　　　※事実その通りであるかどうか調べるべきである。事実でなければ，
　　　　　被糺問者が嘘をついたことを証明できるからである。
(12) なぜ夜中に後産を川に捨てる気になったのか？どうして夜明けを待たなかったか？
　　——牛の傍に放置しておいてはいけないからです。
(13) なぜ夜明けまで後産を他の場所に移して置くだけではいけないのか？
　　——そんなものは直ぐ片付けたかったからです。
(14) これまでも後産を直ぐ仕末したのか？
　　——はい，いつでもそうでした。
(15) 当夜他の場所には行かなかったか？
　　——いいえ。
(16) シュナイダーの家の今は使われていない地下倉に入らなかったか？
　　——そんなところには入りませんでした。
(17) 月明かりでそれを見られたことを否定することができるか？
　　——想い出せません。
(18) どうして翌日前掛けに血がついていたのか？

　　　　　──……。
⒆　月曜日は何をしたか？
　　　　　──家畜の世話をしました。
⒇　一日中ベットに臥せていたのではないか？
　　　　　──そんなことはありません。
㉑　本当はその夜子供を産んだのではないか？
　　　　　──……。
㉒　子供は生きて生まれたのではないか？
　　　　　──いいえ。
㉓　子供を殺したのではないか？
　　　　　──いいえ。
㉔　死体を川に捨てたのではないか？
　　　　　──いいえ。
㉕　その噂があるのではないか？
　　　　　──私はやっていません。人はしゃべりたいことをしゃべればよいのです。
　　　　　※被糾問者はいくつかの状況を主張したのであるから，その状況について取調べを行い，日をあらためて尋問を続けるべきである。

所定の手続を行った上で，次のように尋問すべきである。
⑴　月曜，火曜の一日中，水曜日もほとんどベットに臥せていたにもかかわらす，病気であったことを否定できるか？
　　　　　──具合が悪かったのです。
⑵　ではなぜ嘘をついて，病気ではなかったと言ったのか？
　　　　　──ひどい病気のことかと思ったのです。
⑶　その間ずっと顔色が悪くはなかったか？
　　　　　──そうだったかもしれません。
⑷　ベッドから一歩も出なかったにもかかわらず，なぜ嘘をついて，月曜日は家畜の世話をしたと言ったのか？
　　　　　──２度ほど起きて，家畜小屋に行きました。

(5) 誰かを見たか？

——いいえ。

(6) 月曜日一日中家畜の世話をしたのは他の下女ではないか？

——知りません。

(7) お前の言う黒斑の雌牛が出産したのは2週間前であるから，月曜日の前夜その雌牛が出産したと言うのは嘘ではないか？

——その夜に出産したのではないことを想い出しました。

(8) そのような嘘をつくのは罪を犯している証拠ではないか？

——何もしておりません。

(9) 普段はしばしば家畜の後産を数日間放置しておき，女主人に叱責されていたというのが本当ではないか？

——そんなことがあったかもしれません。

(10) これまでの虚言と状況に照らして，本当は生きた子供を出産したのではないか？　認めたらどうか。さもなければますます厄介なことになる。

——（赤面して，次のように答弁した）認めます。お慈悲をお願いいたします。

　　※次のような尋問がさらに行われるべきである。すなわち，「誰が妊娠させたか」，「いつであるか」，「どこで」，「交渉は何回あったか」，「胎児は母体の中で生きていたか」，「出産のとき子供は死んでいたか，生きていたか」，「どこで出産したか」，「何時頃か」，「なぜ仕末したか」，「誰かがそうしたら良いと言ったか」等々である。

第2節　犯罪の証明と被糺問者の有罪の証明

摘要

1　犯罪の証明は裁判官の第一義的職責である（1）
2　犯罪の証明は完全なものでなければならない（2）
3　書面によって犯罪を証明することができるか（3）
4　その例外（4, 5, 6）
5　逮捕された被告人の所有物を封印し，捜索することができるか（7, 8, 9, 10, 11, 12）
6　それは自然の衡平に抵触しないか（13）
7　裁判官が押収しようとする物はどのように記録されるべきか（14）
8　住居の捜索の例（15）
9　証言について裁判官は最大の注意を払うべきである（16）
10　誰が証人となりうるか（17, 18, 19, 20, 21）
11　女子は刑事事件において証人となりうるか（22）
12　告発人はどうか（23）
13　適格を欠く証人は許容されない（24）
14　適格を欠く証人も，証明の困難な犯罪については許容される（25, 26）
15　適格を欠く証人も，他の方法によって真実を明らかにしえない場合は許容される（27）
16　例外犯罪の場合も同様である（28）
17　したがって，その種の場合は適格を欠く証人も尋問されなければならない（29）
18　証人の一身的事情は一件記録に表示されなければならない（30）
19　いかなる場合に未成年者は証人となりうるか（31）
20　20歳未満の者は糺問手続において証人となりうるか（32）
21　証人はどのように尋問されるべきか（33以下）
22　証人は召喚されなければならない（34）
23　被糺問者も召喚されるべきか（35, 36）
24　証人は糺問手続において証言を強制されうるか（37）
25　配偶者は重罪において証言を強制されうるか（38）
26　守秘を宣誓したことを理由に供述を免れうるか（39）
27　告解を受けた司祭は自白を明らかにしなければならないか（40）
28　聖職者も証言を強制されるか（41）
29　証人は被糺問者の面前において宣誓すべきか（42）

30 裁判官は証人を宣誓させることなく尋問することができるか（43）
31 糺問手続において無宣誓の証人を措信することは，慣習上許容されるか（44, 45）
32 宣誓することなく許容された証人は再度尋問されるべきか（46, 47）
33 裁判官は宣誓しなかった証人の再度尋問をどのように行うべきか（48）
34 宣誓の形式（49）
35 証人は尋問項目書に基づいて尋問されるべきか（50）
36 被糺問者の尋問に用いられたと同じ尋問項目書に基づいて尋問されるべきか（51）
37 被糺問者が尋問項目書を提出することを許容すべきか（52）
38 裁判官は職権により〔被告人に有利な〕尋問項目について証人を尋問する義務があるか（53）
39 いかなる種類の尋問項目があるか，裁判官が職権によって，犯罪事実に関する尋問に先立って尋問することができる一般尋問項目とは何か（54, 55）
40 裁判官は知識の根拠について証人に尋問すべきか（56, 57）
41 証人の答弁が伝聞である場合はどうすべきか（58）
42 裁判官自ら尋問を主宰すべきか（59, 60）
43 どのように証人は真実を述べるよう注意されるべきか（57）[44]
44 証人尋問を行うに相応しい者が裁判所にいない場合はどうすべきか（61, 62）
45 不在の証人はどのようにして尋問されるべきか（63, 64）
46 D. 12, 2, 15 による特権は糺問手続においても妥当するか（65）
47 証人の証言は明晰，判明でなければならないか（66）
48 明確に答弁しようとしない証人はどのように扱うべきか（67）
49 推論に基づく供述を許容すべきか（68）
50 伝聞証言の場合はどうか（69）
51 証人が外国語を用いる場合はどうすべきか（70）
52 証人が聾唖者の場合はどうか（71）
53 書記は証人の言葉を変更し，同義の他の言葉に代えることができるか（72, 73, 75）
54 被糺問者の申立てにより書記の他に公証人をも立ち会わせるべきか（74）
55 虚偽を述べていると思われる証人はどのように扱うべきか（76）
56 裁判官は供述が変化する証人に対して拷問の威嚇を加えることができるか，どのようにそれを行うことができるか（77, 78, 79, 80, 81, 82, 83）
57 一旦尋問された証人を裁判官は再度尋問することができるか（84, 85, 86）
58 犯罪が一件記録又は証言によって十分に証明されていないと考えられる場合，裁判官はどうすべきか（87）

---

[44] 原文通り。

59 証人の供述が曖昧だと考えられる場合、裁判官はどうすべきか（88）
60 証人にその供述を読み聞かせるべきか（89）
61 証人の署名は不可欠か（90）
62 証人の供述は被糺問者に読み聞かせるべきか（91）
63 証人の供述を被告人に読み聞かせる前に、証人の人物について被告人を尋問すべきか（92）
64 証人の人物に関する尋問の例（93, 94, 95）
65 証人の供述はどのように被糺問者に読み聞かせられるべきか（96）
66 裁判官は被告人と証人の対面を行わせるべきか（97）
67 対面は有用か（98）
68 対面が不可欠となる場合があるか（99, 100）
69 対面の方式（101）
70 対面はいかなる場合に行われるべきか（102）
71 対面は証人ごとに行われるべきか（103）
72 対面を避けるべき場合があるか（104）
73 文書作成の事実を自認させるためにはいかなる方法によるべきか（105）

1　徴憑に基づく嫌疑のある被告人が自白しない場合、多くの裁判官は直ちに拷問に訴えるが、これが非常に有害な誤りであることは疑う余地がない。被告人が犯行を自白しない場合は、犯行を証明しうるか否かを〔まず〕検討すべきである。すなわち、いずれ述べるように、拷問は誤りやすいものであるから（D. 48, 18, 1, 23[45]）、裁判官は判決を焦るべきではなく、証拠による有罪の証明（convincere）に努力すべきである。なぜなら、被告人の有罪が証明されるならば、被告人が自白した場合と同様に有責判決（condemnare）を行いうるからである（C. 9, 47, 16[46]）[47]。

---

[45] 「拷問を常に信用することも、また一切信用しないことも許されない、と勅法に定められている。拷問は不確実かつ危険で真実を誤るものだからである。大部分の者は拷問に耐え、あるいは感応せず、拷問を嘲笑するために、彼らから真実を引き出すことは全く不可能であり、また、他の者は拷問に全く耐えることができず、拷問されるよりはいかなる虚偽でも述べることを選ぶために、種々自白をすることによって自分のみならず他人をも危険に陥れるという結果が生じている」。
[46] 判決言渡し前に、自白又は証言によって有罪が立証されていなければならないとする。
[47] ローマ・カノン法上、自白と、証拠による有罪立証（probationibus convincere）は区別されて

2 ところで，刑事事件，特に糺問訴訟における証明は，完全でかつ真昼間の光よりも明白でなければならない（C. 4, 19, 25[48]）。不完全証明は有責判決を行うのには不十分である。〔有責判決には，〕完全証明が，たとえば，自己の視覚に基づいて供述する2名の証人が要求される。これは刑事裁判令67条が次のように定めている通りである。「真実の知識について供述する，少なくとも2名又は3名の信用すべき良き証人によって犯行が証明されるときは，犯行の性質に応じて，刑事訴訟を行い，判決されなければならない」。これはまた，カルプツォフが詳論しているところでもある。しかし，カルプツォフは，軽罪について，1名の証人と推定根拠とが競合している場合を，この原則の例外とする[49]。オルデコープは，このカルプツォフの所説を事実上の推定（praesumptio hominis）に関するものであると解して，〔例外を認めることに〕詳細に反駁している[50]。しかし，カルプツォフの所説は法律上の推定に

いる。その信用性の吟味が要求されている（8章1節91参照）ことが示すように，自白も証言と同様，証拠方法である。しかし，自白には証拠による証明の場合と異なり，独特の効果が付与された。J. Ph. Lévy, *La hiérarchie des preuves dans le droit savant du moyen-âge depuis la Renaissance du droit savant jusqu'à la fin du XIV siècle*, 1939, p. 57（上口裕訳「ジャン・フィリップ・レヴィ『中世学識法における証明の序列』(2)」南山法学12巻2=3号〔1988年〕42頁以下）によれば，本来，任意の自白には次のような効果が付与された。①自白は，なされるべき証明と等価であり，原告の挙証責任が解除される。②反証は禁止される。被告は自己の自白によって拘束され，これを撤回することができない。したがって，③有責判決に対する上訴は許されない。

48 「証拠として疑いのない，光よりも明白な徴憑」への言及がある。

49 Carpzov, q. 116は，①「拘禁刑，追放刑又は罰金刑のような裁量刑が科される軽罪」に関しては（n. 53），②「決定的な推定根拠すなわち半完全証明」があるとき（n. 51），すなわち，「推定規定及び徴憑が，犯罪を否定することがほとんど不可能な程度に，決定的，強力かつ確実である」ときは（n. 56），③被告人が否認しても裁量刑を科しうるが（n. 51），④その刑は完全な有罪証明又は自白のある場合よりも軽いものでなければならない（n. 57），⑤軽罪の場合に限るのは，重罪の場合は，「拷問及び雪冤宣誓のような真実発見の手段が存在する」からである（n. 54），とする。

50 Oldekop, *Decades*, decas 3, q. 8は，①追放刑は名誉喪失を伴う点で，また，拘禁刑は一種の拷問であり，かつ名誉失墜を伴う点で苛酷なものであるから，このような刑罰を完全証明なしで科すべきではない（n. 7, 8），②犯行の性質は刑の加重軽減の理由になりうるが，証明の程度は加重軽減の事由となりえない（n. 15），③雪冤宣誓という手段がある以上，推定による処罰という「異例の，とりわけ不公正な……手段」をとるべきではない（n. 18, 19），として，証明不十分の場合の裁量刑を批判した上で，次のように説いている。「既に言及したメノキウス等の論者は，1名の証人の供述を伴う強い事実上の推定は罰金刑を科すのに十分であると述べているが，これらの論者は被告人が命ぜられた雪冤宣誓を拒む場合について論じている，と私は解する。なぜなら，宣誓を拒む場合は，追放刑または拘禁刑の場合と同様，自白したものとみなし，有責判決をすることができるからである」（n. 24）。

関するものと解することができる[51]。私はむしろ，軽罪の〔完全証明がない〕場合は，特別刑を科し，あるいは，雪冤宣誓[52]を科す（これは偽誓の機会を与えることになる）よりは，被告人を手続から仮放免すべきだと考える。

3 証拠には2種類，すなわち，書証（instrumentum）と証人とがある。まず，犯行が書証によって証明されうるか否かが問題となる。法学者は一般にこれを否定する。これに反論するのは，マテウスである。犯罪が書証によっても証明されうることは，C. 4, 19, 25；C. 9, 22, 22；C. 4, 21, 15；C. 7, 65, 2[53]から明らかだからである。事実，前掲の法学者の見解は，犯行について証人を尋問した書記が作成した書証は，全面的に証明力（vis probandi）を否定されるわけではないが，民事事件におけるように，犯罪の完全証明とはならない，という趣旨にすぎない[54]。たとえば陰謀はしばしば書簡によって明らかにされているのである。ビロニウス大公〔事件〕がその具体例である。

4 したがって，ギルケニウスは，法学者の定立する前掲規則を次のように制限している。(1) 文書によって行われる犯罪，たとえば反逆罪については適用されない（D. 48, 4, 1, 1[55]には，「あるいはローマ人の敵に使者又は

---

[51] ブルネマンがカルプツォフの所説について，事実上の推定か法律上の推定であるかを問題にするのは，法律上の推定であるならば，反証がない限り有責判決の前提としての完全証明として十分であるが（conf. Lévy, op. cit., p. 65〔上口訳・前掲51頁〕），事実上の推定の場合はそうではないという理由によるのであろう。

[52] Carpzov, op. cit., q. 116は，雪冤宣誓の要件・効果について次のように説いている。雪冤宣誓を課すか否かは法有識者の判断によるが，雪冤宣誓を課しうるのは，たとえば犯罪が身体刑相当ではなく拷問することができない場合，あるいは重罪について拷問に十分な徴憑がない場合である。ただし，被告人が偽誓を行う疑いがなく，かつ，有力な徴憑が既に存する場合に限る（n. 61, 62）。雪冤宣誓を行った被告人は，無罪判決を受ける（n. 77）。宣誓を拒否するときは，軽罪の場合は自白したとみなされ有責判決を受けるが（n. 80, 81），重罪の場合は，かかる擬制自白は有責判決には不十分であり，拷問のための徴憑となるだけである（n. 82）。

[53] ①C. 4, 19, 25には，「適格のある証人によって確定され，あるいは明白な文書（documentum）によって裏付けられ，あるいは証拠として疑いのない，光よりも明白な徴憑によって明らかにされる事件」という章句が見える。②C. 9, 22, 22は，偽罪の審問における真実発見の一方法として書面の比較（collatio scripturarum）を挙げる。③C. 4, 21, 15は，「裁判においては，書証の信用性（fides instrumentorum）は証言と同一の効力を有する」とする。④C. 7, 65, 2は，「証人が召喚され，書証及びその他の証拠が提出されることが正義に適う」として，書証を証拠方法の一つとする。

[54] たとえば，Clarus, q. 54, versi. Item siは，「民事訴訟において作成された調書（acta）は刑事訴訟には証明力がない」という共通意見は，「完全証明に関するものであって，このような調書も，糺問を行うための徴憑には十分たりうる」と述べている。

[55] テキストと同趣旨。

書簡を致した者」との文言が見える)。文書によって行われる偽罪及びギルケニウスが挙げるその他の犯罪についても同様である。

5 (2) 被告人の自白又は有責判決を含む裁判記録についても適用されない。C. 7, 52, 6[56]の定める一般規則 (generalis regula) によれば，裁判記録によって犯行が証明されることは明らかだからである。

6 (3) 書面によってではなく，何らかの行為によって行われる犯罪は，確かに文書によって直接証明することができない。しかし，〔証明の〕補助となるもの又は徴憑を，文書又は書簡によって証明しうることは疑う余地がないという規則を，ギルケニウスは定立する。たとえば，恋文によって姦通は証明されないが，このような書簡は〔証明を〕補助するものとなり，書き手に不利益な推定を生じさせる。

7 したがって，裁判官は，書面が少なくとも何らかのかたちで証明に役立つ犯罪については，被告人の逮捕後速やかに被糺問者の住居を封鎖し，しかる後これを捜索し，疑わしい文書，さらに被告人の疑わしい所有物が存在するか，他の徴憑と相俟って被告人の有罪を証明することができるか否かを取り調べることに心懸けるべきである。

8 たとえば，反逆罪あるいは背叛罪 (proditio)[57]を犯している徴憑がある場合は，被告人の逮捕後速やかにその住居を封印，捜索し，敵側の書簡又は城砦の見取図が被告人の所有物の中に存在するか否かを取り調べるべきである。

9 魔女犯罪 (crimen laesae Majestatis Divinae) についても同様に，〔特別の〕記号をもって書かれた魔術の書，その他の魔女文書及び魔女行為を構成する物件の有無につき，被糺問者の所有物が取り調べられるべきである。これらのものから徴憑を得ることが可能なことは，「その種の疑わしい物をもって」とする刑事裁判令44条の示す通りである。

10 偽罪においても，裁判官は，被告人に対する証拠となる偽造文書の有無につき，被糺問者の有する文書を取り調べうるだけでなく，取り調べる

---

56 「朕は，公文書に記録された行為が永久的効力を有することを命ずる。裁判官の死亡とともに公信力が失われることがあってはならない」。
57 9章81参照。

べきである。窃盗については，盗品又は合鍵の有無を，公金横領罪（crimen de residuis）については，偽造の計算書の有無を，同様に取り調べるべきである。

11　姦通罪の嫌疑に基づきある者が拘禁された場合も，裁判官は，書記及び証人立会いの上で，恋文の有無につきその者の書類箱を調べさせるのがよいと思われる。恋文が発見されるならば，少なくとも推定的に犯行を証明することができるからである。

12　誹毀文書罪，窃盗罪，貨幣偽造罪についても同様に，住居を捜索し，住居の中に誹毀文書又はその写し，貨幣偽造に利用しうる器材が存在するか否かを調べるべきである。

13　国庫（Fiscus）による訴追の証拠となるものを，被告人の住居から収集することははなはだ苛酷な（nimis gravis）ことと思われるかもしれない（C. 4, 20, 6[58]）。事件が金銭にかかわる場合を除いて（D. 49, 14, 2. 1；D. 49, 14, 2, 2[59]；Clem. 5. 5. 1[60]），被糺問者であっても，自己に不利益な文書を提出する義務を負わないとされているからである。しかし，家宅捜索〔が適法であること〕は慣習によって十分に確立している。アンブロシヌスは次のような方法を説いている。すなわち，裁判官は，自ら行った処分及び発見した物のすべてを，証人立会いの上書記に記録させるべきである。事件との関連性ありと思料するものがあるときは，それをまず記録させ，証人の立会い，確認の上押収し，官吏（publica persona）のもとに委託し，あるいは裁判所に保管することができる。ただし，〔以上の点につき〕疑問のあるときは，裁判官は，被告

---

[58]　「汝の訴えの証拠は自ら提出すべきであり，相手方に自己に不利益な証拠を提出させるべきではない」という章句が見える。

[59]　D. 49, 14, 2. 1は，「国庫事件に関連する文書を提出することができるにもかかわらず，これを提出しない者は，不利益を受けなければならない。他に真実発見の方法がない場合は，その者の事件に不利益となるであろう書証は，隠匿されたとみなされる」とする（仏訳と独訳には解釈の違いがある。独訳に従う）。D. 49, 14, 2, 2は，相続財産取得権，財産権，金銭訴訟等に関する審判がなされるときは，常に書証が提出されなければならないが，死刑事件の場合はそうではない，とする。

[60]　暴利行為者の破門との関連で，「高利貸しは多くの場合秘かに狡猾に利子契約を結ぶために，暴利行為について有責判決をすることははなはだ困難である。したがって，暴利行為に関する場合は，その帳簿を教会による監査のために提出することを高利貸しに強制しうるものと定める」という。

人の拘禁に先立ち，拘禁及び家宅捜索につき法有識者団 (peritiores) の鑑定を求めるのが最も安全であろう。

14 さらに，アンブロシヌスによれば，裁判官はかかる物件を押収し，〔押収の〕経緯と〔物件の〕性状を可能な限り明確に記録し，〔物件に〕何らかの記号を付し，かつ証人の印章を押印させ又は署名させなければならない。これは，かかる文書，物件が自宅において発見されたことを被糾問者が否認することを封ずるため，あるいは，文書偽造ないし偽罪事件の場合，被糾問者が，自分は偽造しておらず，自分を陥れるための何者かによる仕業であると主張することを許さないためである。この種の文書が裁判官，書記及び証人の印章によって直ちに封印され，後に被糾問者の面前で開封されるならば，右のような抗弁を反駁しうるからである。

15 アンブロシヌスの規則は，若干の変更を加え，不要の部分を除けば，次のよう〔な具体例〕となろう。「種々の根拠からセンプロニアに対して忌むべき姦通罪の適法なる嫌疑が生じ，よって，同女のもとに出入りのあった逃亡中のティティウスの住居を解錠し，事件に関連する信書を捜索する必要ありと思料された。当下級裁判所 (Erbgericht) は，裁判所書記 N. N. 他，証人として参審人及び市民各2名をティティウス宅へ派遣した。書記以下は，敲門に応答する者がなかったため，やむをえず解錠した。入り口に近い小室に緑の櫃があり，上記証人立会いの上これを解錠したところ，ティティウスの書付，若干の債務証書のほか発見せず，これらを櫃に戻して施錠した。しかし，卓の下に赤い小櫃があり，解錠したところ，センプロニアの署名のある書簡を発見した。これらの書簡は，各々 A, B, C, D, E, F の記号を付し束とし，書記及び証人の印章により封印の上，裁判所に保管した。小櫃は施錠の上卓の下に戻した。以上は，1647年7月21日 N. N. 立会いの上行われ，裁判所印章を付した本調書がこれを証するものである」。

16 しかし，犯罪は，主として証人によって証明される。したがって，なによりもまず証言について慎重な吟味がなされなければならない (D. 22, 5, 3, pr.[61])。以下，糾問訴訟に関連する限りで，証言 (depositio) について詳し

---

[61] 証人の身分，廉潔性等，その信用性に関わる事項について慎重な吟味がなされることを求めている。

く論じることにする。証人の供述に基づいて拷問が科され，財産，時には生命さえ奪う有責判決が宣告されるからである。したがって，たびたび引用したアンブロシヌスが裁判官に警告しているように，「尋問を行う裁判官又は書記は，人命にかかわるその職務をおろそかにして，神の裁きの法廷において罪ありとされることのないように注意しなければならない」のである。いかなる証人を尋問すべきか，証人の尋問に際していかなる規則が遵守されるべきか，を裁判官に示すために，まず第1に，ごく手短に証人の適格（personae testium）について論ずることにする。

17　周知のように，証言することを禁じられていない者はすべて，証人適格を有する（D. 22, 5, 1, 1[62]）。訴訟代理人の場合と同様（D. 3, 3, 43, 1[63]），ここでも，証人適格のない者について論ずれば足りる。

18　証人不適格には4個の事由がある。(1) 知性又は精神の不安定，(2) 親族関係，上下関係，(3) 悪しき素行（D. 22, 5, 3, 5[64]），(4) 敵対関係。

19　未成年者は，知性の不安定を理由として証言を禁じられる（D. 22, 5, 3, 5 ; D. 22, 5, 20[65]）。年齢の点で，未成年者は虚偽を述べる疑いがより大きいからである（D. 48, 18, 15, 1[66]）。しかし，重罪については，少年期よりも成年期に近い未成年者が適格を認められるのが通例である。ただし，これは完全証明を行うためではなく，裁判官が知識を得るため，被告人の有罪を証明しうる新たな徴憑を糺明するためである。成年が未成年期に体験したことについて証言しうることは確立している。精神に異常のある者も，寛解期になければ，証言を禁止される（D. 28, 1, 20, 4[67]）。狂人も同様である。

---

[62] テキストと同趣旨の章句が見える。
[63] 訴訟代理人を選任しうるか否かの問題は，訴訟代理人を選任することが禁じられていないか否かを知ることで解決される，とする。
[64] 次のような場合又は人物について，証人適格を否定する。すなわち，被解放奴隷が旧主人又は旧主人の子に対する不利益証人となる場合。未成年者。公的犯罪について有責判決を受け，復権していない者。拘禁されているか，獄舎にある者。職業として猛獣との決闘を行った者。公然と売春をした者。証言に関連して金銭を受領したとして有責判決を受けた者。その理由として，身分上の上下関係，判断力の非信頼性，非行による悪評が挙げられている。
[65] D. 22, 5, 20 は，弾劾人は 20 歳未満の者を証人として喚問することができない，とする。
[66] 年齢の高さは拷問に耐える力を与えるが，未成年者はこの点で，虚偽を述べる可能性がより大きい，という。
[67] 精神に異常のある者は遺言について証人となりえないとする。

20 従者 (servus) を主人の不利益に (C. 4, 20, 7 ; D. 48, 18, 1[68])，子を親の不利益に又は親を子の不利益に (D. 22, 5, 9 ; C. 4, 20, 5[69])，夫と妻を相互の不利益に尋問することは，親族関係，上下関係上許されない。確かに，妻を夫の不利益に尋問することは特に刑事事件においては許されないが，犯行が著しい重罪の場合であって，他の方法では真相を解明しえない場合は例外とされる。いずれにせよ，夫に有利な証人としてならば，妻を証人として尋問することができるが，その供述は夫の不利益となることもある (Authenticae C. 4, 21, 19[70])。

21 次の者は，悪しき素行を理由に証人となることができない。刑事訴訟 (judicium publicum) によって有責判決を受けた者 (D. 22, 5, 3, 5)，職業として猛獣と決闘を行った者 (D. 22, 5, 3, 5)，公然と売春を行った者 (D. 22, 5, 3, 5)，証言すること又は証言しないことについて金銭を受領したとの有罪の証明があった者 (D. 22, 5, 3, 5)，誹謗詩を作成したとして有責判決を受けた者 (D. 22, 5, 21, pr.[71])，刑事訴訟において濫訴をしたとして有責判決を受けた者 (D. 22, 5, 13[72])，生活乱脈の理由により参事会 (senatus) を除名された者 (D. 1, 9, 2[73])，収賄につき有責判決を受けた者 (D. 22, 5, 15[74])，公的な拘禁 (custodia publica) を受けている者 (D. 22, 5, 3, 5[75])，いまだ有責判決を受けておらず，また，公的な拘禁を受けていない場合であっても，現に刑事訴訟の被告人である者 (D. 22, 5, 20[76])，及びすべての名誉喪失者 (Infames C. 6 q. 1 c.

---

68 C. 4, 20, 7 は，「奴隷は主人の利益にも不利益にも拷問することができない」とする。
　　D. 48, 18, 1 の第 5 節は，奴隷をその主人の不利益に拷問することができない，奴隷が拷問によらず供述したこともまた主人の不利益に用いられないとする。第 16 節も同趣旨である。第 19 節は，奴隷が共犯として拷問され，法廷で主人に不利益な自白をした場合は，裁判官は状況に応じて判決すべしというトラヤヌス帝の勅答に最近の諸勅令は従っていない，とする。
69 D. 22, 5, 9 は，父は子のため，子は父のため証人となりえない，とする。C. 4, 20, 5 も同趣旨である。
70 書証の検認に関する法文であり，テキストとの関連性が明らかでない。
71 以上の D. 22, 5 の法文（節）はテキストと同趣旨。
72 いくつかの制定法は，刑事訴訟において濫訴を行った者が刑事訴訟において証人となることを禁じてはいないが，制定法に欠けた点を補うことは，証人の適格性を決定し，信用性を考量すべき裁判官の義務である，とする。
73 不名誉な振舞を理由に元老院を除名された者は裁判を主宰し，証人となることができない，とする。
74 テキストと同趣旨。
75 本節注 64 参照。

17[77])。以上については再論する。

不倶戴天の敵対関係にある証人は全く許容されない（Nov. 90, 7[78]）。それに至らない敵対関係の場合は許容されるが，マテウスは「例外がある」とし，ファリナキウスは「敵対関係が意図的に作られたものでない限りで」とする。ところで，Authenticae C. 4, 20, 10[79]を根拠として，敵対関係の原因となった訴訟が終結した場合は，敵対関係にあった者も証人になりうるとする論者がいる。しかし，リヒターはリッターシュシウス〔アルトドルフ大学教授。1560-1613〕と並んで，このような見解を誤った解釈に基づくものであるとする。刑事事件において一旦〔被告人に〕不利益な証言をした証人が許容されない理由は，ここから明らかになる（D. 22, 5, 23[80]）。

22　女子の証人適格はどうか。カノン法上，女子は刑事事件における証人適格を有しない（Mulierem C. 33 q. 5 c. 17 ; X. 5. 40. 10[81]）。しかし，これはカノン法の誤りの一つと考えるべきであろう。教皇は教勅において，犯罪の立証を困難にすることを意図したのである[82]。ローマ法上は，女子も完全な証人適格を認められており，これに従いたい（D. 22, 5, 18[83]）。これは日々遵守されており，したがって，名誉ある女子の信用性は性差を理由に否定されるべきではない。

23　告発人の証人適格はどうか。軽罪においては告発官（publicus denunciator）が〔証言によって〕証明を行うのが通例であるにもかかわらず，X. 2,

---

76　弾劾人は，刑事訴訟の被告人，20歳未満の者を証言のため喚問することができない，とする。
77　テキストと同趣旨。
78　証人が当該当事者に対し刑事訴訟を行っており，敵対的である場合は，その証人は許容されないが，他方，証人がたとえば金銭訴訟に関する訴えを受けたという理由から敵対的である場合は，証言を許し，問題を弁論に委ねるべきである，とする。
79　当事者と証人との間に刑事手続が係属しているため敵対関係があるとされた場合は，その刑事手続が終結するまでは，証人は尋問されるべきではないが，他方，金銭訴訟の係属等の理由から証人が敵対関係にある場合は，証言を許し，問題は弁論に委ねるべきである，とする。
80　当該被告人に対して既に不利益な証言をしたことのある証人を再度不利益証人として提出することができない，とする。
81　Mulierem C. 33 q. 5 c. 17は，妻は「証人となり，保証をなし，裁判を行うこともできない」とする。X. 5. 40. 10は，証人は身分，性別，素行によって制限されるとし，「女は常に変り易い証言をする」から証人となることができない，という。
82　これは，プロテスタント側からの，ローマ教皇に対する非難の趣旨か。
83　「姦通に関するユリア法が，有罪を証明された女が証言することを禁じていることから，女もまた法廷において証言する権利を有するという結論が生ずる」とする。

20, 4[84]に対する法学者の註解は，訓戒（correctio）のためではなく，処罰のために告発した者は信用に値する証人たりえない，とする。しかし，私は，復讐の意図が明白である場合，あるいは不法侵害の被害者である場合を除いて，私人たる告発人に証人宣誓をさせるべきであって，判決を行う裁判官は，どこまで信用すべきかを種々の状況から判断することができる，と考えたい。これが現に行われていることは，経験の示すとおりである。

24 以上のように，証人適格のない証人は糾問訴訟においては尋問することができない。この規則はファリナキウスが多数の典拠を引いて論ずるところである。しかし，いかなる場合に，適格のない証人であっても許容されるべきかを裁判官に示すために，この規則に対する制限を付け加えたい。

25 制限の第1は，反逆，姦通，窃盗，子供のすり替え，聖職売買，背叛（proditio）等のように証明の困難な行為，犯罪については，この規則は妥当しないというものである。

26 若干の法学者は次のようにいう。すなわち，ある種の犯罪はそれ自体として証明が困難である。たとえば，姦通は，通常目撃されることはなく，家人以外の者によって発見されることが不可能であり，家人を証人尋問できなければ，この犯罪の証明はほぼ不可能である。窃盗，陰謀等の場合も同じである。他方，カルプツォフによれば，ある種の犯罪は犯行の場所又は時刻によって証明が困難となるが，適格のない証人がこの種の犯罪を目撃することがある。たとえば，夜間の殺人がそれである。ファリナキウスは，このような事情を第2の制限とする。ファリナキウス，カルプツォフは，殺人が荒地，森，その他人里離れた場所で行われた場合のように，場所的理由により容易に〔適格のある〕証人を得がたい場合も同様であるとする。しかし，ファリナキウス，カルプツォフは，実際には〔適格のある〕目撃証人は存在しなかったが，犯罪の性質，場所，時刻から見て目撃が不可能だったのではなく，証人が目撃する可能性は存在したという場合は，この制限に該当しない，とする。しかし，私はこのような区分を重視すべきではないと考える。

---

84 マタイ伝 18・15-16 を根拠として，「すべての事において，自己の知りたる事実につき述べる最初の者を証人とみなすことはまことに正しい。これに1名の証人が加われば2名の証人となり，これに2名の証人が加われば3名の証人となる」とする。

犯罪，特に重大な犯罪が探知され，瑕疵のない証人（testes omni exceptione majores）が存在しない場合には，〔両者の証言の〕効用は同一であるから，それ以外の証人を尋問し，どの程度信用すべきかは，判決を行う裁判官の判断に委ねられることが，公共の利益に資するのである。たとえば，家屋内での殺人と庭での殺人を目撃した家人がいる場合，家人の証人尋問が前者の場合は許され，後者の場合は許されないとする理由，あるいは，夜間の姦通と昼間の姦通を未成年者が目撃した場合，前者の場合は尋問しうるが，後者の場合は尋問できないとする理由があるのであろうか。理由がないように思われる。

27　第2に，上記規則は，真相を他の方法によって知ることができない場合は適格のない証人も許容される，という制限を受ける（C. 5, 17, 8, 6 ; D. 48, 18, 9, pr.[85]）。

28　第3に，反逆，毒殺，魔女行為，強盗殺人，殺人のような例外犯罪[86]についても制限され，通常ならば適格のない証人も許容される（D. 48, 4, 7, 2[87]）。重罪事件では奴隷もある程度信用されうる（D. 22, 5, 7 ; C. 5, 17, 8, 6 ; C. 9, 41, 12[88]）。剣闘士を許容せざるをえない場合がある（D. 22, 5, 21, 2[89]）。犯罪が重大でかつ証明が困難な場合がそうである。

29　これらの場合は，裁判官は適格のない証人を許容し，その供述をどの程度信用すべきかを，法学部又は参審人団の法助言者（assessores）の判断に委ねるべきである。

30　証人の一身的事情，すなわち殺人の被害者の親族であること，被糺問者の敵であることなどを糺問記録に明示しなければならないのは，以上の理由によるのである。裁判官が職権で，このような点について一般尋問を行

---

[85]　C. 5, 17, 8, 6 は，姦通罪，反逆罪について，他の証拠がない場合は未成年の奴隷を拷問してよいとする。D. 48, 18, 9, pr. は，金銭事件において，他の証拠がなければ奴隷を拷問しうるとする。
[86]　4章注17参照。
[87]　反逆罪については，主人を告発する奴隷，保護者（patronus）を告発する被解放奴隷もまた尋問されるべし，とする。
[88]　①D. 22, 5, 7は，「他に真実を確かめる方法がない場合は，奴隷の証言が措信されるべきである」とする。②C. 5, 17, 8, 6. については，本節注85参照。③C. 9, 41, 12は，他に真実を確かめる方法がない場合は，奴隷が拷問によって尋問されなければならない，とする。
[89]　剣闘士及び類似の者を証人とせざるをえない場合について，拷問によって信用性を確かめることを命ずる。

うべきことは後に触れる。なぜならば，上に挙げたような事件においては適格のない証人が許容されるが，これらの証人は十分な証拠となるのではなく，ある程度の証拠にすぎず，それが複数競合する場合に拷問に十分な証拠となるにすぎないからである。ファリナキウスの引用する法学者は，適格のない証人が複数いる場合，その瑕疵は数によって補完されると述べている。なぜならば，ある場合には，〔証人の〕数が，ある場合には〔証人の〕身分と名誉が，ある場合には一致した風評が，問題となっている事柄の真実性を裏づけるからである（D. 22, 5, 3, 2[90]）。

31　特に，人を欺くことを既に知っている，成年に間近い未成年者も，密行された重罪について証人とすることができるが，この場合未成年者は，完全証明（plena probatio）でなく，徴憑を提供することによって，真実解明に資するにすぎない。未成年者の証言によって，ある種の事実を解明する可能性が開かれることがありうるからである。毒殺事件において父親に不利益な証人として未成年者の息子が尋問された例を私は記憶している。しかし，既に述べたように，これは密行された重罪についてのみ行いうることに，裁判官は注意すべきである。

32　ファリナキウスの説くところから明らかなように，D. 22, 5, 20[91]によれば20歳未満の者は刑事事件において証人とはなりえない，という点で法学者の見解は一致している。しかし，この第20法文の適用を弾劾人の介在する正規訴訟の場合に限定するカルプツォフの見解に従いたい。事実，第20法文は「弾劾人」としているからである。我々〔＝法学部〕は，国家の安寧にかかわる事件における真実解明の優先という理由から適用されなくなったために，この法文は廃止されている，と述べている。特に，真相が他の方法によっては知りえない場合については，そうである。したがって，裁判官

90　「ある事実の証明として，どのような証拠がどの程度あれば十分であるかは，十分確定的に述べることはできない。……ある場合には証人の数が，ある場合には証人の地位と権威が，ある場合には一致した風評が，問題となっている事柄の証拠となる」。なお，この法文には，「審理を一種類の証拠にのみ限ってはならない。何を信用するか，何が証明されていないかは，自らの確信（sententia animi）に基づいて判断しなければならない」という，自由心証主義を彷彿とさせる章句が見出される。

91　本節注65参照。

は糺問において，14歳以上であれば20歳未満の者を証人とすることが許されよう[92]。

33　次に，証人尋問の方式について，糺問訴訟に役立つ事項の範囲で，若干論じたい。証人尋問の方式として通常要求される事項をここで全面的に論ずることは適当でないからである。その点は，とりわけ〔正規訴訟に関する〕法を体系的に論じ，あるいは特に証人に関する事項を論ずる法学者が詳論している。

34　若干の序論的事項をまず述べておかなければならない。

第1に，証言しようとする者が熟慮の上冷静な状態で出廷することができるよう，証人は証言のため〔予め〕召喚されなければならない。

35　第2に，被糺問者の面前で証人に宣誓させるため，被糺問者も召喚されなければならない。一般糺問において尋問される証人は，上述のように，被糺問者を召喚することなく，秘密に召喚，尋問されなければならない。しかし，犯罪の証明を目的として，既に一般糺問において裁判所の証拠収集のために尋問された証人が再召喚され，あるいは新たな証人が召喚される特別糺問においては，証人は常に被糺問者とともに召喚されなければならない。民事において一方当事者が召喚されないまま尋問された証人の証言が証明力を有しないとすれば（X. 2. 20. 2[93]），刑事においては一層，被告人が召喚されないまま尋問された証人の証言は証明力を有しないからである。これは，ファリナキウスが論証するように，〔刑事では〕より大きな不利益が懸かっているからである。さらに，〔証人尋問に被告人が召喚されるならば，〕裁判官が〔証人によって〕欺かれることを免れうるだけではなく，すべてが誠実に行われ，被告人が不倶戴天の敵あるいは通常適格のない証人に対して異議を申し立てることが可能となり，被告人，証人の人違いも避けうる，等の理由も付け加わる。

36　裁判官が職権で手続を行う場合，当事者の召喚は必要でないという見解をとる法学者が多いが，召喚を必要とする法学者の見解の方が正しい。

---

[92] ローマ法上，14歳は成熟者（pubes）となる年齢である（原田慶吉『ローマ法』〔改訂版，1955年〕62頁）。
[93] 「反対当事者は，証人尋問が行われることを常に告知されなければならない。この場合，それが行われなかったのであるから，法律に反してなされたことは効力を有しないとすべきである」。

ファリナキウスが相対立する見解の調停として述べているように，召喚を不要とする論者は，裁判所の証拠収集のために裁判官が一般糺問において行う最初の尋問について述べているのである。

37 証人が供述を拒む場合はどうすべきか。強制が可能か。証人の義務は公的なものであるから，一般に強制が可能である（C. 4, 20, 15[94]）。ただし，証人が法律に基づいて，すなわち，被糺問者の父，息子，妻，夫，婿，舅，継子，従兄弟又はそれより近い関係にある者，庇護者，封主（D. 22, 5, 4[95]）等の被糺問者との関係に基づいて証言を拒否することができる場合は除かれる。ところで，聖職者は，現に犯罪が行われようとしている場合，無辜の生命が危険に曝されている場合には，何が彼の義務であるかを知るべきである[96]。証明の困難な犯罪及び特に重罪については，〔例外犯罪等について〕上述したように，証言を免除されたこれらの者にも証言を強制することができる。もっとも，アンブロシヌスは，裁判官は可能な限り，これらの証人〔に対する証言強制〕を避けるべきだと勧告している。

38 しかし，著しい重罪であって，真相が他の方法によっては知りえない場合は，一般に裁判官はこれらの者を召喚し，証言を強制することができる（X. 2. 21. 5[97]）。マスカルドゥス〔イタリアの法律家〕は，今日では無差別に強制しうると説くが，少なくとも，犯行が重罪であるか否か，当該事件において証言免除者を尋問しうるか否かについて疑問がある場合は，カルプツォフの説くように，領邦君主，又は我が国の慣行のように法有識者団の助言を得て，これを行うことができる。

39 守秘を宣誓したことを理由に供述を拒む者がいるが，このような者にも証言を強制することができる。かかる宣誓は，陰謀と不正との同盟であって，真実の隠蔽を内容とするものだからである（Quisquis C. 11 q. 3 c.

---

94 非協力的な証人に対して出頭のための宣誓を課すことを許している。
95 テキストとほぼ同趣旨。
96 このような場合，聖職者は証言を拒むべきではないという趣旨であろう。ただし，本節 40 は，聖職者は告解を受けた事項については証言することができないとしている。
97 俗人が聖職者に不法侵害を加えた事件において犯人が否認し，目撃者も証言を拒んでいる場合について，「他の方法によって真実を明らかにすることができない場合は，教会裁判所による判決（censura ecclesiastica）によって，教会に関する事件について証言を拒む者に証言を強制すべきである」とする。

80；X. 5. 20. 1[98]）。この場合，宣誓の解除は不必要である。

　40　告解であることを理由に供述を拒む者がいる。たとえば，聖職者が召喚され，故人あるいは殺された者の告解について，又は被糺問者が良心の呵責から教会の告解席，私人宅で聖職者に対して行った告解について，供述を求められる場合である。聖職者はこのような告解を公にすることはできないし，公にすべきでもない。告解はキリストに対してなされるのであり，聖職者に対してなされたとはいえないからである（D. 6 c. 2 de poen.[99]）。

　41　〔被糺問者が〕流血刑を科される場合，聖職者が告解以外〔の方法で知りえた事柄〕について証言することもカノン法上違法であるとされている。これは，ファリナキウス及びファリナキウスが引用する法学者が詳論しているところである。しかし，これは，法を執り行うことがあたかも何らかの罪であるかのような，パリサイ人の偽善の臭いがする。罪を犯した者の血ほど神に相応しい供犠はないからである。我々福音派のもとでは，被糺問者又は被害者の告解以外によって犯行について何かを知りえた場合，強制が教会当局によってなされる限り，聖職者は証言を強制されることがある，と記憶するのはそのためである。

　42　証人が出頭したならば，被告人の面前で，真実を述べる旨の宣誓をしなければならない（被告人の面前で，という点は一般に守られていない。尋問がそのために直ちに無効になるとは考えない――そう解さなければ多くの手続が無効になろう――が，C. 4, 21, 17[100]の定める規則によれば，それは不当である。とりわけ，裁判官は有力者としての権威を楯にして守らないのであるが，これも不当である）。無宣誓の証人〔の証言〕は民事において証明力を有せず（C. 4, 20, 8[101]），刑事では一層証明力がないはずだからである。

98　Quisquis C. 11 q. 3 c. 80 は，「真実を隠蔽する者も，虚偽を述べる者もともに罪を犯している。前者は役立とうとする意思がなく，後者は害しようとする意思があるからである」とする。X. 5. 20. 1 は，「虚偽を述べる証人は以下の三者に対して罪を犯している。第１に，その存在を侮る点で神に対し，次に，虚偽によって欺く点で裁判官に対し，最後に，偽証によって害を加える点で無幸に対し，罪を犯している」とする。
99　D. 6 c. 2 de poen.（グラティアヌス教令集第３部第６分節第２法文）は，告解を受け，これを他人に漏らした聖職者の職階剥奪を定める。
100　遠隔地にある証人について，当事者立会いの上での供述録取書の作成について定める。
101　証言の前に宣誓させるべきことを定める

それゆえ，ファリナキウスの説くところによれば，刑事においては当事者の同意 (consensus partium) があっても宣誓を省略することはできない。被告人の弁護人が証人が宣誓していないという疑いを持った場合は，再度宣誓がなされるべきである。すべては公明正大に，不正の外観を呈することなく行われなければならない。なお，宣誓に被告人が立ち会わなかった瑕疵は，〔被告人と証人との〕対面 (confrontatio) によってある程度治癒することが可能であろう。

43　したがって，証人の宣誓がない場合は特に，裁判官は有責判決は無論のこと，拷問も行うことができない。いかに良心的な証人の場合であっても，そうである（ガイリウス〔皇帝顧問官。1526-1587〕は，C. 4, 20, 9[102]に基づいて，証言の本質は宣誓にあるとする）。

44　事実，刑事において無宣誓証人を措信すべきことを，法律又は慣習によって命ずることはできないと考える。すなわち，民事に関しては，ガイリウスのいうように，司教，貴族，博士，聖職者に関して，宣誓がない場合においてもこれを措信すべきことを法律又は慣習によって命ずることが可能であるとしても，この見解を刑事に拡張することはできないと考える。したがって，オーストリア，スイスの貴族が有する証人宣誓拒否特権は，法〔の原則〕からの乖離を最小にするため，民事事件に関するものと解されるべきだと思われる。虚偽に満ち腐敗したこの時代の人間が宣誓なしに真実を語る，と信ずることは困難であるが，これらの点については慣習に従うべきである。

45　裁判官及び書記は，犯罪の証明が行われる特別糾問において，無宣誓証言を法学部に送付することのないよう（この種の誤りが多いので）注意すべきである。このような場合は，「宣誓の上証人を尋問項目につき再度尋問し，法の定めるところが履践され……」という回答が，あるいは，事件が死刑事件ではなく，かつ裁判官が身分の高い者であり，信用に値するならば，「もし証人がその供述を宣誓の上で繰り返すならば……」という回答が我が法学部によってなされるのが通例である。

102　何びとも自己の事件において証人となることができないとする。

46 無宣誓で尋問された証人が再度尋問されるべきか否かは[103]，確かに問題である。〔尋問後〕直ちにではなく，間隔を置いて宣誓によって確認された証言は全く証明力がない，という見解が一般的である[104]。この見解が帝室裁判所において一般に承認されていることは，ガイリウス及びミンシンゲルスの述べるところである。これらの論者は，その理由を，事前に宣誓した者は宣誓を意識して敢えて虚偽を述べないが，〔一旦無宣誓供述をした〕後で宣誓を命じられる者は名誉を失う恥辱と恐怖から敢えて反対の供述をしないという点にあるとする。しかし，これとは反対の見解が糺問訴訟においては行われている，とカルプツォフは述べている[105]。

47 これについては，二つの問題を区別すべきだと考える。無宣誓でなされた供述が事後的な宣誓によって確認されうるか否かは一個の問題である。これについてはガイリウス，ミンシンゲルスとともに否定的に答えたい。特に死刑犯罪の場合，糺問訴訟においてもこの見解に従わないことは危険である。しかし，一般糺問において無宣誓で供述した証人を，後に予め宣誓させた上で，尋問すべきか否かは別個の問題である。これについては，肯定説をとるピストリス〔ライプツィッヒ参審人会陪席。1543-1601〕が正しい。証言が既に〔被告人に〕開示（publicare）[106]されている場合であっても同様である。これは，Clem. 2. 8. 2 の反対解釈[107]によっても裏付けられる。

---

[103] 以下47のテキストや，テキストで言及されている見解（Carpzov, q. 114, n. 57 et seqq.）に照らすと，この設問と以下のテキストとの関係が理解しにくい。この設問はたとえば，「証人が一般糺問において既に無宣誓の尋問を受けている場合，特別糺問において，①前の供述について宣誓させることによって，これを証拠とすることができるか，あるいは，②宣誓の上再尋問を行ってこれを証拠とすることができるか」とあるほうが，理解しやすいと思われる。
[104] これは，前注の設問①が否定されるという趣旨である。
[105] Carpzov, q. 114, n. 69 et seqq. は，テキストに引用されたガイリウスのような主張によれば，前々注の設問①，②のいずれもが否定されることになるから，②を肯定する実務は正しいとする。一般糺問において一旦無宣誓供述をした者を特別糺問において再尋問できないとするならば，処罰が困難になる，というのがその理由である。
[106] 訴訟記録開示又は証拠開示を指す。CCC 73 に定めがある。Meehan, *op. cit.,* p. 255 は，「開示」について以下のように述べている。「争点が決定されたならば，裁判官は訴追側手続の開示（processus offensivi publicatio）を行う。訴追側手続とは，刑事手続中，被告人に防禦の訴訟行為の機会を与える裁判官の決定に先立つ全手続をいう。手続の開示は，それまで行われた手続の重要部分を朗読することによって行う。手続の開示後，被告人の請求があるときは，裁判官は手続〔記録〕の写しを交付しなければならないが，証人の氏名を明らかにする義務はない」。
[107] Clem. 2. 8. 2 は，「証人が適式に尋問され，かつその証言が開示された場合は，事実審（causa

48 したがって，無宣誓で証人尋問をした場合は，裁判官は，以前の供述を確認させるために宣誓を証人に要求してはならない。むしろ，証人を再度尋問項目に基づいて〔宣誓〕尋問し，その供述を書記に録取させるべきである。証人の尋問に際して，〔事後の〕宣誓によって確認することができるように真実を述べよ，と命ずる裁判官のやり方は非難されなければならない。証人は，自分には宣誓が免除されるものと期待して，それだけ過激な供述をするからである。同様に，昼間尋問し，宣誓を翌朝に延期するやり方も正しいとは思われない。宣誓は供述に先行すべきであって，後置されてはならない。

49 証人の宣誓の文言として，次のようなものが考えられる。すなわち，「証人は，示される尋問項目及び事件全体について，知れる限りにおいて真実を述べることを誓い，決して，憎悪，金銭，愛情，恐怖，あるいは第三者の利益のために虚偽を述べることなく，〔尋問内容が〕開示されるまで，糺問項目及び自分の答弁について他言することはありません」。証人に事件全体について真実を述べることを宣誓させるのが得策である。これをさせなかった場合，尋問事項以外について供述する証人は措信されないからであり，事件全体について真実を述べることの宣誓がなされている場合は，措信しうるからである。良心的な証人が，良心上の義務であると考え，尋問されていない事柄を供述することがしばしば見られるから，この種の宣誓文言を挿入しておくべきである。

50 被糺問者自身，一定の尋問項目について尋問されるのと同様に，犯罪の証明が問題となる場合の証人尋問に際しても，事件について略式尋問するのではなく，一定の尋問項目を作成し，その一つ一つについて証人を尋問すべきである。その際，一項目一事項とし，一項目に複数の事項が含まれてはならない。これは被告人尋問について上述した通りである。

51 ところで，被告人に用いるものと同じ糺問項目を用いて証人を尋問

---

principalis）において，同一又は相反する尋問項目に関して同一又は異なる証人を提出することが許されないように，これは上訴審（causa appellationis）においても許されるべきではない。〔偽証〕教唆のおそれは事実審に劣らず上訴審においても存するからである」とするから，「証人が適式に尋問され」なかった場合，すなわち，無宣誓尋問が行われた場合は，再度の尋問が許されるという反対解釈の余地がある，という趣旨であろう。

すべきか否か，が問題となる。このような方法をとりうることを私は否定しない。しかし，上述したように，被告人が否認するため，一般事項の尋問から始めるなど技巧的な順序によって被告人を尋問した場合は，証人に示すべき項目を，重要かつ主要な点に変更を加えることなく，若干手直しすることが必要だと考える。被告人尋問に必要となる迂回的な尋問項目や他の事実を推認するための項目は，証人尋問の場合には不要であり，証人はあらゆる事情について，端的かつ個別的に尋問されるべきだからである。

　52　被糾問者が自ら，糾問項目中に含まれる〔犯行の〕事情，内容及び証人の人物について尋問項目を作成し提出する場合，これを許し，かかる尋問項目についても証人を尋問すべきか否かが問題となる。確かに，民事ではかかる尋問項目が実務上許容されており，また，正規刑事訴訟，すなわち弾劾訴訟においてこれを利用しうることは争われていない。しかしながら，カルプツォフは，かかる尋問項目は糾問手続では許されないとする[108]。確かに，カルプツォフはザクセンについて述べているのであるが，私は初版において，次のような理由から，我が国の裁判所においても同様の見解が取られるべきだと考えた。すなわち，当事者による尋問項目書の作成が正規訴訟の一部であることは何びとも否定しえないが，一方，ほとんどの地方の慣習によれば糾問訴訟が略式なものとされていることは明らかだからである。しかし，ブランデンブルク宮廷裁判所（Carmera Brandenburgica）は反対の見解を採用した。これは必ずしも根拠がないわけではない。すなわち，(1) オルデコープがカルプツォフに反論するかたちで，〔被告人作成の〕尋問項目書を擁護する際に援用した，訴訟手続（ordo processus）であるという点において正規訴訟と糾問訴訟との間に差異はない[109]という論拠は，犯罪又は訴え

---

[108] Carpzov, q. 114, n. 21 は，その理由として，被告人による尋問項目の追加を認めることは，手続の延引を招き，法の定める手続によらず速やかに行われるべき糾問手続の本質に反する，とするほか，後に防禦項目書を提出することによって自己に有利な事実を証明しうるのであるから，このような見解は被告人の防禦の機会を奪うものではない，とする（n. 23）。

[109] Oldekop, *Decades*, decas 1, q. 5, n. 2 et seq. は，この点について次のようにいう。犯罪の糾問，弾劾，処罰は神と人の法に従って行われなければならない。糾問手続は弾劾手続に代わるものであるから，弾劾訴訟で要求される手続は糾問訴訟においても要求される。被告人が尋問項目書を提出することは弾劾訴訟において認められているのであるから，これを糾問訴訟において認めない理由はない。とりわけ，尋問項目書の提出は被告人を有責とするか，放免するかにかかわるものだからである。

(intentio) の証明に関する限り，全く不当とはいえない。(2) さらに，被告人の防禦〔に有利な事項〕がかかる尋問項目書に含まれることがありうるという理由[110]，(3) 防禦項目書を提出し，これに関する尋問のため証人を提出する (producere) ことを被告人に認める方法を取るならば，裁判官によって召喚された証人が，証人尋問項目書に含まれる被告人の防禦〔に有利な事項〕について同時に尋問される場合よりも，手続が延引されるという理由が付け加わる。(4) 裁判官は，被告人の防禦のための尋問項目を作成する能力，意欲を有するほどの知識や公正さを常に有しているとは限らない。事実，裁判官は多くの場合これを怠っているのである。(5) 被告人が犯行の事情，内容に関して主張を行い，これに関する証人尋問を申し立てることが許されるとすれば，〔尋問項目書の提出を認めるのと〕結果はほぼ同じとなる。ある事項を主張という形式で述べるか，尋問項目という形式で述べるかは同じだからである。(6) 尋問項目書の提出は古い証人尋問方式に一層近い。かつては被告人が証人尋問に立ち会い，事実に関して証人を尋問することを許されていたように思われるからである[111]。(7) 尋問項目書の提出を許容すべきことが，数年前数次にわたって選帝侯殿下及びノイマルク〔＝ブランデンブルク選帝侯領東部地域〕の書記局 (Cancellaria Neomarchica) の特別命令によって，裁判官に命ぜられたと記憶する。

53 〔証人の〕一身的事情に関する一般尋問項目には，証言することに関して何かを受け取ったか否か，あるいは受け取ることを期待しているか否か，すべての証人について，完全なる名誉を有しているか否か，何らかの罪を犯したことがないか否かに関する事項が含まれるのが通例である。被糺問者が貧困であって弁護人を有しない場合，裁判官及び書記は，神を畏れるのであれば，自ら職権によって被糺問者の利益となる一般及び特別尋問項目を，た

---

110 Oldekop, *Decades*, decas 1, q. 5, n. 25 の「かかる尋問項目書を認めるならば，新たな費用（これは通常被糺問者の負担となる）とさらなる時間を費やすことなく，かつ，防禦項目書の方法によるよりも正確，容易，かつ速やかに，被糺問者の無罪又は防禦について糺問し解明することができる」という所論に対応するものと考えられる。
111 Matthaeus, tom. 2, lib. 48, tit. 15, cap. 4, n. 9 は，相手方は証人の宣誓に立ち会うため召喚されなければならないが，証人尋問は秘密に行われるべきであるから，これに立ち会うことはできない，という一般的見解はローマ法上は根拠がない，と述べている。

だし冗長を避け単純明瞭に，すなわち，真実発見及び被告人の防禦の裏付けに必要な範囲で，証人に提示しなければならない。これは，犯罪を証人によって証明する場合は常に，特に被告人が農民，無知で単純な者，命を粗末にする者である場合に，必要であると考える。

54 ところで，証人に示す尋問項目には，一般尋問項目と特別尋問項目とがある。一般尋問項目は〔証人の〕人物又は事件に関連するものである。裁判官は職権により，人物及び事件に関する一般尋問項目に基づいて証人を次のように尋問すべきである。

(1) 証人の氏名は？
(2) 何歳であるか？
(3) いかなる身分を有するか？
(4) 何のために召喚されたかを承知しているか？
(5) 被糺問者と敵対関係にあるか？
(6) 殺された者（又は被害者）の親族であるか？
(7) どのような経緯で証人となったか？

55 事件に関する一般尋問項目とは，事件それ自体，及び〔被告人尋問に際して用いられた〕糺問項目書に含まれていなかったかもしれない被告人の防禦に役立つ可能性のある諸事情に関して作成されるものをいう。たとえば，(1)ティティウスは管理人と争ったか，(2)ティティウスは最後になって熊手を手に取ったのか，(3)熊手で管理人を攻撃したかなどが，事件に関する一般尋問項目の例となる。さらに，管理人は騎乗し武装していたか否か，あたかもティティウスに暴力を加えんとするかのように馬でティティウスの周囲を旋回したか否か，ティティウスは熊手を手にするや争うために前へ進み出たか否か，あるいは専ら防御のために熊手を管理人に突き出したのか否か，等について証人を尋問することも可能である。ところで，証人は自己を告発することになるような尋問事項について尋問されるべきではない。何びとも自己の意思に反して近親者に不利益な答弁をする義務がない以上（D. 22, 5, 4[112]），自己に不利益な答弁をする義務がないことは勿論であり，したがっ

---

[112] 本節37参照。

て，何びとも自己を告発する義務を負わない（nemo se tenetur deferre）のである（D. 49, 14, 3, 11[113]）。以上の点は，1654年の帝国最終決議においても確認されている。

56　特別尋問項目の尋問は，犯行それ自体又は徴憑，推定根拠について尋問され肯定的に答弁した証人が，聞いた事なのか見た事なのかなど，知識の根拠（causa scientiae）を示さない場合，裁判官が職権で知識の根拠を質すかたちで行われる。カール5世皇帝も刑事裁判令65条において，証人は知識の根拠を示すべしとして，これを要求している。したがって，証人が自発的に知識の根拠を述べない場合，裁判官がこれを尋問しなければならない。そうしなければ，供述は証明力がないからである。バルドゥスその他によりながら，アンブロシヌスの言葉を借用してファリナキウスが詳論しているように，いわば，知識の根拠は証言に生命を吹き込む魂であり，これなくしては証言は何ごともなしえない無用の屍にすぎないのである。アンブロシヌスは次のようにいう。「私はこれに類した多くの証人を見た。彼らは知識の根拠又は原因を述べさせられる段になると，何の証拠にもならないのであった。彼らが自分の意見，希望，恐怖，愛情あるいは憎悪に動かされて証言をしていたことを発見し，私は決して彼らの供述に依拠してはならないと理解したのである」と。

57　それを問われていない証人も，自発的に知識の根拠を述べる義務があり，それを述べなければ尋問は無効となるか否かが問題となる。一般に，視覚（sensus visus）によって直接見ることができる事項とそうでない事項とが区別される。前者の場合，証人は自発的に知識の根拠を述べる義務がなく，むしろ裁判官がそれについての供述を求めなければならない。一部に知的判断（judicium intellectus）を用いることによって認識される後者の場合，証人は自発的に知識の根拠を供述しなければならない。この場合，知識の根拠それ自体証言を証言たらしめているものだからである。たとえば，証人が風評，慣習，財産権，狂気，物の評価額，酩酊，年齢，敵対関係，権限の有無，所領，血縁関係，境界，偽罔等について供述する場合がそうである。む

---

[113]　「国庫がその一部について権利を有しない限り，何びとも財物を発見したことを告知する義務を負わない」。

しろ，事の重大性を考えるならば，刑事では証人は常に知識の根拠を述べるべきである。知識の根拠が馬鹿げたものであれば，証言も馬鹿げたものとなる。証言はその根拠によって量られるからである。

58　証人が聞いたことであると供述するときは，誰から聞いたかを質すべきであり，証人がその氏名を挙げるときは，この者も召喚，尋問すべきである。又は，死亡，不在など尋問不能となった理由を一件記録に記載すべきである。なぜならば，伝聞によって（de auditu）供述する証人の証言は，その者から聞いたと称する第三者を尋問することが可能であるにもかかわらず現に尋問されていない場合は，決して推定根拠とならないからである。

59　証人が証言のため出頭したときは，裁判官はその職務を安易に第三者に委ねてはならず，自ら尋問を主宰，指揮すべきである（Authenticae C. 4, 21, 17[114]）。したがって，裁判官は2名の参審人とともに，書記立会いの上，証人に偽誓と真実の供述について厳粛に警告し，神による処罰の例を挙げ，そして神の助力を祈り，尋問を開始しなければならない。

60　裁判官が自ら尋問に立ち会うことは，証人が事実の重要部分あるいは状況や付随事情に関して自己矛盾を犯し，または他の証人と食い違うなどして，供述が動揺しないか否か，あるいは，証人の態度，供述の仕方，感情の変化の中に，知れば役立ちうる何かを見出しうるか否か，を周到に取り調べることを可能にする点で，有益であると考える。これはカール5世皇帝が刑事裁判令71条において，次のような言葉で裁判官の注意を促している通りである。「当該刑事裁判所が，このような証言を適法に聴取することに熟達しかつその能力のある者によって構成される場合においては，裁判官は，その能力のある者〔＝参審人〕2名及び書記とともに，法の定めるところに従い，証言を周到に聴取し，かつ特に，証人の供述が動揺変遷するか否か，及びその種の事実に留意し，証人の態度から看取された事柄を記録に留めなければならない」。

61　しかし，裁判所又は参審人の中に適当な尋問者がいない場合は，何びとにも不正が加えられることなく，被告人が理由なく不利益を蒙ることが

---

[114]　本節注117参照。

ないよう，この事実が領邦君主に報告され，職権による尋問者〔＝受任裁判官〕の任命が申請されるべきである（CCC 72）[115]。レームスが述べているように，しばしばその有無が被告人にとって最大の危険，さらには手続全体の要となる，証人尋問に関するしかるべき技術と熟練が，派遣された尋問者に欠けるならば，被告人が理由なく不利益を蒙るという事態が容易に生ずるのである。

　62　カール 5 世皇帝は，刑事裁判令 72 条において次のように述べている。「普通法によれば，刑事事件における尋問は，上記のような能力ある裁判所構成員（Gerichtspersonen）以外の尋問者若しくは受任裁判官によって行うことが許されないにもかかわらず，帝国の多くの地域において見られるように，刑事裁判所は上記のような能力ある者によって構成されていない。尋問者の無能に起因する支障を避けるためには，能力ある尋問者が特に重要となる。したがって，朕は，上記の支障が生ずる場合につき，以下のように命じかつ欲する。かかる場合には，裁判官及び 4 名の参審人により，当事者の不利益又は費用とすることなく，上記の立証項目書が上記官憲に送付され，あわせて，裁判官及び参審人が知れる限りにおいて事件の状況及び性質が明示されなければならない。これにより，当該官憲は，尋問を行おうとする者の申請に基づき，能力ある証人尋問者を，当該裁判所に所属するか否かにかかわらず，任命し，また，その必要がありかつ申請があるときは，しかるべき証言のため証人を招致する召喚状及び依頼状を〔尋問者に〕与えなければならない。上記官憲は，できる限り注意を払い，法に従って証言が聴取されるよう，当事者の費用及び不利益とすることなく，不明の点については法有識者団の鑑定を求めなければならない」。裁判官が証人尋問のために，裁判所外の者を受任者に任命することが〔原則的には〕許されないことは，この条文から明らかである[116]。

---

[115]　これについて，Kress, art. 71, 72, §. 6 は，「現代の裁判官は，自分の経験不足にもかかわらず代理人を求めることはほとんどない。したがって，被告人は能力のない裁判官に対して抗弁を行い，上級裁判官に〔尋問のための〕受任者〔の任命〕を申請するほうがよい。たんに公証人の立会いを求めるだけでは，無能であるにかかわらず高慢な裁判官に対しては安全な手段であるとは考えられないからである」という。

[116]　もっとも，Boehmer, art. 72, §. 1 は，刑事裁判権それ自体の委譲を認めるカロリーナにおいて，刑事裁判権の一部たる証人尋問の委託が許されない理由はないとする。

63　尋問の委託が行われるもう一つの場合は，尋問されるべき証人が不在であって，尋問を行うべき裁判官の裁判区外に居住している場合である。このような場合，Authenticae C. 4, 21, 17[117]によれば，事件を審問する裁判官の許に証人自ら出頭しなければならないのであるが，クラールスの述べるところによれば，慣習上，裁判官が当該証人に対して裁判権を有する裁判官に，証人尋問の依頼状，委任状を送付するという方法がとられている。事件に関する証人尋問書は，本案（causa principalis）を管轄する裁判官に送付されなければならない。これは実際にも行われていると記憶する。

64　しかし，このような場合に，刑事裁判官が，依頼状又は他の官憲の助力によって証人を自らの許に召喚した例を私は知っており，刑事裁判令71条以下を根拠としてそのような方法をとる方がよいと主張したい。なぜなら，本案を管轄する裁判官が〔他の裁判官によって〕自らの許に送致された証人を自ら事件について尋問する方がよいからである。しかし，証人送致が〔それを行う裁判官に〕何らの不利益も与えず，また，送致を要請した裁判官が要請によって得た以上の何らの権限も取得しないにもかかわらず，おそらく〔そのような証人尋問が〕裁判権行使の外観を呈するためであろうか，〔証人送致の依頼が〕しばしば拒絶されていることは経験の示す通りである。尋問項目書が送付された場合には，依頼を受けた裁判官は，尋問を拒むことができない。それにもかかわらず，依頼を受けた裁判官が尋問を行おうとしないときは，上級裁判官を通してこれを命ずることが可能である。また，領邦君主によって受任裁判官が尋問のために派遣された場合は，受任裁判官は領邦君主の間接的な臣民たる証人を最終的には公示によって召喚することが可能であろう[118]。

65　証人が身分の高い者である場合は，上記との関係で，D. 12, 2, 15[119]

---

[117] 遠隔地の証人について証言録取書を作成，提出することは，民事についてのみ認められ，「刑事事件においては，証人は裁判官の許に出頭し，事案が要求する場合は拷問されなければならない」とする。
[118] たとえばブランデンブルクにおける事件について尋問受任裁判官に任ぜられた者は，同君連合の関係にあるプロイセンの住民を召喚しうるという趣旨であろうか。
[119] 身分の高い者及び疾病によって出廷することのできない者については，在宅で宣誓せしめることを命ずる。

の定める特権は消滅するか否か。クラールスは消滅するとするが，ファリナキウスは消滅しないという。裁判官が2名の参審人及び書記とともに身分ある者の邸宅に赴き，犯罪に関する知識を求めることができない理由はないと考える。事実，裁判官自ら証人を尋問する限り，尋問がどのような方法でなされるかは問題ではない。これは，法律（Autheuticae C. 4, 21, 17 ; CCC 71）及び理性に合致している。

66　証人の供述それ自体に関しては，尋問が被告人又は被糺問者の立会いなく行われるべきことはいうまでもない[120]。これは民刑事の裁判に共通である。ところで，裁判官は，証人から明晰，判明かつ定言的な答弁を求めることに努めなければならない。不明確，曖昧かつ不確定的な証言は全く証明力がないからである。たとえば，言葉が多義的で被糺問者の利益にも不利益にもとれる場合，あるいは，「多分」，「そう思われる」，「記憶が正しければ」，「私が間違っていなければ」，「大体」，「その可能性もある」といった言葉を用いて非断定的に答弁する場合がそうである（カルプツォフはこの種の答弁の例を列挙している）。このような答弁の仕方は，通例事実をはっきりと言おうとせず，言葉をまるで食物のように口の中で咀嚼する農民や平民に見られるものである。

67　裁判官は証人に，確かに知っているのであれば断定的に述べること，〔知らないのであれば〕知らないと答弁することを強く促すべきである。また，証人は予め真実を供述する旨の宣誓を行っていること，証人は，農民ではなく裁判官の前に，かつ何びとも欺くことのできない至高の裁判官の眼前にいることを常に想起するよう促すべきである。このようにするならば，証人は尋問項目について知っていることを，判明かつ断定的な言葉で供述するであろう。

68　身体的な知覚が可能な事項に関しては，事実について知識を与える身体的知覚に基づく推論の原因及び根拠を証人が示さない限り，推論に基づく供述（responsio de credulitate）[121]を許してはならない（X. 2. 23. 13[122]）[123]。

120　本節52及び注111参照。
121　「確信に関する供述」が直訳であろうが，実体に即してこのような訳語を当てた。
122　婚姻に対する第三者による異議申立て事件に関連して，「〔申立人たる〕女の提出した証人た

69 刑事裁判令65条によれば，伝聞供述も許容されるべきではない（nec admittendus）。同条は次のように定める。「証人は，知識の根拠を示して自らの真実の知識に基づいて供述しなければならない。証人が伝聞に基づいて供述するときは，供述は十分なものとはみなされてはならない」。したがって，証人は自らの知覚に基づいて証言するよう促されるべきである。しかし，証人が，その場にいなかった，あるいは見なかったため自らの知覚に基づいて証言することができないと述べる場合は，証言がそのようなものである旨記録し，これをどの程度措信すべきかは法有識者たちの判断に委ねるべきである。また，裁判官は，上述のように，証人が〔事実を伝え〕聞いた者の氏名を述べるように求めるべきである。伝聞証人〔の供述〕は，原供述者を明らかにしない限り，又は，遠い過去の事実について証言しているのでない限り，何ごとも証明しないからである。

70 書記及び参審人の他に，少なくとも2名の通訳が証人尋問に立ち会わなければならない場合が二つある。(1)書記及び参審人が，証人の用いる言語を知らない場合。このような場合が我が国でしばしば生ずるのは，我が辺境伯領の隣国人がニーダーラウジッヒ地方でヴェンド語を用いる場合である。

71 (2)証人が聾唖者で無筆の場合（証人が書くことができれば，文字で証言をすることができるからである）。証人が手振りや合図で知識を表示できる場合は，この種の記号を解釈する数名の通訳を立ち会わせるべきだと考える。この点について，裁判官及び書記は注意を払い，裁判官は1名による通訳に満足することなく，記号の理解が明確かつ確実となるよう，全力を傾注すべきである。そうしなければ，真の証明が行われないからである。

ちは，〔婚姻当事者たる男と申立人とが〕しばしば野や森，道のある所，道のない所を二人で歩いて行くのを同時に見たことがあるという事実を挙げて，申立人は男の情人であり，男と肉体的な関係があったことは確かであると信ずると供述し，また，これについて近隣の者からも聞いたことがあると供述した。しかし，貴下が〔申立人たる〕女の主張は〔このような証言によっては〕十分に証明されていないと思料し，真実を明らかにするため，〔申立人たる〕女及び男にそれぞれ宣誓を命じたところ，相手の肉体を知っていることを，それぞれ自白した」場合について，婚姻を禁じている。

123 Carpzov, q. 114, n. 59は，推論に基づく供述は原則的に証明力がない，「ただし，被告人の防禦にかかわる場合，何らかの専門的知識に基づく場合，又は，十分な根拠のある推論に基づく以外に証明することができない行為が問題となっている場合を除く」と述べている。

155

72 裁判官及び書記は，すべての証言を周到に逐語的に録取しなければならないことに留意すべきである。国庫に利益となることのみを録取，記録し，国庫に不利益なことは省略することを常時行っている者がいるように私には思われる。しかし，これほど野蛮で不当なことはない。あるいは，証人が被糺問者に有利な供述を始めるや否や直ちに，あたかも疑惑があるかのように，証人を退ける者もいるようである。これらの者は，刑事裁判令181条において，書記が，裁判官に対して宣誓した誠実さと注意深さをもって，しかるべき順序に従って，すべての記録を判明かつ丹念に作成することを命ずるカール5世皇帝の勅令に反しているのである。181条以下には書記の職務に属する多くの事項が規定されており，逐語的に引用する価値があると思われる。「各裁判所書記は，刑事事件において，その義務として，刑事の弾劾及び答弁〔＝訴追及び防禦〕に関して行われたすべての審理（Handlung）を明瞭，判明かつ整然と記録しなければならない」（CCC 181）。「当該裁判所の書記が行う記録は整然かつ判明に行われなければならない」（CCC 181）。「さらに，最初に拷問を受けることなく弾劾につき尋問され，被告人の答弁したところは，訴追〔にかかる事実〕の後に記録されなければならない。また，上記及び後記の各審理が行われた年月日，時刻，各審理に立ち会った者が裁判所書記によって常に記載されなければならない。さらに，裁判所書記は洗礼名及び姓をもって署名しなければならない」（CCC 182）。「すべて明瞭に記録されなければならない」（CCC 183）。185条では，拷問による尋問中のすべての行為及び供述が適式に記録されることが要求されている。「訴追（die klag）が職権によるものであって，特定の弾劾人によるものでない場合においても，裁判官が犯罪を知るに至った事情[124]〔＝糺問の端緒が裁判官によって探知されるに至った事情〕，訴追に対する被告人の答弁，さらに朕の本法令に基づいて

---

[124] テキストは，"wie dann die klag an die Richter kommen"である。Biener, *a. a. O.*, S. 142 f. は，刑事裁判令188条を，「職権による弾劾訴訟（das Klagen von Amtswegen）」（本章1節34参照）の規定と解するが，Kress, op. cit., art. 188は，「刑事手続が弾劾人の訴状によって開始されたのではなく，職権に基づいて裁判官によって糺問が行われる場合，書記は，いかなる経緯によって犯罪が裁判官によって認知されたか……を記録しなければならない」と註解し，告発，風評，共犯者の自白などを糺問の端緒として挙げる（Boehmer, art. 188, §. 1 もまた糺問訴訟に関する規定と解する）。本文の訳はこのような解釈を前提にする。なお，Remus, cap. 188は，"die klag"を"diffamatio（風評）"と解している。なお，「解題」Ⅲ-3参照。

行われるその他の審理のすべてが，弾劾人がある〔弾劾訴訟の〕場合について上に定めるところに従い，記載されなければならない」(CCC 188)。「すべての上記の審理は，職権によるか弾劾によるかを問わず，すべての刑事裁判所の裁判所書記によって，上に定めるように，周到かつ判明に，順を追って項目ごとに記録[125]されなければならない。また，審理が行われた場合は，常に各審理ごとに，年月日，時刻，各審理に立ち会った者が記録されなければならない。さらに，裁判所書記は，上に定めたところに従い，〔審理の〕すべてを聴取し記録した旨，署名しなければならない。これは，適式かつ精密な記録に基づいて確固かつ確実な判決がなされ，また，しかるべきときは，この記録に基づき必要に応じ法有識者の鑑定を求めるためである。これらの目的のため，各裁判所書記は，上に定めたところに従い，義務としてあらゆる注意を尽し，また，審理の内容を守秘しなければならない。これらすべてについて，書記は義務として拘束される。訴訟記録（Gerichtsbuch oder Libel）は，裁判期日終了後は封印され保管されなければならない」(CCC 189)。以上，カール5世皇帝の勅令である。

　73　証人の供述に変更を加える裁判官及び書記は悪魔的な行為を行っているのであって，偽罪を犯し，人の血に飢え，忌まわしい利益を追っている，とクラールス及びアンブロシヌスは非難している。

　74　民事においてさえしばしば公証人が立ち会うことがあるのであるから，刑事では，特に，被糾問者にとって裁判官あるいは書記が疑わしいと思われる場合，公証人の立会いが一層必要だと私は考える。被糾問者は公証人の立会いを申し立てることで足り，疑いの根拠を示す必要はない。被糾問者の申立てにより公証人が立ち会った例を私は記憶する。しかし，被糾問者は通例貧しく，被糾問者のために書記と並んで立ち会うことを引き受ける公証

125　テキストは，"*libelsweiß* geschrieben werden" であり，直訳は「訴状のように記録される」である。Boehmer, art 189, §. 1 は，これについて，「オエディプスのような謎解きが必要である。なぜなら，訴訟行為の記録が問題となっている場合に『訴状のように』というのは不可能だからである」，しかし，「皇帝は一連の訴訟行為が一目瞭然となるよう，記録の体裁に意を用いたといって大過なく」，結局この用語は「各項目ごとに（stückweise）」というのと同じである，とする。Kress, art. 189 も，この用語は謎だとしながら，書記は用紙を惜しまず，項目ごとに別の用紙にかつ十分の余白をとって記録すべきであるという意味だとしている。

人はいない。すべての行為及び供述，すなわちあらゆることを適式に記録することを，上級裁判官が裁判官及び書記に厳格かつ処罰の威嚇のもとに命ずる必要があるのはそのためである。被糾問者の申立てにより，尋問受任裁判官の他にさらに別の受任裁判官が任命されることがある。

75 多義的な言葉を創出し，あるいは，証人の供述を省略することなく——これによって証言の意味が変化し被糾問者に大きな不利益となることは稀ではない——証人の供述を証人が用いたそのままの言葉を用いて，聴取した通りに周到に録取することを，裁判官及び書記は銘記しなければならない。カルプツォフもこの点は注意を要するという。

76 被糾問者に対する憎悪から根拠のない多くの妄言を述べ，あるいは，被糾問者に対する好意からその有利になることを多々述べるなどによって，証人に疑惑が生ずる場合がある。争点決定[126]の行われる前に裁判官の証拠収集のために既に尋問された証人が，疑いもなく被糾問者若しくはその親族によって買収され，争点決定後，犯行が既に証明されているにもかかわらず，前の供述と異なる供述をして，前の供述をほぼ全部撤回し被告人に有利に供述するという例がしばしば見られる。この場合，裁判官は，証人の虚言を曝くことに努めなければならない。証人の虚言を曝くためには，場所，時刻，天候，服装等について周到に尋問がなされなければならない。聖書におけるスザンナの物語[127]の作者はその巧みな例を描いている。

77 証人〔の証言〕が動揺あるいは変化し（両者は異なる。動揺とは逡巡することであり，変化とは異なる供述をすることであるが，両者の効果は同じである），証人が前に肯定したことを現に否定し，あるいは，現場には確かにいたが何も見なかったと述べるなど，証人に対し虚偽供述の徴憑，適法な推定根拠が生ずるときは，裁判官は，拷問の可能性を指摘して威嚇し，あるいは，拷問具を用いた威嚇（territio realis）を行い，さらには拷問を行うことも許される。その根拠となるのは，D. 48, 18, 15, pr.[128]（「動揺しない」と

---

126 被糾問者が糾問項目書に対して答弁することをいう。本章1節1参照。
127 ダニエル書13章は，美貌の人妻スザンナに横恋慕し，遂げられなかったためにこれを讒訴した二人の長老の虚言を，ダニエルが巧みな尋問によって曝き，既に死刑の判決を受けていたスザンナを救助するという話を伝える。
128 「その証言が動揺しない自由民に対し拷問を科してはならない」。

の文言が見える)の反対解釈に基づく法である(動揺する証人について論じるファリナキウスは,現場にはいたが何ごとも見聞きしなかったと供述する証人についても同じ法が妥当し,また証人の虚言が曝かれた場合も同様である,と述べている)。したがって,犯行あるいは無実の解明は国家にとって重要であるから,この種の証人は拷問することが許されよう。

78 しかし,裁判官は次の点に注意すべきである。(1) 拷問は,証人が犯行の現場に居合わせた場合にのみ可能である(D. 48, 18, 18, 3[129])。

79 (2) 他の方法によっては真実を知ることができない場合に限る(D. 22, 5, 19, pr.[130])。すなわちファリナキウスの説くところによれば,他の方法によって真実を知ることができるときは,いかなる場合にも証人は拷問されない。

80 (3) 証人に対して強い徴憑があり,かつ証人の虚言が疑われる場合(D. 48, 18, 18, 3[131]),証人〔の証言〕が動揺した場合,又は裁判所外で異なる供述をしている場合に限る。これに関する判断はすべて裁判官に委ねられるべきである。この点について法有識者の鑑定を求めるならば,裁判官は判断を誤らないであろう。

81 (4) 証人が二義的,付随的な事情ではなく,場所,時刻のような重要な事実について動揺し又は虚偽を述べる場合,同じく,証言の変化の理由を示すことができない場合などにはじめて,拷問を科すことができる。

82 以上で述べたことは,顕官たる証人については妥当しない。

83 供述の動揺する証人を拷問綱にかける場合においても,拷問は主たる〔拷問の対象である〕被糺問者の拷問よりも常に軽いものでなければならない。拷問中,それに関する供述が変遷した事実について尋問することができる。買収,教唆された疑いがある場合は,前の供述を撤回,変更することを

---

[129] 「証人は,犯行現場にいたといわれている場合でなければ,その虚言を確認し,又は真実を解明するため,これを拷問することは許されない」。

[130] 徴税請負人,証言を回避するために退去したのではない者,軍隊のために物品を収集する者は証言を強制されないとする法文であり,テキストとの関連が判然としない。

[131] 本節注129参照。ブルネマンの引用するZanger, cap. 1, n. 11及びこれを引用するCarpzov, q. 119, n. 47は,本法文を根拠に,「証人が,犯行現場にいたが何も見なかったと供述し,あるいは,犯行現場にいたことを否認し,それが虚偽であることが証明された」場合には拷問が可能である,と説いている。

教唆した者が誰であるかについても尋問することができる。

84 ここで問題となるのは，糺問訴訟において，一旦証明〔手続〕が行われ，証人尋問が終了した後に，裁判官は新たな尋問項目書を作成して新たな証人を取り調べることができるか否か，である。弾劾人が介在する正規手続においてそれは許されないと，カルプツォフは説いているが，それが一般的に正しいかは疑問だと考える。Nov. 90, 4 : Clem. 2. 8. 2[132]の一般的文言によれば，弾劾手続において証言が開示された後に同一の尋問項目又は趣旨の対立する尋問項目について尋問するために新たな証人を提出することは許されない。しかし，これは，当事者の利益のために当事者の申立てによってなされる場合に関するものと解されるべきである。裁判官は，重罪の弾劾人が敗訴するおそれがあるならば，これを援助すべきであり，しかも裁判官に関しては偽計や教唆を疑う余地はないのであるから，ファリナキウスが挙げるような理由から——もっとも，ファリナキウス自身は不当にも反対の見解をとっているように思われるが——重罪たる公的犯罪の弾劾人の敗訴のおそれがある場合には，裁判官は正規手続においても新たな証人を取り調べることができると考える。この点は民事でも同じであり，租税案件のように，民事事件において公益にもかかわるときは，裁判官は常に職権で新たな証人を取り調べることが可能である，と考える。

85 糺問手続においても，同一又は新たな尋問項目について，他の新証人を裁判官は取り調べることができると考える。カルプツォフは，これを D. 48, 18, 18, 1 に基づいて肯定している。この法文は拷問の反覆に関するものであって，新たな徴憑が現われない限り拷問は反復されないとする。〔拷問反覆のために〕新しい徴憑が必要であるのならば，徴憑が証明されなければならず，したがって新たに証人が取り調べられなければならない，ということになる[133]。

---

132 Nov. 90, 4 は，4回目の証人尋問の申立てを許すべきではないとする。Clem. 2. 8. 2 については，本節注 107 参照。

133 D. 48, 18, 18, 1 のテキストは，"Reus *evidentioribus argumentis oppressus,* repeti in quaestionem potest" である。ブルネマン及びカルプツォフは，イタリック部分を，「一層明白な不利益証拠が〔新たに〕生じた〔場合〕」と解しているが，英独仏訳はそれぞれ，"overwhelmed with conclusive evidence"，"mit genügenden Beweisgründen angegriffen"，"accablé par les preuves

86 この見解は，法学者の一致した学説によれば，裁判官は，民事事件においても刑事事件においても，同一又は新たな尋問項目について新たな証人を尋問することができるとされていることによっても裏付けられる。この学説の根拠は，裁判官には〔証人を〕教唆するおそれがなく，当該事件に利害関係を有せず，裁判官は〔前の証人尋問の結果の〕開示によってはじめて〔当事者にとっては偽証工作への誘惑となりうるかもしれない〕知識を入手するわけではないという点にある（X. 2. 22. 10[134]）。

87 さらに，裁判官が証言から，犯行が十分に証明されておらず，犯行について証言したのはただ1名の証人にすぎない，ということを知った場合には，特にこれが必要となろう。1名の証人の証言だけでは有責判決をするのに十分ではないからである（申命記 19・15[135]；C. 4, 20, 8, 1；X. 2. 20. 23；CCC 22[136]）。その証人が領邦君主であっても同じである。したがって，裁判官は，犯行が十分に証明されていないと思料するときは，法学部又は参審人会の法助言者が犯行について十分な知識を入手し，中間判決を行うことなく〔直ちに〕終局判決をすることができるよう，犯行について知識を有する可能性のある証人が〔他に〕いるか否か，あるいは，被告人に不利益な，犯行の事実を十分に証明しうる他の徴憑が存在するか否かを検討しなければならな

---

les plus fortes"であるほか，Matthaeus, tom. 2, tlib. 48, it. 16, cap. 4, n. 14 がこれと同旨である。なお，本章5節注255に引用したマテウスの所説を参照。

[134] 「その尋問が，当事者による訴訟手続が終了した後で行われたという事実は何ら問題とならない。判決言渡しまであらゆる事実の解明に努めるべき裁判官は，何らかの疑問が生じた場合は常に事実について尋問することができるからである」という章句が見える。

[135] 「何の悪にもあれ凡てその犯すところの罪は只一人の証人(あかしびと)によりて定むべからず二人の証人の口によりまたは三人の証人の口によりてその事を定むべし」。新約聖書にも，「これ二三の証人の口に由りて，凡ての事の慥(たし)められん為なり」（マタイ伝 18・16），「二三の証人の口によりて凡てのこと慥かめられるべし」（コリント後書 13・1）の章句があり，次注に掲げるローマ法法文とともに，完全証明には2名以上の証言が必要だというローマ・カノン法上の原則の根拠となった。「解題」Ⅲ-5参照。

[136] ①C. 4, 20, 8, 1 は，「いかなる種類の事件においても，裁判官は1名の証人の証言を安易に許容してはならない」，「ただ1名の証人の証言は，それが元老院議員という高い身分の者であっても聴かれるべきでない」とする。②X. 2. 20. 23 は，「ある種の事件には2名以上の証人が必要であるが，いかなる事件にせよ，その証言がいかに法に適ったものであろうとも，専ら1名の証人の証言によって決することは正しいことではない」とする。③CCC 22 は，有責判決には2名又は3名の証言が必要だとする67条などに言及し，このような証明がなされない場合は拷問のみが可能だとする。

い。

88　裁判官は，行われた証言中，ある証人の証言が曖昧であって，〔一件記録の送付を受けた法学部又は参審人会の〕事件担当者（referens）に疑問を抱かせる可能性があると判断するときは，証人を再召喚し，その供述を明確にすることを命ずることができる。

89　尋問終了後常に尋問項目とそれに対する答弁を証人に読み聞かせ，答弁がその通りであったか，追加訂正すべき箇所があるか否かを考えるよう促す裁判官のやり方は意味があると考える。

90　ドイツでは行われていないが，若干の地，特にイタリアでは証人の署名が要求される。裁判官が証人をして証言に署名させるのは不当ではなく，むしろ，裁判官の周到さと巧みさを示すことになろう。

91　尋問が終了し，被告人に真実を述べさせ，被告人の有罪を証明するために，証言を被告人に読み聞かせるのが妥当であると判断するときは，裁判官は被糺問者を召喚し，書記をして証言を被糺問者に読み聞かせるべきである。

92　しかし，これを行う前に，尋問された証人を知っているかどうか，友人であるか敵であるか，これら証人を誠実で信用できる人間と考えているかどうかを，被告人に注意深く尋問するのがよいと思われる。裁判官は，実際には尋問されていない者であっても，被告人の知人で親しい者の名を挙げることが許されよう。そして，尋問されたのは名を挙げられた者全員なのか，その一部なのか，あるいは誰なのかを被糺問者に知られないように，尋問された者及び尋問されていない者について，友人と思っているかどうかを質すべきである。尋問された者についてのみ裁判官が〔友人と思っているか否かを〕尋問するならば，被糺問者は何のために裁判官がそのような尋問をしているのかを容易に察知してしまうからである。このような尋問は，裁判官がこれによって，証人の人物についてどのような異議が可能なのかを知り，かつ，異議が真実であるかどうかを簡単に知りうるため，その結果，被告人が証人について虚偽の抗弁をすることが不可能になるという点で，はなはだ重要である。

93　〔被告人が証人について〕敵である，あるいは名誉喪失者であると述べた

場合は，敵対関係，名誉喪失の原因と性質について尋問すべきである。アンブロシヌスは次のように助言している。すなわち，裁判官は予め一般的に，被糺問者に敵がいるか否かを尋問する。答弁が否定的であれば，裁判官は，証人について敵対関係の抗弁がなされることを懸念する必要がなくなる。敵がいるという答弁ならば，前述のように，敵対関係の原因について尋問が行われるべきである。

94 被糺問者が特定の証人に疑念をもっている場合は，裁判官はその疑念を適法な証拠及び推認根拠によって除去し，そうすることによって被告人の有罪を証明することも可能であろう。

95 アンブロシヌスの掲げる被告人尋問の方式を，若干変更を加えて引用しておくことは無意味ではあるまい。すなわち，被糺問者は次のように尋問されるべきである。

　(1) ティティウスを知っているか？
　　　——はい。
　(2) いつから知っているか？
　　　——3年前からです。
　(3) 知り合いになるきっかけは何であったか？
　　　——同じ中隊に属していました。
　(4) 友人でもあったか？
　　　——はい。
　(5) ティティウスを友人と思っているか？
　　　——はい。
　(6) ティティウスを信頼できる人間と思うか？
　　　——はい。
　(7) センプロニウスを知っているか？
　　　——はい。
　　　　※さらに，ティティウスに関する場合と同じ尋問を行う。
　(8) プロクルスをも知っているか？
　　　　※ペトルスについても質す。
　　　——知っていますが，私の敵です。

(9) 何が原因と考えられるか？
——原因は……と思います。
(10) それは不倶戴天の敵対関係となる程重大な原因だと考えられるか？
——……。
(11) 人は，そのような原因から〔偽証をすることによって〕自分の〔魂の〕救済を難しくすることはありうるか？
——……。
(12) ペトルスがこれまで敵対行為をとったことを証明できるか？
——それは証明できません。
(13) 他の誰かと敵対関係にあるか？
——ありません。

96 このような予備的尋問を行った上で，事件そのものに及び，「被糺問者は真実を述べる意思があるか」，「先月，抜身の剣を持って小路を歩いたか」，「被糺問者は素直に自白しなければならない。既に証人は尋問されている」と尋問すべきである。被糺問者が否認を続けるときは，裁判官は，証言をはっきりと読み聞かせるよう裁判所書記に命ずべきである。朗読が終わったならば，証人に対する異議の有無を質すべきである。被糺問者は，センプロニウスがどうしてそのような事を供述しえたのか信じられない，と述べるかもしれない。その場合は，被糺問者は前にセンプロニウスを友人とみなし，信用できる人間である，したがって，抗弁の余地のない証人である，と認めたのであるから犯行を自白せよ，と迫るべきである。次に他の証人の供述を読み聞かせる。

97 それにもかかわらず被告人から真実の自白を引き出すことができない場合は，最終的に対面（confrontatio）を行わなければならない。これは証人を被糺問者と相対させることである。すなわち，証人を被糺問者と対面させ，被糺問者の面前で前の供述を反覆，確認させることは，古くから実務において行われてきているところである。確かに，対面は，被告人と告発人，被糺問者相互，あるいは証人相互を対面させるという異なる目的のためにも行うことが可能であり，事実，証人の間に食い違いがある場合は，証人相互を予め対面させることは有益である。しかし，対面の究極的な目的は，予め

相互に対面した証人を，最後に被告人と対面させることにある。

　98　証人の供述が尋問に対する被告人の自白と矛盾する場合に，顔色，狼狽，態度に基づいて一層明白に被糺問者の有罪を立証し，あるいは，被糺問者を自白へ導くために，かかる対面が行われるのが通例である。アンブロシヌスは，「私は，D. 48, 5, 27, 7[137]及びカルタリウス『被告人尋問の実務』に基づいて，証人を喚問できる場合は証人を対面させることを勧めたい。それによって，被告人は一層強く〔自白を〕迫られることになるからである」と述べている。証人の面前では，被告人が事実を否認することはほとんど不可能だからである。すなわち，証人が犯行のすべての事情を述べてしまった場合，被告人は言葉につまらざるをえず，また要領の良い答弁をすることも不可能となるからである。したがって，対面は，その省略が手続に瑕疵を生じさせる程不可欠なものではないが，特に被告人を狼狽させるのに有効であり，〔被告人〕尋問における失敗を対面によって回復することが可能である。また，被告人は証人にあれこれの事実について尋問することを許されるから，その効果が得られないこともあるが，〔証人の〕虚言を曝くことができるならば，対面は被告人の無罪証明にも役立つのである。逃亡している共犯者との対面のために，既に有罪を証明された者の刑罰〔の執行〕が延期される場合もある（D. 48, 19, 29[138]）。

　99　対面が不可欠となる場合がある。(1)証人が犯人を顔では知っているが氏名は知らないと述べた場合のように，被糺問者を見なければ証人の供述が確実なものとなりえない場合，あるいは，証人が犯人の特徴を述べたにすぎない場合。後者の場合，暗示を与えることをおそれてイタリア人は通例，被糺問者を，単独ではなく，着衣，容貌，体格の似た2名又は可能な限り多数の者とともに，証人に示し，その中の誰かを街路で見たのか等を質す方法をとっていることが，クラールスなどの著書から窺われる。(2)証人が共犯者である場合。

---

[137] 姦通事件において奴隷が拷問される場合は，被告人，奴隷の主人，弾劾人に立会いが命ぜられるべきである，とする。

[138] 第三者に対する有罪証拠の獲得を目的とする拷問のため，死刑判決を受けた者に対する刑の執行が延期される場合があることに言及している。

100　(3) 証人の間に食い違いがある場合。新たな宣誓は不要であるが，先の宣誓を想起させなければならない。

101　証人が，犯行それ自体又は徴憑ないし状況について，被糺問者に不利益な供述をするその他の場合は，対面は常に絶対的に必要ではないが，次のような方法で対面を実施することは一般に有効である。すなわち，証人に証言を読み聞かせた上で，今もなお証言を真実と考えているか否かを質す。これが肯定されたならば，証人に関していかなる抗弁を提出するかを被告人に尋問する。〔被告人の抗弁に対して〕証人が再抗弁を行い，これに被糺問者が再々抗弁を行い，以下交互にこれを行わせる。次に他の証人を被告人と対面または相対させる。

102　しかし，犯人が〔第三者を共犯として〕名指しただけでは，手続の始めに〔両者の〕対面を実施すべきではないことに注意すべきである。カルプツォフは，この点において裁判官はしばしば誤りを犯していると非難する[139]。しかし，対面からは何らの名誉毀損も生じないというタボリウスが正しい。〔また，〕対面は被告人及び証人尋問の終了後に行われるべきものであるから，対面が行われても，裁判官が何びとかの名誉を〔不当に〕毀損するおそれは全くないのである。むしろ，裁判官が対面を実施しなかったが，対面が真実解明に少なからず貢献するであろうと考えられる場合について，「さらに手続を進める前に，被告人を証人と対面させるべきである」という法律鑑定が，しばしば裁判官に対してなされたと記憶する。

103　証人は，同時に複数ではなく，1名ずつ被糺問者と対面させるべきである。証人が喧噪の中で尋問されてはならないと同様に，証人を秩序のない状態で対面させるべきではないからである。また，そうしなければ，多くの証人の叫び声で被糺問者は混乱させられてしまうことになろう。

104　身分の違いを理由に，裁判官が対面を避けるべき場合がある。たとえば，それ〔＝息子を父に対する不利益証人とすること等〕が適法な事件において息子を被告人たる父に，下僕を被告人たる主人に，平民を被告人たる貴族，

---

[139] Carpzov, q. 114, n. 77 et seq. は，対面は名誉ある人々の評判を傷つけるものであるから，十分な徴憑がない限り行うべきではないが，軽率な裁判官はしばしば，被拷問者が共犯として名指ししただけで，名誉ある者を被拷問者と対面させている，という。

高位者に，臆病な貧者を被告人たる有力者に対面させるべきではない。前者が後者の面前においてその不利益となる〔以前の〕供述を敢えて認することは困難だからである。このような場合，特に必要でない限り，対面を避けるべきである。

　105　最後に，被告人に文書又は信書を示すことも被告人の有罪立証に役立つ。すなわち，はじめは署名のみを示して，自分の筆跡であることを認めるか否かを質す。自分の筆跡をであることを否認するときは，筆跡によって罪を証明するため，裁判官の口述する数語を書くことを命ずべきである。

第3節　被告人の防禦

　摘要

1　被告人の防禦は聴取されるべきか（1）
2　領邦君主は被告人の防禦〔の機会〕を奪うことができるか（2）
3　領邦法による場合はどうか（3）
4　慣習による場合はどうか（4）
5　被告人の防禦は略式訴訟の本質と抵触しないか（5）
6　公知犯についても被告人の防禦を許すべきか（6, 7）
7　最重罪の場合はどうか（8）
8　犯行の自白があった場合はどうか（9）
9　親族が被糺問者を弁護することを許すべきか（10）
10　裁判官自ら職権によって被告人の防禦に配慮する義務があるか（11）
11　防禦はいつなされるべきか（12, 13）
12　被告人の防禦の欠如は手続を無効とするか（14）
13　被告人の防禦は争点決定の前に許されるべきか（15）
14　被告人は防禦を放棄することができるか（16）
15　既に証明に失敗している被告人が再度の防禦を申し立てる場合これを許すべきか（17）
16　防禦に関する規則はどのようなものか（18）
17　訴訟記録の写しは誰の費用において提供されるべきか（19）
18　防禦〔準備〕のための猶予も被告人に与えられるべきである（20）
19　弁護人と協議する機会も被告人に与えられるべきである（21）
20　手続の遅滞を避けるために，裁判官はどのような注意を払うべきか（22以下）
21　弁護人を参審人の中から選ぶことができるか（23, 24）
22　どのような弁護人を認めるべきか（25）
23　裁判官は弁護人に宣誓させることができるか（26）
24　裁判官は，被告人が常に参審人の立会いの下で弁護人と協議するよう命ずることができるか（27）
25　裁判官は弁護人に一件記録を閲覧し，必要部分を謄写する権限を与えることができるか（28）
26　申立てを行わない被糺問者にも訴訟記録は与えられるべきか（29, 30）
27　被告人は防禦の内容を明らかにする義務があるか（31, 32）
28　被糺問者が無罪を証明しようとする場合はどうすべきか（33）

29　裁判官がなすべきことは何か（34）
30　裁判官は被告人の提出した家人たる証人を許容しなければならないか（35, 36）
31　被糺問者の〔防禦の〕目的には何種類あるか（37）
32　裁判官は刑罰の威嚇をもって，被糺問者の弁護人にできる限り簡潔に被告人の無罪を証明すべきことを命じうるか（38）
33　被告人が証言の食違いを主張する場合はどうすべきか（39）
34　被告人が証人の適格を争う場合はどうすべきか（40）
35　証人の適格に関する争いは誰の費用によって行われるべきか（41）
36　防禦を申し立てない被告人の防御のために裁判官はどのような取調べを行うべきか（42）
37　我が選帝侯領においては正規手続を申し立てる者に対してそれを認めるべきか（43）及びその制限（44）

　1　証人の尋問が終了しても，直ちに拷問綱が用いられるべきではない。性急に有責判決をすることも，無論許されない。糺問が適法であるためには，被告人の無罪について取調べがなされ，被告人に防禦（defensio）の機会が与えられ，防禦の正当な主張と証明が行われることが必要である。なぜならば，カルプツォフが注意を促しているように，〔糺問訴訟においては，〕被告人に不利益な証拠だけではなく，それ自体優先されるべき（per se favorabilis）防禦に役立つ証拠もまた，慎重かつ周到に考慮されなければならないからである。

　2　また，被告人の防禦は特権的なものであって，領邦君主もまたこれを奪うことができないものである（クラールスはすべての法学者がこの見解を支持しているという）。その根拠は，「それ〔防禦〕は自然法に由来し，自然法に属するものは皇帝も奪うことが許されていないからである」とする Clem. 2. 11. 2[140]にある。ファリナキウスがウルシルスに基づいて述べているように，領邦君主がいまだ防禦を行っていない被告人の拷問を命じたとしても，裁判官はかかる苛烈な命令に従うべきではない。

140　同趣旨の章句が見える。

3 したがって，防禦〔の機会〕は領邦法 (statutum)[141]によっても奪うことができない。ファリナキウスの挙げる多くの法学者が説くように，完全なる権能を有する領邦君主でさえ防禦を被糺問者から奪えないのであれば，領邦法によってこれを行うことは一層できないからである。これは，他の論者と並んで，ファリナキウス等が結論している通りである。

4 ファリナキウスが結論するように，同じく慣習によっても被告人の防禦を奪うことができない。それゆえ，刑事裁判において被告人の防禦が稀にしか問題にならないこと，さらに，後述するように，命令を受けるまでもなく被告人の防禦を許すべき義務，加えて被告人の防禦を補充すべき義務のある裁判官が，領邦君主の命令を受けてもなお，被告人の防禦を許さないことがあることに，私は非常に驚いている。なぜなら，貴い神の血によって贖われた人の血よりも貴重なものはないからである。裁判官は法の不知によって責を免れることはできない。地上の裁判所において，法の不知は許さないからであり，また，何びとも，自分の無知無能のため，他人に危険をもたらすと知りあるいは知るべき所為を敢えて行うべきではないからである (D. 9, 2, 8, 1[142])。裁判官は慣習を口実にすることもできない。略式の防禦の機会さえ被告人に認めないそのような慣習自体が不合理であること，そして，被糺問者の防禦は，慣習，さらには皇帝の勅法によっても否定しえないことを，裁判官は知っているべきだからである。

5 これに対しては，糺問手続は略式訴訟であって，被告人に防禦を許す必要はない，という主張がなされる。しかし，略式たる糺問訴訟においても被告人に防禦を拒みえないことを，多くの典拠を引いて確認するファリナキウスの言に耳を傾けるべきである。これを否定することは自然の衡平 (naturalis aequitas) に反しよう。被糺問者に防禦が認められなければ，スザンナの例のように[143]，全く無実の者が有罪とされることがありうるのであっ

---

141 独訳は "gemachtes StadtRecht" である。P. Schneider, *Die Rechtsquellen in Carpzovs Practica nova imperialis Saxonica rerum criminalium*, 1940, S. 29 は，カルプツォフにおいては，"statutum" は領邦制定法と同義であるとする。

142 「〔行為者の〕非力が過失の理由になるということは不当とは思われない。なぜなら，何びとも，自己の非力のため，他人に危険を及ぼすと知りあるいは知るべき所為を企てるべきではないからである」。

て，無辜を有罪とすることは，いかなる慣習によっても許されないからである。

6 また，公知ないし明白（notorius ac manifestus）な犯罪の場合，被告人に防禦の余地がなく，防禦〔の機会〕を与えることは全く無意味である，という主張がある。これに対しては，クラールスが法学者の共通意見に基づいて，公知犯においても被告人に防禦を拒むべきではないと論じている，と私は答えたい。さらに，他の論者と並んで，かの高名なカルプツォフ自身が指摘しているように，法学者は一致して，悪魔が人間の裁判所に訴えられた場合，悪魔も防禦の機会を拒まれるべきではない，と主張している。確かに，ファリナキウスが述べているように，抽象的な命題としては，犯行が公知で被告人にいかなる防禦の余地もない場合，あるいは，詐術を用いて防禦が申し立てられた場合には，被告人に防禦を拒むことができる，といってよい。しかし，問題は，いかなる場合に被告人に防禦の余地がないことが確実であり，防禦が詐術に基づいて申し立てられているといえるか，である。ファリナキウスが，彼自身が例外とする若干の場合——彼自身これについて疑問を留めており，私も同意見であるが——を除いて，被告人に防禦の余地がないと断言しうる場合は存在しない，と述べているのは正しい。そうでなければ，裁量によって被告人に防禦を拒む権限が裁判官に与えられ，裁判官は，防禦の申立ては詐術によるものである，被告人に防禦の余地がないと思料される，という理由で防禦を拒むことが可能となろう。これは許されてはならない。

7 確かに，防禦の申立てが詐術に基づく場合は防禦を認めるべきでないと考えるが，しかし，何ゆえに裁判官は，良心の咎めを免れるために，この点について法有識者の鑑定を求めないのであろうか。完全とはいえないがある程度は被告人の弁解の裏付けとなるかもしれない事実は少なくなく，この種の事実を正しく理解し判断することは何びとにも可能だというわけではないのである。正当な防禦事由が存在しないと思われる場合であっても，裁判官は——容易に誤った判断をする可能性があるから——防禦を申し立てる被

---

143 本章 2 節 76 参照。

告人にそれを許すべきであると，ヴェーゼンベック等が説いているが，これは実際問題として不合理ではない。

8 裁判官はまた，別の論拠を持ち出すことがある。すなわち，毒殺，魔女行為のように，ほとんどの場合隠蔽されるのが通例である最重罪（delictum atrocissmum）[144]の場合は，被告人に防禦を許すべきだとは考えられない，というのである。しかし，ファリナキウスが証明しているように，法のいずれにも，最重罪の被告人は防禦を許されないとは定められておらず，防禦を認める反対の見解が共通意見となっているのである。ファリナキウスは，これに反する裁判官の行為は違法であるという。最重罪の場合であっても，また，被糺問者について悪しき風評（mala fama）がある場合であっても，例外を認めないのが正しい。仮に最重罪は防禦を許さないとすれば，(1) 最重罪の場合は無辜であっても有罪となしうる，(2) 最重罪には最重刑が科されるから，無辜に最重刑を科しうる，という二つの論理的帰結が考えられる。しかし，最重罪の場合は法律を超えることが許されるという原則は誤りである[145]。

9 被告人が自白した場合においても，クラールス及びカルプツォフに従い，防禦を拒むことなく認めるべきものと確信する。自白に関しても，多くの抗弁が法律上可能だからである。すなわち，自白が，裁判外のものである場合，管轄権を有しない裁判官に対してなされた場合，不処罰の期待の下に引き出された場合，錯誤によってなされ，被告人が錯誤を証明しようとする場合，罪体が確認されていない場合，〔自白が〕無条件，絶対的ではなく，限

---

[144] Carpzov, q. 102, n. 65 によれば，最重罪とは「特殊な，より重い種類の死刑」を科される犯罪である。たとえば，焚刑を科される獣姦，放火，魔術，貨幣偽造，異端，車輪刑を科される毒殺，暗殺，強盗殺人，聖物窃盗，溺死刑を科される親殺し，嬰児殺等がそれにあたる。カルプツォフによれば，重罪と最重罪の区別は次のような点で意味がある。①重罪に対する拷問は2度であるが，最重罪の場合は3度許される。②最重罪については，その重大性を考慮して法の定めるところを超えることができるという原則が妥当するが，この原則は有責とされた被告人の処罰に関してのみ妥当し，手続については妥当しない。したがって，最重罪の被告人に対して十分な徴憑なしに拷問を加えることが見られるが，この原則によっては正当化されない（n. 67 et seq.）。しかし，q. 125, n. 52 は，最重罪について3度の拷問が許されるのは最重罪の場合は法の定めるところを超えることが許されるからである，と述べており，結局カルプツォフは，最重罪の場合は手続においても量刑においても法律による制約を超えうることを認めているようである。

[145] 前注参照。

定的,条件的である場合,あるいは,書記が録取したような自白をしたことを被告人が否認する場合,自白を撤回し反対の事実を証明しようとする場合など,被告人に防禦を許すべきでないという者がいるであろうか。クラールス及びカルプツォフがこの点について詳論している。また,「被告人が否認の理由を主張し,これにより裁判官が被告人が誤って自白したと信ずる場合は,裁判官はその過誤の証明を被告人に許すことができる」とする刑事裁判令57条を見よ。

　10　カルプツォフが証明するように,被告人のみならず,その親族もまた被告人の弁護を許されるべきである。なぜならば,無罪弁護〔が許されること〕が万人の公共の利害にかかわるものであるとすれば (D. 3, 3, 33, 2[146]),親族の一員の名において訴訟を行うことができる親族にとって (D. 3, 1, 1, 11 ; D. 3, 3, 35, pr.[147]),〔親族のための〕無罪弁護〔の可否〕は一層重大な利害にかかわるものだからである。これは,「被告人又はその親族が,無罪立証のため尋問を求める証人は……〔その請求に基づいて尋問されなければならない〕」,「被告人又は親族が行う無罪立証のための証人尋問請求は……〔適法な理由なく却下されてはならない〕」とする刑事裁判令47条によっても証明される。メノキウスは他の論者を引きつつ,D. 49, 1, 6[148]を論拠として,利害関係のない第三者であっても無罪立証を許すべきであるとさえ論じている。ところで,親族が死刑事件について弁護を行おうとする場合は,不出頭に理由ある場合又は不出頭の被告人に対しても有責判決をなしうる場合を除いて,被告人は出頭していなければならず,不在であってはならない[149]。〔この点に関連し

---

[146] 「不在の者が何びとかにより弁護されることは公共の利益に適う。すなわち,弁護は死刑事件においても許される。したがって,不在者に対して有責判決を下しうる場合は,常に,その利益のために陳述し無罪を主張する者が聴問されることが正義に適う」。
[147] D. 3, 1, 1, 11は,名誉喪失者は,親族等のためにのみ代理して訴訟を行うことができる,とする。D. 3, 3, 35, pr. は,本人と親族等の関係にある者は委任なしに本人のために訴訟を行うことができるが,かかる代理人は本人のために弁護を行う義務があるとする。
[148] 親族関係にない者が有責判決を受けた者のために上訴することは許される,「慈悲の観点から (humanitatis ratione),上訴する者の主張は聴かれなければならない」とする。
[149] 不在の被告人のために訴訟代理人,弁護人がどのように手続に関与しうるか,を論ずる本章6節4以下のブルネマンの所説を考慮すると,このテキストは,①不出頭に理由がある場合は,親族は,欠席の免責を主張し,召喚に対する命令抗拒として被告人がアハト刑に処せられることを妨げるというかたちで,本人を弁護しうる,②不在の被告人に対しても有責判決をなしうる場合,たとえば暗殺,毒殺,反逆等の事件の場合には,親族は不在の被告人のために弁護をなしう

て〕相矛盾する D. 48, 1, 13, 1 ; D. 3, 3, 33, 2 ; C. 9, 2, 3 の3法文は，通例，上のような趣旨に調停されている[150]。いうまでもなく，犯人が当初出頭していたが，後に不在となった場合，不出頭の被告人に対して手続を進めることができるのであるから（D. 48, 1, 10[151]），この場合は親族は弁護を許されるべきである[152]。

11　被糺問者もその親族も無罪の弁護を行おうとしない場合は，被糺問者による申立ての有無を問わず，裁判官自ら職権により被告人に有利な事項 (defensiones) を取り調べ，これを補充しなければならない（D. 48, 19, 19[153]）。この法文において法学者〔＝ウルピアヌス〕は，全く弁護がなされない場合，審問を行う裁判官が自らその無罪について取調べを行うべきことを明示的に要求している。ボエリウスは，被告人の無罪が主張されていない場合であっても裁判官は職権でそれについて取り調べるべきであるとし，カルプツォフは，一件記録から何らかのかたちで被告人の無罪を推認しえた場合について，より正確に無罪を明らかにし，証明することを裁判官に命じ，かつ，特定の尋問事項を定め証人を再度それについて尋問すべきことを命じたライプツィッヒ参審人会〔の鑑定〕に言及している。我が法学部においても，徴憑が証明され，鑑定依頼者が被告人に拷問を科すべきものと考えたにもかかわ

　　る（本章6節9参照），③これ以外の場合は，親族は本人が出頭しているときにのみ弁護人としてこれを補佐しうる (conf. Carpzov, q. 105, n. 72)，という趣旨に解される。
150　①D. 48, 1, 13, 1 は，「公的犯罪の訴追に代理人が関与することは無意味であり，これは弁護については一層強く妥当する。しかし，元老院決議に基づき，欠席者の免責事由を裁判官に対して主張することができる。免責の主張に理由があるときは，判決は延期される」とする。②D. 3, 3, 33, 2 の内容は本節注146を参照。③C. 9, 2, 3 は，「刑事訴訟に関する諸法律は，死刑事件の被告人が出頭しない場合，代理人によって弁護されることを許している」とする。
　　この3法文中，代理人，弁護人の関与に，D. 48, 1, 13, 1 が否定的であるのに対し，D. 3, 3, 33, 2 及び C. 9, 2, 3 は肯定的であり，この矛盾は「ローマ法全体の中で最も著名な最難問の一つ」(Matthaeus, tom. 2, lib. 48, tit. 13, cap. 4, n. 2) とされていたようである。ブルネマンがこの矛盾をどのように解決するかは，本章6節4以下を参照。
151　「弾劾人及び被告人の間に訴訟が係属している場合，正当な理由に基づいて欠席の免責を主張することが許される。そして，被告人が3日間，1日に3度召喚された場合であっても，有責判決を受けるべきではない」。ブルネマンは，この法文を，争点決定によって訴訟係属した場合は被告人の欠席に相当の理由がない限り判決に至りうる，という趣旨に解するようである。
152　本節注146及び前注参照。
153　「奴隷が主人によって弁護されていない場合，奴隷はそれがために直ちに処罰されてはならず，自己または他人による弁護を許されるべきである。また，事件を審理する裁判官は奴隷の無罪について糺明しなければならない」。

らず，拷問が直ちに命ぜられることなく，被告人に有利な糾問項目及び事実についてさらに取り調べることが必要と判断された例は多い。これについて，裁判官は，手続が無意味に遅滞すると不服を述べることができない。なぜなら，裁判官が自ら（しかるべく）被告人の弁護〔に必要なこと〕を行っておれば，学部がそのような中間判決をするまでもなく，もう一歩先の判決，おそらくは終局判決を下すことも可能であったはずだからである。むしろ，裁判官は，職権に基づいて，いかなる方法によれば無罪を明らかにしうるかを被糾問者に尋問すべきである。

12 裁判官は，いかなる時期に被告人の無罪について取調べを行うことができるか，行うべきであるかが問題となる。確かに，それはいつでもいかなる手続段階（pars judicii）においても（D. 48, 18, 18, 9[154]），身柄拘束後も（D. 48, 18, 18, 9)，また，その取調べがなされなかった場合若しくは適法になされなかった場合は，判決後においても（D. 48, 18, 1, 27[155]），行うことができる。しかし，手続の順序を考慮するならば，被告人に不利益な証人の尋問が行われた後で行われるべきである（クラールスは，証人が再尋問された後で訴訟記録の写し（copia processus）が交付されるべきであると述べているが，クラールスのいう証人の再尋問とは犯罪証明のために行われる尋問を意味している[156])。かつ，被告人の無罪のための糾問は，被告人が拷問される前に

---

[154] 「弁護されるべき者が，弾劾人の訴えによって不意打ちを受けないように」，被拘禁者の尋問期日を予め定め，また，「いかなる時期にせよ，被告が求めるときは，防禦を禁じてはならない」とする。

[155] 自白した者について，後にその無罪が証明された場合は，有責判決の後であっても釈放されなければならないとする。

[156] Clarus, q. 45, versi. Caetervm は，証人尋問について次のようにいう。「注意深い裁判官は，糾問を行う前に，証人から知識を収集し，後に証人がこれを否認することを防ぐため，これを記録に留める。知識が収集されたならば，糾問を行い，刑罰が身体刑である場合は逃亡を阻止するため，被告人を召喚するのではなく，逮捕する。しかる後，被告人に糾問に対して答弁させ，否認する場合は，証人をしてその面前で宣誓させるため被告人を召喚した上で，証人を再尋問する。このような証人の再尋問を怠り，拷問又は有責判決を行う裁判官は全く重大な誤りを犯すことになる。なぜならば，争点決定前に尋問された証人は，被告人を召喚せず尋問されているため，被告人に不利益な証拠とはならないからである。また，この再尋問は，再尋問されるべきこれらの証人が1度も尋問されなかったとしたならば必要とされるであろう条件の下でなされなければならない，ということに注意すべきである。したがって，新たに宣誓する必要があり，なされなければ証拠とはならない」。右のような所説を前提に，q. 49, versi. Item scias は，「設問45において前述したところに従えば，しかるべき証人の再尋問が予め行われない限り，手続〔内容〕は開

適切に行われなければならない（D. 49, 16, 3, 7[157]は，予めその防禦を聴取することなく軍人を脱走兵として有罪とし，あるいは拷問することもできない，とする）。同様のことは，D. 48, 18, 18, 9 によっても，これに先立つ諸分節[158]を参照することで証明することができる。最もよくこれを証明するのは，刑事裁判令47条である。まず，その見出しが「拷問を行う前に無罪立証を促すこと及びその後の審理」となっており，同条2項は「上述の被告人の〔無罪主張の〕取調べにおいて被告人の無罪が明らかにならないときは，取調べの結果に基づき〔相当な嫌疑について〕拷問によって尋問されなければならない」と定める。無罪に関する糺問（innocentiae inquisitio）が先行しなければ被告人を拷問してはならない，ということに注意すべきである。周知のように，拷問は大いなる危険を伴うものであり，性急に行われるべきではないからである。

13　したがって，裁判官は順序を誤り，被告人の無罪に関する糺問を行う前に拷問を行った場合は，直ちに判決をしてはならず，あらためて被告人の無罪について取り調べなければならない。手続の順序に関する裁判官のこのような誤りは処罰を免れない。被糺問者が防禦を許される前に裁判官がこれを拷問した場合は，被糺問者に対して責を負い（CCC 20），かつ上級裁判官によって処罰されるべきだからである（CCC 61）[159]。

14　さらに，拷問前に被糺問者が防禦の許可を申し立てたにもかかわらず，拷問に付された場合は，手続全体が無効となり，拷問は何らの効果も有しない。また，このような拷問によって引き出された自白は被告人の不利益になることはない（Clem. 2. 11. 2[160]）。

示されず，その写しは当事者に与えられない。すなわち，証拠収集手続によって裁判官が収集した徴憑の写しは，被告人召喚の上適法に徴憑が再度〔証人尋問により〕収集されたのでなければ，被告人に与えられない」とする。
157　賜暇期間を超えて帰営しない軍人について，宥恕すべき事情となる事故があったことの証明をする機会を与えなければならないとする。
158　D. 48, 18, 18 の第1節から第8節まで，被告人，証人，奴隷等に対し拷問を行う要件を定めている。
159　刑事裁判令20条は，相当な徴憑がないにもかかわらず拷問を行った裁判官は拷問を受けた者に対し賠償の責を負うものとし，刑事裁判令61条は，このような裁判官の刑事責任を定める。
160　Clem. 2. 11. 2は，本節2に引用されているように，何びとも自然法上の権利である防禦権を奪うことができないとした上で，それを奪ってなされた「上記判決は，法的効果を有せず，ま

15 しかし,被糾問者が尋問項目書に対する答弁すなわち争点決定の前に防禦の許可を申し立てる場合,これを認めるべきでないことは,前節において述べた。争点決定は被告人に,拷問がもたらすような不利益を与えないからである。

16 被告人は防禦を放棄することができるか。被告人が有罪(sons)であることを自認し,何らの防禦〔事由〕も提出することができないと述べる場合は,ファリナキウスの引く諸法学者の見解に従い,これを肯定したい。ただし,ファリナキウスは,アンゲルス〔イタリアの法律家。1400-1461〕等の論者と同様,裁判官に対して,被糾問者に放棄を促すことのないよう,そのような不当な振舞いによって神による懲罰を自らと子孫の上に招くことのないよう,警告している。被糾問者が防禦と防禦期日を放棄した場合であっても,それを後悔し防禦を行おうとする場合は,(前の放棄にかかわらず)防禦を禁じられない。これが通説であり反対説をとる者はいないと,ファリナキウスは報告している。

17 既に無罪を明らかにする機会を与えられながら,無罪を証明しなかった被糾問者が,再度無罪証明を申し立てた場合,これを許すべきか。カルプツォフがこれを肯定するのは正しい。ただし,被糾問者が,ある程度真実あるいは説得的な新たな理由,根拠を主張する場合に限られる。小麦の遺贈やドングリを拾う権利(triticum legatum vel glans legenda)ではなく[161],生命が懸かっているのであるから,このような場合,防禦は2度だけではなく,3度でも4度でも許されるべきであろう。

18 さて,論述の順序からみて,防禦を行う際の規則に注目しなければならない。この規則の内容は主として,証人,証言に対する抗弁の提出によって防禦を行いうるよう,被糾問者に訴訟記録の写し,証人の氏名及び特に証言〔の記録〕が交付されなければならないという点にある。手続が略式かつ職権で行われる場合であっても,この点は同じである。

19 写しは,〔交付の〕申立人,親族又は被告人の弁護を申し出た者の費用において交付されるべきである。裁判官が行うべきことはすべて,被糾問者

た既判力の効力も名称(auctoritas et nomen rei iudicatae)も有しない」とする。
[161] カルプツォフの場合,刑事裁判の重大性を説く際の常套句である。

が無資力でない限り，申立人の費用によって行うのが原則だからである。被糺問者が無資力の場合，裁判官は，徴憑及び証言の写しの交付，さらに被告人の防禦手続（processus defensionis）のすべてを公費で賄うべきである。これは，刑事裁判令47条の末尾に明示されている通りである。すなわち，「被告人又はその親族が貧困のため上記の費用を負担することができない場合においては，官憲又は裁判官がこれを負担し，裁判官は，犯罪が処罰を免れ無辜が違法に処罰されることのないように訴訟手続を行わなければならない」。確かに，この規定は弾劾人の介在する正規訴訟に関するものであるが，この規定の趣旨は糺問手続にも妥当する。正規訴訟の場合におとらず糺問訴訟においても，無辜がその貧困のために弁護を受けないことがあってはならないからである。むしろ，このことは糺問手続について一層強く妥当する。弾劾人が介在する場合でさえ，裁判官が公費から支弁すべきものとされているのであれば，裁判官が職権により自己の裁判権を行使すべく手続を行う場合は，一層公費から支弁すべきだからである。カルプツォフも糺問手続との関係で刑事裁判令47条を同様に解している。

20　証言の写しとともに，防禦のための適当な猶予期間が被告人に与えられるべきであり，場合によっては，裁判官は手続を進行させてはならない。この猶予期間は法定されておらず，〔裁判官の〕裁量によるが，事件の大きさにより，あるいは証人の不在のために必要ならば，2週間あるいは1か月となる。ただし，意図的に被糺問者〔の防禦準備〕を制約するものであってはならない。峻厳な裁判官〔＝神〕により「己がはかる量にて己も量らるべし」というキリストの言葉[162]に心を致し，被告人の防禦を妨げるのではなく，むしろこれを扶けなければならない。このキリストの言葉は，X. 5. 1. 17にも同じ趣旨で引かれており，この法文において，グラティアヌスは，糺問手続は憎悪ではなく愛の心から行われるべきことを説いている[163]。しかし，犯行が明白と考えられる場合は，数日の猶予で足りる。これはイタリア人の慣行である。

21　防禦のための猶予が認められた場合は，弁護人及び親族と協議する

---

[162]　マタイ伝7・2。
[163]　この法文は，イノケンティウス3世の1206年の教勅である。

機会が被糺問者に与えられなければならない。防禦が許容される場合，防禦を行うのに不可欠なこともまた許容されると考えられるからである（論拠として，D. 2, 1, 2[164]。さらに，D. 48, 18, 18, 9[165]及び「弾劾人及び被告人はそれぞれ，請求に基づき，裁判所〔参審人〕の中から弁護人を選任することが許されなければならない」とする刑事裁判令88条が根拠となる）。

22 しかし，弁護人が被糺問者に否認することを教唆し，あるいは，無益な引き延ばしによって裁判官〔の職務〕を阻害してその裁判権〔の行使〕を免れ，訴訟を遅滞させ，無罪弁論においてつまらぬ学説を多数引用して財布を膨らませるおそれがないわけではない。したがって，裁判官による糺問が阻害されず，同時に無辜が弁護を受けないことがないようにするため，このような弊害に対処する方法が検討されなければならない。

23 その方法として次のようなものが考えられる。⑴ たとえば参審人の中から弁護人を選任し，法の許す範囲で被糺問者を弁護することを命ずる。裁判所外の者が被告人の弁護人となることを禁ずるのである。これ〔＝参審人を弁護人とすること〕はカール5世皇帝が刑事裁判令88条において定めるところである。すなわち，「裁判所〔＝参審人〕の中から弁護人を選任することが許されなければならない。弁護人は，宣誓に従い，正義及び真実，さらに朕の本令の定めを実現すべきであり，情を知って意図的に詐術によって，これを妨げ歪曲してはならない。これは，裁判官により，その義務として弁護人に命ぜられなければならない」。

24 本条は行われざるをもって廃止されたのであって，今日では遵守されていない，と反論する者がいるかもしれない。しかし，法律は行われざるをもっては無効とはならない，そうでなければ，その種の事件が起きなかったため，又はその適用が求められなかったために，全く適用されなかったか，せいぜい稀にしか適用されなかった「補強されたディゲスタ（Digestum infortiatum）」[166]中の多数の法律は廃止されていることになる，と知るべきである。

---

164 「裁判権を付与された者は，その行使に必要な一切の権限も付与されているとみなされるべきである」。
165 本節注154参照。

25　(2) 弁護人が参審人以外から選任される場合においては，被糺問者の選択した者が選任されるべきではなく，カルプツォフの説くように，信仰厚く，賢明，誠実との世評の高い者が弁護人として選任されるべきである。

26　(3) カール5世皇帝は，刑事裁判令88条において，さらなる方策を定める。すなわち，参審人以外の弁護人の選任が申し立てられた場合は，敬虔な裁判官は弁護人に，正義に適う範囲において，かつ係争事実について明らかになるであろう真実と法律知識が許す限りにおいて，何よりもまず刑事裁判令の定めるところに従い被告人を弁護する旨，かつ，情を知って害意，悪意により法を枉げ，第三者を告発し，もって犯行に対する正しい判決を妨げるため，〔手続を〕阻害し，裁判官の精神を混乱させ，何らかの偽計によって裁判官を誤らせることがない旨，宣誓させるべきであるとする。

27　(4) 法学者は，裁判官が被告人に弁護人及び親族と協議する機会を与える際，裁判官，書記又は参審人の立会いがある場合に限ることを示唆する。これは，特に次のような場合にほぼ不可欠となる。第1に，最重罪の場合。第2に，被糺問者が資力，親族関係において有力である場合，それ以外の理由から，証人が偽証を指嗾されるおそれがあると裁判官が思料する場合，又はその他〔真相解明が妨げられる〕強い疑いがある場合。これら以外の場合についても，上のような処置は有益だと考える。

28　また，裁判官が法廷で弁護人に〔訴訟記録の〕正本を示し，裁判所 (locus judicii) 内で閲覧し必要な部分のみを抜萃することを命ずることは，訴訟の遅延を防止することに役立つ。ファリナキウスも同旨のようであり，また，カルプツォフは，ザクセン選帝侯領ではこのような方法が法の命ずるところとして行われており，非常に有益である，と報告している[167]。しかし，オルデコープは，〔このような方法によって〕被告人の防禦はしばしば妨げられる，経験のない弁護人は閲覧中すべてについて注意を払うことができない，と批判する[168]。カリキウス等は，反対の見解に立つように見えるが，しかし

166　D. 24, 3 から D. 38, 17 に至る，主として後見，遺言，遺贈に関する諸法文を指す。勝田有恒・森征一・山内進編著『概説西洋法制史』(2004年) 127頁〔森征一〕参照。

167　Carpzov, q. 115. n. 102, et seq. は，訴訟記録全体の複写には時間がかかり，その結果，防禦事実の主張及び訴訟手続が遅延することになるが，これは，迅速かつ粛々と (absque strepitu) 行われるべき糺問訴訟の本質に反するという。

彼らは争点決定前に尋問された証人について述べているように思われる[169]。裁判官が書記に証言録取書を直ちに2部作成させ，1部を被糺問者に速やかに交付させることが有益な場合もありえよう。

　29　申請しない被糺問者にも徴憑及び証言の写しを交付すべきか，あるいは，申請しない被告人にもこれを利用することができるよう写しを提供すべきか，は難問である[170]。より衡平かつ正しい共通意見によれば，申請しない者にも有責判決前（クラールスはこれ〔のみ〕を認める[171]）のみならず，拷問前にも交付すべきものとされている。拷問前の交付は，ファリナキウス等と同様，我々〔＝法学部〕も肯定している。法学者はこれを D. 48, 19, 19[172] によって証明している。これを認めなければ，無罪とされるべき多くの者が有罪とされることになろう。また，手続の順序を誤った拷問によって引き出された自白は，適法な拷問〔による自白〕が有する法律的な効果を有しない。我々〔＝法学部〕が判決作成に際して，通例，拷問に先立って弁護を行うことを命じ，被告人に猶予を認めるのはそのためである。裁判官は，国庫の利益となり被糺問者に不利益となるあらゆることを職権によって行うことに熱心であるが，国家の不利益となる防禦の機会を職権で被告人に与えること

168　Oldekop, *Decades*, decas 1, q. 1, n. 8 は，訴訟記録の写しを弁護側に交付すべきではないとするカルプツォフに対し次のようにいう。「弁護人が1，2時間一件記録を閲読することで，訴訟及び被告人の弁護のために必要なすべてを正確に把握することは不可能である。弁護人が一件記録の写しを自宅に持ち帰ることができるならば，防禦の準備に際し必要があれば常にこれを利用して，すべてを正確に考慮することが十分に可能となる。優れた弁護人にとってさえ，糺問事件のために裁判所に出頭して一件記録を閲覧することは，時として困難な仕事である，ということには敢えて触れないとしても，すべての弁護人が等しく俊敏なわけではなく，また，刑事の事件，手続について経験のある弁護人はごく少数にすぎないという事情も無視できない。さらに，裁判官，参審人及び書記が記録閲覧中の弁護人に対して，口にこそ出さないが，表情や態度で，早く切り上げるよう促すことは稀ではない。そのため，弁護人は，注意すべきこと，必要なことを簡単に見過ごしてしまうということが起きている」。
169　争点決定，すなわち被告人尋問（本節15参照）前に行われた証言，つまり一般糺問において無宣誓でなされた証言はそれ自体としては有罪証拠になりえないから（本章2節43，本節注156参照），かかる証言の写しを交付する必要がないとする見解は，オルデコープの見解と対立するものではない，という趣旨であろう。
170　「あるいは」で結ばれた前段と後段は，それぞれ糺問訴訟の被糺問者，弾劾訴訟の被告人の意味なのであろうが，これ以降のテキストはその違いに言及していない。
171　Clarus, q. 49, versi. Sed nvnqvid は，拷問前はそれを申請した場合にのみ，有責判決前は申請にかかわらず，写しが被告人に与えられるべきであるとする。
172　本節注153参照。

に，同程度に熱心かつ注意深くあってはならない理由はない。一般に被告人の地位は原告の地位よりも優先されるべき（favorabilior）ものだからである。また，この見解は刑事裁判令47条によっても証明される。47条は，被告人がその無罪を証明しうるか否か，いかなる方法によって証明しうるか，また，問題の日時，すなわち犯行があったとされる日時に他の者と犯行に関係のない場所にいたことを証明しうるか否かを，裁判官は職権で取り調べるべきであるとしている。事実，私が誤っていなければ，まさにそうすることによって，裁判官は徴憑と犯行状況を被糺問者に告知することになるのである。

30 また，被告人が法律知識を有するか否かで区別すべきではない。とりわけ，経験の示すところによれば，ある程度法律知識を有する者は，拘禁されている場合に他の者よりもしばしば事実に関する誤りを犯すからである。私はこのような区別に賛成することはできないが，裁判について知識を有する者が〔写しの交付を〕申請せず，裁判官もこれを交付しなかった場合，裁判官は，農民又は無学な被拘禁者に対してこれを怠った場合よりも容易に免責されよう。この意味で，ファリナキウスの挙げるマルシリウス及びフォレリウスによる区別は全く否定されるべきものではない。

31 次に問題となるのは，被糺問者が証言内容の告知を申し立てたところ，裁判官が，これを拒否はしないが，被糺問者に予め防禦の内容を開示することを要求した場合，被糺問者は防禦の内容を開示する義務があるか否か，である。たとえば，証人が買収されていること，あるいは，〔被害者によって〕挑発されたこと，若しくは証人尋問が無効であることを証明する予定である，と述べる義務があるか。クラールス，特にファリナキウスは，被糺問者にこのような義務があることを否定するものと思われる。彼らの挙げる根拠は，〔その内容を〕開示するならば防禦のための証拠が隠滅される懸念を被告人が抱くのではないかという点にある。すべての裁判官が等しく廉潔であるわけでなく，また，被告人は不利益な証言を詳細に検討し予め弁護人と協議しなければ，どのような防禦を行うか決定することができないからである。〔証言内容を告知される前に防禦内容を開示しなければならないとすれば，〕被告人は有利とならない防禦〔計画〕を提出してしまう可能性があり，逆に，〔予

めその内容を知ることができれば、〕一件記録中に有利かつ適切な防禦〔事実〕を発見しうるかもしれないのである。いずれにしても、私としては、以上の理由及びその他の理由から、証言内容を告知される前に防禦〔内容〕を明らかにすることを欲しない被告人を直ちに拷問することを、裁判官に勧奨するものではない。

　32　しかし、証言及び一件記録が与えられた場合は、被告人はその防禦〔内容〕を明らかにする義務がある。これは、それが役立つか否かを裁判官が検討することができるようにするためである（CCC 151[173]）。

　33　したがって、被糺問者が防禦の許可を申し立てるときは、裁判官は、上記のように、一件記録の写しを交付し又は閲覧に供した上で、被告人が無罪証明を行うべき一定の期間を定めなければならない。この期間内に、被糺問者は、防禦項目書（articuli defensionales）を提出し、これに関して、既に尋問されている証人又はそれ以外の証人の尋問を申し立てるか、あるいは、証人尋問の申請を行うことなく、法律上の防禦事由（argumentum defensionis）、又は糺問記録それ自体から明らかになった防禦事由若しくは文書によって立証することのできる防禦事由を書面によって裁判官に通知し、自己の無罪を明らかにしなければならない。ただし、その場合、略式の糺問訴訟の限界を超えることなく、煩雑さを避けるべきであり、糺問訴訟が正規訴訟となってしまうことがあってはならない。しかし、このような事態は、ザクセンの裁判所のみならず（カルプツォフはこれに言及している）、経験の示す通り、ローマ法の妥当する裁判所においてもかなりしばしば生じている。

　34　しかし、刑事裁判令151条以下に基づいて、次のような手続が遵守されなければならない。すなわち、もし証明されるならば正規刑を免ずる理由となるような事実を被告人が申し立てる場合は、裁判官は被告人にそのような抗弁事実を証明することができるか否かを質し、被告人が証明を行うことを約する（promittere）ならば、抗弁若しくは防禦の趣旨及び被告人がその他防禦のために主張しうる事項を、書記をして録取させる。次いで、法学部又は参審人会の鑑定を得て、防禦の趣旨が適切かつ証明に資するものと判断

---

[173]　その趣旨については以下の本節34参照。

される場合は，裁判官はその証明を被告人に許す。しかし，防禦の趣旨が，被告人に証明の機会を与えても無意味と判断される場合は，（それは行っても無益であるから）証明の機会は与えられない（CCC 151）。以上から，裁判官は，法学部の鑑定を得たのでなければ，防禦項目書若しくは防禦趣意書 (capita defensionis) を適法に排斥することができないことが明らかになる。

35 被糾問者が，家人たる証人あるいは唯一の証人の尋問を求める場合はどうか。裁判官はこのような証人を尋問する義務があるか。ヴェーゼンベックが述べているように，その供述が全く証明力のないことが尋問の当初から明らかな者に対し，宣誓と証言を強制することは無意味であるから，この問は否定されるように見える。しかし，裁判官は被糾問者が請求するいかなる証人をも尋問すべきである。そして，この種の証人の供述をどの程度措信すべきかは，一件記録の送付を受ける者の判断に委ねるべきである。なぜなら，被告人の防禦は極めて特権的なものであるため，刑事事件では，被告人の防御のためならばただ1名の証人であっても尋問が許され，その他の点で事情が同じであれば（ceteris paribus）[174]，これを信用することが認められているからである。すなわち，〔被告人に有利な〕唯一の証人の供述は，被告人に不利益な2名の証人の供述に比肩しうるのである。たとえば，2名の証人がクロディウスはミロヌスによって殺されたと供述し，1名の証人がクロディウスが喧嘩の原因を作ったと供述した場合，1名の〔利益〕証人は有責判決を妨げる[175]。ただし，この場合，被告人はこれによって拷問まで免れるものではない[176]。

---

[174] 有罪立証には，主要事実を目撃した，2名の宣誓した適格な証人が必要であるが，有罪立証を妨げるには，証人の数の点を除けば他の要件が同じように要求される，という趣旨か。なお，本節注176参照。

[175] Carpzov, q. 115, n. 74 et seq. は，弁護の優位（favor defensionis）という原則を挙げ，「被告人の防禦及びその無罪証明のためには唯一の証人であっても十分であり，いかなる半完全証明も完全かつ十分な証拠とみなされる」としている。

[176] Carpzov, q. 115, n. 75 は，前注に引用した部分に引き続いて，「したがって，不在のため宣誓供述を得ることができないことが明らかな場合に，無宣誓で被告人に有利な証言をした唯一の証人が措信されるということがある」として，1612年のライブツィッヒ参審人会の次のような鑑定を引用する。「被告人は尋問項目書記載の事実を肯定するが，同時に，被害者が最初に2度頬を殴打したと主張する。略式の〔＝無宣誓の〕尋問を受けた証人 F. v. ロッホベルクもこの点について供述し，その供述は被告人の陳述とある程度一致する。しかるに，当該証人は現在，あらゆる努力にもかかわらず召喚不能であり宣誓〔供述〕を得ることができない。また，被告人は

36　親族及び家人は（その他の点で事情が同じならば）証人として許容されるべきであるが，親族又は家人たる証人をどの程度信用すべきかは，法学部又は参審人会の判断，裁量に委ねられる。無論，親族〔の証言〕によって無罪を完全に証明することは不可能であろうが，次の防禦への手掛かりがこれによって得られるのである。しかし，家人たる証人〔の証言〕によって，適格な証人（testis classicus）の適格性が直ちに否定され，あるいはその供述が排斥されることはない。

37　被糺問者の〔防禦の〕目的には2種類がある。一つは，完全に無罪とされるべきことを証明すること，特に，犯人であることを否定することである。他は，犯人であること又は有罪であることを自白するが，憤怒から犯行に及んだこと，挑発されたこと，予謀ではなく無思慮に基づくこと，あるいは，被害者の死亡は傷害によってではなく不養生から生じたことなどを理由に，刑の減軽を求めることである。

我々の意図は，裁判官にどのように手続を行うべきかを教示することにあるから，以上の点については論じない。

38　ところで，被糺問者は，構成的な方法（κατασκευαστικῶς），すなわち，無罪を証拠によって立証する方法〔＝反証〕だけではなく，破壊的な方法（ἀνασκευαστικῶς），すなわち，矛盾している等の理由に基づいて証人の適格又はその供述を争うことによって，自己に不利益な証拠を反駁する方法〔＝弾劾〕も，無罪弁護のために用いるのが通例である。したがって，裁判官が被糺問者と長々と論争することは無意味であり，また，事実及び法律に関する

この点について何らの責も負わない……。したがって，自白のあった殺人について死刑を科すことは許されないが，防衛過剰の点で笞刑の上永久領邦（ラント）追放をもって処罰するのが相当である」。

これに対し，ブルネマンは，犯行を目撃した2名の証人がいる場合は，正当防衛を証言する1名の証人の存在にもかかわらず，被告人は拷問される，としている。しかし，かかる場合の拷問の趣旨は必ずしも明らかではない。いわば構成要件該当の事実に関しては，既に2名の証人によって完全証明がなされているから，拷問するまでもない。正当化事由の存否に関しては，被告人の防御のためならば唯一の証人の供述であっても措信されうるというブルネマンの認める原則に従う限り，その存在が証明されているはずである。それにもかかわらず正当化事由の存否を確認するために拷問を認めるというのは理解しにくい。上のライプツィッヒ参審人会の鑑定が，結論的には過剰防衛としたが，唯一の利益証人の――特別糺問時において喚問不能であったために――一般糺問における無宣誓供述に基づいて正当防衛状況の存在を認定しているのと対照的である。

多くの主張によって一件記録を長大化することを弁護人に許すべきではなく，簡潔に弁護をなすべきことを刑罰の威嚇をもって命ずべきである。

39　証言間の矛盾が主張された場合，裁判官は，防禦手続の開始後においても，被糺問者に不利益な証人を取り調べ，曖昧な供述を明確にさせるため証人を再尋問することができるのであるから，証人を再召喚して前の供述を説明させ，又は，証人相互を対面させることができる。

40　被糺問者が虚偽の真実を述べて証人の適格を争う場合は，裁判官は容易にその虚偽を発見できるであろう。それには簡潔な方法を用いるべきであるが，被告人の主張する虚偽の事実がすべて容易に明らかになる方法をとるべきである。

41　これに費用を要する場合であっても，証言の写しとの関連で上述したように，また，刑事裁判令153条から明らかなように，被糺問者が取調べを求め主張するところは，すべてその費用において行われるから，裁判官はこれについて不満を持つ必要がない。

42　以上，被糺問者自身が防禦の許可を申し立てた場合について述べた。被告人が農民，貧者であって，防禦の許可を申し立てない場合は，裁判官は，いかなる方法によって無罪を示しうるかを質すべきである。刑事裁判令47条が定めるように，また既に簡単に触れたように，まずはじめに犯行があったとされている日時に他の者と他の場所にいたことを示しうるか否かを質すべきである。

43　ヨアヒム・フリートリヒ・ブランデンブルク選帝侯治下，1602年の〔等族会議〕最終決議（recessus）第20章は，糺問手続に対し，被糺問者が正規手続を申し立てることができる旨特に規定している。すなわち，「朕は何びとに対しても不当に刑罰を科す意図を有せざることを朕が臣民に知らしむるため，朕は慈悲をもって，いかなる等族又は官職に属する者にせよ，刑罰に値するとして訴追された者が，国庫官（フィスカル）の略式糺問によるならば不利益を蒙り，かかる略式糺問に基づく処罰につき朕と和解しえざるもの[177]と思料し，その無罪の立証を意図して正規訴訟を申し立てる場合におい

---

[177]　選帝侯の官吏である国庫官による糺問手続に基づく処罰に納得して服しえない，という趣旨であろう。なお，最上級裁判官としての選帝侯の受任者としての国庫官の役割について，1章注

ては，国庫官が訴えを裁判所に提起し，これについて被告人が聴聞され，本証及び反証が行われ，かつ必要なる取調べが行われ，これに基づいて最終的に判決が下されかつ執行されるという方法により，公正なる裁判が行われることに同意した」。同趣旨の規定は 1611 年の最終決議にも見られる。

44 しかし，右最終決議が正規訴訟に関して規定しているところは，強盗及び強盗殺人には妥当しないと考える。なぜならば，上記引用の協約においてブランデンブルク選帝侯，ポメルン侯及びメクレンブルク侯殿下は次のように命じているからである。「訴訟は略式に行い，煩瑣にわたることはすべて避け，省くべきである。帝国全土に対して公布された諸勅令もまた同様に命じており，全帝国の日々の慣習も等しくこれを裏付けている」。これは，「略式訴訟」に言及する"Ebenmeßiger Befehlich"の章においても繰り返し述べられている。したがって，この種の犯罪について下級裁判官が糺問訴訟を行う場合は，領邦君主が事情を熟知の上確たる理由からそれを命じない限り，この特権は妥当しないと考える。

---

15 参照。

第4節　法有識者団への糺問記録の送付

摘要
1　犯罪の証明及び被告人の防禦が行われた後は何が問題となるか（1）
2　裁判官は一件記録を法有識者団に送付する義務を負うか（2）
3　これは刑事裁判令によって証明される（3）
4　神の法によっても同じ（4）
5　ブランデンブルク選帝侯勅令によっても同じ（5）
6　送付を行う前の書記の職責は何か（6，7）
7　一件記録を送付しようとする裁判官の職責（8，9）
8　犯人の奸計（10）
9　〔一件記録の〕封入に被告人を召喚すべきか（11）

1　犯罪の証明が行われ，被告人の防禦が許されたときは，次に，被告人に対して有責判決（condemnare）を行いうる程度に十分に犯行が証明されたか否か，あるいは，被告人に拷問を科しうる程度の徴憑が存在するか否か，あるいは，被告人に対して放免判決（absolvere）をすべきか否か，そして，被告人は無罪を十分に証明したか否かが問題となるのが通例であり，かつ問題とされなければならない。

2　これらの問題は慎重なる考量を要するものであるから，これらの問題について，一件記録（acta）が法有識者団（collegium juridicum），すなわち法学部，参審人会（scabinatus）又は領邦君主（Superior）の許に送付されなければならない[178]。

3　これは，カール5世皇帝が刑事裁判令中多くの箇所で厳命するとこ

---

[178] S. F. Boehmer, *Elementa iurisprudentiae criminalis*, ed. quarta, 1749, sect. 1, cap. 42, §. 276によれば，①重大な刑罰，拷問及び拷問の威嚇，又は雪冤宣誓を言い渡す場合，②被告人が防禦を行った場合に，一件記録送付は必要的であり，①一般糺問，②逮捕拘禁，③身柄保障の付与，④糺問項目に対する答弁に関する場合は，判決が求められているわけではないので，一件記録送付は任意的である。

ろでもある。たとえば、「かかる場合は、裁判官[179]は、その地に対して刑事裁判権を直接に有する官憲（oberkeyt）[180]、又は朕の本条令の末尾に示されたその他のところ〔＝法学部、都市、自治都市、その他の法有識者〕に、鑑定を求めなければならない」（CCC 7）。「判決に際し、裁判官は、法有識者に〔鑑定を求めなければならない〕」（CCC 91, 147）。「法有識者の鑑定をもって」（CCC 151）。「かかる裁量は専ら法有識者が判断しうるものであるから、朕は、しばしば生ずるこのような場合においては裁判官が法有識者に〔鑑定を求めることを欲する〕」（CCC 160）。「法有識者を用いて」（CCC 161）。「しかし、官憲が職権により犯人に対し刑事訴追又は審問を行う場合において疑問が生ずるときは、裁判官は、最少の費用によって教示を得ることができると考える、最寄りの法学部、都市、自治都市又はその他の法有識者に鑑定を求めなければならない」とするが、その理由として、「これらの重大な事件については十分な慎重さが相応しいからである」ということが挙げられている（CCC 219）。また、刑事裁判令 105 条では、すべての犯罪の刑罰を明示することができない、すなわち、すべての犯罪の類型を列挙して刑を定めて表示することは不可能である、という異なる理由が挙げられている。また、146 条は、「これらの事件は、場合により、刑事裁判所を構成する一般人には十分に理解し把握することができない、きわめて微妙な差異を有する」、という別の理由を挙げる。オルデコープは、刑事裁判令は 57 箇所で一件記録送付に言及していると述べている。法有識者団への一件記録送付が定められている理由は、一部は事件の重大性に、一部は裁判所は常に法有識者によって構成されているわけではないという点に、また、一部は判決を下す義務のない大部分の者が判決を下す負担を回避するのが通例であるという点にある。そのため、し

---

[179] 条文は「参審人（Urtheiler）」であるが、Gobler, cap. 7 は「裁判官」とし、Kress, art. 7 は「裁判官は、疑問のある事件においては、法有識者の鑑定を求めなければならない」という見出しを付している。

[180] 「刑事裁判権を直接に有する官憲」を、Schroeder, S. 197 は「当該裁判所に対し裁判高権を有する官憲」と註解し、Remus, cap. 7 は、「領邦君主又は代理者」と羅訳している。
　すでに述べたように（3章注45）、領邦国家の裁判官には、①領邦君主の任命する裁判官、都市参事会が任命する裁判官と、②領主裁判権者でもある裁判官（又は領主裁判権者が任命する裁判官）がある。鑑定依頼との関係では、①の領邦君主の裁判官は領邦君主又はその司法官房に、②の裁判官はその他の法有識者団に鑑定を求めることになる。Vgl. A. Hegler, *Die praktische Thätigkeit der Juristenfakulitäten des 17. und 18. Jahrhunderts*, 1899, S. 2 f.

189

ばしば一件記録は領邦君主の法律顧問官の許に送付されている[181]。自らの判断で刑罰を決定することを好まない法有識者がいるのである。

4　法有識者団に対する鑑定依頼について述べたことは，聖書の中にも根拠を有するように思われる。モーゼは申命記17章において次のようにいう。「汝の門の内に訴へ争う事おこるに当りその事件もし血を相流す事または権理を相争う事または互に相撃たる事などにして汝に裁判かぬるものならば汝起き上がりて汝の神エホバの選びたまふ処に上り往き祭司なるレビ人と当時の士師とに詣りて問べし彼ら裁判の言詞を汝に示さん」。一件記録送付のその他の根拠，すなわち，裁判官における法律知識の欠如，裁判官の〔被告人に対する〕好悪の感情についてはカルプツォフを見よ[182]。また，裁判官が不当に拷問を行ったという責任を免れるについては，オルデコープを見よ[183]。

5　我がブランデンブルク選帝侯領においては，一件記録は領内の大学法学部又はブランデンブルク参審人会に送付されている。これは，1611年最終決議中の選帝侯勅令の次の文言から明らかである。「朕が格別の慈悲に基づく勅令により，爾今，刑事事件における判決はフランクフルト・アン・デア・オーデルなる朕が法学部及びブランデンブルク参審人会によって行われるものとする。爾今，何びとも，必要なる場合は，領外の参審人会に代わり，宜しくこれら法学部及び参審人会の許に刑事裁判に関するすべての鑑定

181　この前後の趣旨が判然としない。ブルネマンが参照を求める Oldekop, *Obesevationes*, tit. 1, obs. 7, n. 6 は，優秀で経験豊富な顧問官を抱える領邦君主が法有識者団に鑑定を求める場合があるが，これは，法有識者団が困難な死刑事件を日々扱い，鑑定を行っていること，判決が複数の者の判断に基づいてなされる方が妥当であることなどを考慮すると無意味ではないと述べている。オルデコープの所論とテキストの関連性も判然としない。なお，「自らの判断で刑罰を決定することを好まない法有識者」は，顧問官その他単独で判決を起案すべき法有識者を指すのであろう。
182　ここで引用されている Carpzov, q, 116, n. 11 et seqq. が指摘する事情については，「解題」Ⅲ-2参照。
183　Oldekop, *Observationes*, tit. 1, obs. 7, n. 5 et seqq. は，終局判決においても，拷問においても，「無辜の血によって手を汚し，殺人の糺問において殺人が行われないように」，慎重な審問を行い，敬神と慈悲の心を持ち，厳格に傾いてはならないと警告し，正確な記録に基づいて法有識者への鑑定依頼を行うべきだとする。また，「場合によっては，法有識者の鑑定に従ったというだけでは，誤った判決をした裁判官は免責されない。特に，経験者，参事会員が陪席し，鑑定に従うことも，従わないことも可能であった場合は，そうである。しかし，法律又は当事者の同意に基づいて，鑑定に従って判決した場合は，これらによって拘束される裁判官が責任を問われる（syndicare）ことはない」という。

及び判決を求めなければならない」。

　6　上述したように，法有識者団の許に完全な一件記録が送付されるためには，書記は職責として，裁判官に対して宣誓した誠実さと注意深さをもって，個々の行為を順を追って整然と記録しなければならない。すなわち，書記は，いかなる経緯で風評が裁判官の許に達したか，裁判所の証拠収集のために召喚された証人は，いつ，いかなる参審人の立会いの上でいかなる供述をしたか，被告人はどのようにして拘禁されたかを記録しなければならない。同様に，偽誓と不信仰の疑いを避けるためには，書記は被告人尋問及びすべての訴訟行為 (omnia actitata)，被告人の防禦に関する事項もまた，最大の誠実さと注意深さを持って記録しなければならない。いずれの訴訟行為についても，年月日，時刻，立会人の氏名及び自己の氏名を添えなければならない。また，裁判所の秘密を口外してはならない。以上の点は，カール5世皇帝が，本章2節72に引用した刑事裁判令181条以下において命ずるところでもある。特に重大事件の場合には，書記は〔一件記録を〕再三再四読み返さなければならない。

　7　送付に際し，裁判官及び書記によってしばしば誤りが犯されている。すなわち，法有識者団への書簡の中で，裁判官及び書記が一件記録では全く触れられていない事情に言及し，あるいは被糺問者の人物について説明を加えることが稀ではない[184]。しかし，判決を作成する者はこのような言葉を措信してはならない。なぜなら，裁判官が一件記録外で述べることを措信してはならないからである[185]。ただし，オルデコープが痴愚の被疑者 (suspectus) を例について述べているように，被糺問者が痴愚である旨の報告など，被告人に不利益でない事項の場合はこの限りではない。同様に，被糺問者は強健である，あるいは，しかじかの病があり虚弱であるということは，拷問を命ずる際に考慮されるべき点であるが，このような事情についても，同時に証人が尋問され〔一件記録に記載され〕べきであろう。一件記録に添付される〔鑑

---

[184] ここで引用されている Oldekop, *Observationes*, tit. 1, obs. 8, n. 5 は，一方を推薦する書簡を裁判官が送付してきたという事実を報告している。
[185] Oldekop, *Decades*, decas 1, q. 9, n. 7, 10 は，双方審尋主義 (audi et alteram partem) の原則を援用し，被告人が聴聞の機会を与えられなかった事項を，裁判官が一件記録以外の書面で報告する場合，これを措信することは許されないとする。

定依頼の〕書簡の例は，フォルクマンを引用するオルデコープが挙げている[186]。

8　被拘禁者が長期の拘禁によって苦しみ，あるいは正当な有責判決を免れることがないよう，送付は速やかに行われなければならない（C. 9, 4, 5[187]）。

9　一件記録を法有識者団に送付しようとする裁判官は何よりもまず，一件記録を書記とともに再度読み返し，何らかの事情がまだ取り調べられていない場合，あるいは証人の供述が曖昧である場合は，法有識者団が一件記録に基づいて十分なる知識を得ることができるよう，送付前にこの点を補正すべきである。これは皇帝が，「嫌疑に関して彼らが知りえたすべての事情及び状況を書面により正確に報告しなければならない」と定める刑事裁判令7条において命ずるところであると考えられる。

10　狡猾な被糺問者が，かつて不利な鑑定を得た学部，あるいは多数の法有識者団について，何らの理由も示さず異議を申し立て，かつて有利な鑑定を得たことのある法有識者団への一件記録送付を画策することがある。したがって，裁判官はかかる無差別の，ほとんどの場合偽罔的な異議を認めず，忌避権（facultas eximendi）を2, 3の法有識者団〔の忌避〕に限定すべきである。もっとも，このような場合に宮廷裁判所及びその他の裁判所では，民事にせよ刑事にせよ，一件記録に添付された書簡において，当事者が当該法有識者団の許に鑑定を依頼したことがある場合は，鑑定することなく直ちに一件記録を返戻されたい旨，法有識者団に依頼がなされ，費用はこの事実を秘匿していた——これによって当該当事者の偽罔が明らかになるから——当事者の負担とされる，という方法が行われているようである。被糺問者が勢力ある家門に属する場合は，裁判官は使者が往路と異なる帰路をとるよう配慮すべきである。すなわち，かつて待ち伏せが行われ，あるいは行われよう

---

[186] Oldekop, *Decades*, decas 1, q. 9, n. 13 は，鑑定依頼書簡として，「A 及び B 間の訴訟記録をこの書簡に添えて送付いたします。しかるべく精査，検討され，法と訴訟記録に照らし適切なる判決を，合議の上，当裁判所名義において作成され，訴訟記録同封の上，費用若しくは報酬の支払いと引換えに返送いただくよう願い上げます」という例を挙げる。

[187] 刑を宣告された被拘禁者に対する刑の速やかな執行，放免判決を受けた被拘禁者の速やかな釈放，さらに，30 日ごとに被拘禁者の数等を報告すべき獄吏の義務を定める。

としたことがあったと私は記憶する[188]。

　11　一件記録の封入，及びそれが返戻された場合の封印の点検のために，被糾問者を召喚すべきか。これを論ずるオルデコープはいずれも肯定する[189]。慣習は否定的であるが，私はオルデコープを支持したい。すべては公然と率直なかたちで行われるべきだからである。これと異なる慣習は，申し立てがあれば，送付すべき書面の写しを被糾問者又は親族に交付するいうところまで緩和されるべきである。次に，法有識者団に送付された記録の数が明らかになるよう，一件記録には番号が付されるべきである。

---

[188] Oldekop, *Observationes*, tit. 1, obs. 9, n. 2 によれば，被告人の親族が使者を買収して，法有識者団の鑑定や判決をすり替える例もあったようである。
[189] Oldekop, *Decades*, decas 1, q. 7, n. 2 は，法有識者団を忌避する権利と結びつけて，被糾問者の召喚と立会いを一件記録送付手続の一部と位置づけ，これを欠いた場合の判決を法律上当然に無効であるとする。

第5節　拷問とその執行

　摘要
1　犯行を自白しなかったが，ほぼ有罪を証明された被糺問者は拷問に付される（1）
2　すべての犯罪に共通の徴憑とは何か（2）
3　殺人の徴憑（3）
4　毒殺の徴憑（4）
5　嬰児殺の徴憑（5）
6　窃盗の徴憑（6）
7　魔女行為の徴憑（7）
8　放火の徴憑（8）
9　姦通の徴憑（9）
10　背叛の徴憑（10）
11　拷問は補充的手段である（11，12，13）
12　裁判官は慎重な尋問を行った上で鑑定依頼をすべきである（14）
13　徴憑がないまま行われた拷問によって得られた自白は措信してはならない（15）
14　唯一の徴憑で十分か（16）
15　いずれもが唯一の証人によって証明された複数の徴憑は十分か（17）
16　まずもって罪体が確認されなければならない（18）
17　予め被告人の防禦が許されなければならない（19）
18　いかなる犯罪について拷問が行われるか（20）
19　軽罪について拷問綱は用いられるか（21）
20　いかなる者がその地位を理由に拷問されないか（22，23，24，25，26）
21　いかなる者が身体虚弱を理由に拷問されないか（27，28，29，30）
22　授乳期にある母親を拷問できるか（31）
23　裁判官は拷問されるべき者の状態を取り調べ，一件記録に記載すべきである（32）
24　いかなる者が精神の欠陥のゆえに拷問されないか（33）
25　中間判決は必要か（34）
26　中間判決において判決理由の表示は必要か（35）
27　拷問の前に被告人を拷問具を用いず尋問し，警告を与えるべきか（36，37）
28　被告人は中間判決に対して上訴することができるか（38）
29　かかる上訴を許容すべき場合（39）
30　国庫官は拷問せずとの決定に対して上訴しうるか（40）

31 裁判官は拷問に立ち会うべきか（41）
32 拷問の程度には何種類あるか（42，43，44）
33 いかなる種類の拷問があるか（45，46）
34 いかなる時刻に拷問は行われるべきか（47，48）
35 拷問すべき者が複数いる場合誰から始めるべきか（49）
36 拷問中どのように犯行それ自体について尋問すべきか（50）
37 犯行をめぐる諸事情についても尋問すべきか（51，52，53，54，55，56，57，58，59，60）
38 苦痛が続く間にかかる尋問を行ってよいか（61）
39 すべての言葉を録取すべきか（62）
40 一つの犯行を自白した被糺問者を他の犯行についても尋問しうるか（63）
41 共犯者についてはどうか（64）
42 ブロッケン山において目撃した者に関して魔女を尋問しうるか（65）
43 被拷問者が拷問に動じない場合拷問の程度を強めることができるか（66）
44 被糺問者の拷問を継続しうる時間はどの程度か（67）
45 魔女の頑強さの理由は何か（68）
46 これをどのようにして除くべきか（69，70）
47 被糺問者が事実について供述した場合はこれについて取調べを行うべきか（71）
48 犯行状況について専門家の判断を求めるべき場合はないか（72）
49 〔自白にかかる〕事実の虚偽が判明した場合はどうすべきか（73）
50 被拷問者の身体についてどのような手当てをすべきか（74）
51 被糺問者の自白は拷問の後で認証されるべきか（75以下）
52 自白認証の要件は何か（79以下）
53 認証はいつ行われるべきか（79）
54 拷問の威嚇にとどまる場合も認証は必要か（83）
55 被告人が自白を撤回する場合はどうすべきか（84，85，86）
56 裁判官は3回目の拷問をなしうるか（87）
57 拷問の反覆はどのように行うべきか（88）
58 3度自白を撤回する被告人は放免されるべきか（89）
59 苦痛が継続する間に自白を撤回する場合はどうすべきか（90）
60 新しい徴憑に基づいて拷問を反覆しうるか（91）

1　一件記録が送付され，法有識者団によって，「否認するが，完全には

有罪を証明されていない (nec plenè convictus) 被糺問者は, 拷問に付されるべきである」との鑑定がなされることがある。したがって, ここで拷問につき若干論じなければならないが, 詳論する余裕はない。また, 糺問訴訟を適法に行う方法を裁判官に教示することが本書の目的であるから, 徴憑については簡単に, 拷問の執行についてはやや詳しく論ずることにする。拷問に十分な徴憑については, ファリナキウス等を参照されたい。確かに, 法有識者団における合議の中で, 拷問が問題となっている場合の合議ほど重大なものはないと私は考える。

2 拷問に要求される徴憑は, 犯罪が行われたことを示す証拠 (argumentum) である。証拠は,〔すべての犯罪に〕共通な証拠とある種の犯罪に固有な証拠, 又は, 確実な (certus) 証拠と蓋然的な (verisimilis) 証拠とに分けられる。〔徴憑が〕確実といわれるのは, 有責判決に十分だからではなく, 無辜に対しては存在しえない〔ような性質の徴憑だ〕からである。これに対して, 蓋然的な徴憑は, 複数競合して始めて拷問に十分なものとなりうる (CCC 27)。共通の徴憑として次のようなものがある。何ら抗弁の余地のない1名の証人による犯行それ自体についての適法な (redlich) 証言 (CCC 30)。前歴 (D. 49, 16, 5, 6[190])。前歴又は現に被告人に対する手続の理由となっている犯罪に関する悪しき風評。風評については, 第1に, 被告人が細民であること, 第2に, 信用できる風評が手続開始前に発生し, かつ, 風評が軽率な人々に由来するものではないという要件がある (CCC 25[191])[192]。被糺問者に属する物が犯行現場で発見されたこと (CCC 29)。裁判外の自白。これについて, 被告人が裁判においても自白を維持する場合に限るとする法学者がいるが, 裁判において自白を撤回しないのであれば有責判決がなされ, 拷問は問題とならないので

---

190 蛮族から返還された俘虜の奔敵行為の有無を確定的に証明することの困難に触れ, 当該軍人が良き軍人として評価されていた場合はその弁明を信用すべきであり, かつ無頼であり, あるいは軍務において不注意, 怠慢, あるいは兵営をしばしば離脱したことがある場合はその弁明は措信されるべきではない, とする。

191 刑事裁判令25条は, 拷問の前提要件となる徴憑であって, あらゆる犯罪について共通の一般的な徴憑を具体的に列挙している。

192 Zanger, cap. 2, n. 81 et seqq. は, 風評は誤り易いから, それだけでは拷問を可能にする半完全証明とはならず, ①被告人が卑しい身分の人間であるか(この種の人間は犯罪を行う傾向があるといえるから), 他にも同種の犯罪について風評があること, ②風評が信用しうる人物から出ていること, という二つの徴憑が競合しなければならない, とする。

あるから，このような制限を嘲笑する法学者が正しい。犯行の現場において目撃されたこと (CCC 25)。着衣の特徴から，犯行現場で目撃されたのは当該人物であると推定される場合は，確実な徴憑となる場合も，たんに蓋然的な徴憑にとどまる場合もある。犯罪に関する和解，特に犯罪が死刑相当の場合。共犯者によって名指し (nominatio) されたこと。ただし，(1)〔共犯者を名指しした者が〕共犯者の有無について一般的に尋問され，(2) 拷問中に共犯者の氏名を供述したものであって，(3)〔共犯関係に関する〕すべての事情もあわせて供述し，(4) 両者の間に敵対関係があるとは推定されず，(5) 共犯者とされた者が裁判官にとって疑わしい人物であり，(6) 共犯者の氏名を供述した者が供述を維持することが必要である (CCC 31)。〔犯罪実行の〕受託者 (mandatarius) から〔犯罪の依頼者に関する〕自白を得るために拷問することも可能である。特に，有罪を証明されたが，なお自白していない受託者を共犯者〔＝犯罪の依頼者〕について尋問する場合がそうである (C. 9, 2, 17 ; D. 48, 18, 16, 1 etc.)[193]。同種の犯罪を行ったことのある犯罪者との交友 (CCC 25)。ただし，かかる交友をする相当な理由がなく，かつその他の徴憑が競合する場合に限る。不俱戴天の敵対関係。被糺問者の行為が原因となったものであっても，最近和解が行われたものであってもよい (CCC 25)[194]。利得の期待 (CCC 25)。ただし，これは殺人の場合に限ると思われる。逃亡。すなわち，糺問開始前の逃亡はすべての犯罪に共通の徴憑である。しかし，手続開始後の逃亡の場合は事情が異なる[195]。重要な事項に関する〔被告人の供述の〕動揺，虚偽。生

---

[193] ①C. 9, 2, 17 は，犯行を自白した者を共犯者について尋問してはならないとする。② D. 48, 18, 16, 1 は，自白した者を第三者に不利益な供述をとるために拷問してはならないとする。これに対し，③ D. 48, 19, 29 は，死刑判決を受けた者が，第三者に不利益な供述を得る拷問のために，刑の執行を延期される場合があるとする。

Matthaeus, tom. 2, lib. 48, tit. 16, cap. 3, n. 15 は，被告人を共犯者に関して尋問してよいかという問題については激しい論争があるが，その原因は上のように相矛盾する，あるいはこの問題を否定するように見える法文の存在にあるとする。マテウスによれば，他人を巻き込むことは自己の犯行について自白するよりも容易であるから，任意に自白した者を共犯者に関して尋問してはならないが，自己の犯行について自白しようとしない者が無辜を巻き込むような供述を容易にするとは考えられないから，有罪を立証されたが，しかし自白はしなかった者を共犯者に関して尋問してよい，とされている（本節 64 参照）。

[194] Zanger, cap. 2, n. 111 によれば，敵対関係の存在だけで拷問が許されるのではなく，風評，逃亡その他刑事裁判令 25 条所掲の徴憑の競合が必要である。

[195] どのように異なるのかは不明であるが，Zanger, cap. 2, n. 91 et seqq. は，被拘禁者が予謀に

来臆病でない者の当惑狼狽であって、その他の徴憑が競合する場合。尋問に対する不答弁、又は〔何びとからか〕信書を受け取った後での黙秘。しかし、これについては経験ある裁判官の判断が必要である。疑わしい人物との密談が行われた後に犯行があった場合[196]。脅迫。ただし、脅迫した者が疑わしい人物であり、かつその後脅迫が実行された場合（CCC 32）。犯人の身柄の強奪。ただし、他の推定根拠が競合する場合。

3　殺人に固有の徴憑となるのは、(1) 血に染まった衣服又は武器を身につけているところを目撃されたこと（CCC 33）。(2) 被害者の所有にかかる物品を所持していること（CCC 33）。(3) 傷害された者が告解〔において犯人を供述〕し、それが〔被害者の〕宣誓又は死によって裏付けられたこと（CCC 25）。(4) 正当防衛の主張を伴う被告人の自白。(5) 喧嘩。ただし、被告人が喧嘩の原因を作り、かつ喧嘩において積極的であり、かつ武器を所持しているのを目撃された場合。殺意は武器（D. 48, 8, 1, 3[197]）及び傷害の部位（X. 5. 12. 18[198]）から推定される。

4　毒殺（venenum propinatum）の徴憑として、毒物の購入。ただし、〔購入目的の正当性について〕十分な理由を主張、立証することができない場合に限る（CCC 37）。特に被告人が、当初、毒物の準備又は購入を否認した場合につき、毒殺に関して上述したところを参照されたい[199]。

5　嬰児殺の徴憑として、腹部が肥大し、後に小さくなったこと（CCC 35. conf. CCC 5）。同じく、女がひとり出産した後で死産であったと述べ、かつ、出産の時期が早産とはならない時期である場合（CCC 131）。確かに出血は必

より破獄した場合、有罪判決に十分な完全証明になるという見解があるが、これは法律上の根拠を欠くだけではなく、苛酷であり、実務上行われていない、右のような場合であってもせいぜい拷問をなしうるだけである、と述べている。

[196] Zanger, cap. 2, n. 140 は、被告人がある人物と密談し、その直後にこの人物によって殺人、窃盗、放火のような犯罪が行われた場合、他の徴憑特に敵対関係が存在するときは、犯行を依頼したか否かについて、被告人を拷問する理由があるとする。

[197] 殺人の故意の認定に関し、剣を用いた場合は殺人の故意を否定できないとする。

[198] 「〔本件で〕打撃に用いられた道具——これは重量があり、これを用いてなされた打撃は軽くないのが通常である——及び打撃が加えられた部位——軽い打撃であってもここに加えられるならば致命的となる——を考慮すると、当該聖職者は殺人に対する刑罰を全く免れるとは考えられない」という章句が見える。

[199] 7 章 22 以下。

ずしも確実な徴憑ではないが，経験の示すところによれば，上述したように[200]，しばしば被告人は拷問によらず嬰児殺を自白するに至っている。

　6　窃盗又は強盗の徴憑として，盗品が発見され，〔その所持の〕権原又は理由を示すことができないこと（CCC 43）。ただし，被告人が疑わしい人物であって，盗品を所持していた場合に限る。盗まれた貨幣と同じ種類の貨幣を使用したこと（CCC 39）。特に，かつて困窮していたにもかかわらず，相当な理由もなく豊かになった場合がそうである（CCC 43）。合鍵及び侵入用具も徴憑となる（CCC 43）。たとえば，それをマントの下に隠し持っているのを目撃された場合である。被糺問者のものである梯子が立て掛けられ，そこで被糺問者の物が発見されたこと，又は，封印の上委託された櫃が開破されたこと。相当な理由もなく夜間外出するのを目撃されたこと。特に，何かの束を衣服の下に隠し持っていた場合。浪費，酒場通い及び遊惰からは強盗が推定される（CCC 39）。強盗を宿泊させることからは共犯関係が推定される（CCC 40）。

　7　魔女行為の徴憑として，(1) 魔術を他人に教えたこと（CCC 44）。(2) 脅迫がなされ，その後に著しく異常かつ怪異な結果が生じたことは魔女行為に固有の徴憑となる。(3) その者の家で魔術に関する書物，魔術の用具，毒物，その他迷信的なものが発見されたこと（CCC 44）。(4) 身体に発見された無感覚な印。これは今日甚だ濫用されている。無感覚な印及び〔魔女の印としての〕痕については，オルデコープを参照[201]。

　8　放火の徴憑として，(1) 燃料，火矢，その他かかる目的に供すべき物の準備（CCC 41）。(2) 火薬その他の用具を携帯して火災発生現場に近い場所にいたことが目撃された場合（CCC 41）。(3) 〔火災発生の〕直前にその場所にいたことを目撃され，かつ，相当な理由を示すことができない場合。

200　8章1節末尾の被告人尋問の例。
201　Oldekop, *Observationes*, tit. 4, obs. 12, n. 3 et seqq. は，針を刺しても苦痛も出血もない印を魔女の印とみなすことについて，①人間の体には本来苦痛のない箇所がありうる，拷問中に針を刺した場合，拷問の恐怖や麻痺のために血の流れない部位がありうる，また，拷問の苦痛のために針を刺された程度では痛みを感じないことがありうる，②拷問吏が被告人の身体の一部を麻痺させ，ごく僅かしか針を刺さず，刺すふりをし，あるいは，押したときに針が筒の中に後退するような装置を使うことがありうる，と批判し，裁判官は拷問吏を被告人と二人だけにしないように警告している。

199

9　姦通の徴憑は，特に人目に付かない場所で頻繁に会うこと，恋文等である。

10　背叛 (proditio)[202]の徴憑となるのは，通常赴くことのない場所にいるのを目撃され，かつ〔共にいるところを目撃された〕その人物につき，恐怖を感じていると以前言っていた場合などである (CCC 42)。なぜなら，異常な恐怖を抱いている素振りをすること，又はそのような恐怖を他人に植え付けることは，奸計の証拠となる場合があるからである[203]。

11　ところで，私は予め，拷問は真相解明の上で補充的な手段にすぎないということを明らかにしておきたい。すなわち，法によれば，拷問は最終的手段としてでなければ，つまり他の方法による証明が不可能な場合でなければ，行ってはならない。D. 48, 18, 9[204]の明確な法文に基づいてすべての法学者がこのように結論していると，クラールスは述べている。また，ファリナキウスが引用するすべての法学者もこの法文をその趣旨に解しており，アンブロシヌスも同様の見解をとっている。

12　拷問は措信しうる場合もあるが，しかし常に措信しうるわけではないという理由がこれに付け加わる。拷問は不確実かつ危険で真実を誤るもの

202　Boehmer, art. 124, §. 1 によれば，放火，傷害，強盗，謀殺等の加害目的で，被害者の敵である第三者と密かに通謀し，友好的態度を仮装して被害者の警戒を解かせ，被害者の敵の術中に陥れることをいう。

203　このような事実は，前注で述べた「密かな通謀」を推定させるという意味である。ところで，背叛の徴憑に関する刑事裁判令 42 条 (Schroeder 校訂版) は，"Item so der verdacht heliger vngewolicher vnd geferlicher weiß, *bei denjhenigen, denen er verraten zu haben inn verdacht steht, gesehen worden*, vnd sich doch stellet, als sei er vor denselben vnsicher, vnd ist eyn person darzu man sich solchs versehen mag, ist ein anzeygung zu peinlicher frag" である。イタリック部分は，「被告人が背いたと疑われている者〔＝被害者〕とともにいたところを目撃され」となる (Gobler, cap. 42 が，"apud eos quos prodisse suscipio est, conspicatus fuerit" と羅訳するほか，Langbein, p. 279 の英訳も同趣旨である)。

しかし，この法文には疑義が提起されている。Kress, art. 42 は，1521 年草案は，"Item so der Verdachte hählicher, ungewohnlicher und gefährlicher Weise bei den Thaetern gesehen worden" であること，「背叛を受けた者とともにいたことは徴憑とはならないが，その者のために背叛を犯したとされている者とともにしばしば同席していた事実は徴憑となる」という理由を挙げて，法文のイタリック部分を，"apud eos, quibus in prodendo operam suam locasse dicitur, saepius observatur (被告人の背叛行為によって恩恵を受けた者とともにいるところをしばしば目撃された)" と読み替えるべきだとする (Boehmer, art. 42, §. 1 も同旨)。ブルネマンの立論もそのような法文解釈を前提とする。

204　金銭事件において奴隷を拷問しうるのは，他に真実発見の方法がない場合に限られる，とする。

だからである。大部分の者は拷問に耐え，あるいは感応せず，拷問を嘲笑するため，彼らから真実を引き出すことは全く不可能であり，また，他の者は拷問に全く耐えることができず，拷問されるよりはいかなる虚偽でも述べることを選ぶために，種々自白をすることによって自分のみならず他人をも危険に陥れるという結果が生じている。これは，D. 48, 18, 1, 23[205]における法学者〔＝ウルピアヌス〕の言葉である。

13　いうまでもなく，拷問は苛酷なものであり，人体にとって全く有害であり，ときには致命的である。神の姿に似せて創造された人間を拷問によって苦しめ，そしていわば肉を切り裂くことほど残酷かつ非人間なことはない。何の罪も犯していないにもかかわらず自白し，不当に死を科された多くの男女の例は至る所に見いだしうる。

14　以上述べたことは，裁判官が性急に一件記録を法有識者に送付し，被告人を拷問すべきか否かの鑑定を求めることがないようにするためである。むしろ裁判官は可能な限り，拷問を用いることなく，証拠により被告人の有罪を証明し，又は被告人をして自白せしめるよう，努力すべきである。このために費用と努力を惜しむことがあってはならない。事実，適切な尋問が行われ，すべての徴憑が被告人に示され，いわば被告人をして現状を理解させることで，〔あたかも〕証拠によって有罪が証明されるならば，拷問を用いることなく多くの被告人から自白を引き出すことができる，と私は考える。そのような方法がとられなければ，徴憑が拷問に十分でない場合，あるいは，拷問によることなく有罪を立証しえたはずの被糾問者が拷問に耐えることで，被告人を疑う理由であった徴憑を雪冤した場合には，被糾問者はしかるべき刑罰を免れることになろう。

15　それゆえ，被糾問者に対して若干の一般的又は特殊的徴憑に基づく嫌疑があり，かつこれらの徴憑が十分に証明された場合は，裁判官は，欠けるのは〔拷問による〕被糾問者の自白のみだといえるほど徴憑が有力であるか否かを検討すべきである。もし十分な徴憑がないまま拷問された場合は，被告人がその自白を維持する場合であっても，拷問及びそれによって獲得され

---

[205]　内容はテキストと同じである。

た自白を信用してはならない (CCC 20[206])。

16　唯一の徴憑が拷問に十分でありうることについて，法学者は疑問を呈するが，刑事裁判令27条によれば，唯一の徴憑であっても十分でありうる。カルプツォフは次のような徴憑がそうであるという。(1) 被糺問者の所有物が犯行現場で発見されたこと。(2) 犯行自体の半完全証明 (probatio semiplena)。(3) 共犯者による名指し。(4) 被告人の裁判外自白。(5) 脅迫を行ったこと (CCC 32)。(6) 和解。(7) 犯人に対する幇助。しかし，私は，これらの徴憑の一つさえあれば常に拷問が可能であるとは考えない。事実，和解又は裁判外の自白それだけでは直ちに拷問を行うのに十分でない，とする者もいる[207]。ある場合には無実の者の所有物が犯行現場で発見されることがありうるし，脅迫が現実になったということから，確実にそれ〔＝被告人による犯行〕を推定することもできない。共犯者による告発の場合は，複数の徴憑が競合している〔のが通例である〕。犯行それ自体は1名の証人の証言によって証明され〔るならば拷問に十分な徴憑とな〕るが，〔その他の〕いかなる徴憑も複数の証人によって十分に証明されなければならない (CCC 23[208])。

17　複数の徴憑が競合し，そのいずれもが1名の証人によって証明され

206　犯行に関する十分な徴憑が存在し立証されないまま，拷問が行われ自白が得られた場合，「自白は信用されてはならず，何びとも自白に基づいて有罪とされてはならない」とする。

207　単独で拷問に十分な徴憑の「単独」の意義は必ずしも明瞭でない。たとえば，刑事裁判令32条は，①被告人が自ら犯罪を行ったと述べたこと，又は，被告人が犯罪を行うという脅迫を加え，その後間もなく犯罪が行われたこと，及び，②被告人がその種の犯罪を行いそうな人物であることが，2名の証人によって証明された場合を，単独でも拷問に十分な徴憑として規定している。しかし，裁判外自白，脅迫のいずれの場合も，被告人の悪性格という別個の徴憑の競合が必要なのである（ただし，Kress, art. 32, §. 1 は，自白については悪性格の要件は必要でないとする）。

また，Carpzov, q. 121, n. 41 et seqq. は，裁判外自白は他の徴憑が競合しなければ拷問に十分でないという見解を退けるが，この見解を主張する論者がたんなる自白 (nuda confessio) では拷問に十分でないとするのは正しいと述べ，①自白が行為客体，日時，場所について具体的な摘示を含むこと，②被告人がその種の犯罪を行いそうな人物であること，③自白が笑いや冗談の種としてなされたものでないこと，という3個の要件を加えている。①及び③は自白の属性であるが，②は別個の徴憑というべきであろう。

208　刑事裁判令23条は，「犯行の主要部分 (die hauptsach der missethat)」が1名の証人によって証明されるならば拷問に十分であるが，その他の徴憑は，それぞれ2名の証人の証言によって立証されない限り拷問には十分でない，とする。この場合，「犯行の主要部分」の証明とは，「被告人とされている者によって犯行がなされることを目撃した旨の証言」である (Carpzov, q. 123, n. 50)。

たものである場合は，これは拷問を行うのに十分か。これは否定するのが正しい。それは，「しかし，何らかの状況，指標，徴憑，疑念又は嫌疑を証明しようとするときは，少なくとも2名の良き有用な，非難の余地のない証人によらなければならない」とする刑事裁判令30条に反するからである。この点を指摘するツァンガー[209]及びカルプツォフが挙げる論者は妥当である。もっとも，カルプツォフ自身は，q. 123, n. 58 に挙げる第3の要件から明らかになるように，躊躇しながらも反対の見解をとっている[210]。被告人が自己のため何らかの無罪証拠（argumenta）[211]を有する場合（「被告人が，犯行に関して雪冤となる良き推定根拠を有する」〔CCC 28〕），又は徴憑を証拠によって反駁，減殺させうる場合は，被告人又は裁判官自身によって徴憑が雪冤されることが可能である。

18　既に述べたところから明らかなように，罪体が確定していなければ何びとも拷問されてはならない（D. 29, 5, 1, 24[212]）。したがって，上述のように，裁判官が法有識者の〔拷問の適否について〕鑑定を求める前に，罪体について糺問するのが正しい。

19　第3節において述べたように，拷問するにはまず予め被告人の防禦を許さなければならない，という点をここで繰り返しておきたい。さらに，拷問が命じられ，拷問に付された被糺問者が無罪を証明したいと述べる場合も，関連性のあること（aliquid relevans）を主張しているのであればこれを許

---

[209]　Zanger, cap. 3, n. 35 は，1個の徴憑について1証人がいる場合，それは「不完全な徴憑」であって，これが複数ある場合であっても拷問に十分となるわけではないとする。しかし，この原則は，殺人，窃盗などのように「単純かつ特定の行為を内容とする犯罪」についてのみ妥当し，異端，魔女行為，姦通のように「種々の部分的行為の集合であるような犯罪」は例外であるとする。

[210]　Carpzov, q. 123, n. 58 は，①いずれの証人も適格性を具え，全く抗弁の余地のない，かつ行状に問題のない人物であり，②供述が遠い徴憑ではなく，近い徴憑に関するものであり，③供述された徴憑が複数で，裁判官に被告人の犯行をほぼ確信させるようなものである場合は，刑事裁判令30条の例外を認めてよい，しかし，これらの要件のいずれかが欠ける場合は，ツァンガーの見解（前注参照）は誤っていない，という。

[211]　Carpzov, q. 123, n. 65 は，被告人に有利な"argumenta & praesumptiones"として，自発的に裁判を受けている，事件当夜熟睡していた，逃亡しうるにもかかわらず逃亡しなかった，自発的に拘禁に服した，事件後長期間その地にいたにもかかわらず時間がたってから弾劾が行われた，証人が裁判外で証言を撤回したことなどを挙げる。

[212]　奴隷が拷問される前に，その主人が殺害された事実が確認されるべきであるとする。7章注6参照。

すべきであるという点で，私はアンブロシヌスに従う。

したがって，拷問が認められた場合は，被告人が上訴（appelatio）を行い，あるいは防禦のために何らかの主張をすることができるか否か〔の確認のため〕，執行の数日前に判決を被糺問者に読み聞かせるべきである。

20　同時に，裁判官は，死刑又は身体刑が科される犯罪についてのみ拷問が許されることに注意しなければならない[213]。確かに，これは主として法有識者団が配慮すべきことであるが，しかし，法有識者がいかなる刑罰が当該犯罪に科されるか，そして拷問を行いうるかを知りうるよう，犯行の性質を一件記録において十分明らかにするために，裁判官はこの点を理解しておかなければならない。たとえば，淫行勧誘については誘惑者と被誘惑者の一身的事情，すなわち未婚か既婚か，これまで世評によれば女は良い評価を得ていたか否か，その年齢等々が記載されるべきであり，他の犯罪についても同様である。

21　したがって，自白がある場合に科される刑罰が死刑又は笞刑でなく，投獄刑又は罰金刑である場合は，拷問は行われない。この場合，拷問綱〔の使用〕はいうまでもなく，拷問具を用いて行う威嚇（territio realis）[214]，身体の拘束，拷問梯子への引致と繋縛も行われない。オルデコープが正当にもカルプツォフに反論しているように，拷問具を用いて行う威嚇は，ある種の消し難い汚辱を加えるものであり，投獄刑や罰金刑そのものより重いからである[215]。

213　Carpzov, q. 119, n. 1 は，「拷問はすべての事件及び人について行われるべきものではないと考える。しかし，奴隷を拷問しなければ，死刑事件及び凶悪な事件を解明し糾明することが不可能な場合には，拷問は真実解明にははなはだ有効であると判断するから，このような場合には拷問を用いることを命ずる」というアウグスティヌス帝の勅答（D. 48, 18, 8）を根拠として挙げている。

214　拷問の威嚇について，Carpzov, q. 117, n. 47 et seqq. は次のようにいう。
　①言葉による威嚇は，拷問吏が拷問を行うふりをすること，すなわち，拷問吏が拷問に手慣れた態度と言葉で，拷問するかのように被告人に近づくという方法で行われるが，拷問は身体的苦痛を与えることであるから，これは拷問ではない。他方，②拷問具を用いて行う威嚇，すなわち「拷問の準備と拷問の軽い序奏を伴う威嚇」とは，被告人を裸にし，梯子に縛り付け，拷問具を目の前に並べ，指締器で指を締めることによって，拷問を開始し被告人に若干の苦痛を与えることである。これは，拷問の外観を呈するが，「拷問は身体に甚だしい苦痛を与えることであるから」，拷問とは異なる。なお，本節42参照。

215　Carpzov, q. 119, n. 52 et seq. は，身体刑を科されない犯罪についても，懲憑や犯罪の種類

22 すべての被告人を拷問しうるわけではない。したがって，法有識者が当該被告人に拷問が適用されるか否かを知りうるよう，一件記録中被告人の一身的事情を明示することが必要である。ある種の被告人はその身分を理由に拷問が禁止される。たとえば，軍人，参事会員，貴族，博士等（C. 9, 41, 8 ; C. 9, 41, 16 ; C. 12, 1, 8 ; C. 12, 1, 10[216]）。これについては，ファリナキウス及びカルプツォフが論じているが，カルプツォフは，C. 9, 41, 8 の規定を将校に限定し，ツァンガーに従い，一般兵卒は拷問しうると論ずる。しかし，C. 9, 41, 8 はすべての軍人について述べており，〔軍人の〕職務の危険性という〔拷問免除の〕理由は同一であり，一般兵卒もまた国家の防衛に与かり，そして一般兵卒中悪事を働く者は通常上官の責に帰すべき理由から悪事を働くのであるから，良き経歴を有している限り，一般兵卒について拷問免除を否定することはできない（D. 49, 16, 5, 6[217]）。したがって，裁判官は，軍人であるか否か等々，被告人の身分を一件記録に示すことに努めるべきである。

23 聖職者も同じく，一律に拷問を免れると考えるべきものと思われる。確かに C. 1, 3, 8[218] は司祭を拷問から除外しているが，同一の〔拷問免除の〕理由が〔その他の聖職者についても〕存在するのであり，また，聖職者は世俗裁判権に引き渡されない限り世俗裁判権から免属されているのであって，拷問について鑑定を依頼することは無意味である。また，C. 1, 3, 8 は，供述の

　を考慮して，言葉若しくは拷問具を用いてする威嚇又は雪冤宣誓を科しうるとする。
　これに対して，Oldekop, *Decades*, decas 3, q. 1, n. 3 et seqq. は，①カルプツォフ自身（q. 137, n. 58）認めているように，死刑執行人〔通常，拷問吏を兼務する〕との交友が人の名誉に打撃を与えると一般に考えられている以上，拷問吏の手によって縛られた者の名誉は回復し難い打撃を受ける，②カルプツォフはまだ拷問の威嚇にとどまるとするが，拷問梯子への繋縛，指締め具の使用などは，一体として拷問それ自体である，などの理由を挙げて反論している。
　①は，近世ヨーロッパにおいて，死刑執行人が交友・接触が嫌忌された賤民身分であったことを背景としている（阿部謹也『刑吏の社会史』〔1978 年〕参照）。

216　C. 9, 41, 8 は，軍人及び退役軍人に対する拷問を禁止する。C. 9, 41, 16 は参事会員の拷問を免ずる。C. 12, 1, 8 は元老院議員の権利と権威はあらゆる侵害から守られるべきだとする。C. 12, 1, 10 は名誉ある地位にある者について拷問を免ずる。
217　本節注 190 参照。
218　司祭（presbyter）と，司祭より職階が低い「その他の聖職者（caeteri clerici）」を区別し，①司祭は拷問に付されることなく証言すべきものとするが，偽罪の訴追があった場合の処罰を定める。②その他の聖職者は「法律の定めるところに従って尋問される」と定める。

動揺する証人に対する特別な種類の拷問，及び，C. 9, 22, 21[219]によって例外とされている偽罪について，定めているのである[220]。〔聖職者が世俗裁判権に〕引き渡される場合，〔聖職者の〕有罪が疑問の余地なくほとんど有罪を立証されていることが必要である。確かに今日，〔聖職者は〕帝国等族に臣従しているが，なお司教裁判権に服するからである。

24　学徒もまた，同一の理由及びその他の特権に基づき拷問を免除されていると考える。

25　しかし，これらの特権も，反逆罪（C. 9, 8, 4[221]），殺人（ただし，カルプツォフが挙げる場合に限定されるとは考えない[222]），鶏姦，姦通，近親相姦，誘拐，偽罪（C. 9, 22, 21），軍人の内通，逃亡（D. 49, 16, 7[223]）のような重罪については妥当しない。さらに，日頃その名誉ある地位に相応しくない振舞いがあった場合も，その身分が悪徳によって穢されるために，これらのすべての特権は消滅する。

26　したがって，特に犯行が重大ではなく，被糺問者が拷問を免除される者である場合は，裁判官は，その前歴について，良き軍人又は人物であったか否かを証人に尋問し，被告人が特権を正当に享受しうるか否かを明らかにすべきである。犯行の重大性を理由に貴族を拷問する場合は，慣習によれば，領邦君主の同意を得て行わなければならない。私は聖職者についても同

---

[219]　役人（decurio）が，他人のために作成した遺書，又は作成した公文書若しくは私文書に関して偽罪の訴追を受けた場合は，役人としての名誉を停止され，必要ならば拷問しうると規定する。

[220]　①C. 1, 3, 8は，上述のように，供述が動揺する証人に関する一般規定ではないが，「その他の聖職者」が拷問を受けるのは，供述が動揺する場合に限っている，また，②C. 9, 22, 21は役人の偽罪について拷問を許容しているので，「その他の聖職者」が拷問されるのは偽罪の場合に限られる，というのがブルネマンの主張であろうか。

[221]　反逆罪については，何びとも軍人，貴族などの身分を理由に拷問を免れることができない，とする。

[222]　Carpzov, q. 118, n. 89 et seqq. は，貴族及び博士が拷問を免ぜられない場合として次の二つを挙げる。①殺人を犯したことが自白その他によって確定しており，正当防衛を主張しているが，これが証人によって立証することができない場合。この場合，拷問においても正当防衛の主張を維持しない限り，正規刑たる斬首が科される。②正当防衛について一応の推定根拠，徴憑を提出した場合。この場合，拷問を行うか否かは，徴憑の性質，被告人の身分を考慮する裁判官の裁量による。

　これに対し，ブルネマンは，貴族の犯行について1名の証人によるいわゆる半完全証明があった場合などにも拷問を行いうるという立場をとるものと思われる。本章3節35参照。

[223]　内通，逃亡した軍人に対する拷問と死刑を定める。

様であると考えたい。

　27　絶対的拷問免除又は一時的拷問猶予の第2の事由となるのは，身体の虚弱である（D. 48, 18, 7[224]）。老衰した老人がこれに当たる（D. 29, 5, 3, 7[225]）。

　28　負傷者も拷問しうるが，身体を〔さらに〕傷つけないように行うべきである。「被告人が，危険な傷害又はその他の被害を身体に受けているときは，拷問は，傷害又は被害を受けた部位を可能な限り損なわないように行われなければならない」と定める刑事裁判令59条による。

　29　同じく身体虚弱を理由に妊婦も拷問されるべきでない（D. 48, 19, 3[226]）。これは，一部は胎児の生命，一部は妊婦の生命を損なわないためである。この場合，妊娠の理由となった同衾の性質，あるいは同衾が法律上許されるものであったか否かを問わない。母親の不運が胎児を害してはならないからである。また，女の申立て以外の証拠によって妊娠が確実である限り，妊娠初期であっても胎児の生命のために女は拷問されるべきではない。したがって，出産間近であるか否かは重要ではない。

　30　同じく身体虚弱の理由から，出産後40日（6週間）以内の産婦の拷問も許されない。

　31　嬰児の保護のために，嬰児に授乳している母親に対する拷問が緩和される地方がある。カルプツォフは，ライプツィッヒ参審人会が，授乳を要する嬰児の保護〔＝の必要性があった〕にもかかわらず母親の拷問を命じたが，「嬰児に対する授乳を妨げないように」行うべしという但書きを付した例を挙げている。私も，当大学法学部において先任者によって同旨の判決がなされた例を知っている。このような〔拷問緩和の〕事由は，身体虚弱又は慢性病のため，拷問又は威嚇が危険をもたらすおそれのあるすべての者について存在する。したがって，裁判官はこのような事情について慎重に取り調べるべきである。

　32　敬虔かつ慎重なる裁判官は，被糺問者が女である場合は常に，この

---

[224] 奴隷の拷問につき，これを死亡させない程度に行うべしとする。
[225] 奴隷が労働を免ぜられるべき場合として奴隷の老衰を挙げる。
[226] 妊婦の拷問は猶予されなければならないとする。

ような事由の有無につき，妊娠しているか否か，授乳すべき嬰児があるか否か等，その状況を取り調べなければならない。さらに，法有識者の鑑定によって女に拷問が命ぜられた後に妊娠の事実が明らかになった場合は，裁判官は拷問を適当な期間延期すべきあろう。

33　拷問免除の第3の事由は，未成年者に見られるような判断力の欠如である。未成年者は拷問されない（D. 48, 18, 10, pr.; D. 29, 5, 1, 33[227]）。鬱病の者（melancholicus）についても同様に解すべきである。また，生来的な聾唖者についても同様である（C. 6, 22, 10[228]）。なぜなら，彼らは通常愚昧であるだけでなく，彼らから確実な自白を引き出すことは一般に不可能だからである。記号によって〔重要な〕事実を表現しうるとしても，付随的な諸事情を確実に知ることは不可能である。したがって，望みえないことを期待することは無意味である。

34　被告人が拷問を科しうる者である場合は，拷問に十分な徴憑が備わっていなければならない（CCC 20 et seqq.）。そして，これらの徴憑は，たとえば反対の推定根拠（CCC 28），あるいは防禦事実ないし抗弁（CCC 29, 37）に基づいて被告人によって減殺，反駁されたものであってはならず，徴憑に基づく嫌疑が存在しなければならない。この場合は，中間判決が必要であり，これによって被糺問者を拷問に付すべきことが言い渡される。

35　通例，判決には裁判（dicisio）の理由が表示されないが，この中間判決には，裁判官が被告人に拷問を科すに至った原因，すなわち，すべての徴憑及び推定根拠が表示されるべきである，とするのが一般的な見解である。法有識者団が中間判決においてその理由を示すことは稀であるが，いかなる原因に基づいて法有識者団が拷問を科すに至ったかが明らかになるよう，理由を示す方がよいと私は考える。一般原則から逸脱する場合はその理由が明らかにされるべきことは一般に承認されており，かつ，拷問は明らかに例外的手段であって，法に完全には合致しない（juri non satis conveniens）のであるから，まずかかる例外的命令にこそ理由が付されなければならない。また，

---

[227]　D. 48, 18, 10, pr. は，14歳未満の未成年者の拷問を，D. 29, 5, 1, 33 は，未成年者たる奴隷の拷問を禁止する。

[228]　生来的な聾唖者は遺言をはじめとする重要な法律行為をなしえないとする。

理由が付されなければ、防禦が妨げられることにもなる。なぜなら、上訴を行おうとしても命令の理由を知らなければ、命令に不服を申し立てることができないからである。なお、民事では一般に、上訴を行おうとする者に対して判決理由が告知されるべきものとされている。

36　ところで、拷問を執行する前に、裁判官は今1度、尋問及び警告によって、手続において明らかになったすべての事項及び徴憑の存するすべての事項について真実を述べることを被糺問者に促すべきである。しかし、この場合はもはや、初回の尋問について述べたような、遠回しの尋問による、あるいは前の尋問の後の尋問への利用という繰返しによる尋問の長大化を避け、裁判の対象であり、糺問の対象となった事実について端的に尋問が行われるべきである。被告人がなお否認の態度を続ける場合は、以前個々に言及された徴憑をまとめて被告人に示すべきである。しかし、この場合は、補充的手段にとどまるべき拷問が行われる前に被告人が真実を自ら述べるように、最も重要な徴憑を選び、各々の徴憑について等しく可能な限り手短に言及すべきである。カルタリウスも、このような方法によるべきものとしている。

37　次に、裁判官は、かくも多くかくも強力な徴憑が存在する以上否認する余地は残されていないこと、そして、なお否認し続けるならば拷問に移ることを、いわば被告人の眼前に明らかにし、1度2度と被糺問者に真実を述べることを促すべきである。これは、拷問命令において、通例、まず試みることを命ぜられる威嚇である。これについては、刑事裁判令46条がある。「職権若しくは弾劾人の請求のいずれの場合においても、被告人を拷問するときは、予め裁判官、2名の参審人及び裁判所書記の面前において、被告人は、被告人の人物及び事案の内容に応じ、犯行若しくは疑念のさらなる解明に最も適した言葉をもって、慎重に供述を促されなければならない。また、嫌疑の対象となっている犯行を自白するか否か、犯行について知っている事実は何かを、被告人は、拷問の威嚇をもって問い質されなければならない。被告人が自白し又は否認した内容は記録されなければならない」。被告人が犯行を自白する場合、拷問は執行されない。法有識者団が拷問を条件的に命ずるのはそのためである。自白しようとしない場合は、拷問の判決が被告人

に開示される。

38　被告人が拷問の判決に上訴する場合はどうすべきか。不利益を蒙ると考える場合に被告人が上訴しうることは，D. 49, 5, 2[229]から明らかである[230]。しかし，クラールス等がマラントゥスに基づいて報告しているところによれば，上訴が糺問訴訟の障害となるので，若干の裁判官は，上訴の機会を奪うため，拷問命令を告知しないまま被告人を直ちに拷問部屋に引致し，羈束に着手したときにはじめて拷問命令を言い渡し，直ちに拷問を開始するという予防策をとっているという。しかし，かかる予防策は賢明なものではない。この場合，なぜ被糺問者は拷問命令について上訴することができないのか，その理由が明らかでないからである。ファリナキウスもかかる予防策を激しく非難している。

39　私はファリナキウスに従い，上訴が明らかに無意味であるか否かによって区別したい。明らかに無意味であれば，裁判官は上訴を許容する義務がないだけではなく，上訴を許容してはならない（D. 49, 5, 2[231]）。この法文は，「拷問の中間判決が法律に反するものである場合は」と定めており，ファリナキウスは，中間判決が法律に従って行われた場合は上訴してはならない，と正しく反対解釈している。ところで，訴訟において拷問のための適法な徴憑が明らかとなり，これらを被告人が防禦によって減殺，雪冤していない場合は，上訴は濫訴といわれなければならない。しかし，裁判官は，疑問を持つならばむろん上訴を許容すべきである。又は，法有識者に鑑定を求めるべきである。なぜなら，〔その処分が〕上訴の対象となった裁判官が自らの判断で上訴を却下することは，被告人にとって危険だからである。すなわち，上訴が却下され，拷問が執行され被告人が自白した後に，被告人がその

229　「民事事件において，裁判官が拷問の中間判決を行った場合は，終局判決前において上訴することができる。刑事事件においては，拷問の中間判決が法律に反するものである場合は同様である」。

230　なお，Matthaeus, tom. 2, lib. 48, tit. 18, cap. 5, n. 15 は，民事の場合と同じく刑事でも，中間判決に対する上訴は許されないが，拷問や拘禁に関する中間判決のように，終局判決によっては回復することのできない不利益を科する場合は例外的に許容されるとする。これに対し，Carpzov, q. 139, n. 14, 22, 31, 36 は，右のような見解は正規訴訟についてのみ妥当し，糺問手続では判決が中間的か終局的かを問わず上訴は許されないという見解をとる。詳しくは 11 章 19 参照。

231　本節注 229 参照。

自白を不当な拷問によって引き出されたものとして撤回し，かつ親族を通して領邦君主（superior）に訴願を行い，領邦君主が上訴の追行を被告人に許した場合は，拷問執行によって得られた自白は全く無意味となり，かつ，裁判官は査問手続によって〔懲罰の〕危険に曝されるからである。それゆえ，被告人が拷問命令について上訴する場合においては，被告人に不服とその理由を示すよう命ずることが，裁判官に勧奨されなければならない。ただし，直ちに不服の理由を申し立てることを被告人に強いてはならず，とりわけ拷問そのものは回復し難い害をもたらすものであるから，判決に裁判の理由が付されていない場合は特に，一件記録を閲読しうる程度の猶予を与えなければならない。

　40　拷問せずという命令に対し，国庫官は上訴することができるか。拷問せずという命令が〔手続からの〕放免を伴わずに告知されることはほとんどありえず，この命令が放免とともに告知された場合は，国庫官は放免について上訴することができる。これに対し，この命令のみが告知された場合は，本案の裁判（principalis decisio）の帰趨は拷問に関する中間判決に懸かっているのであるから，当事者対等の原則（paritas partium）に基づき国庫官はこの中間判決について上訴することができる。

　41　判決を執行すべき場合は，メノキウス等が裁判官に説いているように，裁判官は自ら拷問に立ち会うべきである。すなわち，被告人の拷問中に裁判官が食事のため，一層けしからぬことであるが，遊びのため立ち去り，被告人を一人，あるいは通例残虐軽率である拷問吏の手に放置し，その結果衰弱した被告人が拷問中に死亡した場合は，裁判官は拷問の立会いを怠ったとして特別刑をもって処罰されなければならない。また，〔拷問の場から〕立ち去り，被告人を狂暴な拷問吏に委ねる裁判官は神の懲罰の手を免れないであろう。「憐憫を行はぬ者は，憐憫なき審判を受けん」（ヤコブ書2・13）。

　42　拷問の程度は，法学者の共通意見によれば，5段階ある。ファリナキウスはこれを列挙する。第1段階は，拷問具を用いて行う威嚇である。威嚇には2種類ある。一つは言葉による威嚇であり，被告人に拷問吏と拷問具を示すが，拷問吏は被告人を覊束しない。他は拷問具を用いて行う威嚇であり，被告人を裸にし，覊束して吊索に繋ぐ。第2段階は，被告人を吊り上

げ，適当な時間その状態に置く。第3段階は，これを一層長い時間続けるが，揺らさない。第4段階は，揺らす。第5段階は鉄製足枷又はその他の重量を加える。

43　カルプツォフは，ザクセンの裁判所では拷問の程度は3段階であるという。第1段階は，被糺問者の両手を背中で非常に堅く縛する。これは，両手を堅くではなく軽く縛する，拷問具を用いて行う威嚇とは明らかに異なる。第2段階は，被告人を梯子の上にのせ，四肢を引き抜くように激しく引く。第3段階は，火等のより厳しい手段を加える。ここでは各裁判所の慣習に従うべきである。

44　我が法学部では3種類の命令が用いられた例を私は知っている。すなわち，「被告人は拷問吏によって適度に拷問されるべし」として，軽い拷問を命ずる場合がある。あるいは単純に，「被告人は拷問によって尋問されるべし」と判決する場合もある。第3番目に，「被告人は非常に厳しく拷問されるべし」として，厳格な拷問を命ずることがあるが，これが最高の程度の拷問であると思われる。これらについて説明を加える必要はないと考える。熟練した分別のある拷問吏はこれらの文言の違いを容易に知ることができるからである。

45　拷問の種類に関連して，裁判官は異例の拷問方法を用いないように注意しなければならない。これに反する者は，裁判官というよりも，拷問吏に喩えられるべきである。

46　拷問の種類は，吊索による拷問，火による拷問，睡眠させない拷問，踝責め，漏斗責め (tormentum sibillorum)[232]，笞打ちなど多数ある。笞打ちは，被糺問者が年齢の点でまだ拷問できない場合においても，用いることができる。私は，睡眠させない拷問が単独で用いられ，他の拷問（たとえば，木馬）が付加されなければ，最も安全だと考える。ちなみに，イタリア人は名誉ある女性，尼僧等に対して睡眠を奪う拷問を用いている。

47　拷問を行う時期については，裁判官は，その迅速な処罰が国家の利益に適う名だたる強盗殺人犯の場合を除いて，祝祭日及び安息日に拷問を執

---

[232]　漏斗を用いて口から水を流し込む水責めのことか。Vgl. R. v. Dülmen, *Theater des Schreckens*, 1985, S. 40 (Abb. 3).

行してはならない (C. 3, 12, 9[233])。もっとも，強盗殺人犯の場合であっても拷問を祭日以外の日に延期するのが正しいのであるが，これは祭日が長く続かない場合に限るべきである。祭日が長く続く場合には，たとえば四旬節の場合には，重罪の犯人を拷問することができる (C. 3, 12, 9)。

48　食事後直ちに拷問を行ってはならず，〔被告人の〕胃が損なわれることのないよう，少なくとも5，6時間拷問を控えるべく裁判官は配慮しなければならない，というのが慣習である。通例夜間に拷問が行われるのはそのためである。しかし，カルプツォフが正しく説いているように，最も都合のよい時刻は朝である。

49　同一の犯罪について複数の共犯者がいる場合は，その中で最も疑わしい者が誰であるかを判断し，その者から始めるべきである (D. 48, 18, 1, 2[234])。嫌疑が同程度の場合は，臆病に見える者，あるいは最も若齢の者から始めるべきである。他の者よりも容易に真実を引き出すことが期待できるからである (D. 48, 18, 18, pr.[235])。このような理由から，2名の被糺問者が性を異にする場合は女から始め，被糺問者が父子であるときは子を先に拷問するのが正しいとされている。以上の点は法有識者団の判決に述べられているのが通例であるが，省かれる場合もあるから，裁判官が以上の点について知っておくべきである。

50　被糺問者が拷問されている間に，裁判官は，尋問項目書に従って犯行について尋問しなければならない。しかし，尋問項目は，第1回の尋問のときに用いられたよりもはるかに少なくなければならない。なぜなら，ここでは裁判官は回り道をする必要がなく，直ちに本題そのものに入り，犯行それ自体について，罪を行ったか否かを尋問すべきだからである。しかし，裁判官は暗示を，ペストを避けるように慎重にこれを避けなければならない。第1回の尋問において暗示を避けるべきならば，この危険な尋問において暗示を避けるべきことは当然である。たとえば，7月4日その時刻にティティウスをセンプロニウスの剣で殺害したかと尋問すべきではなく，ティティウ

---

[233]　強盗の拷問については祝祭日を避ける必要がないとする。
[234]　拷問は最も疑わしく，かつ容易に自白しそうな者から始めるべしとする。
[235]　テキストと同趣旨。

スを殺害したか否か，その日時はいつか，いかなる武器を用いたかと尋問し，必要な事情のみを糺問すべきである。

51　同様に，魔女に対しては，特定の者に対して危害を加えたか否か，ある物を地中に埋めたか否かという尋問をすべきではなく，何びとかに危害を加えたか否か，誰に対してか，どのような方法を用いたかという尋問がなされるべきである。この点についてはしばしば誤りが犯されている。

52　被糺問者が犯行を自白した場合は，裁判官は職務として，必要な事情についても被糺問者を尋問しなければならない。刑事裁判令48条は次のように定めている。「上記のように，被疑事実につき拷問により尋問された被告人が自白し，自白が記録されるときは，尋問者は，自白につき，一部後記するように詳細に，被告人を慎重に尋問しなければならない」。

53　同じく48条はこの点を若干の例を挙げて説明している。たとえば殺人を自白する場合は，次のように尋問すべきである。「被告人は，いかなる理由から，いかなる日時に，いかなる場所において殺人を行ったか，幇助者がいたか，幇助者は誰か，死体を埋め処分した場所はどこか，いかなる武器で殺人が行われたか，被害者に対しどのような打撃あるいは傷を与えたか，あるいはその他どのような方法で被害者を殺害したか，被害者は金銭その他何を所持していたか，何を被害者から奪ったか，奪った物をどこに処分し，売却し，贈与し，放棄し，隠匿したか，が尋問されなければならない。このような尋問は，多くの点で強盗及び窃盗についても適切なものである」。

54　同様に，背叛を自白する場合は，同49条によれば，次のように尋問されるべきである。「誰がそれを命じたか，報酬として何を受け取ったか，どこで，どのようにして，いつそれが行われたか，その動機は何か」。

55　同様に，同50条によれば，毒殺を自白する場合は，さらに次のように尋問されるべきである。「その動機は何か，何をもってどのように服毒させたか，あるいは，させようとしたか，毒物の入手先はどこか，誰が幇助又は助言したか」。

56　同様に，放火を自白する場合は，次のように尋問されるべきである。「その動機は何か」，「時刻はいつか」，「幇助したのは誰か」，「放火の材料は何か」，「誰から，どのようにして，あるいはどこで放火の材料，道具を入手

したか」(CCC 51)。

　57　同じく，魔術（magica ars）を自白する場合は，同52条によれば，次のように尋問されるべきである。「なぜ魔術を行ったのか」，「何をもって，どのようにして，いつ魔術を行ったか」，「どのような呪文，手段を用いたか」。同じく，何かを地中に埋めたことを自白する場合は，「それをどこに埋め，又は隠しているか」を尋問し，その物を探索すべきである。また，次の点も尋問されるべきである。「誰から魔術を習ったか」，「さらに他の者にも魔術を使ったか，それは誰に対してか」，「それによってどのような危害が生じたか」。

　58　女が嬰児殺を自白する場合は，同衾の時期，嬰児の動き及び状態，〔妊娠に〕気付かなかった理由，堕胎を試みたか否か，出産前の数日どのような状態であったか，何をしたか，嬰児をどのようにして殺したか，その〔死体を埋めた〕場所をどのように踏み固めたか等の状況が尋問されるべきである。同じく窃盗については，いかなる盗品（indicia[236]）を所持していたか，どのような道具を使用したか，それは今どこにあるか，それをどこで入手したか，それはいつか，どこに隠したかが尋問され，そして最後に，この自白を維持するか否かという尋問が付け加えられるべきである。

　59　要するに，カール5世皇帝は刑事裁判令53条において，「犯行を自白した者は，無辜ならば知りえず，述べえない指標（warzeychen），事情について尋問されなければならない」，と結論している。

　60　しかし，このような諸事情に関する糺問が多くの裁判官によってないがしろにされ，そのため疑いもなく，多くの者に不法侵害が行われ，裁判官自身の魂もまた損なわれる結果となっている。上述したように，このような諸事情が尋問において糺明されなければ，容易に無辜が犯人として罪ありとされるからである。また，このような尋問は，法有識者がいかなる刑罰を科すべきかを決定することにも役立つものである。多くの犯罪について刑の減軽事由，さらには刑の免除事由さえしばしばありうることは疑いないから

---

[236] "indicium"（徴憑）の複数形であるが（独訳も "Anzeigen"），この場合は文脈上，窃盗の徴憑となる盗品を指すのであろう。若曽根健治『中世ドイツの刑事裁判―生成と展開』(1998年) 383頁参照。

である。さらに，〔犯行に関する〕諸事情はしばしば，窃盗の場合そうであるように，犯罪を重罪化し，あるいは刑を減軽する事由ともなるのである。

61　これらの尋問は，拷問を若干中断した上で行うべきである。すなわち，被拷問者が悲鳴を上げ，喘ぎながら，真実を述べると叫ぶときは，拷問を若干中断しなければならない。苦痛を加えられている者が真実を述べ，あるいは犯行を詳細に思い出しうるとは考えられないからである。むしろ，拷問の中断中に自白されたことのみが措信されるべきである。カルプツォフは，「被告人が拷問中にした供述は採用又は録取されてはならない。被告人の供述は，拷問を中止した状態においてなされなければならない」とする刑事裁判令 58 条を根拠として，以上のように述べている。

62　吊されている被告人が行った供述，言葉は，哀訴をも含めて慎重に記録されるべきである。

63　ここで問題となるのは，犯行を自白した被糺問者を，新たな徴憑がないにもかかわらず，〔その〕拷問を利用して他の犯罪について尋問することができるか否か，である。私は，被糺問者を異なる種類の犯罪について，さらには，たとえば窃盗を自白した者に対して，他の窃盗をも行ったか否かを尋問するように，同種の犯罪について尋問することも許されないことは疑問の余地がないと考える。また，ファリナキウスが引用し是認するすべての法学者もまた，この見解はローマ法上確立したものであるとしている。多くの法学者はイタリアの慣習は反対であるというが，かかる慣習は法に反するものである。カルプツォフは，q. 119. n. 68 において上の設問を肯定するように見えるが，「かつ有力な徴憑に基づく嫌疑があり」と述べる n. 70 から明らかなように，カルプツォフは，実は，他の犯罪に関しても推定根拠と徴憑が存在する場合について述べているのである。事実，q. 124. n. 52 はこの設問を明瞭に否定している[237]。しかし，ファリナキウスに従い，被告人に対し

---

[237] Carpzov, q. 124, n. 52 et seq. は，確かにこの設問に否定的であるが，n. 57 et seq. は，この設問が否定されるのは他の犯罪について全く徴憑がない場合であるとして，次のようにいう。すなわち，自白にかかる犯罪と他の犯罪の間に依存関係又は関連性があり，かつ他の犯罪についてわずかでも徴憑がある場合は——ある犯罪を行った者については同種犯罪を他に行っているという推定が働くから——他の犯罪についても拷問しうるとする。カルプツォフは，犯罪間の関連性，何らかの徴憑の存在，ある犯罪を行った者は同種犯罪を行っている可能性があるという「経

て他の犯罪，たとえば窃盗の徴憑が存在しない場合であっても，被告人が生来悪評ある者であって，他の犯罪及び多数の窃盗を行ったとの風評がある場合は，拷問によって，ただし緩和された拷問によって，他の窃盗をも犯したか否かを尋問することができると考える。拷問を中断された上で犯行を自白した場合，他の犯罪の徴憑が存在する限り，他の犯罪を行ったか否かを被告人に，ただし新たに拷問を加えることなく，尋問しうることはいうまでもない。しかし，拷問に十分な徴憑がない限り，拷問を用いて他の犯罪について尋問すべきではない。これに対して，〔拷問に十分な〕徴憑が存在する場合は，その犯罪を理由に他の無辜が〔誤って〕糾問を受けることがないように，被告人は他の犯罪について尋問されるべきである。

64　次に問題となるのは，共犯者についても拷問による尋問を行うことができるか否か，である。C. 9, 2, 17[238]に基づいて，私はこれを否定する。しかし，共犯者に関する徴憑があるか，犯罪の性質が共犯者なしでは行うことが不可能であるか，通常行われないものである場合は，自白を得るため，被告人を拷問によって，ただし緩和された拷問によって尋問することができる，と説くファリナキウス（ただし，若干の裁判官の残虐さと軽率さについて憤慨し，非難する），クラールス（拷問によって共犯者について尋問する場合，既に自白した彼自身の犯行について尋問してはならず，また，既に自白した犯行について不利益には利用しないという確言を与えた上で尋問すべきである，と正当にも注意を促している），及びカルタリウスは正当である。あれこれの者は共犯者であるかという暗示（suggestio）による尋問をしてはならず，共犯者がいたか否かと尋問すべきである。裁判官は暗示をペストのように避けるべきだからである。

65　ブロッケン山で誰を目撃したか，その中の誰が〔悪魔による〕再洗礼に立ち会ったか等，共犯者について魔女を尋問して自白を一件記録にとり——あたかも，狡猾な悪魔がこのような迷妄を用いて無辜を官憲の手に引き渡すということがありえないかのように——このような迷妄を真実と信じ

験則」が，十分な徴憑なければ拷問なし，という原則を破る根拠になるものと解しているようである。
238　本節注193参照。

て，名指しされた他の者と〔自白の真偽を確かめるため〕対面させる多くの裁判官の過ちと迷信は最悪のものである。このような裁判官は処罰に値する（口寄せによってサウルに現われたサムエルの例参照[239]）。

66　被糺問者が全く自白しようとせず，拷問を意に介していないと思われる場合は，最重罪の場合であれば，拷問を強めることができる。これは，カルタリウスに基づいてアンブロシヌスが説いている通りである。しかし，アンブロシヌスは，「裁判官はキリスト教徒らしくあれ。それゆえ，汝，裁判官は拷問を行うに際し，あわせて節度と惻隠の情を持つべきであり，拷問される者は，無罪〔放免〕又は処罰のため，生かしておかれなければならない（D. 48, 18, 7[240]）」と述べている。特に，被告人が傷ついている場合（CCC 59），又はその他の理由から弱っている場合は，拷問を緩和することが必要である。すなわち，被告人が強靭であるか衰弱しているか，老齢か若齢か，健康か虚弱か等に留意しなければならない。もっとも，強靭そうに見えながら，ごく軽い拷問にも耐えられないということがありうる。クラールスはその例として，拷問によって死にかけた強靭な若者の例を挙げている。したがって，失神して拷問を中断された被告人が水，酢又はバラ水をかけられて我に返った場合，これらの事実のすべてが書記によって記録されるべきである。アンブロシヌスは，残虐であってはならないが，人を信じ易くあってもならない，人を欺き，失神を装う若干の被告人が常にいるからである，と裁判官に警告している。この点についての判断は，賢明かつ神を畏れる裁判官に委ねたい。

67　被糺問者の拷問の時間は賢明，敬虔かつ良心的な裁判官の裁量による。法による定めがないからである。したがって，被告人，犯行，徴憑の性質によって決められるべきである。しかし，時間を定めるに際して，被糺問者が死亡することのないよう，裁判官は節度を保ち（D. 48, 18, 7），苛酷であるよりもむしろ寛容でなければならない。通常，時間の経過を知るために砂時計が用いられるのはそのためである。そして，被告人の拷問が終わったときは，拷問継続の時間が書記によって記録される。さらに，その職務に忠実

---

[239]　サムエル前書28章。テキストとの関連が判然としない。
[240]　本節注224参照。

たろうとする裁判所書記は、被告人の発したすべての言葉と哀訴、そして拷問の時間だけでなく、拷問吏の使用した道具もまた記録しなければならない。これはカルプツォフが正しく書記に教示している通りである。私は、安易に1時間を超えて拷問を継続することは許されないと考える。なぜなら、アウグスティヌス『神の国』(レームスの刑事裁判令58条註解[241]は、これを引用する)が述べているように、このような真実発見の方法は、原則として正しい理性に反するものだからである。

　68　魔女ははなはだ頑強に拷問に耐え、あるいは拷問を嘲笑し、さらにはあたかも臥床するかのように気持ちよく眠ることが多く、その若干の例が我が法学部においても知られている(オルデコープは、この眠りを失神と呼吸停止とみなしているが、睡眠と失神との差異は一般に明白であるから、これは経験に合致しない)。したがって、主としてマルティヌス・デルリオ〔フランドルの法律家・神学者。1551-1601〕に依拠しつつ、特に魔女の拷問について若干述べておく必要がある。デルリオの言葉によれば以下の通りである。魔女が〔拷問に対し〕黙秘する原因は複雑である。すなわち、彼らの黙秘の原因は、苦痛を感じないので何もしゃべらない、苦痛を感じるが口をきくことができない、深い眠りに襲われたときのように何も感ぜず口もきけない(かかる睡眠を悪魔は睡眠薬などの自然的な手段を用いてもたらすのである)、あるいは、苦痛を感じ口をきくこともできるが、すべてに耐えうる程強靱であって不敵にも拷問等を嘲笑う。通例、悪魔は感覚を麻痺させる自然的な力を有する何かを用いて、魔女を無感覚な状態にするのである。このようなものを用いると、苦痛は、感じられなくなるか、緩和され耐えうるものになると考えられる。場合によっては、悪魔が〔吊された魔女につけられた〕重しを持ち上げ、〔魔女の〕身体を支え、〔魔女が〕縛され張られている綱を緩める。あるいは、〔魔女の〕身体に加えられているように見えるもの〔＝苦痛〕をそらし、その強さを取り除き、若しくは〔笞や火の苦痛を妨げるため、〕傍にいる者には見えない丈夫な物を〔身体と笞や火の〕間に置くのである。デルリオは、さらに続けて次のようにいう。すなわち、悪魔は〔魔女を〕黙秘させるため

241　Remus, art, 58の註解は、アウグスティヌス『神の国』には、裁判官の無知が無辜にとって厄災となっていることが述べられているとする。

に，魔女の身体に付いて，窒息しないが，しかし口がきけない程度に，魔女の喉，口を閉じることがある。さらに，魔女に様々な魔術的な記号の記された羊皮紙その他の紙片を与え，これを身体の最も見えにくい場所に隠させることで，その契約に基づいて苦痛を取り除くこともある。

69 裁判官は，これに対抗するため（これを座視するわけにはいかないであろうから），多くの適切，不適切な努力をしている，とマルティヌス・デルリオはいう。ここでは，〔裁判官に教示するという〕我々の目的に従い，魔術的又は迷信的な〔対抗〕手段にごく簡単に触れ，正しい手段をいくつかの例によって明らかにしたい。聖水を〔魔女に〕注ぎかける裁判官の行為は迷信的である。魔女は涙を流すことができないと考えられているが，涙〔の有無〕を〔魔女行為の〕徴憑とみなすことは迷信的である。これは全く根拠がないのであるから，これを徴憑とすることはむしろ誤りである。聖別された蝋をたらした聖水を飲ませることは迷信的である。ミサの間に被告人を尋問すべしといわれていることなども迷信的である。したがって，裁判官は，迷信又は魔術と類似した外観を呈するあらゆる真相解明〔手段〕を避けるべきである。これには拷問吏の用意したスープも含まれる。拷問吏がスープを作ることは禁止されるべきであり，〔これに違反した〕拷問吏自身悪魔との契約を理由に拷問されなければならない[242]。

70 魔女が何も感ぜず，拷問が効を奏さないと考えられる場合はどうすべきか。私は次のようにすべきだと考える。第1に，神の言葉を唱えながら熱心に，悪魔との契約を捨て，真実を隠さず，神の栄光を称えるよう，魔女に促すべきである。第2に，これが効を奏さず，魔女を拷問にかけるべき場合は，女子を使って（被告人が男ならば，属吏を使って）衣服をすべて剥ぎ，新しい別の衣服を着けさせた上で，拷問を始めるべきである。これは衣服の中に魔術的なものが隠されないようにするためである。第3に，頭髪及び髭を剃らせることができる。さらには，身体全体を，秘部をも含めて，女

---

[242] Oldekop, *Observationes*, tit. 4, obs. 12, n. 8によれば，被告人の心身を錯乱させて自白させるために，拷問吏が被告人に供する飲食物に猫，コウモリ，ライオン，熊のような動物の脳を毒物として混入することがあったという。オルデコープは，「この種の毒入りスープは，魔術抜きでも，拷問される被告人の心身を錯乱させるのに非常に有効である」と述べている。

ならば女に，男ならば男に剃毛させることができる。魔女が秘部に様々の記号の記された羊皮紙を隠し持っていることがあることは周知のところだからである。ダマウダー〔フランドルの法律家。1507-1581〕の挙げる，その後しばしば引用される有名な実例はこれを実証する[243]。アンブロシヌスは，彼自身この最も有効な方法をしばしば用いたと述べている。第4に，魔女が何かを身体に塗っていないように，始めに身体全体を冷水で丹念に洗うべきである。第5に，ダマウダーは，睡眠を奪う方法による拷問が魔女に打ち克つのに特に有効であったと述べている。第6に，被糺問者の口，耳，鼻，その他すべての隠れた部分を同性の者に調べさせ，痣，痘痕様のもの，創痕が身体にあるときは，入念に調べるべきである。悪魔は通例，裏切り者や敵でさえ逃れられない絆となるある種の印を用いて人間と契約を結ぶのである。この印は安んじて取り除くことができる。第7に，裁判中被拘禁者に食事を差し入れることを決して許すべきではない。第8として，低い声で呪文を唱えることができないようにするため，しばしば話し掛けることによって呪文を唱えることを妨げるべきである。

　71　以上，特に魔女について述べた。次に一般論に戻ることにする。被告人が犯行を自白し，暗示によることなく付随事情について尋問され，供述した場合は，裁判官は，拷問後何よりもまず，被告人が自白した諸事情を注意深く解明すべきである。裁判官が糺問によって〔自白のあった〕個々の事情又は重要なる事情を確認した後でなければ，自白を信用してはならないからである。自白が〔被告人によって〕千回確認された場合においても，自白はそのすべての付随事情とともに常に検証されるべきであり，経験豊かな神を畏れる参審人（adsessores）はこの点を遵守すべきであると，アンブロシヌスは述べている。すなわち，無辜が罪ありとされることのないよう，裁判官はすべての事情を取り調べなければならないのである。カルプツォフは刑事裁判令54条を引用するが，これは非常に重要であり，かつその違反がしばしば

---

[243]　J. Damhouder, *Praxis rerum criminalium*, 1601 (ed. prima, 1554), cap. 37, n. 21 et seq. は，2度の拷問に耐えたが，剃毛されて羊皮紙を発見されるや3度目の拷問に容易に屈し，2度の拷問に耐えることができたのは羊皮紙のおかげであったと供述したブリュージュ市の魔女の「実例」を報告している。

見られるから，ここに引用しておくことにする。「拷問により，又は拷問によらず行われた自白に関する上記尋問項目書を用いる場合は，裁判官は，その地に〔人を〕派遣し，真実性の確認に有益な範囲において，自白にかかる犯行に関し被尋問者が供述した状況につき，自白内容の真実性を慎重に糺明させなければならない。もしある者が，一部前掲したような犯行の程度及び形態（maß und form）を供述し，〔供述内容と〕同一の状況が判明するならば，被尋問者が自白した罪を現に犯したことが明らかになるからである。特に，その者が，現に起きたことであって，無辜ならば知りえない事情を供述する場合はそうである」[244]。同60条も同旨である。すなわち，「発見された犯行の十分な徴憑に基づき拷問が行われ，被告人の自白に関し可能な限り慎重な取調べ及び照会がなされ，自白にかかる行為について，無辜ならば述べかつ知ることのできない真実が発見されるならば，この自白は疑う余地なく確実なものとして措信され，これに基づき，事件の性質に従い刑事罰が判決されなければならない」。また，フランクフルト・アン・デア・オーデル市裁判令（Ordinatio judicii civitatis Francofurtanae ad Oderam）中の「刑事事件について」の章も同旨である。すなわち，「拷問中の自白は，確実とみなされてはならず，専ら概略のみを録取し，苦痛の癒えた数日後に被拘禁者にこれを示して尋問し，かつ慎重に繰り返して取り調べられなければならない。被拘禁者が最終的に自白を維持し，被拘禁者について事実が確認される場合は……」。

72　犯行状況について，知覚（sensus）による明白な知識（evidens scientia）を得ることができず，推論（judicium rationis）によらなければならないような場合は，専門家の判断を求めるべきである。たとえば，被告人が毒殺を自白し，一定の毒物の種類と量を供述した場合は，その毒物のその量が致死量であるか否かについて，医師の判断を求めなければならない。自白だけでは不十分だからである。特に魔女行為について拷問された女子の自白に関しては，人，動物がいかなる死因若しくは病因により死亡したものであるか，慎重に糺明されなければならない。死者が魔女の供述した通りに死亡したか否かも糺明されなければならない。魔女がある貴族を殺したと自白したが，貴

---

[244] この法文については，本章1節注42参照。

族の息子がその父は周知の慢性病で死亡したと証言した例を私は知っている。すべての女子についてそういえるわけではないが，拷問された女子が自己に不利な多くの虚偽を述べるものであることは疑いがない。

73 〔自白にかかる〕諸事情を取り調べた結果，虚偽が判明した場合はどうすべきか。虚偽について被告人を詰問叱責すべきである。刑事裁判令55条は次のように定める。「しかし，上記の取調べにおいて，自白にかかる諸事情が真実でないことが判明した場合は，その虚偽を被告人に示して厳しく叱責しなければならない。次いで，上記の諸事情を正しく，虚偽を交えることなく供述させるために，再度の拷問を行うことができる。なぜならば，犯人は時として，犯行の事情について虚偽を述べ，取調べの結果真実でないことが判明するならば，それよって罪を免れるであろうと期待するからである」。しかし，この場合，犯行の諸事情ははなはだ多様であるから，裁判官の裁量によって拷問を反覆すべきではなく，虚言を法有識者団に提示し，その投票又は票決を求めるべきである。

74 拷問が終了したときは，〔脱臼した〕腕を修復すべきである。拷問中又は拷問後死亡したときは，裁判官は医師1名とともに証人を死体のもとに赴かせ，死亡の原因が拷問具，拷問の過剰あるいは偶然的事情のいずれであるかを取り調べ，頸部が捻られているか否か，それは裁判所属吏によって死亡後に行われたものであるか否かを糾明すべきである。裁判所属吏は，〔被告人の〕頸部を砕いたのは悪魔であると主張するのが通例であり，これについて慎重な糾明が行われるべきだからである。拷問された2名の女が，おそらくは非常な苦痛から拷問後同じ日に死亡したという話を私は聞いたことがあるが，多くの者は，神を畏れる心からではなく，自家の家畜やビールに対する不安から，〔魔女の拷問に〕はなはだ熱心になるのである。

75 被糺問者が拷問中に犯行を自白した場合は，その自白は，拷問されない状態において，被糺問者によって認証（ratificare）されなければならない。かかる認証がなければ自白は無価値であり，被告人が自白を維持しなければその自白は信用されないからである。これを共通意見であるとするのは，クラールス，カルプツォフ等である。黙示的認証，すなわち，拷問された者がこれを撤回しないことによって黙示的にその自白を維持することでは

不十分であり，その自白を明示的に認証し，これが，一件記録に録取されることが必要である。クラールスは，他の被拘禁者が自白の撤回を指嗾することを避けるため，拷問後の被拷問者を他の者から隔離して拘禁するよう，裁判官に警告している。また，刑罰に対する恐怖から自殺することを防止するため，裁判官は，かかる不正の試みに役立ちうるすべてのものを取り上げることに注意を払い，あるいは裁判所属吏の中から一人を被告人に付添わせるべきである。親族による食事の差し入れも禁ずべきである。オルデコープが他の論者の挙げる実例を引いているように，親族が家門の恥が公になることを防ぐため，有責判決を受けた者を毒殺することがしばしばあるからである。

76　自白の認証は，カール5世皇帝も刑事裁判令56条において命ずるところである。「被拘禁者は，裁判官の判断により，拷問及び自白の少なくとも翌日又は数日後，属吏部屋又はその他の部屋に座す裁判官[245]及び2名の参審人の許に引致され，裁判所書記によって自白を読み聞かせられた上，再度，自白が真実であるか否かを尋問され，これに対する供述もまた録取されなければならない」。これは，拷問が極めて危険，不確実，かつ誤り易いものだからである。特に，無辜に対し死刑その他の刑罰が科されることのないよう，拷問の苦痛が去った後法廷において，被拷問者によって任意に認証，確認された場合でなければ自白を措信してはならない，というのが理性の命ずるところである。一定期間後に認証されたかかる自白は，任意自白（confessio spontanea）と呼ばれ，有責判決に十分である。カルプツォフはq. 126, n. 20以下において，認証について4個の要件を挙げているが，裁判官のためにこれらを簡単に，ただし1個を付加して，次に掲記する。

77　(1) 認証が，獄舎内にせよ，獄舎外にせよ，拷問部屋以外の場所で行われること。認証が拷問部屋で行われるならば，拷問の記憶が甦り，拷問の恐怖が持続するために，無辜に自白させる可能性があるからである。これは法学者の一致した意見に基づく。

---

[245]　テキストは"Bann=Richter"である。Boehmer, Art. 56, §. IVは，認証手続について，裁判官が「裁判所内において，参審人及び書記とともに……」とするのみであるから，この「裁判官」は糾問訴訟を主宰した裁判官自身を指すようである。英訳も「権限ある裁判官」と解している。

78 (2) 認証が，拷問後直ちにではなく，一定の間隔をおいて拷問の苦痛が去った後に行われること。間隔をおくことなく直ちに認証が行われるならば，有責判決に十分な任意自白とはいえないからである

79 拷問と自白認証にどの程度の間隔がなければならないか。マスカルドゥスの引用する法学者は一昼夜が必要だとするが，ファリナキウス及びカルプツォフに従い，拷問を受けた者の状況，拷問の程度に応じて，裁判官の判断に委ねるのが正しいと考える。これは，「少なくとも翌日又は数日後」とする前掲の刑事裁判令56条の文言からも認められる。カルプツォフが，裁判官は拷問後少なくとも一昼夜休息することを被告人に許すべきであるが，自白を撤回する機会を与えないため，最大限3日間を超えて認証を延期してはならないと警告しているのは正しい。

80 (3) 認証が，裁判官，2名の参審人及び書記の面前で行われること。したがって，証人の面前で（coram testibus）行われた場合は，それは裁判外自白となるから，〔有責判決に〕十分ではない。それに基づいて有責判決がなされうるためには，認証は裁判官，参審人及び書記の面前において裁判の形式を整えて行われなければならない。このことは，「裁判官と2名の裁判所の者の面前に」とする前掲刑事裁判令56条の文言から明らかである。

81 (4) 書記が被拷問者に大きな声で明瞭に自白を一語一語読み聞かせ，適宜，読み聞かせられた供述に誤りがないか，付け加えたいことがあるか否かを質すこと。被告人が繰り返して，自白を肯定する，前の供述に補足又は削除すべきところはない，と述べる場合は，自分の生死にかかわるのであるから慎重に考え，裁判官を欺き，神を嘲ることなく，真実のみを述べ，虚偽を述べないよう，1度2度と警告すべきである。アンブロシヌスが以上のように裁判官に教示しているのは正しい。これはまた，「裁判所書記によって自白を読み聞かせられた上，再度，自白が真実であるか否かを尋問されなければならない」，と定める前掲刑事裁判令56条の文言からも認められる。

82 (5) 被糺問者のすべての言葉が供述通り，かつ可能ならばその態度もまた，書記により慎重に記録されること（カルプツォフは刑事裁判令56条の末尾を根拠とする）。裁判官は，書記が被告人の述べた言葉に変更を加えることを許してはならず，書記は被告人の答弁及び認証を一語も落とすこと

なく録取しなければならない，とカルプツォフが警告するのは全く正しい。これは，被告人尋問との関連で述べたように，措辞の変更によって認証の意味が被告人の不利益に変えられないようにするためである。この点は強調しすぎるということはない。この点について誤ることは容易であり，それだけしばしば起きているからである。

83　最後に問題となるのは，〔拷問の〕威嚇にとどまる場合にもかかる認証が必要か否か，である。カルプツォフに従い，これを肯定すべきことは疑いないと考える。かかる自白が任意ではなく，拷問具を示されたため拷問を恐れてなされたものであることは否定できないからである。したがって，〔威嚇による自白も〕認証されなければ有責判決に不十分である。たしかに脅迫又は言葉による威嚇によって引き出された自白は，ファリナキウスの引用する法学者が主張するように，任意だとしても，脅迫がこの場合はそれを実行しうる立場にいる者によってなされており，すべての点で任意なわけではないからである。

84　被糺問者が拷問中の自白を認証，反覆しようとせず，拷問による激しい苦痛によって自白を強制されたのであり，訊かれたならば何ごとでも自白したであろうと述べ，自白を明示的に撤回する場合がありうる。この場合はどうすべきか。法学者は一般に，原則として，他の新たな徴憑が現われない場合であっても再び拷問することができるとする。拷問において犯行を自白したことそれ自体が新たな徴憑となるからである。さらには，供述の変化それ自体が徴憑となるのである（D. 48, 18, 10, 5[246]）。以上が法学者の共通意見である。カール5世皇帝も刑事裁判令57条においてこの点を次のように肯定している。「被告人が先に自白した犯行を否認し，しかも上記の徴憑が明白な場合は，被告人を再び獄舎に引致し，さらに拷問による審理を行わなければならない」。

85　しかし，同57条は，その次に，以下の例外を設けている。「ただし，被告人が，その自白は過誤によるものであると裁判官をして信じさせるような否認の理由を述べる場合を除くものとする。この場合は，裁判官はその過

---

[246] 声，言葉，一貫性，混乱のような供述者の供述態度，人物に対する世評が真実発見に役立つことがあるとする。

誤を主張し立証することを被告人に許すことができる」。この規定から，被糺問者が錯誤により自白したことを主張する場合は，裁判官は自白を撤回する被糺問者を直ちに拷問にかけてはならない，ということが明らかになる。しかし，被糺問者が錯誤を証明することができず，かつ，被拷問者が供述した諸事情が取調べの結果と一致する場合はどうすべきか。このような自白に基づいて被糺問者に対して有責判決をすることができるか。ツァンガーが刑事裁判令91条[247]に基づいて証明しているように，場合によっては法有識者の鑑定に基づいてこれを行うことは可能である。しかし，むしろ特別刑を選ぶほうが良いと思われる。なぜなら，十分な有罪の証明も，適式な自白もないが，他方，無罪を推定することもできないからである。

86　被告人が錯誤を主張せず，専ら拷問の苦しさから自白したという場合，裁判官はどうすべきか。この場合直ちに拷問すべきではないと考える。しかし，一件記録を読み，被告人はいかなる徴憑に基づいて嫌疑を受けているか，徴憑はまさしく強力なものであるか，あるいは人を誤らせる可能性があるものであるか，拷問の量及び拷問の時間，長時間拷問され，当初は常に否認していたか否かを確認し，若干の事情が被告人の供述によって裏付けられているか否か，すなわち，拷問において被告人が供述した事情が事実と合致するかを検討し，これ〔＝自白は拷問の苦痛によるものであること〕に加えて，無罪又は錯誤を主張する意思があるか否かを被告人に質すべきである。疑問の残る場合は，法学部若しくは法有識者団に問題を送致すべきであると考える。複数の徴憑が競合し，まさに強力なものであっても，なお誤っている場合があるからである。それゆえ，拷問の反復を命ずるに当たって裁判官は慎重でなければならないと考える。上述したように，諸事情の取調べを行った上で法有識者の鑑定を得たのでなければ，これを命じてはならないのである。

87　被告人が第2回の拷問に犯行を自白したが，再び自白認証を拒み，再度自白を撤回する場合はどうすべきか。この場合，裁判官は（上述したような検討を加えた上で）第3回の拷問を行うことができる，と法学者は一致

---

[247] 刑事裁判令91条については，10章22参照。

して述べている(ファリナキウスは,徴憑が非常に強力かつ明白な場合に3回目の拷問を認め,さらにアンブロシヌスは,上述したように,〔拷問前に〕予め存在した徴憑の性質に注目すべきことを正しく指摘し,徴憑が強力で,かつ犯罪が重大である場合に3回目の拷問を科しうるとする)。

88 しかし,以上拷問の反覆について述べたことは,前の自白を認証するまで再度の拷問を継続し,被糺問者を憔悴させることができる,と我々〔=法学部〕が考えているという意味ではない。アンブロシヌスは,そのようなことを行う若干の者が存在すると述べ,このような裁判官を拷問吏と呼んでいる。むしろ,以上述べたことは,再度拷問することは可能であるが,しかし,慣習に適った,かつ中庸を得た良心的な裁判官によって定められるべき時間を超えてはならない,という意味に解されなければならない。なぜなら,第2回拷問は第1回拷問よりも厳しいものであってはならず,むしろ軽いものでなければならないからである。

89 第3回の拷問を受けた者が自白したが,拷問後再び否認する場合はどうすべきか。この場合,裁判官はさらに拷問することができず,被告人は放免されなければならないというのが共通意見であると考えられる[248]。

90 ところで,拷問中の自白を撤回する者は再度拷問しうると述べたが,これは,拷問後自白を認証すべきときにこれを撤回した場合に関するものと理解されるべきである。苦痛の下で曖昧に犯行を自白したが,直ちに,苦痛の激しさのために自白したと供述し,拷問継続中に自白を撤回した場合は,特段の事情がない限り,再度拷問することができない。これは,刑事裁判令57条に基づいてシュテファーヌス及びカルプツォフが正しく指摘している通りである[249]。

---

[248] これに対し,Carpzov, q. 126 は次のように説いている。許される限度まで——重罪について2度,最重罪について3度——拷問が行われ,その後拷問中の自白の認証を拒む場合は,拷問による自白は誤っている可能性があり(n. 56),拷問による自白については認証が不可欠であり,認証のない自白に基づく有責判決は許されないから(n. 57),特別刑として追放刑又は拘禁刑を科すべきである(n. 58)。これに対して,拷問において自白し,拷問部屋外でこれを認証したため死刑判決を受けた者が最終裁判期日において自白を撤回した場合は,カロリーナ91条の定めるところにより——ただし,法有識者団への一件記録送付をするまでもなく——これを執行すべきである(n. 68 et seqq.)。

[249] Carpzov, q. 126, n. 61 は拷問の反覆を可能にする供述の変更,矛盾がないからだとする。

228　第8章　特別糺問の形式

91　初回の拷問に対して被糺問者が全く自白しなかった場合であっても，再度拷問することができる場合がある。これも拷問の反覆と呼ばれ，カール5世皇帝が刑事裁判令58条において賢明なる裁判官に許しているところである[250]。しかし，法学者は一致して，新たな徴憑が現われない限り，拷問の反覆は行われないという（D. 48, 18, 18, 1[251]）。この法文にいう「より明白な徴憑」とは，他の論者と並んでカルプツォフの主張するところによれば，前の徴憑よりも有力な徴憑ではなく，前の徴憑と種類又は実質において異なる徴憑を意味する[252]。しかし，「より明白な」という文言のカルプツォフの解釈は支持しがたい。すなわち，徴憑の〔種類の上での〕差異と明白性とは明らかに異なるからである。また，この場合〔＝再拷問の場合〕，前の徴憑は，拷問〔に耐えること〕によって雪冤されているのであるから，考慮すべきではないと考える。したがって，種類において前のものと異なるだけではなく，それ自体拷問に十分である新たな徴憑が要求される[253]。ツァンガーが正当にも述べているように，とりわけ，被糺問者は拷問〔に耐えること〕によって，自ら新たな無罪の推定根拠をかち得ているからである。これに対し，マテウスは，D. 48, 18, 18, 1の定めるところに反し，新たな徴憑がない場合であっても拷問を反覆しうるとするが[254]，これは〔第1回拷問のときに〕既に圧倒的な徴憑に基づく嫌疑のあった被糺問者について述べているものと解される[255]。マテウスは，クラールス[256]及びファリナキウスを引用している。しかし，こ

250　刑事裁判令58条前段は，「拷問の時間，回数の多寡，緩急は，被告人に対する疑惑の性質に応じ，賢明なる裁判官の裁量によって決定され，執行されなければならない」と定めている。
251　この法文の内容については，本章2節注133及び本節注255参照。
252　Carpzov, q. 125. n. 43は，前の拷問の根拠となった徴憑と「異なる新たな徴憑」あるいは「種類において異なる新たな徴憑」がある場合に新たな拷問を認めるザクセン選帝侯勅令の条文を根拠に，このようなローマ法解釈を行っている。
253　Zanger, cap. 5, n. 15は，前の拷問が遠い徴憑の競合に基づいてなされたところ，今度は被告人の犯行を目撃したと言う証人による半完全証明がある場合をその例として挙げている。
254　D. 48, 18, 18, 1の趣旨については，8章2節85及び注133参照。
255　Matthaeus, tom. 2, tlib. 48, it. 16, cap. 4, n. 14は，D. 48, 18, 18, 1の "Reus evidentioribus argumentis oppressus, repeti in quaestionem potest" という章句について，"oppressus" は未来ではなく過去を示しているから，この「被告人」は，第1回拷問前に "evidentiora argumenta" に基づく嫌疑を受けていた者を指すという。したがって，強力な徴憑のある被告人に対しては第2回拷問が新たな徴憑なしに可能であるが，第3回拷問には新たな徴憑が必要である，とする。
256　Clarus, q. 64, versi. Vltimo uidendumは，風評に基づいて一旦拷問された者を，風評を証明

の〔クラールス等の〕見解はドイツでは受容されておらず、また、D. 48, 18, 18, 1. によっても是認されない。むしろ、この点については、〔新たな徴憑が現われなければ拷問は反覆できないという〕寛容な見解がドイツではとられているのである。ただし、極めて明白な徴憑に基づく嫌疑を受けた者が拷問の開始とともに直ちに自白し、後に自白を認証することを拒んだ場合はこの限りではない。この場合、拷問が行われたとみなすことができないからである[257]。したがって、いかなる徴憑も、それ自体として見た場合に前の徴憑より弱いものであっても、それだけで〔このような場合の再〕拷問に十分である[258]。これに対し、〔前の拷問に対して自白していない場合は、〕前の徴憑は拷問によって雪冤されているのであるから、新たな徴憑は、既に除去されている前の徴憑よりも一層強力かつ明白なものでなければならない。拷問の反覆についてこれ以上述べるべきことはない。なぜなら、拷問後新たな徴憑が現われる場合は、これについて糺問を行い、被糺問者を尋問し、証人を取り調べ、再度事件を法有識者団に送付して、新たな徴憑が拷問に十分であるか否かについて、その判断を求めるべきだからである。そしてこの点を詳論することは本稿の埒外である。

　する新たな証人が現われたことを理由に再度拷問することは、新たな徴憑が明らかになったのではなく、既に雪冤された徴憑が新たに証明されたにすぎないから、違法であるとするが、この原則は、最初の徴憑が甚だ強力かつ明白であった場合には妥当せず、このような場合は新たな徴憑がなくとも再び拷問を行いうるとするのが慣習であるという。

257　Clarus, ibid. は、「被告人が軽く拷問されたにすぎない場合は、十分に拷問するために拷問を反覆することができる。この場合、裁判官は、最初の拷問を終わらせる際に、拷問を再開する意図をもって拷問の中断を命じた旨記録させるのが通例である」という。

258　ブルネマンの所説によれば、拷問の開始とともに直ちになされた自白は、拷問によらない自白とみなされるから、それだけで〔再〕拷問が可能なはずである。この箇所の趣旨は判然としない。

第6節　不在者に対する手続

　　摘要
1　不在者に対する特別糺問は可能か（1）
2　ローマ法では，不在者に対する手続としてどのようなものであったか（2）
3　刑事裁判令によればどうか（3）
4　刑事事件，特に糺問訴訟において被告人の訴訟代理人は許容されるか（4，5）
5　これについては制限がある（6，7，8，9，10，11）
6　どのようにして裁判官は不在者をその裁判権に服させるべきか（12）
7　父が子を弁護することは許されるか（13）
8　裁判官は拘禁することのできない不在者に対して身柄保障を与えるべきか（14）
9　身柄保障には何種類あるか（15）
10　召喚は常に身柄保障を含むか（16）
11　身柄保障は帰路の安全の保障を黙示的に含むか（17）
12　特別身柄保障とは何か（18）
13　身柄保障は誰に与えることができるか（19，20，21）
14　いかなる場合に身柄保障は取り消されるか（22）
15　身柄保障を与えられる被告人は担保物によって保証をなすことができるか（23）
16　保証人が被告人を出頭させない場合，保証人に猶予を与えるべきか（24）
17　保証人が違約金を支払った場合，発見された被告人に対してさらに手続を行うことができるか（25）
18　いかなる法によればアハト訴訟を行うことができるか（26，27，28，29）
19　アハト訴訟とは何か（30）
20　ザクセン法によればアハト訴訟はどのように行われるか（31以下）
21　アハトの効果は何か（35，36，37）
22　普通法によればアハト訴訟はどのように行われるか（38）
23　ブランデンブルク辺境伯領ではどうか（39）
24　アハトに処せられた者が逮捕された場合どのような手続を行うべきか（40，41，42，43）

　1　以上，現に出頭している被告人について論じた。しかし，被告人が犯行後潜伏し，あるいは脱獄逃亡し，あるいはその他の方法により裁判を免れ

231

ることがしばしば起こる。したがって，不出頭の被告人に対していかなる手続をとるべきかが問題となる。まず，不在者に対する特別糺問は刑罰が追放又は罰金の場合にのみ行われ，それ以外の場合は不在者に対して追放より重い刑罰の有責判決をすることができない，という点には争いがない（D. 48, 19, 5[259]）。ローマ法上，不在の被告人の出頭が必要とされているのはこのような理由による（D. 48, 17; C. 9, 40[260]）。

2 すなわち，被告人が召喚されながら出頭しない場合は，被告人として登録し，かつ，その財産を封印（obsigno）し，しかる後告示（edictum）によって出頭を命じ，財産登録（annotatio）の事実も同時に告知する。その後，1年以内に出頭するときは，まだ国庫に没収されていない登録財産を取り戻す（C. 9, 40, 1[261]）。1年以内に出頭せず，かつ不出頭の正当な理由を示さないときは，財産は国庫に没収され，被告人は名誉喪失（infamia）となる。したがって，その後になって裁判官の許に出頭して無罪を主張しようとする場合，一旦没収された財産に関してはこれは許されないが，被告人に科されるべき刑罰に関しては常にこれが許される（C. 9, 40, 2[262]）。

3 しかし，財産の登録について述べたところは，今日ドイツ帝国においては，カール5世皇帝によって少しく変更されている。すなわち，今日でもなお逃亡者の財産が登録されるべきこと，また，当該財産の一部が逃亡者を助けるために引き渡されてはならないことが命ぜられているが，登録財産は

---

[259] 罰金刑，名誉にかかわる刑罰及び追放刑は不在の被告人に対しても科すことができるが，しかし，鉱山労働，死刑のごとき重刑は科すことができないとする。
　ちなみに，この法文には，「疑いに基づいて有責判決をしてはならない。なぜなら，無辜が有罪とされるよりは，犯人の行為が罪を免れるほうがよいからである（Sed nec de suscipionibus debere aliquem damnari, divus Traianus......rescripsit : satius enim esse impunitum relinqui facinus nocentis quam innocentem damnari）」という，現代の「疑わしいときは被告人の利益に」の原則を想起させるトラヤヌス帝の勅答が引用されている。
[260] D. 48, 17には，不在者に対する有罪判決は許されない，事件について聴聞することなく有責判決をすることは衡平の原則の許容するところではないとする第1法文等が見いだされる。C. 9, 40に現れる法文については次注以下を参照。
[261] 重罪の被告人となった不在者に対しては，判決を宣告することなく，防禦のため出頭することを命じ，1年以内に出頭して雪冤するならば，裁判所の命令によって登録されていた財産を取り戻す，と定める。
[262] 1年以内に出頭しない被告人は財産を国庫に没収され，発見され有罪を立証された場合は一層厳しい判決を受け，また，無罪を証明した場合であっても没収財産を回復することができない，とする。

国庫のために没収されるのではなく、第1位の相続人のために保留されるのである。刑事裁判令206条は次のように定めている。「犯人が逃亡するときは、裁判官は逃亡者の2, 3名の親族を召喚し、これらの者、及び利害関係を有しない2名の裁判所参審人[263]の面前において、当該裁判区内にある逃亡者の動産及び不動産を、宣誓した裁判所書記をして入念に登録させ[264]、そのいかなる部分も犯人の処分に委ねてはならない。しかし、傷み易く、価値の減少する物があるときは、裁判官は2名の参審人及び親族中上記の者の立会いの上これを売却し、売却益を記録し、売却代金をその明細とともに裁判所に保管しなければならない。売却代金は、妻子又は次順位の相続人の最も利益となるようそのまま保管されなければならない。逃亡者の親族が裁判所による保管前又は後に、登録財産を自ら保管する意思を表示し、当該財産の管理、及び、逃亡者が和解しない[265]間若しくは事件が終決を見ない間、登録財産のいかなる部分も逃亡者の処分に委ねないことについて、必要なる保証と宣誓を行おうとするときは、これを許さなければならない。ただし、当該財産の上記〔親族たる〕保管者は、(もしあれば) 犯人の妻子に当該財産の中から必要なる糧食を供与すべく、これはすべて、裁判官及び上記官憲の指示と了解の下に行わなければならない。また、裁判官及び官憲は自己の利益のた

263　テキストは、"zweener Schöppenn des Gerichtes der Sache unverdacht" である。Remus, cap. 204 は、"adssessoribus, qui suspecti non sint"、Gobler, art. 204 は、"in eorum praesentia, pariterque duorum scabinorum iudicii non suspectorum" としており、"der Sache" は特に訳出されていない。被告人の財産の処理に際して、参審人について「事件について疑いのない」という要件を課すのは奇妙であるから、「事柄に利害関係のない」の趣旨と解する。英訳は「事件に利害関係のない」とする。
264　Boehmer, 206, §. 4 は、「皇帝は、裁判官が親族を召喚の上所有地の登録 (conscriptio bonorum) を行うこと命じている。通例、さらに動産の封印 (obsignatio mobilium) が行われる」と註解している。
265　Kress, art. 206 は、「皇帝は、犯人の親族、家族に対してはなはだ寛大にも、裁判官が財産の登録を適法に行なった後であっても、親族の中に財産の管理を引き受けようとする者がいるときは、事件に対する判決又は和解がなされる前に (ante causae decisionem vel compositionem) 逃亡者に財産の中から何ものも与えない旨保証することを条件に、財産を引渡し、委ねることを裁判官に命じている」と註解する。和解を、クレスがかつての贖罪金制度に関するものとするのに対し、C. Blumbacher, *Commentarius im Käyser Carl deß Fünfften und deß Heil. Rom. Reichs Peinliche Halsgerichts=Ordnung*, 1678, art. 155, n. 4 は、「裁判所との和解」としている。いずれにせよ、官憲からアハト刑を「請け戻す」という趣旨のようである。なお、1章15, 10章29参照。

め逃亡者の財産の中から何ものも奪ってはならない」。ここから次の諸点が明らかになる。(1) 登録は直ちに行われなければならない。(2) 被告人は登録財産を1年経過した後においても取り戻すことができる。(3) 登録財産は，反逆罪の場合を除いて，国庫に没収されることはない[266]。(4) 登録財産は専ら親族のためにのみ保管され，かつ，その一部が逃亡者に供与され，もってその逃亡が助けられることがあってはならない。

　4　不在の被告人の訴訟代理人及び弁護人（procurator et defensor）が裁判所に出頭することがしばしばある。そのため，この点について裁判官に教示するため，次に，刑事訴訟，特に糺問訴訟において，訴訟代理人又は弁護人が被告人のために事件の実体（merita causae）に関する弁論をすることができるか，という問題を検討しなければならない。これは，D. 48, 1, 13, 1[267]によって原則的に否定される。

　5　禁止の理由は次の通りである。(1) 本人であれば恥じるであろう虚言

---

[266] 刑事裁判令218条は，反逆罪及びその他の場合を除いて，財産没収を行うことを認めていない。もっとも，Carpzov, q. 140, n. 121 は，ザクセン法において行われている上級アハトの際の財産没収（久保正幡・石川武・直井淳訳『ザクセンシュピーゲル・ラント法』〔1977年〕1・38・2 参照）は，刑事裁判令218条の「その他の場合」に当たり，同条に抵触しないとする。

[267] その内容は，本章3節注150において既に引用したが，関連法文をあわせて再掲する。

①D. 48, 1, 13, 1 は，「公的犯罪の訴追に代理人が関与することは無意味であり，これは弁護については一層強く妥当する。しかし，元老院決議に基づき，欠席者の免責事由を裁判官に対して主張することができる。免責の主張に理由があるときは，判決が延期される」とする（パピニアヌス）。②D. 3, 3, 33, 2 は，「不在の者が何びとかにより弁護されることは公共の利益に適う。すなわち，弁護は死刑事件においても許される。したがって，不在者に対して有罪判決を下しうる場合も，常に，その利益のために陳述し無罪（innocentia）を主張する者が聴聞されることが正義に適う」とする（ウルピアヌス）。③C. 9, 2, 3 は，「刑事訴訟に関する諸法律は，死刑事件の被告人が出頭しない場合，代理人によって弁護されることを許している」という（アレキサンダー皇帝）。

Carpzov, q. 105, n. 29 によれば，①パピニアヌス法文は，争点決定後即ち訴訟係属後，訴訟代理人が被告人に代わって出廷し，主張することまでを禁止しているわけではない。争点決定後についても，パピニアヌス自身，D. 48, 1, 10（「弾劾人及び被告人の間に訴訟係属している場合，正当な理由に基づいて欠席の免責を主張することが許される」）において，訴訟代理人が欠席した被告人のために欠席の免責を主張することを認めている。これに対し，②ウルピアヌス法文及び③アレキサンダー皇帝勅答は，実体に関する弁護を許すように見えるが，①パピニアヌス法文と同じく，欠席した本人のために欠席の免責を訴訟代理人が主張することを認めているにすぎない。特に，②ウルピアヌス法文中，"Ubicunque absens quis damnari potest, ibi quemvis pro eo verba facientem, et *innocentiam excusantem* audiri aequum est" のイタリック部分は「欠席の免責を主張する者」の意味に解されるべきである。また，Matthaeus, tom. 2, lib. 48, tit. 13, cap. 4, n. 6 は端的に，"innocentia" は "absentia" と書き替えられるべきだとする。

を，不在者が訴訟代理人をして述べさせることを封ずるためである。この理由は，弾劾人の場合に劣らず，被告人についても妥当する。(2) 顔面の蒼白，当惑，狼狽，及び供述の変遷から犯行に関する多くの徴憑が生ずるものであるから，被告人の出頭は真実解明に必要である（D. 48, 18, 10, 5[268]）。(3) 不在者に対しては有責判決をなしえないのであるから（D. 48, 19, 5[269]），本人が刑罰を免れ，裁判を無意味なものにしないため〔には本人の出頭が必要〕である。(4) 訴訟代理人は，せいぜい罰金刑についてのみ責に任じうるにすぎないから，刑事事件においては十分な保証とはなりえない。また，この禁止は，訴訟が遅滞なく速やかに処理されるべき糺問手続について一層強く妥当する。

　6　しかし，この原則には次のような制限がある。(1) 追放刑，又は罰金刑のように追放刑以下の刑(D. 49, 9, 1[270])が科される犯罪の場合。この場合，訴訟代理人又は弁護人は事件の実体に関する弁論，したがって全面的な弁護を許される（D. 49, 9, 1）。ファリナキウス，カルプツォフ等の説くところによれば，この〔49巻9章〕第1法文は法学者によって一致して以上のように解されている[271]。

　7　(2) 上述の原則は，不在の被告人の訴訟代理人は，事件の実体に関する弁論のためではなく，不在の理由を主張するためならば許容されると制限され，あるいは，明確化される（D. 48, 1, 13, 1 ; C. 9, 2, 3[272]）。この場合は，上述の被告人の訴訟代理人〔の弁論〕を禁ずる理由がないからである。

　8　この場合，委任を受けていない訴訟代理人も許容されるか。他の地で拘禁されている，病気であるなど，出頭の意思を有する者〔の出頭〕を妨げるやむをえざる理由又は事実があるときは，委任がない場合であっても，訴訟代理人は許容されるが，ただし，予め不悪意宣誓（juramentum malitiae）を行わなければならない。しかし，行路の危険性，地方の治安，ペスト汚染な

---

[268]　本章5節注246参照。
[269]　本節注259参照。
[270]　上訴に関して訴訟代理人が許される事件の種類を規定する。
[271]　ブルネマンが引用する，Carpzov, q. 105, n. 77 et seq. に関する限り，この法文を引いていないだけでなく，非身体刑事件については訴訟代理人が実体的訴訟行為をなしうるとの規則を認めるが，具体的には，罰金は不在の被告人の財産から徴収しうるから罰金刑事件について訴訟代理人の関与を認めてよいとするのみで，追放刑については言及していない。
[272]　本節注267参照。

ど，被告人がこれらの行路，地方を避けることが可能であるために，〔出頭を妨げる〕事由が蓋然的なものであるときは，これらの事由〔＝被告人がかかる行路をとったこと，かかる地方にいること〕が公知でない限り，委任が必要である。

9　(3) たとえば D. 48, 8, 4, 2[273]の場合又は反逆罪の場合[274]，同じく瀆職について訴追されている裁判所属吏（C. 9, 47, 21[275]）の場合のように，普通法に基づき，あるいは，たとえば全イタリアで不在者に対してアハト訴訟が行われているように，慣習に基づき，不在者に対する有責判決が可能な場合は常に，不在者の訴訟代理人が許容される（D. 3, 3, 33, 2[276]）という制限がある。しかし，この場合，訴訟代理人としてではなく，裁判官を補助し，裁判官に被告人の無罪についての情報を提供し（instruere），無罪の理由を主張し，証拠を提出するなどの役割を果す，弁護人又は真実の解明者若しくは伝達者として，許容されるのである。

10　(4) 被告人が出頭して争点決定を行った後に不在となった場合[277]（D. 48, 1, 10[278]）。

11　(5) 訴訟代理人が，裁判官は管轄権を有しないと主張する場合のように，事件の実体ではなく，妨訴抗弁（exceptiones declinatoriae ac dilatoriae[279]）が問題となっている場合も，訴訟代理人が許容される。しかし，弁護人が被告人は既にこの事件につき放免判決を受けている（jam antea absolutus）と主張する場合のように，妨訴抗弁が犯罪そのものに関係する場合は事情が異なる。このような抗弁は，それが公知でない限り，第三者が主張することは許されないからである。

273　他人を去勢した奴隷に対する死刑を定め，出頭しない場合であっても死刑判決を科しうるとする。
274　ただし，Matthaeus, tom. 1, lib. 48, tit. 2, cap. 4, n. 4 は，ローマ法について，反逆罪についても D. 48, 19, 5（本節注 259 参照）の原則が妥当し，不在者に対して有責判決をなしえないという。
275　廷吏の背信行為が処罰を免れることがないように，廷吏が不在であっても判決をなしうるとする。
276　本節注 267 参照。
277　本章 3 節注 151 参照。
278　本章 3 節注 151 参照。
279　"exceptiones delatoriae" は「猶予抗弁」とでもすべきところであるが，ブルネマンは，既に放免判決を受けているという抗弁についてもこの用語を使用しており，「妨訴抗弁」と特に区別する必要がないと思われる。

12 逃亡中の被告人が召喚されてなお出頭しようとしない場合はどうすべきか。この場合，裁判官は公開逮捕状によって被告人を探索し，手配書を属吏とともに各地に送るなどあらゆる方法により被告人の逮捕に努め，しかる後に被告人に対し糺問の方法（modum inquisitionis）によって手続を進めなければならない。これ〔＝身柄の確保〕は召喚前に行うべきであるが，召喚後にこれを行うことを禁ずる理由は全くない。

13 ところで，死刑事件について弾劾されている不在の子の弁護を父が行うことは許されるか。確かに，コトマン〔ロストック大学教授。1557-1624〕は，D. 3, 3, 33, 2 ; C. 9, 2, 3[280]，父子の密接な結び付き，及び父自身の利害（D. 49, 1, 6[281]）を理由にこれを肯定する。この見解は，カルプツォフによれば共通意見である。しかし，タボールが詳細に論証し反論しているように，この意見は法律上の根拠を欠き，また，刑事訴訟を無意味にする点で公共の利益に抵触し，それゆえに実務に受容されておらず，また受容されるべきものではないと私は考える。カルプツォフも，〔ライプツィッヒ〕参審人会は父を〔弁護人として〕許容していないと述べている。したがって，母その他の親族が弁護を許されないことはいうまでもない。

14 努力にもかかわらず被告人を逮捕拘禁することができない場合にはじめて，逃亡者の申立てがあるときは身柄保障（salvus conductus）[282]を与えることができる。しかし，第1に問題となるのは，誰が，身柄保障を与えることができるか，である。ファリナキウスは領邦君主のみがこれを与えることができるとするが，真正罰令権を有するすべての裁判権者もまた身柄保障を付与しうるとする見解が正しい。なぜなら，普通法上不在者に対し判決を行うことができないのであるから，刑事訴訟が全く行われない事態を回避するには，裁判官が身柄保障を付与しうることが不可欠である。これは慣習上行われているとカルプツォフは述べており，また，刑事裁判令76条の認める

---

[280] 本節注267参照。
[281] 8章3節注148参照。
[282] 本来，対価を得て旅人・商人に護送等の保護を加えることを意味した（vgl. B. Koehler, "Geleit" in : *HRG*, Bd. 1, 1971, Sp. 1481 ff.）。以下の本文から明らかになるように，ここでは "salvus conductus" はもはや護送等の物理的保護ではなく，身柄の安全の法的保障を意味している。

ところでもある[283]。身柄保障を付与することは，一般的に，領邦君主の専権であるが，事実上の侵害行為からの身柄保障を不在者に与えることは裁判官の権限でもある。これは我が国でも行われている。ただし，多くの場合，裁判官が刑事裁判令76条について法有識者の鑑定を求めるのが通例である。

15 身柄保障には何種類あるか。通例，一般と特別の2種類があるといわれる。一般身柄保障とは，担保を提出させることなく裁判官が召喚された被告人に対して，裁判への往還の安全を与えることをいう。この一般身柄保障は，裁判期日についてのみ被告人に安全を約束するものであるが，通例は3日間の安全を与える。すなわち，被告人は出頭のための第1日，裁判所での弁論のための第2日，退去のための第3日を〔安全を保障された日として〕与えられる。特別身柄保障は判決をも含めた全裁判期間について与えられる。

16 第1に，すべての召喚には身柄保障が含まれているか否かが問題となる。「召喚は身柄保障を運んで来る」という諺があり，これは肯定すべきもののように見える。しかし，この見解は根拠がなく，出頭した被告人を尋問後に拘禁することは許されると私は考える。私は，〔身柄保障が付与された場合，その〕身柄保障は専ら被害者による侵害行為に対するものであると解したい。

17 第2に問題となるのは，身柄保障状に裁判地から安全に退去しうる旨明示されていない場合において，安全に帰還しうることが黙示的に認められているとみなされるか否か，である。これはカルプツォフに従い肯定するのが正しい。なぜならば，保障，安全の約束の中には，約束されたことだけではなく，相手方が当然期待するであろうことも含まれるとみなされる，とこの高名な法学者は述べており，身柄保障状の受領者は帰還〔の安全〕も考えたと推定されるからである。そうでなければ，身柄保障は全く無意味であ

---

283 「当事者及び証人は，裁判官又は尋問受任者の面前において，刑事訴訟からの身柄保障を与えられない (Item soll keyn parthei noch zeug *vor den Ritern oder Commissarien vor peinlicher rechtfertigung vergleyt werden*)。しかし，裁判所出頭について，当事者及び証人に対し，暴力からの身柄保障を与えることができる」(CCC 76)。括弧内イタリック部分は，"coram iudidibus aut commissariis aduersus publicum iudicium, saluum conductum obtineat" (Gobler, art. 76) と解されるから，本条前段は，裁判所に出頭した当事者及び証人について犯罪の嫌疑が生じた場合は逮捕拘禁することがある，という趣旨であろう。

り，また身柄保障の付与は罠をかけると同じことになり，このようなことを裁判官が行うとは考えられないからである。身柄保障〔の期間〕は終局判決（ツァンガーは「何らかの身体的苦痛を科する判決があるまで」[284]とする）までと解されるべきである。身柄保障は，暴力からの安全として与えられるのであって，法の執行からの安全として与えられるのではないからである[285]。刑事裁判令156条末尾は次のように定める。「被告人には，違法な暴力に対して，かつその限りにおいて，裁判出頭のための身柄保障が与えられなければならない」。

 18 特別身柄保障とは，担保提出の上裁判所の公印を付して被告人に与えられる，全裁判期間[286]，裁判地に一族郎党とともに滞在し，友人親族と無罪弁護について協議することができるという完全な安全保障をいう[287]。

 19 身柄保障は誰に付与されるか。これについて正しい説明を与えているのはカルプツォフであり，逃亡潜伏している場合と，出頭又は拘禁されている場合とを区別する。被告人が逃亡潜伏しており，犯人逮捕のため官憲があらゆる努力を払い，拘禁状を携えた捕吏を派遣したにもかかわらず，犯人を裁判区内に連れ戻すことができない場合であって，官憲が，努力が奏功せずかつ犯人は当分の間帰来しないと考えるときは，身柄保障の付与を申し立てる不在の被告人に対して，すべての訴訟行為とりわけ終局判決のときに出頭する旨の保証をなさしめた上で，身柄保障を付与するほうが，事件につい

---

[284] この文言は，通常，身柄保障状に付加される条項である（Carpzov, q. 112, n. 62）。テキストは "bis etwas peinliches wider ihn erkant" である。"peinlich" という語は通常生命刑・身体刑を指す用語であるが（Carpzov, q. 102, n. 31），この場合は「生命・身体にかかわる」程の意味で使われている。Boehmer, art. 156, §. 3 は，"etwas peinliches" は拷問，拷問の威嚇又は生命刑・身体刑を意味し，身柄保障はこれらの判決があるまで有効であって，これ以後裁判官は被告人を身柄拘束し，手続を続行させうると解している。

[285] ブルネマンのいう身柄保障は，「我が国の慣習によれば，事実上の侵害行為及び裁判外の暴力に対してのみならず，何らかの身体的苦痛を科する判決のあるまで，裁判官による逮捕拘禁に対しても身柄保障が与えられることがある」（Kress, art. 76, §. 2），といわれる場合の身柄保障と同義であろう。なお，Carpzov, q. 112, n. 26 によれば，身柄保障を与えられた被告人を侵害した者は反逆罪に問われる。

[286] 以下でブルネマンも触れているところであるが，Carpzov, q. 112. n. 62 によれば，特別身柄保障にはほとんどの場合，「何らかの身体的苦痛を科する判決があるまで」という期限が設定されるという。

[287] Carpzov, q. 112. n. 20 は，大部分の被告人は一般身柄保障では不十分と考え，特別身柄保障を得た上で出頭するという。

て全く審問が行われないよりもよい，と私は考える。もっとも，犯行が公知かつ重大な場合でありながら，被告人が犯行を否認し，あるいは，証明があれば少なくとも正規刑を免れうる何らかの事情を主張するために，訴訟の帰趨が明確でない場合のあることは確かに否定できない。いずれにせよ，上述したように，身柄保障は，特に重罪については，裁判官が被告人逮捕に全力を尽くした場合に限られるべきことに留意すべきである。

20　他方，被告人が拘禁されている場合は，被告人に身柄保障を与えるべきではない。逃亡による訴訟忌避を防ぐためであり (D. 48, 3, 3[288])，また，身体刑は保証人が代わって受けることができないからである。ただし，犯行が軽罪の場合，被告人の疾病が重篤である，被告人の出産が間近である，若しくは獄房では被告人の健康を維持しえない場合，又は裁判官が手続の経過から被告人は犯人でないと思料する場合は，この限りではない。これらの場合に該当すると裁判官が判断するときは，保証人を立てさせた上で被告人を釈放することができる (C. 9, 3, 2[289])。

21　しかし，私は，法有識者の鑑定を求めることなく保証人を立てさせて被告人を釈放することを推奨するものではない。この点について法有識者の鑑定を求めるのが安全である。

22　身柄保障はさまざまの理由から取り消される。(1) 被告人自身が敵対する者を攻撃することによって，自ら安全を危うくした場合 (C. 2, 4, 41[290])。(2) 判決によって拷問又は身体刑が言い渡された場合。この場合は身柄保障は失効し，被告人を拘禁することができる。被告人に与えられるのは，暴力と不法侵害からの安全であって，法の執行からの安全ではないからである (CCC 156 末尾)。オルデコープは，〔この種の判決に対して〕上訴が可能であるということを理由にこれを否定するが，次のように反論したい。すなわち，確かに終局判決に対して上訴することができる。ところで，上訴は〔被告人が〕身柄拘束中であっても許される。したがって，上訴できるから身柄保証は維持されるべきだという結論にはならない。それだけではなく，判決があった

---

[288]　重罪の被告人は，重罪について刑罰を受ける前に，拘禁という罰をも受けるべきだとする。
[289]　テキストの趣旨に対応する章句は見いだせない。
[290]　契約を破った者は名誉喪失となり，訴権を失うとする。

ことによって新たな推定根拠が生じているのである〔から，身柄保障は失効すると考えなければならない〕。それゆえ，身柄保障は通例，「何らかの身体的苦痛を科す判決があるまで」の期間を限って付与されるのである。(3) 予め定められた身柄保障の期間が経過した場合。すなわち，訴訟を引き延ばし，あるいは煩瑣な申立てをすることによって被告人が裁判を回避することを防ぐため，たとえば3か月のように，身柄保障の期間を限る場合がある。(4) 被告人が任意に，すなわち，率直にかつ無条件に犯行を自白した場合。なぜなら，自白した者に対する裁判官の職務はこれに有責判決をする以外になく，かつ，裁判上自白した者は判決を受けたものとみなされるからである（D. 42, 1, 56[291]）。(5) 身柄保障は，被糺問者がこれを信頼せず，事実を陳述する書面を送付してきたことなどを理由に取り消される。約束を果たさない者に対しては身柄保障の存続が認められないからである。(6) 同様に，ファリナキウスの引用する法学者は，被告人が新たな罪を犯した場合は身柄保障は取り消されるという。しかし，このような場合，身柄保障が取り消される代わりに，むしろ新たな犯罪を理由に犯人の逮捕が行われており，それによって，些細な犯罪を理由に〔身柄保障に対する〕公の信頼（fides publica）が損なわれることが避けられている。

　23　身柄保障は人的担保（cautio fidejussoria）と引き替えに付与されるべきだと述べたが[292]，保証人が責に任ずる金額は，法有識者団によって決定されるのが通例である。ところで，被告人は担保物（pignus）によって保障を行うことができるか。これを肯定するカルプツォフは正当だと思われる。保証が要求される場合，今日では，担保物によることも適法だからである[293]。とりわけ，相手方が担保物で満足する場合がそうである（C. 43, 3, 2, 3 ; D. 50, 16, 61[294]）。しかし，宣誓による保証（cautio juratoria）は，犯行が軽罪の場合

291　「裁判上自白した者は，判決を受けたものとみなされる」とする。
292　もっとも，本節18において"cautio"と述べているだけである。
293　これは，ローマ法上，保証人設定による人的信用が物的信用に優先したことを前提としている。マックス・カーザー（柴田光蔵訳）『ローマ私法概説』（1979年）241頁。
294　C. 43, 3, 2, 3は，受贈者がたんなる約束に満足するならば，特示命令を与えるべきであるとする。D. 50, 16, 61．「『保証』という語は，保証を付与されるべき者がそれで満足するたんなる約束を意味する場合がある」という。

でなければ，特別身柄保障を得るのに十分ではない。また，カルプツォフがマテウス・コレールス〔イエナ大学教授。1530-1587〕に対して，保証人は，被告人が身体刑又は拷問を言い渡される最終期日に出頭しなかった場合を除いて，約定された違約金を支払う義務を負わない，と反論しているのは正しい。

24 保証人は，被告人を出頭させなかった場合の違約金の支払いを直ちに強制されるべきではなく，若干の猶予を与えられるべきである（C. 8, 41, 26[295]）。

25 次のような問いを立てることは無意味ではない。すなわち，よく起こることであるが，被告人が最終期日に出頭せず，保証人が約定の金額を支払った場合，機会があれば，その後被告人を再び拘禁し，彼に対してなされた判決を執行することができるか。カルプツォフに従い，私はこれを肯定する。保証によって約定された違約金は，主たる犯行それ自体に関するものではなく，むしろ，被告人を出頭させなかった保証人の命令抗拒又は過失なし保証による約束の問題である。そう解さなければ，被告人は逃亡によって恣に身体刑を罰金刑に換刑しうることになるからである。

26 不在者に対する，もう一つの手続方法（modus procedendi）として，アハト訴訟（processus banni）[296]がある。これは，ユスティニアヌス帝の法（jus Justinianeum）に基づくものではなく，慣習により，帝国のその他の地方と同様，ザクセンの裁判所においても受容されている[297]。イタリアにおいてアハト訴訟が多用されていることは，ファコブス・デ・アレーナその他の論稿のすべてが述べている。

27 シュパイエル帝室裁判所においては，二つの場合，すなわち，命令抗拒の場合，及び平和令違反の被疑者が雪冤（purgatio）をなすべく召喚され

---

295 テキストと同趣旨の章句が見える。
296 法外放置である。アハトを宣告された者は，平和喪失者として法的保護を失う。J. Poetsch, *Die Reichsacht im Mittelalter und besonders in der neueren Zeit*, 1911, S. 2 f. によれば，犯罪を，平和すなわち人身の不可侵性を保障する共同体的紐帯に対する裏切り・反逆と見て，行為者を共同体から放逐する古代ゲルマン法における「平和喪失」に起源する制度である。
297 ちなみに，ザクセンのカルプツォフには，*Peinlicher sächsischer Inquisitions-und Achtprozeß*, 1638 の著がある。

た場合について，アハト訴訟が認められている（Ord. Camer. pr. tit. 10）[298]。深い学識を示すガイルスがこれについて論じているが，この点を論ずるのは我々の意図するところではない。

28　ザクセンの裁判所では，ほとんどすべての重罪について不在者に対するアハト訴訟が行われる。ローマ法が妥当する多くの地方も同様である。

29　ブランデンブルク選帝侯，ポメルン侯及びメクレンブルク侯殿下のかの協約においても，強盗の庇護者に対して告示による召喚を行い，正当な理由なく出頭しない場合は有罪の証明があったものとみなしうる旨定められている。すなわち，「しかし，かかる召喚に対して出頭せず，また命ぜられた雪冤を拒む者は，犯行につき有責かつ有罪であることを証明されたものとみなされる」と定め，引き続き，やむをえざる欠席事由がある場合を例外として定めている。

30　不在の殺人犯に対して有責判決をすること（ドイツ語で，MordAchtという）が帝国の多くの地域で慣習上行われていることは，この慣習を否認していない刑事裁判令155条[299]から明らかである。したがって，ここでアハト訴訟についてごく簡単に論ずることにする。

31　アハト訴訟とは，命令抗拒として欠席した被告人に対し，自白したものとして有責判決を下すことを目的として，弾劾人の申立てに基づき，裁判官が不在の被告人に対して行う刑事手続である。カルプツォフによれば，かかる手続が行われるための要件として次の2点が挙げられる。(1) 罪体及び犯人について予め一般糺問が行われており，これに基づいて罪体が確定しているだけではなく，犯人であることについて蓋然性があること。被糺問者の逃亡は一般糺問から明らかになる徴憑を強めるのに役立つ。(2) 犯行が死刑を科される性質のものであること。

32　ザクセン法によればアハト訴訟は，以下に略述する手続で行われる。

---

[298] ラント平和令を実施するために設置された帝国の裁判所が帝室裁判所であり，Reichskammergerichtsordnung von 1555 (hrsg. von A. Laufs, 1976) は，争点決定に出頭しない被告人 (Teil 3, tit. 43, §. 1)，雪冤のための召喚を受けて出頭しないラント平和令違反の被疑者 (Teil 2, tit. 10, §. 2) に対するアハト判決を規定する。Vgl. Poetsch, a. a. O., S. 116 ff. 129 ff.

[299] 既にモルト・アハトの宣告を受けている者が身柄拘束された場合，この者が無罪証明をすることを許容する規定である。

刑事訴訟が開始されると，不在及び逃亡中の被告人に対して告示による召喚が，3度（各召喚は2週間〔の猶予期間〕を含む），又は1度限りで（この場合の召喚は6週間と3日〔の猶予期間〕を含む）行われる。召喚は告示によることを要し，被告人が住居不定の場合は，この告示は異なる3名の領主（dominus）の領地，裁判区において行われなければならない。

33　ちなみに，原則的にザクセン法ではなくローマ法が適用されている我が選帝侯領においては，強盗事件に関し不在者，逃亡者に対して〔アハト〕手続を行いうる場合は，告示による召喚（citatio edictalis）が主要4都市において公示（affigo）されなければならない。これは，「犯人であることが知られている逃亡者に対しては，強盗，掠奪又は殺人が行われた領邦の主要4都市において公示し，一定の身柄保障を与えて特定の日に雪冤のため出頭するよう召喚する手続がとられなければならない」と定める，ブランデンブルク選帝侯，ポメルン侯及びメクレンブルク侯殿下の前掲協約に基づく。

34　召喚が既に適法に行われ，被告人が第1回期日に出頭せず，かつ弾劾人が被告人の命令抗拒を弾劾するときは（アハト訴訟は正規訴訟であって弾劾人がまさに必要である。裁判官は職権により，弾劾人を選任することができる），直ちに有責判決を行い，出頭を妨げる正当な事由，すなわち相当の免責事由の証明があるまでアハトに処す。あらためて，上記の方法により，出頭を妨げる事由の証明のため召喚する。被告人がこの第2回期日にも出頭しない場合は，前に召喚が行われた地においてアハトを公示することによって，被告人がアハト状態にあることが宣告される。

35　被告人が1年と1日を超えてアハト状態にあり，かつ雪冤しなかった場合は，弾劾人は上級アハトを求めて訴えを行うことができる。これは上記の手続に基づいて行われ，単純アハト訴訟において履践すべき手続はこの第2次手続においても履践されなければならない。

36　単純アハトの効果は，命令抗拒によりアハトに処せられた者は有罪を証明されたものとみなされ，したがって，アハトを科した裁判官の裁判区内では，何びとも〔被告人を〕有罪を証明された者として逮捕し，アハトを科した裁判官に刑の執行のため引き渡すことができる，という点にある。

37　上級アハトの効果は，第1に，命令抗拒者はアハトを科した裁判官

の裁判区内だけではなく，その裁判官にとって封主となる者の領邦全体においても，有罪を証明されたものとみなされ，したがって，いずれの地においても被告人に対して刑事手続を行うことができる，という点にある。これは，普通法によってではなく，慣習及び特許によって認められたものである（マテウスはベルギーにおけるこの種の特権について述べている[300]）。第2に，領邦法に基づく妻の持分（statutaria portio）及び子の遺留分（portio legitima）を除いて，被告人の財産が没収される，という点にある。以上が，特にザクセンの裁判所におけるアハト訴訟の手続である。

　38　しかし，ザクセン法ではなくローマ法が適用され，それにもかかわらずアハト訴訟が認められている地方では，その地の慣習に従うべきである。命令抗拒者及びラント平和令違反者に対する帝国アハト訴訟を除けば，普通法上，アハト訴訟は存在しないからである。しかし，特別の慣習が明らかでない場合は，次のような手続が行われるべきだと私は考える。すなわち，上述のように，3名の領主の領地又は4都市における告示によって（これは被告人が召喚を知ることを容易にするからである），かつ，召喚3回分の日数を合わせた期限を与えて，不在者をただ1度召喚し，裁判官の職権により選任された弾劾人が期日に被告人の命令抗拒を弾劾し，かつ，領邦法に基づいて命令抗拒となった者がこの刑事事件において有罪を証明されたものとみなされ，有罪を宣告されるよう申立てを行う。そして，この宣告がなされたならば，被告人をアハトに処すため，若しくは被告人をしてアハトを免れる事由を主張させるため，上記の方法に従い，告示によって召喚が行われなければならない。これは帝室裁判所令第3部第43章によって証明される。すなわち同条は，「弾劾人が命令抗拒者に対してアハト訴訟を行う場合は，弾劾人はあらためて，命令抗拒者を命令抗拒に基づくアハト及び上級アハトに処すため，若しくは命令抗拒者をしてアハトに対する抗弁を提出させるため，命令抗拒者をしかるべく召喚させなければならない。命令抗拒者が，これに対して出頭せず，再度命令抗拒を犯すときは，まずもって，裁判所の命

---

[300] Matthaeus, tom. 2, lib48, tit. 20, cap. 3, n. 7 は，1343 年 Albertus Bavarus 伯がライデン市に与えた特許状によれば，ライデン市から追放された犯罪者は一時的又は永久的に伯領全域からも追放されたとみなされた等の実例を挙げている。

ずるところにより〔延吏が〕召喚の呼びかけを行い，かつ3開廷日が徒過した後に，アハトが宣告されるべきである」と定める。この規定は帝国アハト及び民事事件に関するものであるが，当面のアハト訴訟にも準用することができる。

39　ブランデンブルク辺境伯領，ポメルン及びメクレンブルク侯領においても同じく，1度限りの召喚による手続が行われていることは，前掲協約から明らかである。これは，「命令抗拒を犯すときは直ちに，名誉喪失者とされ，領邦より追放され，かつ，強盗が行われた地に最も近い主要都市のすべての主要道路において，刑吏により名誉喪失者として布告されるものとする」と定め，被告人が軍人である場合は上官に書面によって通報されるべき旨の定めが付加されている。

40　アハト訴訟が地方の慣習に基づきどのように行われるにせよ，アハトに処せられた者（bannitus）が逮捕された場合，直ちに判決が執行されるべきではなく，無罪証明を行うことが許されるべきである（CCC 155）。したがって，アハトに処せられた者が逮捕された場合は，逃亡とアハトについて〔弁解を〕聴取されるだけでなく，防禦の機会を与えるためその他の不利益な徴憑もまた告知されなければならない。ここでは，アハトに処せられた者を，何びとも罰せられることなく殺害しうるか否かが問題となる。カルプツォフはザクセンにおけるアハトについてこれを否定するが，帝国アハトについてはこれを認めている。しかし，これを肯定するのは苛酷というべきである。命令抗拒又はラント平和侵害に基づいてアハトに処せられた者が，帝国アハトについて何らかの免責事由を有していることもありうるからである。また，私的な処刑には個人的な利害が伴うおそれがある。それゆえ，ロランドゥス・ア・ヴァレ〔イタリアの法律家〕は，アハトに処せられた者の殺害を許す諸条例（statuta）を，被告人がたんに命令抗拒を犯したのではなく，完全に有罪を証明された場合に限定している。

41　〔アハト状態にある者が逮捕された場合は，〕とりわけ身許の確認がまずもって行われなければならない。これは有責判決を受けた被告人の自白によって行われる。すなわち，アハト訴訟が行われた本人であるか否かが尋問されるべきである。被糾問者の氏名が当初不明だった場合においては，特にこの確

認が必要である（アンブロシヌスは確認方法について詳論する）。

42 我が国の裁判所においてもアハト訴訟が行われているが，アハトに処せられた者の身許確認については，イタリア人が要求する細心の注意は不要だと考える。我が国では，罪を犯しアハトに処せられる者の数はイタリアほど多くない（神は称えられるべし！）からである。ただし，被逮捕者がアハト判決がなされた本人であることについて，裁判官は確信を持たなければならない。

43 次に，ファリナキウスが詳論するように，アハトに処せられ者が逮捕された場合，防禦を行うための期間が与えられなければならない。被糺問者は防禦事由を証明することを許されなければならないと論ずるカルプツォフも，これを肯定している。なぜなら，刑事事件においても，命令抗拒者は領邦法に基づいて有罪を証明されたものとみなされなければならないが，これは推定と解されるべきであって，この推定は反証を許すからである。これはファリナキウスが詳細に論証している通りである。以上アハトについて述べた諸点が我が国では現実に行われることは多くない。それゆえ，この点について詳説することなく，ファリナキウス等が詳論するところを参照されるよう読者に求めたい。

第9章　各犯罪に対する刑罰

　　摘要
1　糺問訴訟の目的は何か（1）
2　徴憑を雪冤した被告人は終局的に放免されるべきか（2）
3　放免された被告人は費用負担を命ぜられるべきか（3）
4　死刑の有責判決を受けた者は費用負担を命ぜられるべきか（2, 3）
5　自白しなかったが有罪を証明された者は有責判決を受けるべきか（4）
6　被告人の有罪が十分に証明されなかった場合はどうすべきか（5）
7　雪冤宣誓が命ぜられるのはいかなる場合か（6）
8　科刑に際し注意すべき点は何か（7）
9　瀆神に対する刑罰（7）
10　偽誓に対する刑罰（8）
11　異端に対する刑罰（9）
12　背教に対する刑罰（10）
13　悪魔と契約を結ぶ者に対する刑罰（11）
14　魔女行為に対する刑罰（12, 13, 14, 15, 16, 17）
15　占師に対する刑罰（18）
16　魔女に助力を求めた者に対する刑罰（19）
17　反逆罪とは何か，誰に対して犯されるか（20 以下）
18　反逆罪に対する刑罰（22, 23, 24, 25）
19　領邦君主誹謗に対する刑罰（26）
20　騒擾に対する刑罰（27）
21　姦通には二義がある（28）
22　姦通に対する刑罰は死刑である（29）
23　これは減軽される場合がある（30, 31）
24　姦通を犯した者の配偶者が刑の減軽を申し立てる場合はどうか（32, 33, 34, 35）
25　姦通を犯した者の配偶者による宥恕の効果は姦通の相手方にも及ぶか（36）
26　婚約者との姦通の場合はどうか（37）
27　姦婦が娼婦である場合はどうか（38）
28　配偶者によって遺棄された者が姦通を犯した場合はどうか（39）
29　姦通後5年すぎた場合はどうか（40）

30 姦夫が自白し，逃亡のため女の自白を得ることができない場合はどうか（41）
31 姦通が既遂に至らない場合はどうか（42）
32 単純姦通に対する刑罰（43）
33 重婚に対する刑罰（44）
34 近親相姦に対する刑罰（45, 46）〔47に対応する摘要は欠〕
35 獣鶏姦に対する刑罰（48）
36 手淫に対する刑罰（49）
37 単純淫行勧誘に対する刑罰（50）
38 公的暴力に対する刑罰（51, 52）
39 私的暴力に対する刑罰（53）
40 いかなる場合に殺人に死刑が科されないか（54, 55, 56）
41 自己の物を防衛するために人を殺すことができるか（57）
42 喧嘩の原因を作った者の場合はどうか（58）
43 武器をもって威嚇した者を殺した場合はどうか（59）
44 正当防衛の限界を超えた者に対する刑罰は何か（60, 61）
45 決闘によって人を殺した者に対する刑罰（62）
46 泥酔状態で殺人を犯した場合はどうか（63）
47 被害者の寡婦との和解は正規刑を免ずる理由となるか（64）
48 斬首の判決を受けた殺人犯はその財産によって被害者の家族に賠償しなければならないか（65）
49 憤怒は殺人の免責事由となるか（66）
50 〔一般糺問において〕死体解剖が行われなかった場合は正規刑が免ぜられるか（67）
51 毒殺に対する刑罰（68）
52 堕胎薬を供した者に対する刑罰（69）
53 近親殺に対する刑罰（70）
54 嬰児殺に対する刑罰（71）
55 子の遺棄に対する刑罰（72）
56 配偶者殺しに対する刑罰（73）
57 兄弟殺しに対する刑罰（74）
58 近親殺の未遂は正規刑を科されるべきか（75）
59 革袋刑を免ずる事由（76）
60 暗殺に対する刑罰（77）
61 強盗殺人に対する刑罰（78, 79）
62 ラント平和侵害に対する刑罰（80）

63 背叛に対する刑罰（81）
64 放火犯に対する刑罰（82）[1]
65 殺人を伴わない強盗に対する刑罰（83）
66 騒擾に対する刑罰（84）
67 脅迫に対する刑罰（85）
68 窃盗に対する刑罰（86）
69 教会窃盗に対する刑罰（87）
70 偽罪に対する刑罰（88）
71 種々の犯罪に対する刑罰（89）
72 なぜ酩酊は避けられなければならないか（90）

1　糾問訴訟全体の主たる目的は，本案判決（sententia principalis）の執行である。判決は，放免判決（sententia absolutoria）又は有責判決（sententia condemnatoria）かのいずれかである[2]。放免判決の内容は，仮放免（absolutio ab instantia）又は実体的放免（absolutio à causa）のいずれかである。前者の場合，被告人は，適切かつ十分な徴憑がないために当該糾問から放免されるが，新たな徴憑が現われるときは再度糾問を行うことができる。後者の場合，その無罪が十分に証明されたために，被告人は犯罪（crimen）それ自体及び被告人の地位（reatus）から完全に放免されるのである。いずれの場合も，放免判決を受けた者は不復讐宣誓（urpheda）を行う義務がある。すなわち，拘禁及び拘禁により蒙った不利益について，自ら又は人を介し官憲，属吏その他に対し，法による[3]又は法によらない復讐を行わないことを宣誓しなければならない。これは，日々の慣習と刑事裁判令176条によって裏付けられる

1　82に対応するパラグラフは欠。放火犯については，81のテキスト参照。
2　"sententia absolutoria" は「無罪判決」，"sententia condemnatoria" は「有罪判決」とする余地もあるが，いずれも，民事事件についても使用される用語であり，「放免判決」，「有責判決」とするのが慣例であるほか，"absolutio" は，以下に見るように，端的に「無罪」を意味しない。
3　「法による復讐」とは，放免判決を受けた者が蒙った損害を裁判手続によって回復しようとすることを指す。刑事裁判令20条は，裁判官が放免された被告人をして不当な拷問に対する訴えを断念させるべく不復讐宣誓をさせることを禁じているから，かかる不復讐宣誓にもかかわらず，不当な拷問を命じた裁判官に対して訴えを提起することは可能である。Conf. Carpzov, q. 127. n. 46 et seq. なお，不復讐宣誓に関する研究として，若曽根健治『ウァフェーデの研究』（2009年）がある。

通りである⁴。ここで直ちに問題となるのは，有罪が立証されず，かつ拷問によって徴憑を雪冤した者は終局的な放免判決を受ける（definitivè absolvendus）べきか否か，である。無罪であることについて疑問のある者が既判事件（res judicata）の抗弁を援用することは不当であるとの理由から，法学者の共通意見はこれを否定する（D. 9, 2, 51, 2⁵）。しかし，ゴメツ，メノキウス，アルキアトゥス〔アルチャート。イタリアの法律家。1491-1550〕，及びこれらの法学者を称賛するマテウスは，終局的な放免判決がなされるべきであるとして⁶，次のような理由を挙げる。すなわち，法律は，放免判決を受けた者を再度弾劾しようとする者は，(1) 新たな弾劾人は自らが受けた侵害について訴追を行うのであり，かつ，他の者による弾劾を知らなかったこと若しくは自ら弾劾を行いえなかったこと，又は，(2) 被告人の前の放免判決が前の弾劾人との通謀に基づくことのいずれかを証明しなければならない，と定めているからであるとする（C. 9, 2, 9; C. 9, 2, 11; D. 48, 2, 7, 2⁷）。しかし，今日の我々の慣習によれば，無罪を証明しない限り，被告人が訴追から終局的に放免されるこ

---

4 不復讐宣誓に反した者に対し，担保提供等を命じ，これが実行されない場合の予防的な身柄拘束を定める。

5 「犯罪が処罰を免れることがあってはならないがゆえに（cum neque impunita maleficia esse oporteat）」という章句が見える。

6 確かに，Matthaeus, tom. 2, lib. 48, tit. 16, cap. 4, n. 18 は，無罪が積極的に証明されない限り終局的放免はないとする現代の共通意見はローマ法上の根拠がないとするが，「ローマ時代，弾劾人たらんとする者は多数存在し，君主の残忍さに媚びようとする，あるいは法律の定める賞金を得ようとする彼らによって，無実の者がしばしば陥れられた。このため，この種の弾劾人の不正や数を抑え，被告人に有利な法を定めることが必要となった。その一つが，弾劾人が証明しないならば，被告人は無罪を証明しない場合であっても実体的放免を受けるという法である。しかし，今日では弾劾人となる者は非常に稀であり，無実の者の安全は保護されている。……多くの犯罪が，弾劾されないため，処罰を免れているのであるから，今日我々が，裁判に付された者は，無罪を証明しない限り実体的放免を受けないという法に従うことには理由がある」と論じている。

7 ① C. 9, 2, 9 は，同一の行為によって複数の犯罪が成立した場合を除いて，同一の公的犯罪について，既に弾劾を受けた者は異なる原告による再度の弾劾を受けない，とする。② C. 9, 2, 11 は，殺人について弾劾を受け，弾劾人がこれを証明できなかったために放免された者を，あらためて同一の殺人について弾劾しようとする第三者は，まず，前の弾劾手続において通謀（praevaricatio）がなされ，そのために被告人が放免されたことを証明しなければならない，とする。③ D. 48, 2, 7, 2 は，放免判決を受けた犯罪について再度弾劾されないことが原則であるとするが，「他人の間に生じた既判力は第三者を害さない（res inter alios judicatae, alii non praejudicant）」のであるから，自分自身が受けた侵害について弾劾を行おうとする新たな弾劾人は，他の者によって既に弾劾が行われたことを知らなかったことを証明するならば，再度の弾劾を許されるとする。

とはない。今日では犯罪を告発する者は全く稀であり、かつ弾劾人となる者がいないために多くの犯罪が処罰を免れているからである。

2 ところで、放免判決を受けた者に対し、費用について有責判決をする (condemnare) ことができるか否かが問題となる。確かに、〔敗訴した〕当事者に訴えを提起する相当の理由があった場合を除いて (CCC 201[8])、勝訴した者ではなく敗訴した者が費用について有責判決を受けるとするのが正しい (I. 4, 16, 1 ; D. 5, 1, 79, pr. ; C. 7, 51, 4[9])。しかし、疑問の残る場合であっても、官憲が悪意から糺問を行ったとは推定されず、また、被糺問者が自ら賢明でない振舞いによって糺問の端緒を提供し、それ自体十分に有力な徴憑を拷問によって雪冤したなどの理由から、実体的放免ではなく、たんなる仮放免の判決を受けることがしばしばあるため、専ら手続追行から放免された被告人が、同時に費用の償還を命ぜられた例を私は知っている。したがって、被糺問者が自ら糺問の端緒を作り、〔有責判決をするには〕自白のみが必要であるという程度に徴憑に基づく嫌疑があったが、拷問〔に耐えること〕によって徴憑を雪冤した場合、又は、証拠不十分により被告人が放免されると予想されるような場合には、裁判官は〔本案判決作成の依頼と〕同時に、かかる事情の下で被糺問者に費用償還を命じうるか否かについても、法有識者団の鑑定を求めるべきである、と私は考える。そして、これはしばしば行われているところである。

3 死刑判決を受けた被告人に費用負担を命ずることができるか。これを衡平に反するという法学者がいる。しかし、「これは衡平に反して不合理であるとは考えない、なぜなら、かつては死刑を科された者の財産は同時に没収され、その4分の1が弾劾人に褒賞として与えられたことを考えるならば、ユスティニアヌス帝が没収の大部分を廃止してしまっている今日、弾劾人又は正当な理由に基づき糺問を行うべき裁判官が、少なくともその訴訟のために支出した金額を得ることは不合理ではないからである」、とするマテ

---

8 弾劾人による訴追に十分な理由がある場合について、費用・損害の補償は裁判官の判断によるものとする。敗訴した者が勝訴した者に対し費用・損害を補償するという原則に対する例外である。Vide Clasen, art. 201, ⑵.

9 いずれも、敗訴した者に費用負担を命ずる法文である。

ウスの見解が正しい。これは，特に，子若しくは親のいない者の場合，又は被告人の追捕若しくは証人による有罪立証に多額を要した場合に正当である。いずれにしても，糺問訴訟は多額の費用を要し，かつ罰金及び裁判手数料による収入はかつてと比べ減少している。したがって，有責判決を受けた者の財産によって追捕等の費用を裁判官に償還することは，とりわけ，国外の相続人が財産を相続する場合，又は〔被告人が〕裕福である場合は，全く正当である。すなわち，裁判官は〔訴訟のために〕やむなく費用を支出するのであるから，刑罰として死刑に処せられた者にその費用を負担させてよい。

4 被告人が自白しなかった場合においても，有罪が証明されるときは有責判決を行うべきである。刑事裁判令69条は次のように定める。「十分な証明がなされた後，被告人がなお自白を拒む場合において，その告知によって被告人の自白を得ることが一層容易になる見込みがあるときは，犯行につき既に有罪が証明されていることを被告人に告知しなければならない。それにもかかわらず，上記のように十分に証明された犯行をなお自白しない場合においても，被告人は，拷問を受けることなく，有罪を証明された犯行に応じて有責判決を言い渡されなければならない」。

5 被告人が十分に有罪を証明されなかった場合，カルプツォフによれば，軽罪であれば法規に基づかず（extra ordinem）裁量刑によって，ただし，有罪を〔十分に〕証明された場合よりも軽く処罰され，あるいは，〔重罪であれば，[10]〕上述したように，拷問に付され（前述参照），又は被告人に雪冤宣誓が命ぜられる[11]。

前者について，オルデコープは，強い疑問を提起する。確かに，カルプツォフの見解は罰金に関しては全く理解しうるものであり[12]，メノキウスも罰金について同様の見解をとる。オルデコープは，メノキウスに従って，反証を許さない法律上の推定（praesumptio juris et de jure）に基づく場合について

---

10 テキストには「重罪であれば」という部分を欠くが，非身体刑事件について拷問が行われないことは8章5節21から明らかであるから，このような補足が必要である。
11 8章2節2参照。
12 8章2節2では，「軽罪の〔完全証明がない〕場合は，特別刑を科し，あるいは，雪冤宣誓を科す（これは偽誓の機会を与えることになる）よりは，被告人を手続から仮放免すべきだ」とするから，罰金刑の場合が例外だという趣旨であろう。

は〔カルプツォフの見解を〕是認する。しかし〔私見としては〕，法律上の推定である場合は，〔カルプツォフが主張するような，推定に基づく〕特別刑による処罰を可とする共通意見に従いたい¹³。これに対し，推定が事実上のものである (praesumtio hominis) 場合については，オルデコープに従い，拷問も雪冤〔宣誓〕も科すことができないときは，糺問の契機となった，疑わしい人物との交友，迷信行為等々の過ち (culpa) を根拠に処罰する場合を除いて，被告人はいかなる刑罰も科されるべきではないと考える。確かに，故意過失が証明できない場合に，2度連続して自宅から出火したことを理由に被告人が転居を命ぜられることがあるが，これは刑罰というよりも，むしろ公衆の憤激を避けるために行われるものである。魔女の嫌疑を受けた女が転居を命ぜらるのも同様である。

　6　それまで良い評判を受けていた被告人に対しては，雪冤宣誓が命ぜられるべきである¹⁴ (X. 5. 34. 1¹⁵)。被告人はこれによって，糺問を受けた犯行について無罪である旨宣誓し (X. 5. 34. 16¹⁶)，かつ，被告人の無罪につきその旨確信することを宣誓すべき7名の宣誓補助者 (compurgator) が立てられなければならない (X. 5. 34. 5¹⁷)。このような雪冤宣誓は用いられなくなったが，シュパイエルの帝室裁判所において今日でもなお，平和令違反 (Ord. Cam. p. 2, tit. 10¹⁸) 及びレーエン事件 (c. Sacramentum de consuet. recti feudi.¹⁹) について要求されている。かかる宣誓は，半完全証明に基づくものではなく，

13　法律上の推定の場合，反証がない限り完全証明となるという趣旨であろう。8章2節注51参照。
14　雪冤宣誓を命じうる要件に関するカルプツォフの見解は，8章2節注52参照。
15　X. 5. 34. 1は，「貴族又は自由人が，司教裁判所において弾劾され犯行を否認する場合，信用しうる人物であることが知られているときは，12名の自由人とともに雪冤しなければならい」とする。
16　高位聖職者に対して，風評のある聖職売買，裁判上の収賄，貧欲の罪を「大司教職に就任して以来，決して犯したことがない」旨宣誓することを命ずるが，既に贖罪を行っている場合は「罪を免れている (immunis)」ことになるから，風評のある「罪を免れている (immunis)」という宣誓では足りないとする。
17　本人が罪を犯したことがない旨宣誓した後に，宣誓補助者は「本人が真実を宣誓したと信ずる」旨宣誓しなければならないとする。
18　帝室裁判所令第2部第10章は，平和令違反の被告人に対する雪冤宣誓を規定する。
19　レーエン法第2巻第33章は，授封をめぐる訴訟に関して12名の宣誓補助者を伴う宣誓について言及する。

たんなる嫌疑に基づいて科される。これを拒む者は有罪を証明されたものとみなされる (X. 5. 34. 7 et 10^{20})[21]。しかし，宣誓を行った場合は，ハイギィウス〔ウイッテンベルク大学教授。1558-1599〕の説くように，終局的に放免され，かつ費用負担をも免ぜられるべきである。ただし，費用については，被告人が自ら疑わしい又は不穏当な行為によって〔糺問の〕端緒を作った場合を除くと解する。この場合は，犯罪それ自体から終局的に放免されたとしても，費用につき有責判決をすることは可能であろう。

　7　ところで，科刑に際しては大いなる慎重さ，学識，経験そして熟練が要求される。事実，ほとんどすべての犯罪について刑罰が定められているが，犯行の諸事情ははなはだ多様であり，このため，カール5世皇帝はしばしば，経験ある法有識者に鑑定を求めることを裁判官に命じている。ブランデンブルク選帝侯殿下もまた我が法学部及びブランデンブルク参審人会の鑑定を求めることを命じている。犯罪には多くの種類があるから，それらに対する刑罰を以下に略述しておきたい。犯罪の第1の種類は神に対するものであり，これにはまず瀆神がある。その刑罰は1530年改正警察令の「瀆神について」の章に定められており，初犯は投獄，再犯は罰金であり，罰金は貧しい娘の婚資に充てられる。三犯は死刑である[22]。聖母に対する場合は，身体刑又は罰金である。1577年警察令第1章は死刑又は切断刑を科すが，これは神を畏れざる言葉による重大な瀆神の場合と解する。これは我が法学部のとった見解であり，この点について我々は何ら後悔していない (Nov. 77[23])。しかし，遺憾ながらこの犯罪が糺問を受けることは稀である。この犯罪に対しては寛大な態度よりも厳しい態度で臨む必要がある。

　8　神に対する犯罪の第2は，情を知って真実に反する正式の宣誓を行う偽誓である。民事における偽誓の場合は，派生するものを含め与えた損害を賠償し，すべての公職と特権を奪われ，名誉喪失者となり，かつ〔宣誓に際して〕聖書に触れた2本の指を切断される。刑事においては，偽誓を受け

20　雪冤宣誓を行わなかった聖職者は職務と禄を剥奪され，修道院に監禁されることを定める。
21　これに対し，カルプツォフの見解によれば，重罪の場合であれば，雪冤宣誓の拒否は拷問のための徴憑になる。8章2節注52参照。
22　この量刑（独訳も同じ）は理解しにくい。
23　Nov. 77, 1は，瀆神を禁じ，禁止に対する違反を処罰すべきものとする。

た被告人に対し死刑が科されたときは，同じ刑罰が偽誓した者に科される（CCC 107）。

9　神に対する犯罪の第3は，異端であり，これは，ニケーア，コンスタンティノープル，エフェソス及びカルケドンにおける4回の公会議において禁止された誤謬を執拗に擁護することである（C. 1, 5, 8; Nov. 115, 3, 14[24]）。その刑罰は，追放，財産没収，流刑及び場合により死刑である（C. 1, 5, 8, 5）。教皇派の許では端的に死刑であるが，我々〔新教徒〕の許では瀆神を伴わない限り死刑とはならない。穏やかな生活をしている異端者はあまり厳しく扱われるべきではない（Nov. 129, 1[25]）。

10　神に対する犯罪の第4は，背教すなわちキリスト教信仰の全面的放棄である。その刑罰は異端に対するよりも当然に重くなければならない（C. 1, 7[26]）。

11　第5に，悪魔と明示的な契約を結んだ者である。これらの者はコルネリア法[27]の定める刑罰を科される。例えば，魔術師（magus），学問の名を騙ってたわごとを言い繕う占星師（mathematicus），鳥占師（auguris），腸卜師（aruspex, ariolus），予言師（vates），籤占師（sortilegus）及びこの種の術を教え又は学ぶ者がそれである。

12　魔術師とは，人等に呪いをかける者であって，焚刑又は斬首刑に処せられる（C. 9, 18, 3, 5 et 6[28]）。

13　呪いによって人又は家畜に害を加えた者は生きながら焚殺される（CCC 109）。

14　人又家畜に害を加えない場合であっても，明示的に悪魔と契約を結

24　C. 1, 5, 8 は，ニケーア等の公会議において異端とされた宗派の活動を禁じ，違反に対する刑罰を定める。Nov. 115, 3, 14 は，子の異端信仰を相続から除外する理由になりうるとする。
25　行いを改めることを条件に，法による権利制限を廃する趣旨の章句が見える。
26　「背教」に関する章であり，奴隷などに強いて，キリスト教信仰を捨てさせ，忌むべき教団に参加させる行為に死刑を科す法文等が見える。
27　D. 48, 8.「暗殺及び毒殺に関するコルネリア法」の章であり，殺人の結果に結びつく種々の行為類型の可罰性を定める。殺人，放火，殺人若しくは窃盗の目的で行う武器の携帯，刑事訴訟の裁判官が無辜を有罪とするために偽証させる行為，殺人目的で毒薬を準備し若しくは与える行為，死刑事件において被告人を有罪とするために偽証する行為等を挙げる。他方，子供，狂人による殺人には，コルネリア法は適用されないとする。
28　腸卜師，占星師，魔術師等に対する刑罰を定める。

び，神との間に結ばれた契約を破棄した者に対する刑罰は死刑である。神の法によっても同様である（出エジプト記22・18，レビ記20・27，申命記18・10[29]）。シュテファーヌス，カルプツォフによれば焚刑であるが，斬首刑が科されることも多く，この方が刑事裁判令109条に忠実だと思われる。

15　悪魔と明示的な契約を結び，同時にこれと忌むべき交合を行った者は，通常焚刑を科される。

16　悪魔との明示的な契約を結ばない場合であっても，魔術的手段を用いて他人に害を加えた者は毒殺犯人と同じ刑罰を科されるべきである。ザクセンの裁判所その他においては斬首刑が科されることが多い（C. 9, 18, 5 et 6[30]）。

17　魔術によって予言を行った者の刑罰も同じく斬首である（C. 9, 18, 5）。

18　しかし，迷信的手段，記号，御符等を用いた占師は，C. 9, 18, 4[31]廃止後は，裁量刑によって処罰されている。

19　魔術師に助力を求めた者は，他人に害を加える意図であった場合は，斬首刑であるが，無知による場合は斬首刑を科されない（出エジプト記20・6，申命記18・10，C. 9, 18, 3[32] et 5）。あれこれの者に害を加えることを魔術師に依頼した者は当然に斬首刑である。

20　〔神に対する犯罪以外の〕その他の犯罪は，人に対する犯罪又は国家の名誉と平穏に対する犯罪である。その中で最も重大な犯罪は，ローマ人及びその安寧に対して行われる反逆罪（crimen majestatis）である。これは，被支配民（subditus）によってのみ犯されうるものである。封臣（vasallus）は同時に

29　「魔術をつかふ女は生かしておくべからず」（出エジプト記22・8），「男または女の憑鬼者をなし或は卜筮をなす者はかならず誅さるべし即ち石をもてこれを撃つべし彼等の血は彼らに帰せん」（レビ記20・27），「汝らの中間にその男子女子をして火の中を通らしむる者あるべからずまた卜筮するもの邪法を行ふ者禁厭する者魔術を使ふ者法印を結ぶ者憑鬼する者巫覡の業をなす者死人に詢ことをする者あるべからず」（申命記18・10-11）。
30　第5法文は，腸卜師，占星師等に予言を求めることや，そのような職業を斬首の刑によって禁じ，第6法文は，魔術による人に対する加害行為を，身体を猛獣に与える死刑をもって禁止する。
31　C. 9, 18, 4 は，魔術によって人の健康を害し，あるいはまじめな人間に放縦を唆す者の処罰を定めるが，ぶどうを雨，風，霰から守るために魔術を使う者を処罰しないとする法文である。これが「廃止された」というのは，刑事裁判令107条が，加害的な魔術に当たらない迷信的行為を可罰的としたことを指すのであろうか。
32　第3法文は，腸卜師等が他人の家を訪ねることを焚刑をもって禁止し，腸卜師を家に招き入れた者に流刑と財産没収を科す。

被支配民でない限りこれを犯すことができない (Clem. 2. 11. 2³³)。

21　反逆罪には2種類がある。一つは，国家及びその安寧を害すべく敵意をもって決起する場合である。その例は D. 48, 4, 1 et 2³⁴ に挙げられている。この犯罪は帝国選帝侯に対しても成立するが (Cap. 24. Aur. Bullae³⁵)，現在は，他の帝国等族にも拡張されている。

22　現存の国家 (status praesens) に対する敵意から行われる場合は，顧問官に対しても反逆罪が成立する。その刑罰は斬首 (CCC 124)，さらには引裂であり，財産没収が併科される (C. 9, 8, 5 ; Cap. 24. Aur. Bullae ; CCC 218³⁶)。反逆罪の場合，未遂，さらに外部的行為に至った場合は企図もまた可罰的である。

23　〔犯人の〕子女は相続権を失う (C. 9, 8, 5, 1³⁷)。ただし，女子は母親の財産から遺留分のみを相続する。これはあまりに苛酷であり，この点に関する先例について詳論するファリナキウスが引用する若干の論者が，この法文³⁸は廃止されたと主張するのはそのためである。

24　共謀者のみならず，事情を知り，かつ告発又は警告をしていたならば危険を防止しえたであろう者も，共犯として死刑を科される (C. 9, 8, 5, 6³⁹)。したがって，何びとも反逆罪を告発する義務がある (C. 9, 8, 5, 7⁴⁰)。

33　封臣シチリア王の反逆罪に対し皇帝が下した欠席裁判について，シチリア王は帝国外たるシチリアに継続的に居を定めており，「判決中に述べられた事実がすべて疑いのない真実であったとしても，皇帝に対し反逆罪を犯しうるような関係で皇帝の支配に服していなかった」として反逆罪の成立を否定する。
　なお，Matthaeus, tom. 2, lib. 48, tit. 2. cap. 1 によれば，被支配民とは「何びとかの至高の支配権に服する者」であり (n. 7)，封臣であり同時に被支配民である者とは「封に基づいて忠誠義務を負うだけではなく，封主の裁判権にも服している者」をいう (n. 13)。

34　上長の命令なく人質を解放すること，武装して都市に人を集結させること，民衆の反乱を教唆すること，属州において後任者の赴任にもかかわらず退任しないこと，指揮下の軍を遺棄すること，敵から利益を得ること，公的記録に知情の上虚偽を記入することなどを反逆罪とする。

35　いわゆる金印勅書第24章は，聖俗諸侯殺害の陰謀を反逆罪とし，斬首，財産没収を規定する。Vgl. Die goldene Bullue Kaiser Karls Ⅳ, cap. 24, abgedruckt in : K. Zeumer, *Quellensammlungen zur Geschichte der deutschen Reichsverfassung in Mittelalter und Neuzeit*, 2. Teil, 1913, S. 209.

36　前二者は反逆罪について死刑，財産没収を定める。刑事裁判令218条は，一般犯罪に関する財産没収を禁じた上で，反逆罪について特に財産没収を定める。

37　反逆者の息子の相続権を否定し，公職に就くことなども禁止する。

38　C. 9, 8, 5, 3を指す。

39　反逆者及びその息子に対する規定は，共犯者及びその息子等にも適用されるとする。

40　陰謀を通報した者に対し褒賞，名誉を，発覚以前に自首した者に対する恩赦を定める。

258　第9章　各犯罪に対する刑罰

25　〔反逆罪のもう一つの種類である〕単純反逆罪は，領邦君主の肖像を捨てるなどのように，領邦君主の栄誉と尊厳に対して行われる。この場合は斬首とは限らず，追放又は流刑が科せられることもある (D. 48, 19, 40 juncta 24[41])。

26　反逆罪に非常に類似した犯罪として領邦君主に対する誹謗があるが，これは本来反逆罪ではなく，したがって反逆罪に対する正規刑によって処罰されるべきではない。〔たんなる〕口の軽さを安易に処罰すべきではないから，誹謗が重大なものである場合に〔のみ〕事件を領邦君主に報告し，裁量刑によって処罰すべきである (D. 48, 9, 7, 3[42])。

27　騒擾 (seditio) とは，公共の平穏を害すべく行われた，民衆による襲撃行為である (CCC 127)。領邦君主又は国家に対して行われる場合は大逆罪 (perduellio)[43] となるが，官憲若しくは領邦君主の官吏 (officiales) に対して私怨から行われる場合は反逆罪とはならない。刑罰は絞首，焚殺，引裂その他の極刑であるが (C. 9, 30, 2[44])，場合によっては追放が科される。全住民が騒擾に同意し，熟慮の上暴動を是認した場合は，庶民は罰金，さらには特権剥奪をもって処罰される (C. 9, 30, 1[45])。日頃善良な庶民を，彼らに咎めるべき点がないにもかかわらず処罰することは正しいとはいえず，また，偶然に暴動に参加した者は直ちに騒擾行為を行ったことにはならないからである。首魁が処罰されるべきであって，煽動された多衆は宥恕されなければならないのはそのためである (D. 48, 19, 38, 2[46])。また，官吏が悪政によって暴動の原因を作った場合，刑は減軽されるべきであり，したがって，刑は原因，行為，方法，損害を考慮して裁量によることになる。

28　姦通罪には広狭の二義がある。狭義の姦通罪は有夫の女，さらには

41　第40法文は，帝国の敵を蔵匿した者に対する追放，その蔵匿を知って長期それを秘匿した者に対する流刑を命じ，第24法文は，反逆罪によって追放又は流刑となった者の彫像の撤去を命ずるが，ここからテキストにあるような推論が可能なのであろうか。
42　軽率さは処罰に値しないから，口の軽さは安易に処罰されるべきではないという章句が見える。
43　大逆罪については，11章11参照。
44　扇動者は古法に定める刑罰をもって処罰されるべしとする。
45　扇動者は厳しく処罰されるという法文であり，テキストとの対応関係が明確でない。なお，庶民に対する「特権剥奪」というのは職業上・営業上の特権を指すのであろう。
46　騒擾の首魁は身分によって，絞首，身体を猛獣に与える死刑，流刑によって処罰されるべきであるとする。

259

婚約中の女についても成立する (D. 48, 5, 13, 3 ; C. 9, 9, 7[47])。広義の姦通罪は, 未婚の女に対して有婦の男が行った淫行勧誘を含む。さらに, 姦通は〔共犯者の一方のみが有配偶者である〕単純姦通, 又は共犯者の双方が結婚〔の誓い〕を破ることになる重姦通 (adulterium duplicatum) のいずれかである。

29　姦通に対する刑罰は, C. 9, 9, 30[48]におけるコンスタンティヌス帝の勅令によれば男女ともに, 男が未婚であっても死刑である。C. 9, 9, 30は一般的に死刑を規定しており, この点につき〔男女による〕区別を設け, あるいは〔男に対する死刑を〕重姦通に限定する法文は存在せず, かつ, ユスティニアヌス帝は Nov. 134, 10[49]において男に対する死刑を一般的に是認し, その上で有婦の男と未婚の男とを〔, その財産の処分につき〕区別している〔にすぎない〕からである。この点に関して, キリスト教徒の間で疑問が生ずることがあってはならないことは当然である。なぜなら, これは, キリスト教徒ならばあらゆる人間の法に優先すべき神の言葉に合致し, また, 神の法に反する見解の論証に援用しうるようなローマ法上の規定は存在しないからである。

30　(1) ところで, 〔ローマ法上〕女に対しては死刑が免除されている。すなわち, かつて姦婦は笞刑の上修道院に監禁され, 夫は2年以内にここから連れ戻すことができたのであるが (Authenticae C. 9, 9, 30[50]), 我々の慣習によれば, 笞刑及び永久追放によって処罰される。ユスティニアヌス帝の命じた姦婦に対する死刑の免除は, 行い正しい人々によっては支持されていない。我が選帝侯領では, 重姦通の場合は, 女も男と同様斬首に処せられる。現にそのような判決がなされていることは記録に見い出だすことができる。そしてそれは全く正当なことである。

31　(2) オランダなど若干の地方では, 有夫の女と通じた独身の男の場合, 斬首刑は領邦法又は慣習によって免除されている。しかし, これは神の法及び皇帝法に反しており, マテウスが免除に反対しているのは正当であ

47　D. 48, 5, 13, 3 は, 姦通罪は婚約中の女にも成立する, とする。C. 9, 9, 7 には, これを前提とする規定が見える。
48　姦通を行った者は死刑を科されるとする。
49　姦通者はコンスタンティヌス帝の定めた刑罰に処せられるとする。
50　この Authenticae は Nov. 134, 10 からの抜萃であり, テキストと同趣旨の規定が見られる。

る。また，裁判官の誤りから笞刑が科されたことがあるが，笞刑が科されたことを理由に，神法及び皇帝法に反する不合理な慣習を認めるべきではない。カルプツォフが，正しくは斬首が科されるべきであったと述べているのはそのためである。

32　(3) 配偶者が刑の減軽を申し立てた場合は，姦通に対する刑罰は減軽される。すなわち，この場合は正規刑，さらには身体刑も免ぜられるのが通例である。カルプツォフはこれを Nov. 134, 10 等を根拠として証明する。これは慣習によっても受け容れられているが，その配偶者は，〔減軽の上〕追放に処せられた姦通罪の被告人とともに退去する義務がある。カルプツォフは，姦通発覚後なお妻を留めおいて同棲したことに基づく黙示的宥恕，さらには，配偶者死亡後に姦通が発覚した場合の〔死亡配偶者の〕推定的宥恕を理由に，身体刑が免ぜられると説いている。

33　しかし，これらはすべて法的根拠を欠いている。配偶者による宥恕は確かに姦通に関する民事訴追と民事罰を免れせしめるが，公的な処罰を免れせしめることはできないからである。したがって，このような慣習は領邦君主によって是正されるべきであろう。

34　配偶者双方が姦通を犯しており，互いに減軽を申し立てた場合，正規刑を免ずるべきであるとカルプツォフは説くが，これは一層不当である。もっとも，カルプツォフはザクセン法について述べているのである。このような場合について，実務において私はモレールス〔ライプツィッヒ参審人会陪席。† 1600〕に従った。罪を犯していない〔配偶〕者に与えられた特権を，姦通を犯した者にまで与えるのは不当と思われるからである。すなわち，罪を犯していない〔配偶〕者が減軽を申し立てた場合に姦通を犯した者が死刑を免ぜられるのは，罪を犯していない配偶者に対する配慮に基づくのであって，姦通を犯した者に対する配慮に基づくのではない。そしてこの場合は双方ともが姦通を犯しているのである。

35　カルプツォフは，宥恕〔の効果〕に，重姦通の場合は犯人をして刑を免れせしめるものではないという制限を加える。多少神法に反するこの種の特権は極めて狭く解されるべきだからである。

36　罪を犯していない〔配偶〕者による宥恕は，犯行の相手方すなわち共

犯たる男又は女についても効力が及ぶとするカルプツォフの見解は是認しえない。カルプツォフは, D. 48, 5, 17, 6 を援用することがはなはだ不当であることを認めており[51], また, カルプツォフが援用するファリナキウスはこの種の場合について述べているのではない。さらに, このような見解はばかげた結果を招くものである。すなわち, 妻がしばしば誘惑を受けたために罪を犯し, 夫が執拗に誘惑されたことを理由に罪を宥恕した場合, むしろ誘惑者に不利益となるべき〔執拗な誘惑という〕宥恕原因が, 誘惑者にとって刑の減軽事由となるのはばかげたことだと思われる。実際に起きた例を挙げたい。貞節な妻を持つ市民がいたが, 職人として雇った男がその妻に恋慕した。この邪悪なならず者は女と通じようとした。女主人は長い間それを拒んだが, ついに執拗な誘惑に心を動かされて, 男を許した。罪が行われると, 女は深く悔いて顛末を夫に告白し, 跪いて夫の許しを乞い, 許しを得た。しかし, 男は弾劾された。夫による減軽申立て, 及び, 裁判官を同情せしめた種々の事情に基づいて, 女に対する正規刑は支障なく減軽された[52]。この場合, 同様にそのならず者も刑を減軽されるべきであろうか。これを肯定する者はいないと考える。なぜならば, 姦婦が宥恕されたのは, そのならず者が女主人を口説くのに様々の誘惑と術策を用いたからであり, 妻に対する宥恕に基づいて男もまた許されるべきだとすれば, 男が女主人に用いたさまざまの術策に基づいて男は許され, したがって, 密通者の狡知が密通者に対する正規刑を減軽する理由になるからである。すなわち, 密通者の狡知が,〔瞞されたという〕その限りで罪のない女が宥恕される原因であり, 女に与えられたこの宥恕が密通者が宥恕される原因となるのである。原因の原因は結果の原因でもある。経験によれば, 配偶者が誘惑された夫又は妻のために減軽を

---

51 Carpzov, q. 55, n. 123 は, 「〔宥恕の効力は相手方にも及ぶと主張する〕論者は一般に, l. denunciasse 17. §. quaeritur. 6. ff. ad L. Jul. de adult.〔=D. 48, 5, 17, 6〕を論拠にあげる。これは,『姦夫が無罪となるならば, 女は男〔に対する無罪判決〕によって無罪が証明されているのであって, もはや弾劾されることはない。また, 姦夫が有罪となっても, 女はまだ有罪とされたわけではない』というものである。上の論者は, 敢えて (conor) この法文によって, 一方に対する宥恕の効力は他方にも及ぶという命題を証明しようとするのである」と述べている。D. 48, 5, 17, 6 は, 姦通の一方当事者に生じた有利な事情は他方当事者にも有利に働くという趣旨で, 上記命題の論拠とされているのであろうか。

52 この前後の記述は冗長である。独訳ではこの例示部分が削除されている。

申し立てる場合は常に，その夫又は妻はさまざまの誘惑によって嗾されたものであるという主張をする。しかし，このような理由は誘惑者たる男又は女にとって一層不利益な事情となるはずのものである。

37 (4) 婚約している女との姦通の場合は，刑が減軽され，笞刑が科されるのが通例である。しかし，神の法によれば死刑が科されるべきことは疑いがない（申命記22・24）。クィアキウス〔フランスの法律家。1522-1590〕が死刑がローマ法に合致するというのは正しい。これは，カルプツォフの引用するテオドリクス〔ライプツィッヒ大学教授。1580-1640〕も認めるところである。これは拡張解釈ではなく，むしろ，婚約者は婚約によって直ちに妻となるのであって妻の中に含まれるのである。したがって，実務は改善が必要であろう。

38 (5) 姦通の共犯となった有夫の女が不特定多数の者に対して身を売り，娼婦として生活していたものである場合は，C. 9, 9, 22[53]によれば，刑は減軽される。この法文と D. 48, 5, 13,[54] は矛盾すると考えられるが，これらの法文は，女及び女を最初に堕落させた男は正規刑により，その他の男は特別刑をもって処罰される，と矛盾が解決されている。これと異なり，マテウスは，婚姻継続中の女と独断で（privata authoritate）離婚状態にあった女とを区別するが，正しいと思われない。

39 (6) 姦通を犯した者が配偶者によって遺棄されたものである場合，刑が減軽されるのが通例である。カルプツォフは，このような場合について〔ライプツィッヒ〕参審人会は追放刑を科したと報告している。しかし，この場合，遺棄の原因を作ったのは誰か，遺棄の期間はどうか，遺棄者が死亡したと一般に思われていたか否かによって区別すべきだと考える。なぜなら，恣に罪を犯すため遺棄の原因を作るということも考えられるからである。

40 (7) 姦通後5年経過した場合は，刑はすべて免ぜられる（D. 48, 5, 11, 4 ; D. 48, 5, 29, 5[55]）。ただし，犯人の逃亡によって逮捕できなかった場合を除

---

[53] 相手方が娼婦の場合は，姦通を犯したことにはならないとする。
[54] 夫は不特定多数の男と姦通した妻を訴追することができるとする。
[55] D. 48, 5, 11, 4は，女が死亡した場合においても，犯行後5年は弾劾をすることができるとする。D. 48, 5, 29, 5は，離婚から60日，かつ犯行後から5年経過した場合は，女を弾劾することができないとする。

く。我が法学部が，10年後良心の苦しみから罪を告白した女に対して教会の定める贖罪を命じた例がある。

41 (8) 姦通を犯した男が自白したが，女が逃亡中のために自白を得ることができない場合，あるいはその逆の場合，刑は減軽される。しかし，カルプツォフは，他の徴憑がある場合を除くとする。したがって，裁判官が有力な徴憑に基づいて糺問訴訟を行ったということを前提とすれば，かかる徴憑及び共犯者の逃亡から，逃亡した共犯者の自白が推定されるから，カルプツォフが挙げる，逃亡中の女に対して有力な徴憑があり，かつ，女がこの種の推定を受けるような人物であるという根拠に基づいて，男に正規刑を科すことは不当ではない[56]。

42 (9) 次のような場合も刑が減軽される。姦通が既遂に至らなかった場合，夫婦の一方に離婚原因として十分な障碍がある場合（ただし，姦通の相手方はこれによって刑を減軽されない），夫婦の一方が他方を悪意をもって〔同衾を〕拒んだ場合，〔姦通の相手方の〕結婚を知らなかった場合，既に寝台と食卓をともにしていなかった場合，魔術又は執拗な甘言に唆された結果として罪を犯した場合，ほとんど故意に泥酔させられた場合などがそれである。

43 独身の女と妻のある男の単純姦通は死刑ではなく，笞刑によって罰せられる。ただし，妻による減軽の申立てがある場合は追放をもって処罰される。ザクセン選帝侯領では夫は死刑である。

44 姦通より重いのが重婚罪である。刑事裁判令121条によれば斬首又は死刑に値する。故意によって行われ，同衾により既遂に達しており，かつ遺棄されたためという弁解事由のない場合に限る。相手方は笞刑によって罰せられる。

45 近親相姦も〔姦通〕より重い場合がある。すなわち，尊属と卑属の間で犯された場合は死刑である。これはローマ法上の法文に基づくものではなく，この種の近親相姦があらゆる姦通よりも重いことが疑いないからである

---

[56] Carpzov. q. 60, n. 4 et seqq. は，「姦通は，密行されるため，自白による以外罪体を確認することが困難である。……しかし，密行されるために証明が困難な犯罪においては，何らかの推定根拠，推認根拠があれば，自白は〔有責判決に〕十分である」とする。罪体の確定がなければ自白のみでは有罪にできないという原則と，犯跡が残らない犯罪の場合の罪体の確定については，7章3以下参照。

（レビ記20・10[57]）。カルプツォフはこれを庶子にまで拡げる。姻戚関係上尊属・卑属の関係にある者の場合は一般に笞刑が科される。兄弟姉妹の場合も笞刑であるが，マテウスはこれを否定し，死刑を主張する。カルプツォフが挙げる若干の法学者は，Nov. 134, 10[58]を根拠として，女についてはこの犯罪を死刑によって罰することができないとみなしているが，この見解は D. 48, 5, 38, 2[59]によって反駁されており，また，やや理性に抵触する新勅法〔= Nov. 134, 10〕は拡張適用されるべきではない。

46　従兄弟姉妹の間で行われた場合のように，近親相姦がローマ法には反しているが，万民法，自然法又は神法に反しない場合[60]は，淫行勧誘（stuprum）と同じく刑罰は裁量的であると考えられる。また，女については刑が免除される（D. 48, 5, 38, 2）。

47　強姦（stuprum violentum）に対する刑罰は，刑事裁判令119条によれば斬首である。この点について論ずるカルプツォフはこれを，女が死の恐怖から結局同意した場合にまで拡げる。

48　獣鶏姦（sodomia）に対する死刑は，獣姦の場合は焚刑，性を倒錯する忌むべき犯罪〔= 鶏姦〕の場合は斬首である。

49　手淫（stuprum manuale）に対する刑罰は裁量的であり，笞刑又は追放による。しかし，マテウスの説くように，オナンの例に従うならば死刑を科す方がよいかもしれない[61]。

50　〔淫行の常習なき婦女に対する〕淫行勧誘（stuprum simplex）の刑罰は，名誉ある者の場合は財産の半分の没収，その他の者の場合は笞刑を含む身体刑であるが，今日の我々の誤った慣習によれば裁量刑とされ，追放刑が科されることは稀で，投獄又は罰金，あるいは不処罰の例が多い。しかし，誘惑した男が誘惑された女と結婚しようとしない場合は，身体刑が命ぜられるべき

57　「その父の妻と寝る人は父を辱しむるなり両人ともかならず誅されるべし」。
58　本章30参照。
59　近親相姦が万民法に反するものである場合，すなわち尊属と卑属の間でなされた場合は，女も男と同一の刑罰に服するが，ローマ法によって特に禁ぜられた近親相姦の場合は，女は処罰を免れるとする。
60　前注参照。
61　創世記38・9参照。

である (X. 5. 16. 2[62])。宗務局令 (Consistorial-Ordnung) 第62章において,「又は, 結婚を拒むときは法の定めに従い処罰される」と定められたヨハン・ゲオルク・ブランデンブルク選帝侯殿下は, カノン法上のこの規定を考慮されたものと思われる。

51 肉の罪の次には, 公的及び私的暴力が処罰されなければならない。公的暴力とは, 公職にある者によって違法に行われた暴力, 公職にある者に対して行われた暴力, 又は, 武器を示して行われた暴力をいう[63]。これに対する刑罰は, かつては流刑であったが, 今日では, D. 48, 6, 11 ; C. 9, 12, 6[64] に定められているように, 笞刑, 追放, 断手, 場合によっては斬首である。特別の公的暴力[65]についても同じである。

52 婦女掠奪 (raptus)――刑罰は斬首。この点については勅法彙纂が定める[66]――及び上述の強姦も公的暴力に属する。ラント平和侵害も同様であり, その刑罰は斬首又は帝国アハトである (本章80参照)。

53 私的暴力に対する刑罰は名誉喪失を伴う財産の3分の1の没収である (D. 48, 7, 1[67])。しかし今日では裁量刑が科される。

54 殺人 (homicidium) に対する刑罰は斬首である。しかし多くの例外がある。法律上の根拠に基づくものとして次のようなものがある。

(1) 殺人が故意によるのではなく, 過失による場合である。殺意のみならず, 少なくとも傷害又は強い打撃を加える意図がない場合は, 故意はなかったと解される。すなわち, カルプツォフが詳論しているように, 殺人者が少なくとも傷害の意図, 又は死に致すことのできる道具をもって打撃を加える

---

62 女を誘惑した男に対して, 女との結婚, 又は笞刑, 破門の上修道院監禁のいずれかを命ずる。
63 D. 48, 6 (「公的暴力に関するユリア法について」) には, テキストが挙げる公的暴力の3類型に対応する規定として, たとえば次のようなものがある。①公権力を行使する者が, 上訴の機会を与えることなくローマ市民に対して死刑, 笞刑, 拷問を行い, 又は行うことを命じた場合 (第7法文), ②司法妨害 (第10法文), ③騒擾等の目的で奴隷, 自由人を武装させた場合 (第3法文), 集団でかつ武装して他人の家に侵入, 掠奪した場合 (第11法文)。
64 D. 48, 6, 11 には, テキストに対応する章句は見いだせない。C. 9, 12, 6 は, 死の結果が生じた場合, 暴力を用いた者に対して, 追放, 流刑, 死刑を定める。
65 ブルネマンが参照を求めている Matthaeus, tom. 1, lib. 48, tit. 4, cap. 2 によれば, 「特別の公的暴力」とは, 528年, ユスティニアヌス帝が関連のユリア法, 学説法, 勅法を廃して重罰化を計った処女, 寡婦, 修道女の掠奪を指す。
66 C. 9, 13, 1.
67 テキストと同趣旨の規定が見える。私的暴力とは, 個人的利益の侵害を指す。

意図を有する場合は，故意の殺人となる。殺意を厳格に要求するならば，誰もが殺意を持って打撃を加えたのではないという抗弁をすることになり，故意について自白をとるために常に拷問が必要になるからである。あるいは，たとえば，真実を引き出す方法としてはなはだ危険であるという理由から，我々が拷問〔という方法〕を有していないとするならば，殺人者を正しく死刑に処したか否かについて常に疑問が生ずることになろう。

55　過失による殺人（死の結果が生ずる可能性の大きい侵害を加える意図がない場合）には，異なる形態があり，重過失，軽過失，最軽過失の違いに応じて処罰が異なる。すなわち，笞刑，斬首，無期又は有期追放，城砦において対トルコ戦に従うことを命ずる有責判決[68]，罰金，投獄等がそれである。カルプツォフがこの点について詳論している。

56　(2)　死亡の原因となった者に過失がない偶発殺人も〔殺人には死刑が科されるという原則に対する〕例外となる。このような殺人は全く不可罰的である。

57　(3)　自己又は親族の生命，さらに自己の貞操及び財物を防衛するためやむをえず行った殺人も例外となる。ただし，財物防衛のための殺人の場合，自己の財産を防衛する際に犯人を殺害した者に生命の危険があった場合でない限り，処罰を免れない，というのが法学者の共通意見である。カルプツォフはこれらの法学者を挙げているが，カルプツォフ自身はこのような制限を支持していない。しかし，共通意見を支持するのが安全であろう。人間の血ははなはだ貴いものであり，かつ，正当防衛の承認は必ずしも殺害権を意味しないからである。C. 8, 4, 1[69]が，不動産侵奪に対し直ちに反撃することを許す規定であることは疑いない。しかし，私は，この法文を根拠に生命の危険がない場合であっても侵害者を殺害することが許されるとは考えない。このような侵奪行為に対しては，強奪物に関する訴訟によって容易に対

---

[68]　オスマン帝国軍による1529年の第1次ウイーン包囲，1683年の第2次ウイーン包囲が示すような，16，17世紀における中央ヨーロッパ世界とオスマン帝国との軍事的対立を背景にしたものである。17世紀ドイツでは，投獄刑，笞刑等に代わる新しい刑罰として，対トルコ軍役刑のほか，地中海で用いられたガレー船における漕役刑，築城労役刑，清掃労役刑のような「公労役刑」が登場した（E. Schmidt, *Einführung in die Geschichte der deutschen Strafrechtspflege*, 3. Aufl., 1965, S. 186）。

[69]　不在の本人のために財産を管理する者が，暴力を用いた侵害行為に対して反撃しうることを認める。

抗することができるのである。刑事裁判令150条も，このような見解を否定していない[70]。また，このような制限を加えることは，とりわけ殺人の罪について，キリスト教徒たる裁判官が守らなければならない神の言葉に一層忠実であり，かつ良心を安んずることにもなるのである。ただし，刑罰は特別刑として罰金を，〔侵奪された物の〕回復が容易であった場合は重く，殺害という方法によらなければ回復の見込みがなかった場合は軽く，科すことができよう。

 58 喧嘩，騒動の原因を作った者は，正当防衛 (necessaria defensio) を主張することができない。C. 9, 12, 6[71]は，騒動中に人が殺された場合その原因を作った者は斬首に処せられるとしており，喧嘩，騒動の原因を作った者が自ら人を殺した場合は当然に斬首されるべきだからである。したがって，カルプツォフが他の論者と並んでこれを正規刑に処せられるべしとするのは全く正しい。

 59 武器を用いて威嚇する者を殺害した者について，正規刑に服すべきか否かをカルプツォフが論じている。ここでは次の場合分けがなされるべきである。威嚇を加える者が攻撃を加える用意があり，かつ威嚇された者に急迫している場合は，正規刑の減軽が可能であろう。威嚇を加える者が攻撃に出るか否か疑問があり，かつ，容易にこれを反撃し又は危険を避けることができる場合は，正規刑を免れないであろう。

 60 カルプツォフはサロモニウスに基づいて，防衛過剰については，〔たんなる〕防衛過剰 (excessum defensionis) と正当防衛過剰 (excessum inculpatae defensionis) を区別すべきだとする。前者は，逃亡しようとする侵害者又は第三者によって捕らえられた侵害者を殺した場合のように，侵害を受けたが，しかしもはや危険に曝されていない場合である。後者は，現にある侵害に対する反撃が，対象，方法又は時間において過剰であった場合である。前者の過剰は別個の犯罪すなわち復讐に転化しており，殺人者は正規刑を免れない

---

70 刑事裁判令150条は，殺人が免責される場合の一つとして，「他人の身体，生命若しくは財物を防衛するために人を殺した」場合をあげる。なお，Kress, art. 150, §. 5 は，財物の防衛は独立した類型の防衛であり，生命・身体の防衛と混同すべきではなく，生命に対する危険は財物の防衛の要件ではないとする。

71 本章注64参照。

だろう，とカルプツォフは説いている。他方，後者は特別刑が相当と思われる。カルプツォフは，明白な故意に基づいて正当防衛の限界を逸脱した(moderamen incuptae tuterae excedere) 場合にまで特別刑を拡げる。この見解は共通意見となっているが，非常に疑問である。このような正当防衛過剰が故意殺人であることは否定できないからである。〔反対説をとる論者によって〕挙げられる論拠は重要なものではない。すなわち，D. 48, 5, 38, 8[72]は，〔妻の姦通を目撃した夫の〕抑制することのできない憤激について〔死刑を免ぜられると〕規定しているのであって，このような限定がなければ，逃亡しようとする侵害者又は第三者が捕えた侵害者を殺した者，そして〔たんなる〕防衛過剰を行ったすべての者が正規刑を免れることになろう。C. 9, 9, 4[73]は，皇帝法によれば不可罰的な殺人が認められる場合を定める（しかし，皇帝法はこの点では神の法に反している）。D. 48, 8, 1, 5[74]は，〔妻の姦通を目撃した夫の〕激越かつ特別な憤激に関するものである。D. 38, 2, 14, 6[75]は復讐について言及するが，この場合の復讐は個人の独断によるものではなく，〔反訴を認容する〕裁判官によって行われるものである。仮にこの法文が一般的に殺人に関するものと理解されるならば，復讐として行われたいかなる殺人も正規刑を免れることになるだろう。私は，明白な故意に基づく正当防衛過剰というものは容易には認められないと考える[76]。次のような例を挙げよう。ティティウスがセンプロニウスを殴打し，喧嘩となったが，友人によって無事引き分けられた。ティティウスは抜身の剣を持って部屋に戻って来たが，直ちに友人に取り押さえられ，もはや全く危険ではなくなったところ，センプロニウスが剣を奪い取り，腹部への一撃によってティティウスを殺した。あるい

---

[72] 姦通の現場で妻を殺した夫について，正当な怒りを抑えることは困難であるとして刑の減軽を認め，身分の上下に従い，終身重労働又は流刑を科す。
[73] 夜間，姦通の現場で男を殺した者は不可罰的であるとする。
[74] D. 48, 5, 38, 8と同趣旨であるが，刑は終身流刑又は有期追放となっている。
[75] 庇護者が解放奴隷を死刑事件について弾劾した場合は，解放奴隷の財産に対する相続権を失うという原則の例外として，解放奴隷が庇護者の息子を反逆罪を理由に弾劾し，庇護者の息子が反訴を行った場合を挙げ，攻撃を受けて復讐しようとした者は免責されるべきだからであるとする。
[76] ブルネマンのいう〔たんなる〕防衛過剰とは，正当防衛情況が去った後の「防衛」行為を指し，正当防衛過剰とは，正当防衛状況が継続中の過剰防衛を指していると解される。したがって，このセンテンスは，明白な故意に基づく正当防衛過剰と呼ばれるものはほとんどの場合，正当防衛状況の存在という前提を欠いたたんなる防衛過剰にすぎない，という趣旨であろう。

は，ティティウスが剣を抜いてセンプロニウスを追いかけ，センプロニウスが自宅に逃げ帰り，戸に閂をかけた。ティティウスは戸をこじ開けようとしたが，センプロニウスの銃によって殺された。このような事例又は類似の事例を〔カルプツォフをはじめとする論者が〕明白な故意に基づく正当防衛過剰と呼んでいるのであれば，〔このような事例において，行為者は〕もはや生命の危険がないことを知っており，故意は明白なのであるから，〔むしろ，たんなる防衛過剰として〕正規刑を免れないと考える。事実，カルプツォフ等の法学者自身，明白な，さらには全く明白な故意〔がある場合〕について述べているのである[77]。

61 ところで，過失による正当防衛過剰の場合はいかなる刑罰が科されるべきであろうか。この点について明確な特別の法律は存在せず，刑罰は善良で神を畏れる裁判官の裁量に委ねられている。裁判官はこの点について簡単に誤りを犯してはならない。たとえば，重過失であれば追放刑を科すことも可能である。

62 弁護人が援用することがある，その他の〔殺人に対する死刑の〕制限について検討する。決闘による殺人は正規刑を免ぜられるべきか，という問題がよく知られている。正規刑を免ぜられない理由がないではないかという者がいるかもしれないが，法学者は一般に挑戦者が殺された場合と被挑戦者が殺された場合とを分別する。すなわち，被挑戦者が殺された場合は，殺した挑戦者は死刑に値し，挑戦者が殺された場合，被挑戦者がたんなる挑戦を受けたのではなく，侮辱的言辞によって挑戦されたのであれば，特別刑を科されるべきであるとする。しかし，この見解には服し難い。私が誤っていなければ，既に24年前，『ユスティニアヌス法演習21——法学提要「アクィリア法について」第2節 (Exercitatio Justinianea 21. ad §. 2. Inst. De L. Aquilia)』[78]に

---

77 Carpzov, q. 29, n. 29 et seqq. は，「全く明白な故意によって行われたものであっても正当防衛過剰に殺人の正規刑を決して科すべきではない，という意見が共通意見であり，全く正しい」と述べた上で，「侵害者によって挑発された者が全く明白な故意によって正当防衛の限界を逸脱した者は正当な怒りによって殺人へと駆り立てられたのである」，「防禦の必要によって動かされたのではなく，復讐心から殺意をもって侵害者を殺害したということが真実であっても，殺害者が正当な大きな怒りから衝動的に侵害者を殺害するに至ったということは否定できない」等の根拠を挙げる。

78 討論 (diputationes) のための学生用教材であろうか。なお，I. 4, 3, 2 は，他の方法で危険を

おいて，私はこの見解を十分に反駁しておいた。反対説の支持者が援用する法文は，姦通の現場を押さえられた男女，又は，行為若しくは侵害による挑戦ないし攻撃に関するものであって，今問題としている言葉による挑戦に関するものではない。神の法と人の法によって禁ぜられた違法な行為については故意が推定されるのであって，決闘の結果〔がどうなるか〕は人間の左右しうるところでないことを，〔決闘者は〕認識すべきだったのである。決闘は傷害，したがって殺人に向けられた原因であり，死の結果は容易に考えられたのである (C. 9, 12, 6[79])。ここで，刑事法について多大の解明を与えた偉大な人物，すなわちアントニウス・マテウスが同意見であることを指摘しておきたい。彼の明快な所説を引用することは不都合ではあるまい。『犯罪論――学説彙纂48巻注解』第5編第5章8 (Tract. ad l. 48. ff. tit. 5. cap. 3. n. 8) において次のように述べている。「我々は，決闘を行った者はいずれも，挑戦者のみならず被挑戦者も〔相手を殺した場合は〕斬首されるべきものと考える。被挑戦者を正当防衛過剰を犯した者に比較すべきいわれはないからである。すなわち，被挑戦者は攻撃という罠に落ちたのに対し，挑戦者は自ら攻撃に身を曝したのである。被挑戦者は暴力と侵害から身を守ろうとするのに対し，挑戦者は暴力と侵害を加えるのである。被挑戦者の場合は，〔身に迫った〕危険のために〔事態を〕熟慮することができないのに対し，挑戦者の場合は，時間的余裕，理性，〔決闘を諫める〕親族が熟慮すべきことを求めているのである」。しかし，マテウスは，突発的に争いが生じ一方が激怒から挑戦し，他方も激して決闘に至った場合を例外とし，度重なる相手方の侮辱に憤激し高まった怒りをもはや抑制することができなかった者は斬首を免れうるが，重大な侮辱に激したためではなく，ただ安易に決闘に至った者が相手方を殺した場合は正規刑を免れないだろう，という。しかし，直ちに行われた決闘に関するこのような例外は，侮辱を避ける方法がないか，あるいは侮辱された者が，戦わなければその部屋の中で殺されることを恐れる根拠がある場合を除いて，容易に認めることができない。重大な侮辱という免責事由を安易に認めてはならないのである。決闘を擁護する者はしばしば，決闘における

　　避けることが全くできない場合に強盗を殺害する者は罰せられないとする。
79　本章注64参照。

一方当事者の死によって他方当事者に死刑を科されるのであれば，生命と魂に対する危険が大きいために，突然の憤怒から直ちに決闘が行われた場合にも，〔生命と魂に対する危険が大きいにもかかわらず〕死刑を科せられることになろう，という懸念を引き合いに出す。これに対しては，暴力を加えられるであろうという根拠のある危惧があった場合を除いて，相手方を殺した決闘者は死刑に値しないという見解には組しない，と答えたい。

63　飲酒癖がある場合，又は，酩酊状態においては怒りを抑え暴行に及ぶことを抑止できないことを認識していた場合を除いて，泥酔者による殺人も例外になるとする論者がいる。これについては，カルプツォフ及びそこに引用された法学者が詳論している。泥酔の意義に留意する限り，この見解は確かに不当ではない。私はいくつかの法有識者団の鑑定から，泥酔の意味をあまりに広く解している論者がいることを知った。すなわち，ワイン又はビールによって酩酊した者が自分が何を行っているかをある程度認識し，かつ争いから殺人に至った場合は，足元がふらついていても，泥酔状態にあったとはいえないのである。したがって，狂気に類した状態にあり，全く理性を失っている場合が泥酔状態であるといえよう。狂気とみなすことができない場合は，争いの後に人を殺害しても，泥酔からこれを行ったことにはならない。また，眠って酔いが醒めてみると，酩酊中の行為を全く記憶していなかったということは，〔泥酔の〕証拠としては不確実である。なぜなら，このような記憶の欠如はしばしば口実とみなされ，かつ拷問によって解明されない限り，このような記憶の欠如を前提としても，当時理性を全く失っていたと確実に結論することができないからである。とりわけ，既に敵対関係があった場合や，理性を全く失っていたのではないことの推定根拠が存在する場合がそうである。

64　若干の法学者は和解を例外とする。殺人者が被害者の寡婦及び遺児，又はその他の親族と和解した場合について，ほぼすべての法学者は，この和解は裁判権を害しないとする点で一致している。しかし，この場合は特別刑のみが可能だとする論者の見解には同意しない。かかる見解は法律上の根拠がなく，かつ不当である。殺人者は二重の，すなわち公的及び私的利益を充足させる義務がある。公的利益の充足は，神並びに神及び国家の代理者であ

る領邦君主に対してなされるべきものであり，そして生命以外のものによって償うことは許されない。もう一方の利益は，夫及び父が供すべき，かつ供しえたはずの生活資を奪われた寡婦及び遺児の有する利益である。これらの者と和解した場合，私的利益に基づく金銭債務から免れるが，神，祖国，領邦君主，国家に対する償いはまだなされていない。債務者が一方の債権者に支払っただけで他の債務を免れる，と考えるのは不合理である。もっとも，このような見解は窃盗のような軽罪については妥当すると考えてよい。〔窃盗に対する〕絞首刑を科すに際し，我々は他人に加えられた損害をも考慮しており，かつこの刑罰は特殊な (exorbitans)[80]ものだからである。しかし，神の姿に似せて造られた者を殺す最重罪としての殺人の罪には，このような見解は妥当しない。これは，カルプツォフも認めていると思われる。しかし，裁判官又は領邦君主が殺人者又はその妻に，被害者の寡婦及び遺児に殺人者の財産の中から生活資を供すべきことを命じ，裁判官の命令によって和解が行われた場合はどうか。この場合正規刑は減軽されるべしと判決された例を知っているが，この判決は明らかに誤っている。領邦君主又は裁判官の意図は，国庫から〔金銭を〕支出し[81]，正規刑を免じ，無辜の流血〔を犯人の血によって浄化しないこと〕によってラントを穢し，神の刑罰を免ずることにあったのではない。賢明かつ敬虔な領邦君主についてこのような意図を推定することは不適当であり，また，このような処分は下級裁判官に許されないものである。殺人者が遺児，寡婦，親族と彼らの私的利益に関し和解し，裁判官は確かにこの和解に同意しただけではなく，これを促している。しかし，この和解は神を拘束するものではない。これに対し，彼ら〔＝和解は減軽事由になると主張する者〕はしばしば，それでは和解には全く効果がないのか，と反論する。これについては，和解は私的利益に関して効果があるが，公的利益については効果を有せず，公的利益に関しては，前述のように，自らの血によってのみ償いをなしうる，と答えたい。

　65　斬首に処せられた者は，なにゆえに彼らの財産の中から悲惨な遺族

---

[80] ローマでは，絞首は主人が奴隷に対して用いた懲戒方法であった。ここで「特殊」というのは，不名誉刑であるという趣旨であろうか。
[81] この場合，国庫からの支出の意味が不明である。

に償いをすることを強制されないのか，といわれるが，寡婦と遺児が申し立てるならば，それを強制できない理由はない。公的利益は私的利益を排除するものではなく，またその逆でもない。かかる申立てがなされない場合，その理由は，父又は夫の血と引き替えに金銭を得ることを欲しない遺族の良心に，あるいは，〔この場合金銭的償いを得ることが〕不公正だという誤った印象を与えることにある。それ自体不公正でないことが一般には不公正に見えることはしばしばある。殺人者に対し，裁判官はコルネリア法[82]に基づいて，哀れな寡婦はアクィリア法[83]上の準訴権 (actio utilis) に基づいて，〔それぞれ別個に〕訴訟を行う〔ことが可能な〕のである。公法の執行を理由に寡婦はその正統な訴権を失うべきであろうか。私は，信用すべき多くの歴史家によって書かれた二つの出来事を想起する。ブルグンド公カロルスの臣下に，農夫の娘を強姦した宮伯と，口実を設けて都市の第一市民を拘禁した城砦隊長がいた。城砦隊長は，容姿に優れたその妻が夫の釈放を願い出ると，身を許すならば夫を釈放すると返答した。女は夫にこれを伝え，結局不本意ながら同意し，隊長に年来の欲望を叶えさせたのであるが，隊長は女の愛を永久に我がものとするため夫の斬首を命じた。〔後に〕事情を知った公は，両名に，しかし異なる機会に，宮伯には農夫の娘との，城砦隊長には寡婦との婚姻を命じた。しかし，これは隊長にとって望むところであったから，彼にとって刑罰とはならなかった。婚姻がなされると，公は，両名に，それぞれの妻を全財産の相続権者とすることを命じ，これが実行された後に，両名の妻に満足したか否かを質した。妻たちは満足した旨答えたが，英明なる公は，自分はまだ満足していないと言い，刑吏を送って両名を斬首させた。これは全く正しく，神と人の法に適っている。

　66　他の者はしばしば，理由のある怒りあるいは憤激を〔正規刑を免れる事由として〕挙げ，「怒りは短い狂気である (ira furor brevis est)」という警句を援用する。しかし，カルプツォフが刑事裁判令137条[84]の明白な文言に基づいて，かかる減軽事由を否定するのは正しい。狂気と怒りは異なる。狂気は罪

82　D. 48, 8.「殺人と毒殺に関するコルネリア法について」の章である。
83　D. 9, 2. 不法侵害の賠償に関する「アクィリア法について」の章である。
84　怒りによる殺人について死刑を科す。

ではなく，〔天命としての〕罰であるのに対し，怒りは罪でもある。法律が理由のある怒りを根拠に減軽すべきことを定めている場合は，法律の定める限界内において減軽すべきことに私も同意するが，法律の限界を超える場合には，同意しがたい。カルプツォフは，〔怒りは正規刑を免れる事由にならないという原則について〕怒りが正当な理由によるものである場合を除く，という制限を加える。しかし，このような場合であっても殺人に故意が欠けるわけではない。復讐を行う意思が存在しているからである[85]。〔人間は〕激情を支配するものとして理性を持っているのであり，さらに，我らキリスト教徒には導き手としての聖霊があるのである。急激な我を忘れる怒りによって殺人に対する正規刑が免ぜられるとするならば，思いがけず生じた機会に，有夫の女の美しさに突然魅せられ，抵抗する女を強姦した男は正規刑を免れないとする理由がないことになろう。この場合の激情は劣らず急激なものたりうるからである。それゆえ，我々は怒りを抑制することを学ぶべきであり，これを怠り，怒りから人の血を流す者は，彼の怒りと意思に相応しい死刑に服さなければならない。正気でなかったことが明確に証明された場合について，カルプツォフは刑の減軽を認める。しかし，カルプツォフ自身，疑わしい場合について，狂気を証明することはほとんど不可能であると述べている。狂気が証明された場合，それは怒りとしてではなく，狂気それ自体として考慮されるべきである。

  67　死体の解剖が行われなかった点を，弁護の理由とする弁護人がいる。弁護人には，傷害された者が直ちに死亡した場合についても解剖を要求する者がいるが，この要求が不当なことは既に論じた。また，別の弁護人は，傷が致命的なものであったが，被害者が常に瀕死の状態にあったのではなく，一時回復したように見えた場合は刑が減軽されるべきだという。傷を解剖によって検視することができない場合，すなわち，場所がたとえば田舎であるため外科医をすぐ捜し出せず，その間に腐敗したため死体を解剖できなかった場合についても，同様の主張をする。しかし，この種の主張は祖国の破壊と破滅のために考え出されたものである。この種の多くの減軽事由を数え挙

---

[85]　正当な怒りと正当防衛による殺人の関係については本章60参照。

げるならば，殺人が斬首によって罰せられことは稀となり，ドイツは必ずや破滅へと近づくことになろう。

68　毒殺に対する刑罰は車輪刑（rota）である。毒を用いた殺人は，〔被害者が〕避けることのできない，裏切りによる殺人である。男ならば車輪によって〔身体を〕粉砕され，女ならば革袋に縫い込まれて川に投げ入れられるべきものとされるのはそのためである（CCC 130）。それが本当に毒物である限り，これを用意し供した者は，何らかの偶然によって死の結果が生じない場合であっても，同じ刑に処せられる（D. 48, 9, 1[86]）。ザクセンの裁判所では，〔車輪刑が〕性別を考慮せず無差別に行われる。数個の毒殺を行った場合，毒物が供された者の身分により，死刑前に〔灼けた〕鉗子で〔肉を挟まれるなどによって〕罰せられる，あるいは刑場へ曳かれるなどの刑の加重が行われる[87]。また，見知らぬ者に毒物を売った薬剤師も処罰されなければならない。

69　医師の同意があるか，事情が明らかでない限り，何びとにも堕胎薬を売ってはならない。これに関してどれだけの犯罪が行われているかは，神のみぞ知るところである。それゆえ，堕胎薬又は媚薬を供した者は，それによって人が死亡した場合は，死刑を科されるべきである（D. 48, 19, 38, 5[88]）。カール5世皇帝は刑事裁判令133条において，生命のある胎児の殺害とまだ生命のない胎児の殺害を区別する[89]。まだ生命のない胎児とは，おそらくまだ胎内での動きが感じられない胎児――通例，妊娠期間の前半――を意味すると思われるが，このような区別は至高の立法者〔たる神〕の意思にそわず，また神の言葉にも合致しないと考える。胎児は受胎のときから既に生命

---

[86] 父に毒を盛るためにこれを入手した者は，これを実際に用いなかった場合であっても処罰されるとする。

[87] 刑事裁判令130条は，刑の加重として，死刑執行前に"geschleyfft oder etliche griff inn ire leib mit glüenden zangen gegeben werden"と定める。Boehmer, Art. 130, §. II ; Clasen, Art. 130, II によれば，前者は，被告人を苦しませるため，橇状の運搬具に縛り付けて曳き摺り，頭部・身体を路上の重い石等に打ち付けることをいう。刑事裁判令193条は，動物によって刑場へと曳かせると定める。後者は，灼けた鉗子で胸，腕などを挟むことをいう。

[88] 害意の有無を問わず，堕胎薬又は媚薬を供した者に対し，身分により鉱山労働刑又は流刑を科し，人が死亡した場合には死刑を科す。

[89] 堕胎については死刑を定めるが，「まだ生命のない胎児」の堕胎の刑罰は，法有識者団に鑑定を依頼すべきものとする。

があり，未熟の胎児であっても，これを殺す者が殺人を犯すものであることは否定できないからである。また，かかる犯罪が嬰児殺と同様はなはだ多い現代においては，領邦君主によって一律に死刑が科される方が良いであろう。カルプツォフが2点，すなわち，女が薬物によって堕胎した場合は薬物の効果が医師の判断によって確認されなければならないこと，さらに，腹部への圧迫又はその他の外部的な力を加える方法によって堕胎した女も〔薬物を用いた女と〕同じ刑罰に値することに注意しなければならない，と述べているのは正しい。

70 殺人の一種としての近親殺（parricidium）は，本来は親及び庶子をも含む子に対して，さらには，孫及び祖父等に対しても行われる。これに対する刑罰は，C. 9, 17, 1[90]が詳しく規定しているように，革袋刑（culeus）である。我々の許では，同じく革袋刑であるが，これに適する河川等がない場合は斬首刑である。継父又は舅のような父に代わる者である場合は，これも近親殺と呼ばれるが，直ちには革袋刑は行われず，斬首刑が科される。しかし，これは被害者の身分により加重されることがある。

71 はなはだ多い嬰児殺は近親殺の一種であり，これに対する刑罰も革袋刑，又は，(1) 河川等がない場合，(2) 嬰児が母親に放置されたまま汚穢の中で死亡した場合，若しくは，(3) 嬰児が便所に投げ込まれた場合には，斬首刑である。カルプツォフは多くの殺害方法を報告し，多くの例で説明を加えている。嬰児殺の被告人となっている女を誘惑した男は，嬰児殺を知っていなかった場合であっても，〔淫行勧誘に対する〕刑罰を加重されるべきではないかと私は考える。カルプツォフはこれを否定する。しかし，(1) 犯罪はしばしば結果によって軽くも重くもなるのであり，かかる誘惑者は悲劇の第1原因であり，かかる結果を予想すべきであって，かつ，(2) 可能な限り〔女の犯行を〕防止することをしなかったという過失があったのであるから，男が女に妊娠の有無を質し，子の養育を他の女に委ねるから子に危害を加えてはならない旨注意するなどした場合を除いて，この淫行勧誘はより重く処罰されるべきだ，と私は常々考えてきた。我が法学部はこの種の事件をしば

---

90 近親殺に対して，犬，雄鶏，毒蛇，猿とともに袋に縫込み，海又は川に投ずる刑を科す。

しば扱った。男が自分が妊娠させた女に子供を殺して仕末することを勧めた場合のような、カルプツォフが述べている場合については、死刑が正しいことを私は疑わない。父母が合意し〔て嬰児殺を行っ〕たあらゆる場合も同様である。

72 子の遺棄について、カール5世刑事裁判令132条は、遺棄された子が死亡した場合、遺棄者は斬首又は笞刑を科されると定める。他の論者と並んでカルプツォフは、人里離れた場所に子を遺棄した場合は遺棄者は死刑を科され、これに対し、人通りのある場所に、母親自身持ち合わせていない〔子に対する〕温情を〔他人から〕得るために遺棄した場合は遺棄者は笞刑を科される、という説明をこれに加えている。このような区別に従って判決がなされた例を知っているが、この区別は常に妥当だとは考えない。町の中の墓地、道路あるいは郊外に子供が遺棄される場合があるが、道路であっても冬期の場合は、助けられる前に子供が死亡し、あるいは、市門の前に遺棄された場合に市門が開かれる前に豚や狼が哀れな子供を食ってしまうことがあるからである。主たる目的は確かに同情を得ることにあるが、この種の場合には、場所又は時間的な事情から死の結果が容易に生ずることを知るべきであったのである。このような場合、殺害の決定的な意思がなかったのであるが、遺棄した母親におそらく死刑を科すことができよう（D. 48, 19, 38, 5[91]）。

73 夫殺し及び妻殺しは近親殺の一種であるが、すべての近親殺が革袋刑に処せられるわけではないため、これに近親殺の正規刑を科すべきか否かが問題となる。カルプツォフは、これについては革袋刑を、しかし、婚約者殺しについては斬首を主張する。しかし、ザクセン選帝侯領外では、我が国においてもまた、妻殺しの刑罰は予謀に基づく場合を除いて斬首というのがより正しい見解だと思われる。最近の有名な例が示しているように、予謀に基づく場合について我が法学部は車輪刑を言い渡している。

74 兄弟殺しに対しては、普通法によれば、同じく斬首刑が妥当する。この刑は加重事由があれば加重することができる。ザクセン法については、カルプツォフを見よ。

---

[91] 本章注88参照。結果について故意が欠ける場合でも、結果の重大性に従って処罰されるべきだという趣旨であろう。

75 近親殺の未遂が，とりわけ既遂直前に至った場合に，死刑によって処罰されるべきか否かは困難な問題である。カルプツォフが引用する法学者は一般に D. 48, 9, 1. 1[92]に基づいてこれを肯定しており，それが共通意見であるとマテウスは述べている。しかし，〔未遂〕行為者の意思によらず，かつ加重事由がある場合でなければ，特別刑，ただし，極めて重い特別刑を選択することも可能であろう。

76 カルプツォフは，次のような事由を，革袋刑を免じ斬首とすべき場合だとしている。(1) 理由のある怒り。(2) 他人を傷害しようとして父を傷つけた場合のような，人に関する錯誤。(3) 殺人行為中に後悔〔して中止〕したが，子供が死亡した場合。(4)〔嬰児を殺した〕母親が未成年の場合。ただし，我が国でこの点が考慮された例を私は知らない。この犯罪が重大でかつ数多いこと，及び多くの行為が発覚しないことから，私は反対の〔鑑定〕意見を述べた。(5) 鬱病。限度が守られるならば，私はこれに同意する。(6) 酩酊。これに関する私見は既に述べた。すなわち，飲酒癖のある場合，又は何を行っているかを知っていた場合は，領邦君主が斬首刑に減軽しない限り，革袋刑を科しうる。(7) 両親による命令。私はこれを，両親が理由のある怒りから，家門の恥辱を理由に〔近親殺しを〕命じた場合と解する。それ以外の場合は両親の命令を理由に正規刑が免ぜられることはない。(8) 両親の怒りに対する恐怖など。しかし，その種の女〔＝嬰児殺しを犯した女〕はしばしば，両親に対する恐怖から，又ははなはだ狼狽しかつ相談相手もいなかったためにそれを犯したと主張するものである。

77 暗殺依頼者 (assassinator)，及び，暗殺依頼者によって殺人行為のために雇われ報酬のために仕事をする暗殺者 (assassinus) に対する刑が死刑であることは疑問の余地がない。ローマ法上特別の刑罰が定められていないが，暗殺者に対する刑は殺人の場合よりも重くなければならない。例えば，車輪刑である。

78 強盗殺人 (latrocinium) は，強盗 (rapina) 又は強盗の意思と結びついた殺人であり，公道，市中，住居，旅舎等のいずれで行われたかを問わない。

---

92 本章注 86 参照。

その刑は確立している。すなわち，カール5世刑事裁判令130条[93]によれば車輪刑である。カルプツォフによれば，幇助者，共謀者も同一の刑を受ける。これは，最近我が法学部が，下僕と共謀し強奪物を分け合った農民を，直接手を下したことを否認したにもかかわらず，下僕とともに車輪刑に処した通りである。強盗が期待に反して何物も得なかった場合も同じである。恥ずべき利得という目的で殺人が行われているからである（カルプツォフは多くの問いを提起し，また強盗殺人の刑の加重について論じている）。

79　身持ちの堅い娘に恋をした兵士が恋を得ることのできない苛ちから娘を公道で殺すという，一年前にこの町の近くで起きた殺人は強盗殺人に類似しており，車輪刑が科された。

80　ラント平和侵害罪（crimen fractae pacis publicae）に対する刑罰は帝国アハトである（Ordnung des Landsfriedens zu Worms anno 1521 ; Rec. Imp. de anno 1548. tit. die poena der Friedebrecher ; Ord. Cam. Teil 2. tit. 9[94]）。帝国諸侯もこれを科すことができるとカルプツォフは論じている。

81　背叛者[95]（proditor）に対する刑罰は，男の場合は引裂，女の場合は革袋刑又は溺死刑である。背叛の陰謀が領邦君主の生命，都市，封主，官憲，配偶者に対して企てられた場合は，背叛者を刑場へ曳き，灼けた鉗子で肉を焦がすなど刑を加重することができる。しかし，減軽事由がある場合は，予め斬首し，しかる後に死体を四裂にする（CCC 124）。放火犯の刑罰は生きながらの焚刑である（CCC 125）。カルプツォフはこの刑罰を収穫物貯蔵のための建物すなわち納屋〔への放火〕にも及ぼす。都市での放火と農村での放火に

93　130条は毒殺に関する規定であるが，ブルネマンは，毒殺は「予謀に基づく殺人者と同様車輪刑に処す」という文言に着目するのであろう。しかし，「予謀に基づく殺人」に関する137条は強盗殺人を明示していない（強盗に関する126条もまた，車輪刑を明示していない）。Clasen, art. 137, IVによれば，強盗殺人は殺人の加重類型として，137条の定める車輪刑が科される。Carpzov, q. 22, n. 8は，強盗殺人に対する車輪刑の根拠として刑事裁判令130条及び137条を掲記するにとどまる。

94　Reichskammergerichtsordnung von 1555, Teil 2, Tit. 9（hrsg. von A. Laufs, 1976）は，「帝国ラント平和侵害を帝室裁判所に提訴しうることについて」という標題の章であり，1521年ウォルムス帝国議会及び1548年アウグスブルグ帝国議会において定められた帝国ラント平和令違反に対する訴訟手続及びラント平和侵害に対するアハト刑を定める。アハトについては，8章6節26以下参照。

95　背叛罪の意義については，8章5節注203参照。

関するローマ法上の区別[96]は今日では遵守されておらず，カール5世皇帝刑事裁判令〔の規定〕は一般的な意味に解されているからである。しかし，かつてブドウ圧搾器に放火した者に対して斬首刑が科され，しかる後に死体が灰にされた例がある。我が法学部も，それぞれ異なる機会に，最初は家畜小屋に，次に製粉小屋に，さらに粉屋の住居に放火し，最後に粉屋が一時的に住んでいた建物に放火しようとして捕まった少女の例を扱ったことがある。これは斬首され，死体が灰にされた。

83 殺人を犯すことなく〔物を〕強奪する強盗犯（grassator et raptor）については刑事裁判令126条が死刑を定めている。とりわけ〔犯人が〕貴族の出でありながらこの恥ずべき生活に身を投じたものである場合は，地方により車輪刑又は斬首刑が科される。しかし，それ以外のすべての犯人は，一般に，斬首の上，死体が車輪に懸けられる。公道において些少の物が奪われた場合については疑問が生ずるかもしれない。しかし，カール5世皇帝の定めるところは限定を付されておらず，また，些少の物の強盗が見過ごされるならば，人間の悪性は次第に強いものとなり，これが公道の安全に影響を及ぼすことになろう。他の法学者と並んでカルプツォフが，〔強奪物の〕大きさを考慮せず死刑を科すべしと論ずるのはこのような理由からである。私はこれを共通意見だと考える。また，カルプツォフは，被害者は財物を適法に所持していたものではないと強盗犯が主張した場合，及び財物が所有者に返還された場合についても死刑を科すべしという。財物が完全かつ自発的に返還された場合は，いずれにしても領邦君主〔の裁量〕に委ねられるが，刑の減軽が可能であろう。カルプツォフが論ずるように，自ら強奪したのではなく，脅迫によって〔財物の引渡しを〕強要したにすぎないという理由で，強盗の罪を免れることはできない。カルプツォフが，拒む女を自らの手で強制したのではなく，死の威嚇によって同意させた男は強姦の刑罰を免れないと論じているが，それと同様である。

84 騒擾（seditio）については刑事裁判令127条が，騒擾が重大な場合には斬首又は笞刑の上での永久追放を定める。しかし，127条は領邦君主又は

---

[96] ローマ法では，都市での放火と農村での放火は刑罰の軽重に違いがあったことを指す。Vide D. 48, 19, 28, 12.

国家転覆 (eversio reipublicae status) に向けられた騒擾を除くものと私は解する。このような騒擾は大逆罪 (perduellio) に属するからである。他人を害する目的でその住居から立退く者は騒擾と同視される (CCC 128)[97]。

85 〔違法なフェーデ予告による〕不当な脅迫 (concussio iniqua) に対する刑罰として，刑事裁判令 129 条は斬首を定める[98]。メノキウス等は，私人によって行われた場合は私的犯罪として裁量刑を科すべしとするが，刑事裁判令制定以後はすべて公的犯罪であるということができる。

86 今日公的犯罪とみなされる窃盗に対する刑罰は，刑事裁判令 157 条以下がこれを定めている。暴力的な侵入を伴わない 5 ソリドス未満の窃盗は，157 条によれば 2 倍額〔の支払い〕又は投獄刑に処せられる。5 ソリドス未満の窃盗が現行犯として捕縛された場合は，鉄首輪を用いて晒し，笞刑又は追放に処すことができる (CCC 158)。窃盗が暴力的であるとき，戸又は櫃を開披又は破砕し，あるいは，梯子を用い武器を携行して窃盗を行ったときは，絞首刑である (CCC 159)。これらの事情は，窃盗の関係でしばしば言及される加重事由である。5 ソリドス〔以上〕の窃盗の場合は，行為事情から見て適当であれば絞首を科すことができる (CCC 160)。この場合，窃盗がただ 1 回行われたにすぎない場合は，法有識者は慎重でなければならない。なぜなら，皇帝は直ちに絞首刑を科しているのではなく，窃盗が暴力的であるか，又は被害者に重大な損害を与えた場合にのみ絞首刑を科しているからで

---

[97] Kress, art. 128, §. 2 は，128 条の犯罪について，「驕慢にも同朋に脅迫を加え，驕慢な犯罪者を受容，保護，援助する場所や徒党の許に赴き，なお脅迫によって以前の同朋に恐怖を与え続け，かつ，善と衡平に従い既に彼らに判決が与えられているにもかかわらず，判決を意に介することなく，哀れな者ども〔＝以前の同朋〕に違法に恐怖を与えることによって，不当な要求を無理強いしようとする者は，脅迫に加えて他の犯罪を行ったか否かにかかわりなく，強盗及びラント平和擾乱者 (grassator et publicae quietatis concussor) として斬首刑に処せられる」とする。
　なお，R. Ritter, Die Behandlung schädlicher Leute in der Carolina, 1930 は，128 条及び 129 条は，裁判手続によらない違法な自力救済を対象とするが，129 条は武装権・フェーデ権を有する者，128 条はそれ以外の者を行為主体とするものであり (S. 23f., 34)，128 条は，法共同体からの離脱 (Austreten) という形態をとった，法秩序に対する敵対的な心情それ自体の処罰を目的とし，128 条の定める具体的行為類型はその例示にすぎない (S. 27ff.)，とする。
[98] 129 条は，①フェーデを行うにつき皇帝から許可を得ている場合，②相手方が自己，家族，封主又は同盟者の敵である場合，③その他のフェーデを行う正当な理由がある場合を除いて，フェーデ予告を行う者に死刑を科している。なお，法文中，"der jren feindt wer" は「同盟者の敵」を (Boehmer, art. 129, §. 2)，"bevheden" は「フェーデ予告」を (Boehmer, art. 129, §. 3 ; Kress, art. 129, §. 1, n. 2, §. 2)，意味する。

ある。事実，我が法学部では，窃盗初犯に対し絞首刑は簡単には科されてきていない。絞首刑が特別の峻厳な刑罰であることは何びとも否定することができず，窃盗がはなはだしい暴力を用いて行われたか，又は高価な物が奪われ，これを回復することができないため窃盗の被害者が大きな損害を受けた場合にのみ科されるべきだからである。すなわち，皇帝は個別的な定めを置かず，絞首刑を科すか否かを経験ある法有識者の判断に委ねているのである。窃盗が数名の者によって行われた場合，共犯者の間で平等に分配して各人の盗品の取り分が5ソリドス以上の場合を除いて，いずれも絞首によっては罰せられない（D. 48, 8, 17[99]）。窃盗の再犯であって，いずれの窃盗も5ソリドス未満の場合は，晒し，笞刑又は永久追放が科される（CCC 161）。三犯の場合は，男は絞首刑，女は溺死刑によって罰せられる（CCC 162）。魚の窃盗については169条が，養魚槽又は既に主のある養魚池であるか，魚が自由に棲息する私有の川であるかを区別する。すなわち，前者は窃盗であって，窃盗として処罰されるが，後者は裁量刑である。窃盗に関するその他必要な知識についてはこれを詳細に論ずる法学者を参照されたい。私は，裁判官は窃盗に対しては寛大さを，殺人に対しては峻厳さを躊躇すべきではないと考える。

　87　教会窃盗（sacrilegium）の刑罰は，窃盗に対する刑よりも重いとは考えられない。窃盗の刑罰は既に十分に重く，ほとんど加重することができないからである（CCC 171 cum seq.）。

　88　偽罪（falsum）に対する刑罰は，笞刑，公労役，断手（2. feud. 55[100]），追放又は罰金であり，したがって刑罰は裁量刑である。偽証する証人に対する刑は同害報復刑である（CCC 68）[101]。貨幣偽造は焚刑，貨幣重量を減ずる行為は裁量刑である（CCC 111）。

　89　収賄罪（crimen repetundarum），公物不法領得罪（crimen peculatus），穀物価格操作の罪（crimen de annona），公金不法領得罪（crimen de residuis）に対す

---

[99] 喧嘩による殴打で死亡した場合は，喧嘩に加わった各人が加えた殴打について取調べがなされるべしとする。
[100] 封（レーエン）の売却，質入れを禁止し，この禁止を潜脱するための虚偽文書を作成した書記に対し断手刑を定める。
[101] 当該被告人が科されたであろう刑罰をもって処罰されるべきものとする。

る刑罰は罰金又は特別刑である（これらの犯罪については他の箇所で触れる[102]）。買官（ambitus）は刑罰の外に置かれているが，願わくば重大な買官の罪が処罰されんことを。偽罔罪（crimen stellionatus）の刑は裁量刑である。取引を行う者による偽罔行為が処罰を免れることがあってはならず，裁判官は，特に今日人と人との間を埋め尽くしている偽罔行為を，職権によりとりわけ罰金刑をもって処罰すべきである（C. 9, 34[103]）。フェーデ予告（diffidatio）に対する刑罰は死刑である（CCC 129）[104]。暴利行為（pravitas usuraria）に対する刑は元金の4分の1の罰金である。

90　酩酊及び飲酒癖についてはどういうべきであろうか。種々方策を講じながら，それが失敗することによって，我々がこれらの悪徳に無力であることを公然化するよりは，増殖したはなはだしい悪徳に触れない方が良いという者もいるであろう。しかし，これは怠惰な者の言い訳である。罰せられることなく公然とバッカス礼賛が行われることがないよう，かかる悪徳を少なくとも抑制しようとして諦めない者は称えられるべきである。かかる悪徳は他の悪徳と同様，人間が存在する限り無くなることはないであろう。しかし，人間が罰せられることなく罪を犯すことがあってはならない，いかなる悪徳についてもこれを抑制することに絶望すべきではない，と考える。帝国では有益な法律と詳細な刑罰が定められているが，これらが執行されることは決してないのである。しかし帝国最終決議が示しているように，この悪徳は肉欲，淫行勧誘，姦通，殺人の多産な母であることを我々は知らないわけではない。酩酊が処罰されないのであれば，なにゆえに酩酊中に行われた犯罪も赦免しないのであろうか。各領邦において，酩酊者，とりわけ飲酒癖のある酩酊者を処罰することより容易なことはない。私は次のようなことを読んだことがある。かつてコンスタンティノープルでは男女混浴の浴場が盛況であった。聖職者はこれにはなはだ心を痛めたが，これを正す手段を見い出だせず，教会による譴責という目に見えぬ剣も，罪を犯す者の数の多さのた

102　対応する箇所を欠く。
103　二重抵当を設定した債務者について，刑事訴追を回避するにはすべての債務を履行しなければならないとする第1法文，欺罔罪の弾劾は公的犯罪に含まれないとする第3法文などが見いだされる。なお，欺罔罪については，3章25の注，5章9参照。
104　前後の関係が明らかでない。フェーデ予告については，本章85参照。

めに，奏功することがなかった。しかし，皇帝が混浴を死刑をもって禁止するや，この大都市の中で混浴場に行こうとする者は一人としていなくなった。一片の刑事勅令によってこの悪習が廃されたのである。酩酊という悪徳が罰せられることなく公然と行われることを防止するために，罰を恐れることなく他人を飲酒に招待し，バッカスを礼賛するという悪習を刑罰をもって禁ずることは，何よりも容易である。領邦君主によっては不可能なことは何もないからである。犯罪はこれまで常に存在してきたのであるから，都市と領邦を滅ぼすのは犯罪ではない。むしろ，犯罪が処罰を免れること，これが都市と帝国の崩壊の原因である。何びとも罪を犯して罰せられないことがあってはならず，罪が罰を免れることがあってはならない。それが隠蔽され，明るみに出ることが不可能なものでない限り，いかなる犯罪の処罰も神の手に委ねられるべきではない。

　結局，信仰と人間社会を害することは何であれ，公然と犯され人に知られうる限り，裁判官はこれを罰することなく放置してはならないのである。私はここに，幼児に対する虐待をも含めたい。可能な限り，我々は処罰を神の手に委ねるべきではない。隠された罪に対する処罰，戒め，宥恕のみを神の手に委ねるべきである。

第 10 章　有責判決の執行

　　摘要
1　有責判決は速やかに執行されなければならない（1）
2　いかなる場合に執行がある期間延期されるか（2 以下）
3　死刑判決は執行の 3 日前に宣告されなければならない（11, 12）
4　聖職者が立ち会わなければならない（13）
5　有責判決を受けた者がひそかに聖職者に自分は無実であると述べた場合，これを裁判官に告げるべきか（14）
6　適量の酒を被告人に与えるべきである（15）
7　被告人が悔悛を拒む場合はどうすべきか（16）
8　夜明けに執行の合図を行うべきである（17）
9　裁判官は判決人とともに着席する（18）
10　裁判官は裁判所が適式に構成されたか否か問うべきである（19）
11　被告人が引致されるべきである（20）
12　被告人はあらためて尋問されるべきである（21）
13　被告人が自白を撤回する場合はどうすべきか（22）
14　判決を被告人に読み聞かせるべきである（23）
15　裁判官は杖を折り，被告人は〔刑吏に〕引き渡されるべきである（24）
16　〔民衆の〕暴力行為は禁じられるべきである（25）
17　犯人が聖職者である場合は，始めに身分が剥奪されるべきである（26）
18　執行〔の適法性〕が裁判官によって認証されるべきである（27）
19　被告人に言い渡された刑を裁判官は任意に変更することができるか（28）
20　裁判官は被告人と和解することができるか（29）
21　〔手続の〕無効が主張されたことを理由に裁判官は和解することができるか（30）
22　刑を減軽すべき正当な事由がある場合はどうすべきか（31）
23　被処刑者の死体は埋葬されるべきである（32, 33）
24　又は解剖のため医師に交付されるべきである（34）

　1　判決が〔法有識者団から〕取り寄せられ，告知されたときは，その執行を長期間遷延してはならず，被告人が長期の拘禁によって苦しむことのない

よう（C. 9, 4, 5[1]），また処罰の遷延によって，策を弄して刑を免れる機会を犯人に与えることがないよう（C. 9, 47, 18[2]），できる限り速やかに執行しなければならない。カルプツォフは，処刑がある期間延期される場合を挙げている。

2　(1) 被告人の〔他の〕重罪について糺問を行うため延期する場合は，その事件について判決があるまで執行を延期しなければならない。一件記録が送付された後に，より重大ではないにせよ他の犯罪，たとえば殺人の徴憑が明らかになった場合も，この場合と同じだと考える。このような場合は，他の犯罪が解明されるまで，先の判決〔の執行〕が延期されるのが通例である。これは，後になってその犯罪について無辜に対して糺問が行われることがないようにするためである。

3　(2) 騒動のおそれがあるために執行が延期されることがある。ただし，騒動を起す者たちを威嚇するために速やかな処刑が必要な場合もある（この場合は，裁判官の巧妙さと賢明さが要求される）。

4　(3) カルプツォフによれば，証人に対して偽証の抗弁がなされた場合は，死刑の執行は延期されなければならない。証人が偽証したのであれば，有責判決を受けた者の無実が同時に明らかになるからである。

5　(4) 有責判決を受けた者が主人（domimus）に対し〔財産に関する〕清算をしなければならない場合，執行は延期されるべきである。主人のために刑の執行が延期されるのである。この場合，主人は，被告人に対する刑の執行が可能になるよう，清算が速やかに行われることに配慮すべきであろう（C. 9, 49, 1[3]）。

6　(5) 領邦君主が犯罪の内容が要求する刑より重い刑を決定した場合。この場合は，30日間執行を延期し，領邦君主の新たな命令を待たなければならない[4]（C. 9, 47, 20[5]）。

---

[1]　刑の速やかな執行を命ずる。
[2]　有罪を証明された者に皇帝への請願を認めるが，殺人等の重罪については刑の速やかな執行を命ずる。
[3]　主人は，死刑判決を受けた奴隷の特有財産（peculium）に対する権利を有し，奴隷がこれについて清算を終わるまで判決執行の猶予を求めることができるとする。
[4]　領邦君主による刑の減軽がありうるかもしれないからである（Carpzov, q. 137, n. 18）。

287

7 (6) 共犯者について糺問する必要があり，かつ多数の共犯者を直ちに捕縛することができない場合。共犯者に関して拷問による尋問を行うために，しばしば有責判決後の被告人の刑が執行されない場合がある（D. 48, 19, 29[6]）。さらにカルプツォフは，特に姦通罪において共犯者が逃亡している場合に，そうであるという[7]。しかし，共犯者を逮捕する見込みが全くない場合は，もはや延期する必要はない。徴憑及び姦通者の自白，さらに共犯者の逃亡が姦通の事実を十分に証明しているからである。

8 (7) 胎児のために，妊娠中の女に対する死刑又はその他の身体刑は延期されなければならない（D. 48, 19, 2[8]）。これは罪のない胎児が罪を犯した母親とともに殺されることを避けるためである。カルプツォフは，出産の6週間後でなければ，死刑にせよその他の身体刑にせよ，執行すべきでないと警告している。

9 (8) 病者に対する身体刑（ただし死刑は除く）は延期されなければならない。身体の苦痛によって死が早められることがないようにするためである。

10 (9) 裁判官が相当と思料する場合は，その他の理由によっても刑の執行を延期することができると考える。たとえば，被告人の無罪を推測させる根拠が明らかになった場合，裁判官が一件記録に照らし，宣告された判決が正義に適うものであるか疑いを持った場合，その他の衡平と正義に照らして執行の延期が妥当である場合。死刑以外の刑が言い渡され，被糺問者が都市又は裁判権者に対して脅迫を行った場合もまた，他に犯罪を加重する事情がない限り，刑の執行を延期すべきだと考える。この場合，笞刑又は追放刑の執行を延期し，〔脅迫を実行しないことの〕担保を提供するまで，有責判決を受けた者を獄中に拘禁すべきである。ただし，かかる脅迫について，果敢な男

---

5 皇帝が見せしめとして厳刑を言い渡した場合は，直ちに処刑することなく30日間執行を猶予すべしとする。
6 8章5節注192参照。
7 Carpzov, q. 137. n. 20 は，「姦通を自白した者が死刑の有責判決を受けていても，共犯者の自白がない場合，判決を執行することができない」，したがって，「逃亡した共犯者の身柄を確保し，被告人との対面が可能になるか，又は逃亡者が適式にアハトを宣告若しくは告示されるまで刑の執行は猶予されなければならない」，と述べる。
8 第3節が出産までの執行延期を定める。

であれば実行するであろうと危惧すべき理由があり，かつ，被告人がこれまで加えた脅迫を実行し，そして現に実行することのできる人物である場合に限る（CCC 176[9]）。

　11　死刑（その他の身体刑を除く）を執行すべき場合は，執行3日前に執行を被告人に告知しなければならない。これは，被告人に真の悔悛と救済への信仰を学ぶことを通して，死の準備をなさしめるためである。この点は，カール5世皇帝が刑事裁判令79条前段において次のように厳命するところでもある。「弾劾人の請求に基づき，最終裁判期日において処刑を行うときは，被告人が罪に想いを致し，嘆き，告解するしかるべき機会を与えるため，執行3日前に告知しなければならない。被告人が聖なる秘蹟を受けることを望むときは，拒むことなく被告人をしてこれに与らせなければならない。告解の後においても，信仰について被告人に訓戒する者を，しかるべく，獄舎にある被告人の許に赴かせなければならない。執行のため連行する等の場合，理性を衰えさせる飲料を多く与えてはならない」。

　12　偉大なる皇帝は，この規定によって若干の事項について定めている。すなわち，(1) 執行は，有責判決を受けた被告人に適時に告知されなければならない。イタリアでは，この告知は聖職者によって行われるのが通例である。聖職者は適切な言葉を用いて被告人に死を告知し，恭順と犯した罪の悔悛，そして教会による秘跡に与るべきことを促すのである。

　13　(2) 罪を告白し，悔悛する被告人をキリストの名において免罪し，臨終の聖体拝領すなわちキリストの血と肉とによる聖秘跡を取り行い，普遍的なキリストの功徳，父なる神の意思，福音書による約束を説き，よって死を準備させることを聖職者に許すべきこと，さらに，これを聖職者に行わせるべきことを皇帝は命じている。しかし，同時に刑事裁判令130条において皇帝は，聖職者が自白の否認，撤回を被告人に勧めることを禁じ，次のように命じている。「犯人の聴罪師は，自己又は第三者について真実の言葉によって自白した事柄を再度否認することを促してはならない。なぜなら，何びとも，犯人が，公益に反しかつ善良なる者に害をもたらす悪行を虚偽を

9　暴力的，加害的な犯罪の再犯のおそれのある者について，犯行に及ばないことの保証及び担保提供を定め，これらの提供がなされない場合の身柄拘束を認める。

もって隠蔽し，悪を助長することを助けてはならないからである」。

14　あわせて，ここで次の点を問題としておきたい。有責判決を受けた被告人が説教師に，〔それまで犯した〕罪を告解したが，有責判決を受けた罪については自分は無罪である，確かに自白したが，それは激しい拷問を受けたために再度の拷問よりは死ぬ方がましだと思ったためである，事件のすべてと自分の無実を神の手に委ねるつもりである，と述べた場合はどうすべきか。すなわち，説教師はこれを裁判官に告げ，被告人の無罪の証明が可能か否かを糺問し，かつ再度法学部に一件記録を送付するよう，裁判官の注意を促すべきか否か。私はこれに対し，説教師はそれを行うことができるだけでなく，行うべきでもある，と答えたい。すなわち，被告人がこの期に及んで魂の救済に想いを致さず，告解において良心を偽ろうとしているとは考えられないから，被告人に不利益な推定根拠が他に存在しない限り，裁判官は職権により被告人の無罪について取り調べなければならない (D. 48, 19, 19[10])。しかし，被告人の犯行否認を直ちに措信すべきではなく，一件記録を再調査し，被告人の無実を証明しうるか否か，すべての事情を精査した上で，被告人の防禦を再度許すべきである。

15　(3) 皇帝は同79条において，酩酊によって深い瞑想と祈りが妨げられることのないよう，飲食物を適度に供すべきことを命じている。

16　ところで，カルプツォフは，次のような問いを提起する。すなわち，死刑判決を受けた被告人が悔悛し，罪を認め，神の恩寵とキリストの功徳に救いを求めることを拒む場合，裁判官はどうすべきか。この場合は一定期間執行を延期し，被告人に真実かつ真摯なる悔悛を促すためにあらゆる努力を行うべきである。しかし，依怙地な被告人がなお敬虔ならざる態度に固執し改心の見込みがないときは，死刑を執行することができるだけでなく，瀆神と悔悛の情の欠如を理由に死刑〔の執行方法〕を加重することが可能である，というカルプツォフの答えは全く正しい。

17　カール5世皇帝が刑事裁判令82条及び84条において定める手続に従い，所定の判決執行日の夜明けとともに，被告人の処刑に先立って刑事裁

10　8章3節注153参照。

判所を構成し，被告人を裁判官の面前に引致し，再び尋問しなければならない。まず，(1) 死刑執行の日に喇叭又は鐘によって執行の合図を行う。同82条は，「〔最終〕裁判期日においては，慣例の時刻となるとき，慣例の鐘を鳴らして死刑執行を告げ知らせることができる」と定めている。

18　(2) 裁判官は参審人とともに，慣習に従い，適時，市庁舎，法廷又は野外の〔しかるべき〕場所に赴き，裁判官の命令に従いすべての者は整然と着座しなければならない。裁判官はその地の慣習に従い，裁判杖又は抜剣を立て右手に握る。すべての者は当該手続において行われるべきことが終了するまで留まらなければならない。同82条はこれを次のように定める。「裁判官及び参審人は，良き慣習に従い裁判を行う所とされている場所に赴かなければならない。裁判官は参審人に着座を命じ，裁判官もまた，その地の領邦慣行に従い，杖又は抜剣を握り着座し，終了まで威厳をもって留まらなければならない」。

19　(3) 裁判官及び参審人が着座した後に，裁判官は裁判所が適法に構成されたか否かを問うべきである。同84条は次のように定める。「裁判官は，各参審人に，『我は汝に，最終刑事裁判所が適法に構成されているか否かを問う』と質すことができる。刑事裁判所の構成が7名又は8名を下らない場合は，各参審人は，『裁判官殿，最終刑事裁判所は，カール5世皇帝の定める神聖帝国裁判令に従い適法に構成されおります』と答弁しなければならない」[11]。7名〔の参審人〕と定められているが，多くの地方でこれは遵守されていないとカルプツォフは述べている。裁判権者は刑事裁判令の定める員数に従う方がよいのであるが，裁判官は少なくとも3名の参審人を伴って臨むべきである。判決〔それ自体〕は法有識者団に依頼されるとしても，事件の重大性が3名以上の参審人の同席を必要としていると考えられるからである。他の地方，特にザクセン法において刑事裁判所がどのように構成されるかは，カルプツォフを参照されたい。ここフランクフルト・アン・デア・オーデルにおける方法はザクセン法における構成方法に非常に近い。

11　Remus, cap. 84 は，その問いかけの例として，次のような例を挙げている。「ルキウス・センプロニウスよ，我は汝により法 (jura) を知りかつ発見せんとす。カイウスに対し死刑判決を下すためここに集う参審人の数は適法かつ十分なり，と確信するか」。

20　(4) 被告人が刑吏 (minister justitiae) によって引致されるよう命ぜられるべきである。同86条は次のように定める。「しかるのち裁判官は，被告人が，刑吏及び廷吏により裁判所に引致されるべきことを命じなければならない」。同87条の定める〔被告人の〕呼出し (proclamatio)[12]は，我が国の多くの裁判所では行われていない。

21　(5) 既に尋問に用いられた尋問項目書を，ただし，事件の要点にかかわる項目のみを被告人に示し，拷問中及び拷問後，又は拷問によらず自白した通り，しかじかの供述を反覆し確認する意思があるか否かにつき，再び被告人を尋問しなければならない。

22　被告人が前に自白したにもかかわらず，その自白を撤回することがしばしば見られる。この場合はどうすべきか。これについては刑事裁判令91条の定めがある。「被告人が最終裁判期日において，以前に適式かつ確実に (ordentlicher bestendiger weiß) 自白[13]した犯行を否認し，確実な自白に関する前掲第56条及び57条以下第62条までの規定に示されるように[14]，裁判官がその自白に基づき取り調べたあらゆる事情に照らし，被告人の否認が専ら裁判を遅延させる目的によるものと判定するときは，裁判官は，朗読にかかる自白を被告人とともに聴取した2名の参審人[15]に対し，宣誓の上，朗読にかかる自白を〔自白認証の時に〕聴取したか否かを質さなければならない。2名の参審人がこれを肯定するときは，裁判官は常に，本令の後の条文に定められた法有識者団又はその他の地に鑑定を求めなければならない。爾後，2名の参審人はこの事件においては証人ではなく裁判官の一人として行為するものであるから，裁判又は判決から除斥されてはならない」。この規定において皇帝は〔被告人の否認に対しとるべき対応につき〕具体的な定めをおかず，一

12　Carpzov, q. 136, n. 28 et seqq. によれば，呼出しの後の手続は以下のように進行する。弾劾人が抜刀を手にして法廷に現れ，被告人を呼び出し（刑吏等がこれに代わる場合もある），次いで，弾劾人が被告人を弾劾し，しかるべき有責判決が行われるべきことを申し立てると，被告人は答弁を求められ，罪責を肯定するならば（既に自白しているのでこれを覆すことはあまりない），有責判決がなされ，刑が言い渡される。

13　この「以前に適式にかつ確実になされた自白」は，拷問に対する自白又は拷問によらない自白であって，すでに認証されたものをいう。Conf. Carpzov, q. 126, n. 63 ; Boehmer, art. 91, §. 1.

14　8章5節71における自白の真実性の検証方法を参照。

15　8章5節75, 76における自白の認証手続を参照。

件記録を再送付すべきことを定めるにとどまる。これに対して，カルプツォフは，否認と自白撤回とにかかわらず被告人は有責判決を受けるべきであり[16]，かつ，拷問によって得られ，その後拷問部屋の外で反覆された自白は〔有効なものとして〕維持されるべきである，とする。その理由として，そうでなければ2名の参審人の証言は無意味となるからである——もっとも，判決人の証言が動揺すれば自白は無効となるが——という。しかし，このような見解には，有責判決を直ちに執行し，あるいは被告人に対しあらためて有責判決をすることができるのあれば，何ゆえに皇帝はこの場合一件記録送付を命じたのか，という疑問が残る。私は，一件記録送付が必要とされる趣旨を以下のように考える。すなわち，法有識者団が再度，徴憑が被告人の有罪立証に足りるものであるか，あるいは何らかの点でそれに適しないものであるかを検討し，前者の場合は有責判決を反覆，確認し，後者の場合であって不安が残り，あるいは若干の事実が被告人の供述と一致せず，あるいはその他，被告人の自白の真実性を疑うことが可能である場合は，あらたに拷問を命じ，又は刑を変更し，その他裁判官に〔取るべき措置を〕教示する，という趣旨であると考える。

23　(6) これに対し，被告人が自白を繰り返すときは，裁判所書記によって有責判決が被告人に明瞭に読み聞かせられなければない。刑事裁判令94条は次のように定める。「裁判官は，書面とされた最終判決を，両当事者列席のもと，宣誓せる裁判所書記をして公然と朗読させなければならない」。

24　(7) 判決により被告人に死刑が科せられたときは，裁判官は，慣習に従い把持する杖を二つに折り[17]，有責判決を受けた被告人を，判決の趣旨に従い処刑すべく刑吏の手に委ねる。同96条は次のように定める。「被告人が最終的に刑事罰の判決を受けるときは，裁判官は，慣例の場所において杖を折り，憐れむべき者を刑吏の手に委ね，宣誓せる刑吏に，言い渡された判決を忠実に執行することを命じなければならない。しかる後，裁判所から退

---

[16] 8章5節注248参照。
[17] Kress, art. 56によれば，杖は裁判の象徴であり，杖を折ることは裁判の終了を意味した。ミッタイス・リーベリッヒ（世良晃志郎訳）『ドイツ法制史概説』（改訂版，1971年）60頁によれば，アハト刑の宣告に際し「人間としての資格」を破壊することを象徴したともいう。

席し，刑吏が言渡しのあった判決を適切な注意をもって確実に執行しうるよう配慮しなければならない」。

25 (8) 裁判官は，何びとにせよ刑吏に暴力を加えることを禁じなければならない。同97条は次のように定める。「裁判官が最終判決の後杖を折り，同じく，刑吏が憐れむべき者を刑場に引致するに際し，裁判官は，公然と宣言し又は告知させる方法により，〔見物人が〕刑吏に妨害を加え，あるいは，刑の執行を誤った刑吏に暴力を加えることを，身体及び財産に対する裁判権に基づく制裁の下に禁じなければならない」。

26 有責判決を受けた被告人が聖職者である場合は，まずはじめにその僧籍を，言葉によるだけではなく，行為による僧籍剥奪 (degradatio realis) と呼ばれる一定の儀式を行うことによりこれを剥奪しなければならない[18]。これは我が国においても行われていると記憶する。

27 (9) 最後に，執行が終了したときは，刑吏は裁判官に，刑が適法かつ判決に従って執行されたか否かを問わなければならない。同98条は次のように定める。「正しく執行したか否かを刑吏が問うときは，裁判官はこれに対し，おおむね，『汝は，判決と法の命じるところに従って執行せり。よって可とする』と答えなければならない」。

28 裁判官には，いったん被告人に科された刑を減軽し，又は罰金刑に換刑する権限があるという，誤った主張をする裁判官がいる。したがって，ここでは，法有識者団によって判決が作成され，かつ告知された後に，裁判官が判決に表示された刑を減軽し，又は罰金刑に換刑することができるか否かが問題となる。〔刑の減免等を不当に行った〕裁判官に対し名誉喪失を科す C. 9, 12, 8[19]，及び，犯罪者に科されるべきであったと同一の刑を科す C. 1, 6, 3[20]を根拠として，法学者は一致してこれを否定する。事実に関する糺問は

---

18 Clarus, q. 74, versi. Quandoque によれば，言葉による僧籍剥奪は，司教が判決によって聖職者に言い渡すものであり，これにより位階 (ordo) が剥奪される。正しくは位階剥奪 (depositio) という。行為による僧籍剥奪は，実際に僧服を脱がせ，位階を奪うことである。前者の場合，その者が世俗裁判所に引き渡されない限り，世俗裁判官はその者に対し裁判権を有しないが，後者の場合は，世俗裁判官は引渡しなしにその者を処罰しうるという違いがある (q. 34, versi. Scias avtem)。
19 公的犯罪に関して判決を遷延し，弾劾を受理せず，犯人を免責し，あるいは皇帝の定める刑罰よりも寛大に処罰した裁判官は名誉喪失を科されるとする。

裁判官の裁量に委ねられているとしても，刑の決定は裁判官の意思に委ねられるべきではなく，法の定めるところに留保されるべきだからである（C. 9, 45, 1, 4[21]）。したがって，すべての法学者，とりわけパリス・デ・プテオ及び多数の論者を引用するファリナキウスが，判決のあった刑罰を裁判官が減免することは許されないと論じている。犯罪者に対して刑罰を減免することは，領邦君主に留保された事項に属する（D. 1, 4, 1[22]）。

29 これに類する問題として，まだ犯行が証明されていない時点において，下級裁判権者は被糺問者と和解することができるかという問題がある。私はこの問題に対していくつかの結論をもって答えたいと思う。(1) 裁判官は安易に被告人と和解すべきではない。ファリナキウスの挙げる論拠がこれを証明する。(2) 被告人が金銭で嫌がらせ (vexamen) を免れたいと言う場合，裁判権者はそれを認めるべきではない。私人たる弾劾人との和解の場合であるならば，これは口実となるが，裁判官及び裁判権者については，このような口実は通用しないのである。なぜなら，裁判権者は，嫌がらせや恐喝を行っているという疑いを受けることはあってはならないからである。(3) 下級裁判権者は，いまだ糺問が行われず，証拠の取調べが行われないうちに，和解すべきではない。裁判の結果が不確実な場合，すなわち，被告人の有罪が十分に立証されておらず，かつ被告人が拷問〔に耐えること〕によって徽憑を雪冤するおそれがある場合にのみ，和解は適法である。すなわち和解することができる。ところで，刑事訴訟を行ってはじめて多くの証拠が明らかになることが少なくないのであるから，訴訟を行う前に裁判官がその結果を知ることは不可能である。したがって，裁判権者は，〔まずもって〕糺問を行うべきものであるから，良心に反することなく犯罪について和解することは不可能である。仮にこれが許されるとしたならば，殺人，姦通のごとき多くの犯罪が処罰を免れることになろう。訴訟中に被告人の有罪証拠が次々と判明する場合が少なくない。糺問を行う前に裁判権者が，真実と良心に反するこ

20　1章注17参照。
21　テキストは "l. 1. §. 4. ad SCtum Turpill." である。C. 9, 45, 1 がこれに該当するが，弾劾とその中止に関する規定であり，関連する法文を見いだせない。また，第1法文は節を有しない。
22　皇帝の署名のある書簡，判決，裁判外の決定，勅令はすべて法 (lex) であるとするが，皇帝による恩赦権の独占に直接言及する章句は見いだせない。

となく，その犯罪は証明することが不可能であると断言することはできない。それゆえ，裁判官はまず糺問訴訟を開始し，結果は神の意思に委ねるべきである。裁判官は，和解するためにではなく，糺問を行いその上で処罰又は放免するために選任されているのである。(4) 犯行が十分に証明されたときは，事件について疑問のある場合には当たらず，和解は許されない。この点についてすべての法学者は一致している。理由なく刑を減軽し，正規刑を免除した裁判官は名誉喪失をもって罰せられるからである (C. 9, 12, 8[23])。被糺問者の名誉を救う場合は例外となるか。怒りに基づく名誉毀損の罪についてはこれは正しい。名誉毀損の罪を犯さない者はいないのであって，言い過ぎはある程度許されるべきだからである。しかし，他の罪については，自重を怠った者は許されるべきではなく，正義が行われなければならない。(5) 裁判権者が和解することが許される条件を具備する場合であっても，領邦君主の命令により法有識者の鑑定を求めることを義務づけられている地域では，法有識者の鑑定を求めた上でなければ，和解は許されない。刑罰を科すために鑑定が必要であるならば，正規刑を減免するためにも同じことが要求されるからである。すなわち，犯行につき，それが重罪であるか否か，証拠につき，有責判決又は拷問に十分であるか否か，あるいは，可能な限り犯罪を明らかにし，又は被告人の無罪を明らかにして誣告を処罰するために，和解前にしかるべき措置を取るべきか否かを判断するのは，法有識者の行うべきことである。これが怠られた場合は，国庫官は和解の理由につき取り調べるべきである。

30　ファリナキウスは自説に二つの理由から制限を加える。すなわち，(1) 被告人が〔手続〕無効の抗弁を提出し，無効が一件記録から明らかな場合。この場合は裁判官は被告人と和解することができる，とする。しかし，裁判官が無効を理由に直ちに判決を変更することは許されない。再度特別糺問を行い，証人によって被告人の有罪を新たに証明することができる場合があるからである。したがって，このような制限は正しくないと考える。

31　(2) ティラケルス〔フランスの法律家。1480-1558〕が挙げるような正当な

23　本章注19参照。

刑罰減軽事由が存在する場合。しかし，我が国ではこのような場合，既に繰り返したように，法有識者の鑑定を予め得た場合でなければ，裁判官は刑を変更することを許されない。すなわち，科刑する上である者の鑑定が必要であるならば，刑の減免にもその者による鑑定が必要である。クラールスは，斬首刑の有責判決を受けた被告人に断手刑のみを科した裁判官の絞首を命じた国王カロルス[24]の例を報告している。

32　被処刑者の死体は埋葬されなければならない（Quaestum C. 13 q. 2 c. 30[25]）。しかし，絞首刑及び車輪刑に処せられた者の死体は，埋葬せず絞首架又は車輪上に放置するのが慣習である。カルプツォフは，強盗又は予謀に基づく殺人を理由に斬首された多数の者の死体も，車輪上に晒されるのが通例であると述べているが，これは我が国では裁量的であって，これを行うべき場合は，法有識者団によって判決中に表示される。多くの地方で背叛の犯人の死体もまた，誤って吊されていることは経験の示す通りである。

33　しかし，慣習がどうあろうとも，かかる慣習を廃止して，被処刑者の死体を埋葬することを命ずるよう，領邦君主に請願すべきだと私は考える。神もこれを命じているからである（申命記21・23[26]）。この掟が異国の法（lex forensis）に属することを否定するものではないが，領邦君主がその定める法律をこの異国の掟ないしモーゼの掟に合わせる方が安全であり，かつ良心に従うことになる。神が異国の法の中にその意思を顕したことは確かなことだからである。とりわけ，「汝の神エホバの汝に賜ふて産業となさしめたまふ地の汚れざらんためなり」という倫理的理由（ratio moralis）が付け加わる。確かに，〔死体が絞首架，車輪に晒されている〕光景が醜悪であることは何びとも否定しないのであって，いかなる犯罪も，我々自身が人間性を放擲〔してかかる醜悪な光景を是認〕せざるをえない程，戦慄的なものではありえない。

24　Clarus, q. 85, versi. Vlterius quaero によれば，Carolus primus（カール大帝）である。
25　ナホム書1・12の"Non iudicat Deus bis in id ipsum（神は同じ事柄を二度裁くことはない）"を引いて，罪を懺悔して絞首された者のための埋葬とミサを許す。
26　「人もし死にあたる罪を犯して死刑に遭ふことありて汝これを木に懸けて曝す時は翌朝までその體を木の上に留め置くべからず必ずこれをその日の中に埋めるべし其は木に懸らるる者はエホバに詛はるる者なればなり斯するは汝の神エホバの汝に賜ふて産業となさしめたまふ地の汚れざらんためなり」。

さらに，絞首架及び車輪それだけで，人間をして犯罪を思いとどまらせるのに十分である。したがって，1646年頃ブランデンブルク選帝侯殿下が，被処刑者のすべての死体を絞首架から取り外すことを命ぜられたことは全く正しい。また，いかなる被処刑者の死体も翌日まで絞首架又は車輪上に放置することを禁じ，埋葬すべきことを定める選帝侯勅令が制定されることが望ましいと思われる。

34 死体が解剖のため医師に引き渡されることもある。これは制定法ではなく，慣習に根拠を有するとクラールス及びカルプツォフは述べている。ただし，カルプツォフは，いかなる場合に公益 (utilitas publica) のために死体が解剖用として交付されるべきかは裁判官の裁量に委ねられるべきであり，その際裁判官は被処刑者の家族，身分，官職等の事情を十分に考慮しなければならないが，領邦君主の指示を待つのが安全である，と注意を与えている。

第11章　糺問に対する異議申立て

摘要

1　糺問訴訟の無効とは何か（1）
2　証人の証人適格の欠如について（2）
3　時効を理由に刑事訴訟に対し異議を申し立てうるか（3）
4　20年〔の時効〕は発覚の日から進行するのか（4）
5　時効は最後の犯行の時から進行を開始するのか（5）
6　一件記録からその完成が明らかな時効を主張しない被告人に対して有責判決をすることができるか（6）
7　より短い期間で時効となる犯罪は何か（7）
8　時効となりえない犯罪は何か（8）
9　犯罪は〔犯人の〕死亡によって消滅する（9），及びその例外（10，11，12，13，14）
10　死亡者の身体に対して見せしめのための刑を執行すべき場合があるか（15）
11　裁判権者は自殺者の財産を没収することができるか（16）
12　死亡者に対する有責判決のためにはいかなる証明が必要か（17）
13　いかなる期間国庫は死亡者に対して訴訟を行うことができるか（18）
14　糺問訴訟において上訴は行われるか（19）
15　刑事事件においても裁判官を疑わしいとして忌避することができるか（20）

　　1　糺問訴訟に対する異議（opponere）の第1は，その無効である。すなわち，糺問訴訟の主たる要件が遵守されなかった場合は，糺問が無効であるだけではなく，手続及びそれより派生したすべてが同様に無効である。ファリナキウスは，すべての法学者はグラートゥスに基づいてこの見解を主張し，すべての法律助言者（consulentes）もこれを肯定していると述べている。また，糺問無効ないし糺問不適切の抗弁は裁判を遡及的に無効とするものであって，いつでも，判決後であっても提起することができる。糺問が無効又は不適切であれば，すべてが無効となるから，有責判決を行うことはできず，被告人は仮放免され，新たな別個の手続が開始されなければならない

(D. 48, 2, 3, 1 ; D. 48, 5, 15, 9 ; D. 11, 6, 1, 1[1])。しかし，法学者の共通意見によれば，任意かつ一貫した，かつ他の徴憑により裏付けられた被糺問者自身の自白がある場合は，これによって無効の手続は有効になるとされている[2]。

2 糺問訴訟に対する異議の第2は，証人が証人適格を欠き，その供述が措信するに値しないというものである。この抗弁については，ヴェーゼンベック等が詳論しており，また我々も既に，手続を主宰する裁判官に必要と思われる範囲でこれを検討した。

3 糺問訴訟に対する異議の第3は，20年の時効である。時効は，刑罰のみならず，犯罪それ自体，したがって刑事訴訟〔の可能性〕をも消滅させる (C. 9, 22, 12[3])。また，時効は糺問訴訟〔の可能性〕を消滅させるが，これは，法学者の共通意見に基づいて，クラールス等が結論しているように，糺問は弾劾に代わるものであるから，弾劾権 (jus accusandi) が適法に消滅する場合は糺問権 (jus inquirendi) もまた消滅するとみなされるという理由による。しかし，私は殺人を例外とすべきだと考える。殺人に対する刑罰は時効によって消滅することはない。大地は無実の者の血から清められるべきであるから，犯人の逃亡等の事情がある間，時効は進行しない[4]。悪意又はその他不法行為 (delictum) に基づく抗弁も永久的である[5] (D. 44, 4, 5, 6 ; D. 2, 2, 3, 5[6])。

---

1 ①D. 48, 2, 3, 1 は，訴追登録が法律に従ってなされなかった場合は，弾劾人は再度弾劾を行うことができるとする。②D. 48, 5, 15, 9 は，姦通の両当事者を同時に弾劾する場合，弾劾は無効となるが，弾劾人は当事者の一方をあらためて弾劾することができる，とする。また，③D. 11, 6, 1, 1 は，測量者の誤測について，過失が軽度の場合はその責任を追求されないとするもので，テキストとの関連が判然としない。

2 Clarus, q. 55, vers. Item posset et seq. は，無効の手続で得られた自白については，自白が自発的なものである場合と，拷問による場合とを区別し，前者の場合，手続が無効であっても自白に基づいて有責判決が可能であるが，徴憑が先行せず拷問が行われ自白がなされた場合は自白は無効であり，被告人が自白を維持しても，あるいは事後的に適法な徴憑が発見されたとしても有責判決をすることができないと述べている。

3 「偽罪の訴えは，他のほとんどの犯罪と同様，20年の抗弁 (viginti annorum exceptio) によらない限り時効 (temporalis praescriptio) によって妨げられない」と定めており，時効は原則的に20年とされている。

4 Carpzov, q. 141, n. 53 et seqq. は，時効完成前に弾劾人が訴状を提出し，又は糺問手続が開始された場合は「時効が中断される」とした上で，「むしろ，私は，20年の間に官憲が糺問手続を開始せず，逃亡した犯人がアハトに処せられなかった場合であっても，20年間経過した後になお犯人を処罰しうる，と主張したい。糺問手続が行われず，犯人が有責判決を受けなかったことは官憲の責任ではなく，むしろ，犯人の罪と逃亡がかかる遷延の原因であり，かかる遷延は被告人に刑を免除する理由にはなりえないのである」と述べている。

4　ところで，次の諸点が問題となる。まず，犯行が隠蔽されたため裁判官が糺問をなしえなかった場合はどうすべきか。20年〔の時効期間〕は犯行時から起算すべきか，あるいは，訴訟をなしえない者にとって時効は進行しないという理由から，発覚時から起算すべきか。犯罪のすべての時効は犯行の日から進行するから，前者が正当と考える（D. 48, 5, 11, 4[7]，「寡婦については犯行の日を起算点とする」と定める D. 48, 5, 29, 5[8]）。ただし，ファリナキウスは，きわめて細心な糺問によっても探知することができない程犯行が隠蔽された場合を除くとする。

5　姦通，淫行勧誘，強盗のような〔通例〕反覆される犯罪の場合はどうすべきか。時効の起算は最初の犯行時によるべきか，あるいは最後の犯行時によるべきか。クラールスは，D. 48, 5, 29, 5を論拠として，最終犯行時から時効を起算すべきであるとする。したがって，私も，違法な近親婚（incestae nuptiae）の時効の起算は婚姻時ではなく，同棲の最終時によるべきであると考える。かかる配偶者たちは，同棲を続ける限り，犯行すなわち近親相姦を反覆するものであり，それゆえ，婚姻によってのみ罪が犯されるとするのは不合理だからである。

6　時効完成が一件記録から明らかである場合，犯行を自白したが，防禦として時効を主張しない者に対して有責判決をすることができるか。カルプツォフが有責判決をすることができないというのは正しい。時効は法律上当然に刑責（obligatio）を消滅させ，かつ，裁判官は確かに，法律の定めるところ〔であって，被告人の援用しない事由〕を職権によって補完することができるからである。

7　若干の犯罪は〔20年〕より短い期間で時効となる。たとえば姦通，淫

5　Gaius, Inst. 4, 121は，強迫，悪意，法律違反，既判力違反等に基づく抗弁を永久抗弁とする。テキストの趣旨は，被告人が時効完成を得るために悪意その他の違法を犯している場合は，いわば原告としての糺問裁判官は常にこれらの事由に基づく再抗弁によって時効の主張に対抗しうる，ということであろうか。
6　D. 44, 4, 5, 6は，悪意の抗弁は永久的であるとする。D. 2, 2, 3, 5は，「法務官が『同じ法を適用すべきである』と述べた場合，その制裁（poena）は相続人にも及ぶか。ユリアヌスは，原告のみならず，その相続人に対しても訴権は否定されるべきであると述べた」とする。
7　姦通罪につき，5年の時効期間の起算点を犯行日にあるとする。
8　同趣旨の章句が見える。

行勧誘がそうである（D. 48, 5, 11, 4[9]）。しかし，D. 48, 5, 39, 5[10]は姦通と競合する近親相姦を例外とする。一部の法学者はこの法文の趣旨を，姦通が長期時効の近親相姦によって犯されるからであると解している。すなわち，単純近親相姦の時効を20年と解するのであるが，単純近親相姦の時効期間は5年で足りるという他の法学者の見解の方がこの法文に適合する[11]。この見解をとるものとして，ファリナキウス等がいるが，我が法学部も1653年12月同旨の判決を行っている。また，D. 48, 5, 29, 9は強姦を例外としている[12]。

8　若干の犯罪は20年で時効とはならない。たとえば，背教（C. 1, 7, 4[13]），近親殺（D. 48, 9, 10[14]），偽罪[15]，子供の遺棄（D. 48, 10, 19, 1[16]）。

9　第4として，〔犯人の〕死亡によっても原則的に犯罪が消滅する〔ことが糺問訴訟に対する異議の理由となる〕（Inst. 4, 12, 1 ; C. 9, 6, 3 ; C. 9, 6, 5 ; C. 9, 6, 6[17]）。ファリナキウスはこの原則を多数の典拠によって裏付ける。ここでは，被告人の死亡に対してどのような手続が取られるべきかを裁判官に教示するため，この原則に対する正しいと思われる例外を，私見を交えながら簡単に挙げておきたい。

10　(1) 異端の罪（C. 1, 5, 4, 4[18]）。我が国ではこの罪は，宗教和議上の諸権

9　本章注7参照。
10　姦通と競合する近親相姦は5年で時効とならないとする。
11　Carpzov, q. 141, n. 49 et seq. は，近親相姦の時効は20年であり，姦通と競合するか否かは関係がないとする。これに対し，ブルネマンは，近親相姦と姦通が競合する場合は，D. 48, 5, 39, 5によって特に時効が延長されていると解している。
12　D. 48, 5, 29, 9 は，強姦（男子に対する強制猥褻を含む）は5年で時効とならないとする。文脈上，この法文をここで引く理由が理解しにくい。
13　背教者は時効による保護を受けないとする。
14　近親殺に時効を認めない。
15　テキストは根拠規定を挙げていない。しかし，偽罪の時効を20年とする C. 9, 22, 12 がある。本章注3参照。
16　子供の遺棄に時効を認めない。
17　① Inst. 4, 12, 1は，窃盗，強盗，不法侵害等の犯罪から生ずる罰金請求訴訟（actiones poenales）は犯人の相続人に対して行いえないとするが，罰金請求訴訟が本人たちによって争点決定が行われた場合は，原告の相続人がこれを承継し，被告人の相続人に対してこれを行うことができるとする。② C. 9, 6, 3 は，「被告人の死によって犯罪も刑罰も消滅する」とする。③ C. 9, 6, 5 は，公的犯罪の被告人が弾劾手続中に死亡した場合は，自殺の場合を除いて，相続人は相続から除外されないとする。④ C. 9, 6, 6 は，死刑又は流刑の判決を受けた者が上訴し，上訴中に死亡した場合は，死亡により犯罪が消滅するという。

利を享受する者については成立しない。したがって，ローマ教皇に従う生者に対して糺問することができないと同様，〔ローマ教皇に従った〕死者に対しては一層糺問を行うことはできない。

11　(2) 反逆罪（C. 9, 8, 8 ; D. 48, 2, 20[19]）。しかし，これはすべての反逆罪（crimen majestatis）についてではなく，領邦君主に対する大逆罪（perduellio）にのみ妥当すると解すべきである（D. 48, 4, 11[20]）。この例外が妥当するのは，死者の有罪を明白な証拠によって証明しうる場合である。徴憑に基づく嫌疑がある〔にすぎない〕場合は事情が異なる。なぜならば，カルプツォフの説くところによれば，このような場合は，〔被告人が生存するならば〕嫌疑を雪冤しうるかもしれないからである。

12　(3) 被告人が公的犯罪について訴追され，かつ，たとえば財産没収のような，財産に関わる刑罰につき有責判決を受けた場合。この場合は，上訴がなされない限り，被告人が死亡しても刑罰は執行されるべきである（D. 48, 2, 20[21]）。この例外は，C. 7, 66, 3[22]及びファリナキウスに従い，罰金刑が明示的に科された場合にのみ妥当し，罰金刑が反射効として行われる場合には妥当しないと限定するのが正しい。我が国では，反逆罪の場合を除いて，没収が反射的あるいは黙示的に科されることはない。Authenticae C. 9, 49, 10[23]がその根拠であるが，慣習が一層強い根拠となっている。

13　(4) ファリナキウスは，私的犯罪について刑事ではなく民事の訴えが

---

[18]　異端に対する審問（inquisitio）は，反逆罪と同じく，死後にも及ぶとする。
[19]　C. 9, 8, 8は，反逆罪について，犯人の死後においても訴追を行い，有罪の場合の財産没収等を定める。D. 48, 2, 20は，公的犯罪を理由とする財産没収は，争点決定後に有責判決があった場合に限り相続人にも及ぶが，収賄罪，反逆罪はその例外であり，犯人の死後においても訴追を行い，財産没収を科すべきものとする。
[20]　ユリア法が定めるcrimen majestatis（反逆罪）の中でも，「国家又は皇帝に対する敵意を動機とする」ものをperduellio（大逆罪）とし，被相続人の無罪を相続人が証明しない場合に行われる財産没収は，大逆罪の場合に限るとする。
[21]　本章注19参照。
[22]　財産没収を伴う流刑の判決を受けた者が上訴し，上訴中に死亡した場合，犯罪は死亡によって消滅したとしても，財産に関する手続は続行されるべしとする。その理由として，死刑に財産没収が付随する場合——この場合は死亡により犯罪が消滅し，審問は継続できない——と，有責判決の結果としてではなく，属州長官の特別の決定によって財産が没収される場合とは区別すべきだからであるという。
[23]　反逆罪の場合を除いて財産を没収しない旨を定める。

行われ，かつ争点決定がなされた場合を新たな例外とするが（Inst. 4, 12, 1；C. 4, 17, 1；D. 44, 7, 58：D. 50, 17, 164[24]），この例外は，刑事糾問訴訟との関係で問題となっている当面の原則に関係がない。したがって，この第4の例外が妥当するのは，〔死亡した被告人の財産の〕一部が相続人に帰属する，又は帰属したと推定される場合である。相続人に対する民事訴追は常に可能であるが，今問題としている刑事訴追を相続人に対して行うことは常に可能なわけではなく，収賄罪（C. 9, 27, 2；D. 48, 2, 20[25]），公物不法領得罪，公金不法領得罪（D. 48, 13, 14[26]）のように，法律に明示的規定のある場合にのみ可能である。

14　(5) 上の原則は，近親相姦のように，犯人が法律上当然に刑罰を受ける犯罪については（Nov. 12, 1[27]），妥当しない。〔刑罰執行には〕確認判決が必要であるが，これは死亡した被告人に対してもなしうる。暴利行為の場合も同様である（X. 5. 19. 9[28]）。

15　(6) 放免判決によって被糾問者の無罪を明らかにするために，相続人が犯行に関する審判を申し立てた場合。ファリナキウスはさらに多くの例外を挙げるが，それらはここでは関係がない。ところで，〔右に挙げたいくつかの例外について〕以下の点に注意すべきである。

(1) 上記の例外の場合は，被告人が死亡しても手続は継続すべきものとされるが，それは罰金刑についてのみ妥当する。死亡した被告人の身体に対する正規の処罰は，被告人が〔死亡前に〕自白したか，又は有罪を証明された場合にのみ行われるべきだからである。すなわち，被告人が自殺した場合は，犯罪の性質に応じてその死体が吊され，又は焼かれるべきことは疑いがない。しかし，自白した被告人が自然死を遂げた場合は，通例，はなはだし

24　① Inst. 4, 12, 1 は，本章注17参照。② C. 4, 17, 1 は，不法行為者の相続人が負うべき責任の範囲を争点決定の有無に応じて定める。③ D. 44, 7, 58 は，すべての訴訟は争点決定があった場合は相続人等に承継されるとする。④ D. 50, 17, 164 は，争点決定のなされた罰金請求訴訟は相続人に承継されうるとする。
25　C. 9, 27, 2 は，裁判官に対して，収賄に対する罰金は裁判官自身のみならず，その相続人からも徴収されることを警告する。D. 48, 2, 20 は，本章注19参照。
26　公物不法領得罪，公金不法領得罪，収賄に関する刑事訴追は相続人に対しなしうるとする。
27　違法な反自然的結婚を行った者は，前の適法な結婚による子がいない場合は，直ちに財産を喪失すると定める。
28　暴利行為者の相続人は，裁判により暴利行為による利得の返還を命ぜられるべしとする。

い重罪に限って，死体に対し，見せしめのための処罰が行われることはカルプツォフが詳論する通りである。

16　これに関連して，自殺者の財産を裁判権者が没収しうるか否かが問題となる。刑事裁判令135条は，犯罪が死刑及び財産刑を併科されるべき性質のものであり，かつ被告人が刑罰に対する恐怖から自殺した場合を除いて，これを否定している。

17　(2) 上記の例外は，死亡した被告人の有罪を明白な根拠によって証明することが可能である場合に妥当し，この場合は死亡した被告人に対して判決を下し，財産についてこれを執行することができる，という趣旨である。たんに徴憑が存在するにすぎない場合は事情が異なる。すなわち，生者に対し推定根拠に基づいて安易に有責判決をなしえないのであるから (C. 4, 19, 25[29])，死者に対しては一層それをすることができない。

18　(3) 最後に，国庫は5年以内でなければ死者の行為を弾劾し，又は死者に対して訴えを提起することができない (C. 1, 7, 2[30])。法学者は一致して，この法文を一般的な意味を持つものと解している。

19　糺問訴訟に対する，これを停止させる異議の第5は上訴である。帝室裁判所への上訴は，糺問訴訟においても正規訴訟においても許されないが (Recessus Augustanus de Anno 1530. §. Item als jetzt etliche Zeit her. et Ordin. Cam. part. 2. tit. 28[31])，帝国等族の諸領邦における糺問訴訟に関し，下級裁判官〔の裁判〕に対して選帝侯又は大公のような上級裁判官の許に上訴することができるか否かが問題となる。カルプツォフはこれを否定するが，ベルリキウス〔ザクセンの弁護士。1586-1638〕はこれを肯定する。我々はかかる重大な論争を解決することはできないが，調和させることは可能である。すなわち，カル

29　8章2節注53参照。
30　死亡した背教者に対する弾劾は死後5年以内に行われるべしとする。
31　1530年アウグスブルク帝国最終決議 "Item als jetzt etlich Zeit her" の章は，帝室裁判所の許になされている刑事事件に関する上訴は帝国の古い慣習に反しており，爾後帝室裁判所への上訴は受理されない，と定める (Carpzov, q. 139. n. 16の引用による)。
　　Reichskammergerichtsordnung von 1555, Teil 2, Tit. 28, §. 5 (hrsg. von A. Laufs, 1976) は，帝室裁判所の許への刑事事件に関する上訴は，帝国の古い慣習によれば許されないが，身体刑を科す裁判が「無効又は自然の理性と衡平に反する」場合については，上訴は許される，と定める (vgl. B. Dick, *Die Entwicklung des Kameralprozesses nach den Ordnungen von 1495 bis 1555*, 1981, S. 209)。

プツォフの見解は，とりわけザクセン選帝侯領[32]，及びこの〔上訴を認めないという〕慣習が定着していることが証明できる諸領邦に関するものと解するか，あるいは，〔上訴は認められないとする〕論者は〔帝室裁判所令が明示的に禁止する〕手続無効以外の理由に基づく帝室裁判所への上訴について述べているものと解すれば足りる。しかし，〔領邦の慣習について〕疑問がある場合はベルリキウスの見解をとるべきだと考える。なぜなら，普通法によれば上訴が許されることは確かだからである（D. 49, 1, 6 ; C. 7, 62[33]）。したがって，疑問のある場合は普通法に従うのが正しい。上訴に代えて〔再度の〕無罪主張（deductio innocentiae）が被告人に許されたとしても，被告人が，自分に対し不法を行ったと不服申立てをしようとしている当の裁判官に向かって自己の無罪を主張することは，危うい試みである[34]。事実，本法学部の先任者たちは何年か前に糺問訴訟についても上訴を認めた，と記憶する。

20　最後に，被告人が裁判官〔の公正〕に疑いありと主張するときは，糺問訴訟もまた停止される。被告人のかかる主張は，民事事件におけると同様に（C. 3, 1, 14[35]），刑事事件においても許される（X. 2. 25. 5[36]）。その手続は次のようになろう。すなわち，被告人が疑いの理由を裁判官に提示し，それが事実に基づく場合は，それを証明する。これがなされたならば，一件記録を法有識者団に送付し，忌避原因（causa recusationis）について，裁判官を正当に忌避しうるか否かの判定を得る。しかし，裁判官が疑わしいことについて明白な証拠がない限り，裁判官は容易に忌避されるべきでない。なぜなら，悪事を行う人間から見れば，すべての裁判官，さらには法律それ自体，

32　Carpzov, q. 139, n. 20 は，刑事上訴はザクセン選帝侯クリスティアンの上訴令によって禁じられているとする。

33　D. 49, 1, 6 は，刑事事件において有責判決を受けた者自身による上訴，及び，委任の有無を問わず第三者による本人のための上訴を認める。C. 7, 62 は上訴に関する 39 個の法文を含む。

34　"deductio innocentiae" は，Carpzov, q. 139, n. 37 が，上訴に代わるものとして主張し，後に「再防禦手続（remedium ulterioris defensionis）」と呼ばれることになった，判決裁判所に対する不服申立制度（vgl. F. A. Biener, *Beiträge zur Geschichte des Inquisitionsprozesses*, 1827, S. 174）を指す。テキストは，これに対する批判である。

35　手続開始前に当事者は裁判官を忌避することができるとする。

36　修道院と貴族の間の訴訟を主宰する教皇代理たる裁判官に対して，貴族の訴訟代理人が裁判官の忌避を申し立てたところ，修道院側の訴訟代理人がその貴族は破門されており，かかる抗弁をなしえないと反論したという事案において，「〔公正さに〕に疑いのある裁判官の許で訴訟を行うことは危ういことであるから」，この貴族に裁判官の忌避が許されなければならない，とする。

天地，絞首架，車輪，そしてすべてが疑わしいものだからである。しかし，裁判官が自ら判決を作成するのではなく，判決作成は他に求めるのであるから，被糺問者は〔忌避を申し立てるよりもむしろ〕，前述したように，公証人を自らのために立ち会わせるべきである。

完

我らが主イエス・キリストを通して，聖霊の力により
すべての良きことの源，光の父にして
常に慈悲深き神に栄光あれ
アーメン

糺問刑事裁判令草案

親愛なる読者諸氏へ

若干の領邦，さらに若干の都市もまた，糺問手続に関する明確なる法令（constitutio）を有しない。このため，次に述べるような意図から，糺問手続案（formula aliqua procedendi in inquirendo）を収録することにした。すなわち，第1に，いずれかの地においてこの種の〔糺問訴訟に関する〕制定法が公布されるべき場合に，〔この案が〕もし適当と思われるならば，一つの範例になりうるであろうということである。第2に，一瞥して訴訟手続（ordo processus）全体を直ちに理解することができるよう，既に法と理性によって証明されている学説及び助言を略説したいと考えた。第3に，下級裁判所書記及び裁判官が，具体的事件において行うべきことを速やかに知る一助となればと考えたのである。立法を行うことは，私の職責でも意図でもない。しかし，何が神の法，人の法であるか，何が衡平と理性に合致するかを説くことは私の職責に属する。公正なる読者は以上の点を善意に解されよう。その他の者による中傷は私の眼中にはない。

第1章　糺問を行う者の資格

まず始めに，糺問訴訟には，各領邦の宮廷裁判所の名簿に登録された，すなわち，一定の刑事裁判令に基づいて宣誓した書記が用いられるべきである。同様に，最も正しい法によれば，可能な限り，大学に学び何らかの法律的知識を得た者が，優先的に裁判官及び参審人として都市官憲（magistratus urbanus）によって選任されなければならない。これは，刑罰の制裁の下に本条令を遵守する義務のある都市裁判所書記に関しても，不可欠の要件である。かかる資格のある裁判所書記〔として選任しうる者〕がない場合は，都市，農村のいずれにおいても，常に登録された書記が採用されるべきである。さらに，貴族は，書記を有する場合であっても，事件の重要性に照らしそれが

必要とされる場合は，この困難な職務に関与しこれを遂行すべき法律知識にすぐれた貴族を他に求めることを忘れてはならない。要するに，人の名誉，生命，財産にかかわる重大な事件については，その地方の利益のために，敬虔，誠実，学識及び賢明さにおいて名声のある人々が用いられなければならない。

第2章　糺問の対象となる犯罪

すべての官憲は，公的犯罪とみなされる犯罪のみならず，人類の末世であり最も腐敗した時代においては処罰に値しないとみなされているその他の犯罪についても，とりわけ，瀆神その他神に対する不法を知ったときは，糺問を行わなければならない。いかなる官憲も，恥ずべき怠慢によってこれらの犯罪を黙認してはならず，あらゆる方法をもってこれらの犯罪の糺問に心がけ，帝国諸法の趣旨に従い相応しい刑罰を実現しなければならない。

すなわち，帝国最終決議，とりわけ1530年改正警察令「説教壇からの告戒について」の章，同じく1548年改正警察令「瀆神について」の章が，各説教師が安息日ごと，聴衆に瀆神，誹謗，偽誓を戒め，同時にこれら忌むべき犯罪が神の恵みにより神の教会から遠ざけられんことを神に心から祈るよう，聴衆に促すべきことを定めていることは，はなはだよろこばしいことである。教会保護権（jus patronatus）を有するすべての者が常にこの点に留意し，説教に際し司祭が皇帝によるこれら有益な法令を念頭におくことは，とりわけ公正と敬虔の求めるところに適うであろう。

帝国最終決議の命ずるところによれば，とりわけ安息日及び聖祝祭日の冒瀆という歎くべき旧弊，偽誓及び過度の酩酊に対して，糺問及び処罰が行われなければならない。ここから殺人及び姦通の罪が，泉から流れが生ずるように発生するからである。いわば蛮風に属するかかる悪徳が，処罰のおそれがないために，水を得た若草のように簇生しているのである。ために，神は怒りを発し，処罰の遅滞を処罰の厳しさによって償わせようとされている。神の処罰の厳しさは既に我々の双肩に重くのしかかっているように思われる。両親，官憲，説教師及び教師に対する不法侵害に対する糺問，同様に，公然と貼り出される様々の誹毀文書に対する糺問も忘れられてはならない。

暴利契約についても同様である。担保物の提出に際し，所定期間内に債務者が貸金を支払わない場合において債権者は担保物を取得するとの条件が付されていたか否かを問わない。また，契約に際して偽罔罪，その他法律によって禁ぜられかつ公衆の憤激を招く類似の犯罪が行われた場合も，熱心な糺問が行われ，職権によって処罰が行われなければならない。

第3章　糺問の区別及び特に一般糺問

　糺問には一般と特別の2種類がある。一般糺問は，犯罪が行われたとの風評があり，かつ，罪体すなわちそのような犯罪が事実行われたか否かが不確実である場合，あるいは，犯行それ自体は確実であるが犯人に関する確かな知識がまだない場合に，行われなければならない。このように，風評が生じたときは，とりわけ，推定根拠によらなければ〔その存否を〕確定しえない犯跡を残さない犯罪，例えば姦通，魔女行為，公的暴力等の場合は，官憲はまずはじめに罪体を糺明すべきである。これらの犯罪においては，どのような犯罪が行われたか否かがまず確定され，しかる後に犯人の糺明がなされなければならない。次いで，官憲は，犯行について何らかの蓋然的な徴憑を提供しうる者を召喚し，しかじかのことが行われたと聞いたことがあるか否か，誰がそれを行ったと聞いたか，誰が行ったと考えているか，犯行について確かな供述をなしうる者を挙げることができるか否か，といった一般的尋問を行うべきである。裁判官は，証人の命令抗拒〔＝真実を供述しようとしないこと〕を察知したときは，当該事件につき知れるところをすべて供述する旨宣誓せしめ，かつ，その知識を〔裁判所外では〕守秘し，言辞，態度，記号のいずれによっても洩らさないことを厳命すべきである。そして，これらの証人が他の証人の氏名を挙げるときは，裁判官は同様の方法によって尋問し，しかる後に特別糺問に移るべきである。しかし，何らかの疑問が生ずる場合は，裁判官は一般糺問記録をいずれかの法学部又は参審人会に送付し，特定人に対して特別糺問を開始しうることが一般糺問から明らかになっているか否か，逮捕又は保証のいずれの方法によって身柄を確保すべきか，拘禁すべきか，あるいは保証を提出させることなく所領へ戻ることを許してよいか，等について教示を仰ぐべきである。同様に，一般糺問において検証すべき事実が明

らかになった場合は，遅滞なくそれを行うことが有益であろう。たとえば，殺人が行われた場合は，直ちに医師によって傷が検証されるべきであり，喧嘩の中で殺人が行われた場合は，武器と傷とが照合されるべきである。場所の検証が必要となる場合もある。たとえば，妊婦が秘かに出産した場所が石又は板によって蔽われているか否か，出産時誰が立ち会ったか〔の検証が必要となる〕。裁判官が特別糺問を開始する根拠となる徴憑が，一般糺問から明らかにならない場合であっても，裁判官は，それにもかかわらず，風評が沈静化せずますます広がる場合は，一般糺問を再起し，〔既に証人尋問された以外の〕他の者を，〔たとえば〕かつて使用人であった下僕及び女中を宣誓の上，尋問すべきである。たとえば，淫蕩及びその他の罪について悪評のある，あるいは疑いを持たれている家があり，官憲が一般糺問を行ったが，何らの相当な証跡も徴憑も明らかにならなかったため，糺問を断念した，とする。しかし〔このような場合は〕，官憲は全力を尽くして糺問を続行し，既に辞めた女中及び下僕を，一般的には宣誓させた上で，その家で淫蕩及びその他の罪が行われていることを知っているか，その家はどのような家か，どこから〔犯行についての〕知識を得たのか，この件の証人として誰の氏名を挙げることができるか，について尋問すべきである。すなわち，官憲が努力を怠らず，事件という城塞を攻め落とすことのできる神と領邦君主の命ずるところに従ってその職務を行うならば，好ましい結果が得られよう。

　また，魔女行為について風評が生じ，あるいは死刑判決を受けた魔女が共犯者の氏名を挙げた場合，かかる自白が悪魔的な詐術に由来することがありうるから，これを直ちに措信すべきではない。また，官憲は，2名ではなくそれ以上の証人を，その風評がどこから生じたものであるか，告発された者が他人に対して威嚇を加え，その後何事か異変が生じたことがあるか否かを尋問すべきである。同時に，一般糺問における尋問は可能な限り一般的なかたちで行われるべきである。たとえば，証人は誰かが魔女行為の疑いを受けているということを聞いたことがあるか否か，同様に他の犯罪については，証人は誰かが瀆神又は誹謗の言葉を吐くのを聞いたことがあるか否か，というかたちの尋問がなされるべきである。証人がこれを否定するときは，良心にかけて宣誓してもなお，この件について何らの知識も有しないことを主張

するつもりであるか，主張することができるかを質すべきである。また同じく，町の中で嬰児殺しが行われたと聞いたことがあるか否か，というかたちの尋問がなされるべきである。このような一般糺問は，拘禁され有罪を証明された犯人が共犯者の犯行について何らかの供述をした場合に，告発された者が逃亡によって安全を計ることを阻止するためにも必要である。すなわち，まずはじめに，秘密にかつ遅滞なく，共犯者に対して糺問を行わなければならない。この場合，被告発者に関する特定の尋問に際して被拘禁者によって告発がなされ，同時に被拘禁者が一貫して告発を維持しているか否か，被拘禁者と被告発者との間に敵対関係があるか否か，告発が悪魔的な詐術に基づくものではなく確たる根拠を有しているか否か，最後に，被告発者がその種の犯罪を行うことを疑いうるような種類の人物であるか否か，が慎重に糺明されなければならない。この場合〔＝これらの事項が肯認される場合〕は，官憲は，予め法有識者団の鑑定を求める必要がなく，直ちに特別糺問を開始することができる。さらに，犯行が死刑に値するものであってかつ重大な徴憑が複数競合する場合，又は犯人が無資力である場合は，裁判官はこれを拘禁することができる。事件に疑問がある場合は，法有識者の鑑定を求めるべきである。官憲は，告発人が裁判官に責任問題が生じない〔ほど十分な徴憑がある〕旨確言する場合であっても，弾劾人及び告発人のたんなる求めに応じて拘禁を行ってはならない。裁判官が正しい手続方法（procedendi modum）を遵守しなかった場合，かかる〔弾劾人，告発人の〕保証は裁判官を免責しないからである。

第4章　特別糺問及び被拘禁者の尋問方法

　ところで，裁判官が特別糺問を開始する意思を有し，かつ，いかなる方法により被糺問者〔の身柄〕を確保するか，すなわち，直ちに拘禁するか又はまず召喚するか，保証人による保証を許すか，あるいは犯行の性質に照らして被糺問者の資産が十分であるかを，確定した場合は，まずはじめに被糺問者の尋問を行うが，被糺問者の尋問は常に尋問項目書に基づいてなされなければならない。尋問項目は，しかじかのことを行ったか否か，という疑問形で提示されるべきである。しかし，公知の尋問項目，たとえば子供の死体が

川で発見されたというようなことは，何々は事実である，という平叙文で被糺問者に示されるべきである。さらに，尋問項目書は決して尋問前に被糺問者に交付してはならず，尋問項目書について即座に答弁させるべきである。書面により又は代理人を通して答弁を提出することを被糺問者に許すべきでないことはいうまでもない。また，尋問項目書に対する答弁又は争点決定について被糺問者の代理人を許してはならない。たんに法律的知識を提供するにすぎない弁護人よりも，被糺問者の方が犯行状況及びすべての事情をより明瞭に知っているからである。被糺問者が何ら法的根拠なく，答弁を行う前に徴憑の写しを請求する場合があるが，争点決定前はこれを拒むのは不当ではない。また，被糺問者が答弁を拒む場合があるが，この場合裁判官は拷問の威嚇によって３度警告を発し，しかる後拷問吏に拷問させ，答弁するか否かを尋問させるべきである。しかし，拷問吏にそれ〔＝答弁する，あるいはしないという供述〕以上の供述を引き出すことを許してはならず，次に拷問を用いることなく尋問項目書について尋問すべきである。ところで，尋問項目は，一つの項目に異なる事実，複数の事情が言及されることのないように作成されなければならない。すなわち，一個の尋問項目には一個の事情が記載されなければならない。そうしなければ，単純な者は二つの事実を含む項目について単純な答弁をすることによって，回復し難い不利益を蒙るからである。したがって，判決を作成する者は，事件全体の要となるこの点について誤りが犯された場合は，誤りを取り除かなければならない。場所，時間等の事情に関する尋問項目においても，被糺問者に対し，事実の暗示が行われてはならない。たとえば，裁判官は，これは市場で行われたか否か，夜12時に行われたか否かという尋問をすべきではなく，これはどこで，いつ行われたかを尋問すべきである。ただし，被糺問者が事実そのものを否認する場合はこの限りではない。この場合は，具体的な事実を指摘することが必要となろう。

　被糺問者が，とりわけ拘禁されている場合には，尋問項目書に対して答弁する前に，拘禁された理由を質し，かつ，犯行状況を供述させることは，むろん許される。また，刑事事件においては，犯罪の解明と処罰のみならず，無辜が誤って犯人として処罰されないことにも注意が払われるべきであるか

ら，とりわけ被糺問者が著しく無知で法律を全く解しない場合は，裁判官は，その無罪の証明に役立つ尋問項目も，たとえば，殺された被害者に不倶戴天の敵がいたか否かなどの項目も作成すべきである。これは特に，そのような尋問項目によって被糺問者から何らかの防禦又は抗弁を引き出しうると思料される場合に必要である。ところで，裁判官は，犯行を自白すれば処罰しないとの約束を被糺問者に与えるがごとき，越権行為を行ってはならない。かかる権限は，領邦君主の場合，又は，都市若しくは農村の安全が脅かされるという事情がある場合を除いて，何びとも有しないからである。不処罰の約束によって自白がとられた場合は，まずその事実が領邦君主に報告されるべきである。尋問項目は徴憑の中から選ばれ，個々の事実の性質に応じて作成されるべきである。まず被糺問者の氏名，生国，両親，年齢及び生活状況，そして，何らかの犯罪の被告人となったこと又は何らかの犯罪について風評の対象となったことがあるか否かが取り調べられるべきである。被糺問者の答弁は，宣誓させてはならず，また答弁は，明瞭，断定的かつ分明でなければならず，曖昧であってはならない。同様に，あれこれの尋問項目に対して被糺問者が赤面し，あるいは顔面蒼白となった場合，戦慄しあるいは異常かつ顕著な態度で答弁する場合は，これらの事実を答弁に注記すべきである。最後に，答弁を録取する書記は，被糺問者の答弁，同じく証人の供述を被糺問者又は証人の供述通りに記録することに努めなければならない。被糺問者が自白するときは，自白にかかる事実について取調べが行われなければならない。争点決定〔＝被告人尋問〕が終了したならば，尋問項目書及びそれに対する答弁を再度被糺問者に読み聞かせるべきである。これは，追加すべきことを思い出した場合，これを補足させるためである。

第5章　被糺問者の逃亡

　犯罪の被疑者が逃亡することは少なくない。この場合，逃亡者を公開手配書によって追及するのが通例であるが，この方法は遵守されなければならない。しかし，手配書によって被糺問者を逮捕することができない場合は，3都市において告示することによって，身柄保障を与えた上，召喚すべきである。

第6章　犯罪の証明

　被拘禁者が尋問項目を否認するおそれがある場合は，当該尋問項目の証明が可能か否かが検討されなければならない。場合によっては，被糺問者の櫃を封印し，しかる後に，徴憑を得ることができるか否かこれを調べることが必要となる。これはとりわけ，反逆罪，大逆罪，魔女行為，毒殺罪，収賄罪に対する訴追（repetundarum actio），窃盗罪及び偽罪，誹毀文書及び〔違法な〕フェーデ予告の罪，通貨偽造罪，しばしば書簡の往復〔の事実〕によって証明される姦通罪，その他類似の犯罪において必要であり，かつ大きな効果が得られた例がある。そして，嫌疑を生じさせる物があれば，その〔発見の〕経緯とともに記録し，その後の糺明のために一件記録に挿入しなければならない。

　次に，証人による犯行の立証が可能か否かが検討されなければならない。確かに通常はすべての証人が無差別に許容されるわけではないが，裁判官が職権又は被害者の申立てによって糺問を行う場合は，ほとんどの証人が証人適格を有するのが通例である。したがって，未成年者も，ただし成年に間近であれば，犯行が極めて重大で，かつ他に証人を得ることができない場合には，証人として許容される。しかし，これらの者に宣誓させるべきではない。また，民事事件では，父母に不利益な子女の証言，夫に不利益な妻の証言は許容されないが，例外犯罪及び重罪に当たらない，侮辱その他の軽罪に関し，これが守られることは法律的な理由がある。しかし，〔例外犯罪及び〕重罪の糺問と処罰に際しては，このような考慮が払われないのは妥当である。むしろ，証人が被糺問者の敵あるいは被害者の家人であっても，この種の証人は端的に退けられるべきではなく，この証人をどのように，どの程度信用すべきかは，判決を作成する者の判断に委ねられるべきである。まず始めに証人が召喚されなければならない。証人が他の裁判区に居住する場合は，依頼書によって召喚すべきである。証人を引き渡すか否かは，証人の引渡しを依頼された官憲の裁量に委ねられるべきではない。遠距離その他の理由から，糺問裁判官が自ら当該官憲に対し，証人尋問を行い尋問終了後尋問項目書を送付することを依頼した場合を除いて，重罪事件に関して証人引渡しを依頼された官憲は法律上引渡しの義務がある。証人尋問の依頼があった

場合は，細心の注意をもって尋問が行われなければならない。同様に，いかなる裁判官も，前述のように，有能な書記を立ち会わせ，かつ参審人又は経験者を同席させた上で，尋問に立ち会うべきである。尋問期日においては，出頭した証人を被糺問者と対面させ，被糺問者の面前で宣誓することを許すべきである。事件について疑問があり，又は罪体が何らかの点でまだ確定していない場合は，証人尋問項目書を予め被糺問者に開示し，当該事件に関する簡潔かつ若干の〔補充的な〕尋問項目を提出し，それについて証人の尋問を求める意思があるか否かを質すことが許されよう。もしこれが行われなかった場合は，裁判官が自ら職権に基づいて，氏名，年齢，出自，被糺問者との敵対関係の有無，殺人の被害者又は被糺問者との親族関係の有無等について，証人を尋問しなければならない。

　証人が出頭しない場合は，刑罰付きの命令によって再度召喚すべきである。妊婦及びすべての未成年者を除いて，何びとも宣誓を拒んではならない。同様に，裁判官が無知怠慢，又は証人の申立てにより，真実を述べる旨の宣誓をなさしめることなく証人を尋問した場合は，尋問は無効である。証人は予め宣誓の上，再度すべての尋問項目について尋問されなければならない。証人が尋問項目を肯認するときは，被糺問者が〔補充的な〕尋問項目を作成，提出しなかった場合においても，常に知識の根拠について尋問しなければならない。証人が伝聞証人（testis de auditu）である場合は，裁判官は宣誓をなさしめた上で，誰から聞いたかを明らかにするよう証人に警告すべきである。これは原供述者を召喚することができるようにするためである。さらに，このような警告は，とりわけ事件全体の成否が，ある尋問項目に懸かっている場合は，尋問の間続けられるべきである。この場合，事件全体の成否がその供述に懸かっていることが証人に告知されるべきである。また，証人が尋問項目を頑強に否定する場合は，重大な罪を犯すことによって良心を苦しめることになることは明白である旨，また逆に，証人が良心の命ずるところに反して被糺問者の不利益に虚偽又は不確実な事柄を供述する場合は，被糺問者の血によって霊を汚すことになるであろう旨，警告すべきである。証人がかかる警告を受けて顔色又は態度を変えた場合は，供述とともにこの事実も注記されるべきである。また，証人は常に，明晰かつ判明に

(clarè et distinctè) 答弁するよう注意されるべきである。公証人及び裁判所書記（notarius et judicii actuarius）は，証人の用いた言葉を一つも省略することなく録取しなければならない。公証人〔及び書記〕は，被糺問者に不利益な供述のみを録取して，被糺問者の免責に役立つ供述を省略することがあってはならない。これを行った公証人又は書記は厳しく処罰されなければならない。このような理由から，他の公証人を立ち会わせることが被糺問者に許されるべきである[1]。被糺問者がこれをすることができない場合は，裁判官はすべての供述が完全に録取されるよう配慮しなければならない。〔それまでの〕証人〔尋問〕によっては事実を明らかにしえないと裁判官が思料するときは，裁判官は，新たな証人を同一の又は新たな尋問項目について尋問することができる。これは，できる限り証人によって被糺問者の有罪を証明することによって，被糺問者の拷問を避けるためである。費用を要する方法であっても，他に真相解明の方法が存在するのであれば，決して拷問は行われるべきではないからである。

証人が曖昧又は疑わしい答弁をする場合は，宣誓させる前に裁判官が，重罰の威嚇の下に，真実を隠蔽してはならない旨警告することが必要である。一人の証人の供述が終わったときは，すべての尋問項目及びそれに対する答弁を読み聞かせ，誤りがあるか，言い忘れたことがあるか，付加すべきことがあるかを質すべきである。しかる後に，〔尋問について〕口外しないことを宣誓させるべきである。

すべての証人の供述が終わったときは，書記は，帝室裁判所令に従い，判決作成者が，何が証明されているか，何が証明されていないかを一瞥して知ることができるように，〔関連〕証言の抜萃という手間を省くことができるように，一つの尋問項目のすぐ後にこれに対する各証人の供述を記載するという方法により書面を作成すべきである。したがって，書記がこの点を守らないために，法有識者団が国庫官（フィスカル）に告発した場合は，書記は直ちに国庫に罰金を支払わなければならない。ある事実について証人の間に食い違いがあることが明らかになった場合は，証言の矛盾を除き，証言を一致さ

---

[1] 被告人の申立てによって公証人の立会いが認められる場合のあることについては，3章28参照。

せるために，証人を対面させるべきである。

第7章　証言の開示及び被糺問者の証人との対面

　証人尋問が終了したときは，裁判官は，まず証言を被糺問者に開示かつ交付しなければならない。これは，事実が証言と異なることを，当該証人又は他の証人によって証明する機会を被糺問者に与えるためであり，このような機会は，被糺問者に拒むことのできない防禦の一部である。そして，証人又は証言に対し抗弁を提出しうるか否か判定するため，被糺問者を召喚し尋問すべきである。被糺問者が文盲あるいは無知のため何も述べることができない場合は，参審人の中から弁護人（patronus）を選び，被糺問者に付すべきである。そうしなければ，無知な者は不利益を蒙るからである。疑問のある事件においては，弁護人の選任は不可欠である。被糺問者が何らかの異議を申し立てる場合は，それについて証人が尋問されるべきである。次に，証人を被糺問者と対面させなければならない。証人は1名ずつ呼び出し，その証言を証人に読み聞かせ，宣誓の効力によって証言が真実であることを肯定するか否かを，裁判官は証人に質すべきである。これに対し，被糺問者には，証言に対して異議があるか否かを質すべきである。さらに，その時の被糺問者及び証人の態度について，赤面したか，おののいたか等，同じく，〔証人が被糺問者に対し〕反論する態度を堅持したか否か，被糺問者が証人に対して一貫して反論したか否かも，注意深く記録すべきである。これが終わったならば，被糺問者を次の証人と対面させる。裁判官は努力を惜しむことなく，真実の解明に最善の力を尽くさなければならない。

　被糺問者が，証人に尋問すべき事実を申し立てる場合は，これを拒んではならず，自由に証人に尋問させるべきである。

　証人が真実に反して被糺問者に不利益な供述をする場合は，処罰されなければならない。裁判官は常に，証人に対すると同様，被糺問者に対しても，良心のおののきを吹き込み，重々しい言葉を用いて真実の自白，真実の供述を引き出すべきである。被糺問者が真実を自白するに至った場合においても，すべての事情が明らかになるまで裁判官は安心してはならない。

第8章　被糺問者の防禦

　防禦並びに証人の適格及び供述に対する抗弁が被糺問者に許されなければならない。証人の不利益供述が多くの事情から見て確かな根拠を有し，被糺問者に対する重大な嫌疑を生じさせているときは，その証人について，無罪証明に役立つ何らかの異議を提出しうるか否かを，被糺問者に質さなければならない。同様に，親族又はそれ以外の者が被拘禁者の無罪を証明しようとする場合は，これを拒んではならない。被糺問者自身及びその他の者が防禦に関心を示さない場合は，裁判官が自ら一件記録を精査し，被糺問者がたとえば（犯行時の）憤激，証人が不倶戴天の敵であることを主張したにもかかわらず，この点について証人が取り調べられていないことに気付いた場合は，裁判官は職権により再度証人の宣誓尋問を行うべきである。裁判官がこれを怠った場合は，一件記録の送付を受ける法有識者団は，被糺問者の無罪証明に役立ちうる事情について配慮する義務があり，この種の抗弁に関する証人尋問が既にそれが行われている場合を除き，拷問が命ぜられる前にこのような証人尋問が行われなければならない。なぜならば，他に真実解明の方法がある限り，裁判官が直ちに拷問に及ぶことは決して許されないからである。このように，最重罪であっても被糺問者は防禦を許されるべきであり，いかなるかたちでもこれを奪われてはならない。既に裁判上犯行を自白している場合においても，自白の誤りを証明することが被糺問者に許される。また，既に防禦を放棄した場合であっても，防禦が被糺問者に拒まれるべきではなく，防禦を行う意思を有する限り，それが許されなければならない。

　しかし，まず証言の写しが申立ての有無にかかわらず被糺問者に交付され，証人の氏名が開示された後，防禦準備が可能となるように期日が指定されるというかたちで，防禦には期限が設けられるべきである。被糺問者が裁判官に弁護人〔の選任〕を申し立てた場合は，これは拒まれるべきではない。とりわけ，参審人の中に法有識者がある場合は，この者が被糺問者に弁護人として許されるべきであるが，いかなる弁護人を被糺問者のために選任するかは，裁判官の好悪の感情を交えない裁量に委ねられるべきである。特に，予め大学又は裁判所において正義実現の宣誓 (justitiae promovendae juramentum) を行っている弁護人が選任されるべきである。

被糾問者は証明しようとしている事項を明らかにしなければならない。これは，刑の減軽に役立たない事項〔に関する証明〕を却下し，刑の減軽に重要な事項に焦点を絞るためである。被糾問者の提出する証人は，それが被糾問者の家人であっても，あるいは何らかの疑いのある人物であっても，許容されるべきであり，証人〔の供述〕がどの程度証明力を有するかの判断は判決作成者の裁量に委ねられるべきである。被糾問者が防禦書面（defensionis acta）を提出し，糾問事項書に基づいて尋問された証人の適格及び供述に対して抗弁を提起しようとする場合，これを許すべきである。ただし，被糾問者が，行われたことが確実な〔証人の〕犯罪を根拠に証人の適格性を争い，かつ，官憲が何らかの書面を一件記録に添付してこの〔かかる抗弁が提出されたという〕事実を摘示し，その旨被糾問者に告知した場合はこの限りではない。

第9章　一件記録送付

以上のすべてが行われた上で，一件記録が，被糾問者又はこのために選任された者の立会いの下に封入され，送付されなければならない。何よりもまず，一件記録を注意深く通読し，法律鑑定者がより良く事実関係を把握しうるように，足りない部分がないか否かを調べるべきである。しかる後，一件記録が，公正さに疑問のない信の措ける法有識者団に，ただし，被糾問者が事件に関して当該法有識者団の鑑定を求めたことがないならば〔そして，求めたことがあれば鑑定依頼を取り消す〕，との条件を文書に明示して，送付されるべきである。一件記録が法学部に送付されたならば，記録が大部でなければ構成員全員によって通読されるが，大部のものは2名，すなわち報告委員及び報告委員補佐（referens et coreferens）によって通読され，その結果が他の構成員に対して報告されなければならない。〔裁判所は，〕このような手続が取られること，及び判決理由が付された〔報告委員による〕報告が鑑定とともに返戻されることを文書で申請することが可能である。法有識者団において鑑定がなされる前に，まず，犯行が証明されているか否か，被糾問者を全面的又は部分的に免責しうるか否かが検討されなければならない。犯行が証明されていない場合において，被糾問者の無罪が確定的に証明されているならば，

終局的に放免されるべきである。証拠不十分により放免されるのであれば，仮放免が行われるべきである。したがって，〔後に〕複数の徴憑，証言又はその他の証拠が現われる場合は，再度糺問が行われなければならない。この場合，次の点に特に注意しなければならない。すなわち，被糺問者が犯罪に対する刑罰を免れる場合であっても，被糺問者が疑わしくかつ憤激を招くような行為によって糺問の端緒を作り，かつ官憲が裁判権の保全のため，糺問を行うことを余儀なくされたものであるときは，糺問手続に要した費用の償還を命じられるべきである。これに対し，犯行の性質から見て身体刑又は死刑に相当し，被糺問者に対して確固たる徴憑に基づく嫌疑があるか，又は全く抗弁の余地のない証人によって有罪が不完全ながら（semiplenè）証明されており，必要なのは被糺問者の自白のみであるという場合は，普通法の効力が〔当該犯罪について〕拷問を許容する限り，このような場合に拷問を命ずべきことは法律上確立している[2]。まず，判決作成を委ねられている者が拷問判決に理由を付し，かつ拷問の程度を，すなわち，軽いか，中程度か，重いかを指定すべきである。行われるべき拷問は具体的に，又は身体の部位によって表示されるべきである。被糺問者に雪冤宣誓を科すべき場合は，賢明な官憲はこれについて慎重でなければならない。すなわち，被糺問者に対する嫌疑が重大な場合は，判決を読み聞かせ，良心に恥ずることなく宣誓をなしうるか否かを考慮する猶予を与えるべきである。この猶予期間が過ぎ，厳重な警告を予め受けてもなお，被糺問者が宣誓することができる，かつ宣誓する意思がある旨一貫して主張する場合において，被糺問者に対する嫌疑が甚だ重大であるならば，宣誓を命じないことができるが[3]，それ以外の場合は宣誓を命ずるのが正しいであろう。犯行が完全に証明されたならば，普通法，とりわけ刑事裁判令及び各領邦の法令に従って刑罰が科されるべきである。死刑が科される場合であっても，官憲が支出した費用の償還について被糺問者に有責判決をする（condemnare）ことは衡平に反しない。なぜなら，犯行それ

---

[2]　やや回りくどいが，テキストは，"certissima tunc juris evincit ratio, hisce casibus, torturam esse dictandam, si modo juris communis vigor torturam admittat"である。

[3]　強い嫌疑があるにもかかわらず雪冤宣誓を命じ，被告人がこれを行った場合，無罪判決をせざるをえないことを懸念する趣旨であろう。

自体だけではなく，犯行の隠蔽，被糺問者の逃亡のために費用が必要となる〔ことがある〕からである。ただし，有責判決を受けた被糺問者が資力あるときは子の有無にかかわらずその財産によって費用が償還されるべきであるが，被糺問者が資力不十分で子がある場合は費用の償還を免ずるという区別が必要である。しかし，子がない場合は，司直は常に被糺問者の財産から手続費用の償還を受けるべきである。かつては子のない（$\mathring{α}παιδία$）場合は有責判決を受けた者の全財産が国庫に帰属したのであるから，裁判官に費用の償還を認めることは不当ではない。とりわけ，犯罪の増大によって官憲が多額の支出に苦しみ，費用の点から多くの重大な犯罪が処罰されることなく放置されているこの時代においてはそうである。

第10章　拷問

　判決が送付されたときは，裁判官は1名の参審人を立ち会わせてこれを開封すべきである。これは，拷問の威嚇が命じられた〔にすぎない〕場合において，判決内容が多数の者，とりわけ被糺問者に察知されないようにするためである。裁判官は次に，その状態から見て被糺問者を拷問することができるか否か，すなわち，被糺問者が妊娠しているか，産後のため弱っているか，授乳しているか，あるいは負傷しているか，虚弱であるか，〔拷問を加えるならば〕重大な結果が生ずると考えられるか否かを考慮しなければならない。これらの事情があるときは，拷問は延期されるか，程度を弱められるべきである。この〔ような事情のある〕ことは，送付される一件記録から明白である場合を除いて，法有識者に特に通知されるべきである。最後に，判決が被糺問者に告知されなければならないが，拷問の威嚇が命ぜられた〔にすぎない〕場合は，この事実を告知すべきではない。他方，雪冤宣誓が特に命ぜられた判決も裁判官は秘匿すべきである。拷問を命ずる判決が被糺問者に告知された場合，直ちに拷問が行われるべきではなく，神を称えて犯行を自白するか，あるいは拷問される方を選ぶかを熟慮する数日の猶予を被糺問者に与え，可能ならば言葉の力によって犯行の自白を促すべきである。

　この段階においても，被糺問者が自己の無罪を証明しうる場合，又は拷問を免れうる何らかの事実を示すことができる場合は，これが許されることを

被糺問者に教示することができる。しかし，被糺問者が何ら確固たる又は確実なることを示さず，所定の期間が徒過した場合は，新たな方法による免責証明を行おうとしない限り，有無を言わさず拷問に付すべきである。しかし，事件についてなお疑いがあり，かつ被糺問者が上訴を行う意思を有するときは，上訴を許し，事件の審理のため一件記録を領邦君主の許に送付しなければならない。これらがすべて終了したときは，都市裁判官は１名の参事会員を，真正罰令権を有する農村部の裁判権者は裁判代行者又は書記を帯同し，参審人とともに，何らかの誤りが犯されることのないよう，拷問執行に終始立ち会うべきであり，かつ，人間性の命ずるところが無視され残虐な行為が行われないように配慮しなければならない。さらに，被糺問者に対する威嚇及び拷問の限度，たとえば，拷問具を携えた拷問吏を被告人の前に，ただしその身体に手を触れることなく，立たせるか否か，あるいは，拷問吏が被告人の身体に手を触れ，衣服を脱がせ，縛って吊索に繋ぐか否かが，予め法有識者団によって決定されていなければならない。官憲は拷問を命ずる判決の文言に注意深く従わなければならない。すなわち，中程度の拷問が命ぜられた場合は，重い拷問が行われてはならない。

　もっとも，判決の文言が，〔たんに，〕拷問を用いて尋問すべしというものである場合は事情が異なり，この場合は中程度以上の拷問と解すべきである。複数の法有識者団が中程度の拷問を行うべしと判決する場合は，同様に，その内容は一定でない[4]。

　拷問に関しては多くの濫用が見られる。とりわけ魔女事件において，多数の者に対し，自白がなされるまで拷問が行われ，あるいは，忌むべきことであるが，既に拷問されている憐れな被糺問者を翌日さらに厳しく拷問することが行われている。この種の濫用は上級裁判権者によって厳しく禁止されるべきであり，かつ，〔かかる濫用を行う〕書記及び裁判官に対して刑罰が科せられなければならない。

　拷問の時間は特に遵守されるべきであり，１時間を超えて拷問を継続してはならない。要するに，危険な試みにおいては，いかなる場合も常に，最大

4　趣旨が判然としない（法有識団によって用語の意味が異なる，という趣旨か）。独訳では，このテキストは削除されている。

の賢明さが要求されるということである。なぜならば，疑問のある事件においては，1人の無辜を拷問し，かかる侵害的手段によって自白を強制し，誤って死刑を科すよりも，10人の犯人を放免する方が良いからである。

拷問中に被拷問者が自白を約するときは，綱を緩めるべきである。それにもかかわらず頑強に否認する場合は，再度綱を緊張させるべきである。

犯行を自白するときは，拷問を中止し，共犯者，日時，場所などのすべての事情について尋問すべきである。また，これらの〔自白にかかる〕諸事情の真実性について取調べがなされるべきである。これによってしばしば，自白が事実に基づくものであるのか，苦痛を免れるためになされたものであるのか，確実な証拠が明らかになるからである。

被糺問者が拷問中申し立てた事実が虚偽であることが判明する場合は，被糺問者が虚偽を述べることによって刑罰を免れようとしていることが明白となる。それゆえ，虚偽であることを被糺問者に示し，なにゆえに虚偽を述べたかを質すべきである。次いで，特に被糺問者が虚偽を述べたことについて十分な理由を示すことができない場合は，再度拷問に付すべきか否かについて，法有識者団の鑑定を求めなければならない。具体例として，殺人の場合ならば，犯行の要因について次のような尋問を行う必要がある。すなわち，犯行の日時，場所，幇助者がいるか，いるならばそれは誰か，死体をどこに捨てたか，いかなる武器を使用したか，何度どのような傷害を被害者に加えたか。同じく，背叛事件の場合ならば，誰のためにそれを犯したか，それについて何を受領したか，犯行の場所，手段，日時，誰の教唆があったか。同じく，魔女事件の場合ならば，いかなる動機によるものか，いかなる方法を用いたか，誰から〔魔術を〕習ったか，ある種の特定の呪文を用いたか否か。他のすべての犯罪についても同じく，カール5世皇帝刑事裁判令中の多数の条文に定められている方法に従って尋問が行われるべきである。同様に，拷問後に尋問項目に対して被糺問者が行ったすべての答弁が注意深く録取されなければならない。また，裁判官及び書記は，自白の仕方を被糺問者に暗示することを注意深く避けなければならない。被糺問者が拘禁の理由となった犯行を自白した場合において，他の犯罪も行ったとの風評があるときは，拷問終了後，他の犯罪を行ったか否かを尋問することができるが，通常はこの

ような尋問は許されない。犯行が他の者の幇助がなければ不可能な性質のものであり，又は当該犯行に共犯者がいるとの風評があり，かつ，拷問によって被糺問者が犯人であることを自白した場合は，その共犯者及び幇助者について，ただし特定の氏名を挙げることなく尋問しなければならない。被糺問者が拷問中又は拷問後に自白したことをすべて，すなわち，被糺問者の申し立てた諸事情と共犯者〔の氏名〕を書記は入念に，かつ可能ならば，被糺問者の用いた言葉で記録すべきである。被糺問者が頑強に犯行を否認する場合，犯行を自白するまで拷問することは許されない。被糺問者がある時間拷問に耐えた場合は，拷問から解放し獄房に戻すべきである。これに対し，犯行を自白した場合は，2日後拷問部屋の外で，拷問吏の立会いなくかつ拷問具を示すことなく，裁判官，参審人及び書記によって，既になされた自白を維持する意思があるか否かが尋問されるべきである。このため，拷問による自白を逐語的に書記によって読み聞かせ，再度，自白が真実であるか否かが尋問されなければならない。これに対する答弁は〔被糺問者によって〕述べられた通りに記録されるべきである。かかる自白認証は，威嚇後も〔＝拷問の威嚇によって得られた自白について〕行われなければならない。〔被糺問者が拷問着手後直ちに自白したため〕拷問が直ちに中止された後に，自白認証を求められて自白を撤回する場合は，なにゆえに自白したかが尋問されなければならない。苦痛の大きさのために自白したと答弁するときは，一旦犯人であることを自白し，かつ自己の防禦に役立つことを何ら提出することができないのであるから，この点に関する記録を法有識者団に送付し，再度拷問しうるか否かについて，鑑定を求めることができる。この場合，とりわけ犯行の重大性，徴憑が十分であるか否か，一件記録中のいずれかの徴憑が雪冤されているか否かが考慮されるべきである。被糺問者が拷問に対して一貫して犯行を否認した場合であっても，新たな嫌疑，及び，拷問によって雪冤された徴憑と全く異なり，かつ他のものを除いてそれだけで拷問を科すのに十分な別個の徴憑が生じた場合は，法有識者団の鑑定を得て，再度拷問を行うことができる。

第 11 章　判決作成

　一件記録を再度法学部に送付すべき場合は，一件記録を被糺問者又はその親族の立会いの下で封入し，終局判決を得るためいずれかの法有識者団に送付されなければならない。被告人が当該法有識者団に鑑定を求めたことがないという条件があること，及び，判決理由の明示を求めるべきことについて上述したが（第9章），それはここでも繰り返されなければならない。判決には終局判決と中間判決とがある。後者はさらに糺問が必要な場合である。前者には有責判決と放免判決とがある。有責判決は，〔裁判官に〕正当と考えられる場合は，執行されなければならない。有責判決がやや苛酷又は軽すぎるときは，とりわけ殺人罪の場合は，一件記録を判決とともに領邦君主の許に送付することができる。そして，領邦君主による〔有責判決の〕允許又は訂正の決定を待たなければならない。放免判決を受けた被糺問者は，拘禁されたことについて復讐しない旨宣誓し，かつ，将来いつでも〔召喚されたならば〕出頭する旨，（事情から見ても他の方法が相当である場合を除いて）口頭で誓約しなければならない。他方，一件記録は宜しく保管されるべきである。費用について前述したように，被糺問者が放免判決を受けた場合であっても，非難すべき生活，誤った恥ずべき振舞い，疑われるべき行為によって糺問の端緒を作り，裁判官をして糺問を行うに至らしめたときは，費用（裁判官，書記の労力に対し報酬が支払われるべきではないから，裁判官が実際に支出した費用）を償還しなければならない。正しい人間ならば，犯罪の疑いを受けるようなことがあるべきではないからである。笞刑が科される場合，領邦君主の同意を得てこれを数年間の公労役刑に換刑する方が賢明であると，多くの論者は述べている。この刑を科される被糺問者は一定期間労働し，かつパンと水のみが与えられるが，この刑はそれ程不名誉ではなく，むしろ犯罪者の矯正を目的とするものである。被糺問者が逃亡した場合は，裁判官は被糺問者の2，3の親族を立ち会わせた上，2名の参審人及び書記をして被糺問者の財産の目録を作成させ，その財産を保管しなければならない。これは，財産が逃亡者の手に渡り逃亡の助けとなることを防ぎ，かつ，一件記録送付の費用をその財産から徴収するためである。刑罰として追放を科すことが可能であり，科されることが予想される場合，被糺問者は召喚さ

れるべきであるが，出頭しない場合は不在者に対して手続を進めることも可能である。ただし，追放刑より重い刑の場合を除く。

第12章　刑の執行

　被糺問者に刑を科すべき場合，それが死刑であるときは，執行に先立って告知すべきである。これは，（〔被糺問者から見て，〕有罪も証明されておらず，また自白もしていない場合ならば）上訴によって無罪を主張しようとする被糺問者に上訴する等の機会を与え，あるいは，被糺問者に真の悔悛によって死の準備をさせるためである。領邦君主の同意又は法律上の根拠のある確たる理由に基づく法有識者団の承認を得ることなく，官憲が科された刑罰を特別刑に変更することは許されない。執行は，共犯者の逃亡その他相当な理由に基づいて延期されることがある。その他疑問が生ずる場合は，裁判官はカール5世皇帝刑事裁判令，その他の法令及び理性に一致するところに従うべきであって，愚かで不合理な慣習に従うべきではない。

解題——ドイツ糾問訴訟小史

- I 中世ゲルマン法における刑事訴訟
  - 1 ゲルマン法における犯罪と刑罰
  - 2 弾劾訴訟
  - 3 雪冤宣誓・決闘・神判
  - 4 現行犯手続
  - 5 決闘・神判の禁止
- II 過渡的訴訟形式
  - 1 ラント平和令
  - 2 7名断罪手続
  - 3 風評手続
  - 4 拷問手続
  - 5 拷問と糾問訴訟
- III カール5世刑事裁判令（カロリーナ）
  - 1 カロリーナの成立
  - 2 裁判所構成と一件記録送付制度
  - 3 訴訟手続
  - 4 証拠法
  - 5 法定証拠主義
- IV カロリーナ以降の糾問訴訟
  - 1 弾劾訴訟と糾問訴訟
  - 2 一般糾問・特別糾問
  - 3 裁量刑
  - 4 仮放免
- V むすび

　ブルネマンは本書の冒頭において，糾問を「その職務及び権限に基づいて裁判官が行う犯罪の証拠の収集」と定義し，糾問を行うことの適法性を神法，カノン法，ローマ法，ドイツ法に照らして確認している。これは反面，ブルネマンの時代において，糾問ないし糾問訴訟が正統性の点において自明

の訴訟手続ではなかったこと，少なくとも遠くない過去において，そのような訴訟手続ではなかったことを示している。ブルネマンがカノン法から援用する法文は，犯罪が公知である場合は弾劾人の訴えをまつまでもなく手続を行いうること，風評が弾劾人による弾劾の代替となることに言及している（1章5及び注4, 4章4, 10及び注1）。これらの法文は，弾劾訴訟の要件を修正しあるいは弾劾訴訟手続を類推することで，糺問訴訟を正統化しようとする規定といえる。

ここから，弾劾訴訟とは何であったのか，糺問訴訟が弾劾訴訟の修正及び類推によって正統化されなければならなかった理由は何か，正統化を必要とする糺問訴訟が登場しなければならなかった原因と背景は何か，等が問題となる。これは，本書の主題である糺問訴訟とは何かという問題でもある。このような観点から，以下，糺問訴訟の成立過程を素描する。

I 中世ゲルマン法における刑事訴訟

1 ゲルマン法における犯罪と刑罰

中世ゲルマン法において，犯罪は，加害者が被害者及び被害者が所属するジッペ（Sippe）すなわち氏族に贖罪金を支払うことで償われうる非行と観念され（贖罪金制度），殺人，傷害，放火，窃盗等の重罪を含め，共同体ないし社会に対する侵害行為とはみなされなかった。犯罪は，贖罪金の支払い又は氏族間の自力救済としてのフェーデ（Fehde）によって解決されるべきものであった。犯罪をめぐる紛争が訴訟によって解決される場合においても，犯罪の訴追は，贖罪金の支払いを求める被害者たる私人に委ねられた[1]。訴訟は，

---

[1] もっとも反逆罪等の明らかに公共的利害に関わる犯罪に対しては，国王裁判所が，場合によっては拷問を用い，職権によって訴追活動を行った（H. Rüping / G. Jerouschek, *Grundriss der Strafrechtsgeschichte*, 5. Aufl., 2007, S. 11）。この点を，メロヴィング朝期フランク王国について検証したものとして，西川洋一「トゥールのグレゴリウスにおける国王の刑事裁判権」西川洋一・新田一郎・水林彪編『罪と罰の法文化史』（1995年）141頁以下参照。

M. ウェーバー（世良晃志郎訳）『法社会学』（1976年）88頁によれば，「刑法が原始的な形で発展するにいたったのは，……個々人の行為が，彼の属する隣人団体・ジッペ団体または政治団体を，その成員の全体にわたって危険にさらすような場合においてであった。団体成員全体を危険にさらすという現象は，とりわけ2種類の行為によって生じえた。宗教犯罪と軍事犯罪とがこれである」。

被害者たる原告が，加害者たる被告人を裁判所に召喚することから始まり，原告と被告人が，民事訴訟におけるような対等な当事者となり，裁判所（共同体構成員全員又はその代表者によって構成される）は審判者の地位にたつという構造をもつ公開裁判であった。被告人が出頭しない場合は，アハト（Acht）に処せられた。被告人は，アハトによって，共同体の一員としての法的保護を失った状態，すなわち法外放置の状態に置かれた（8章6節26以下参照）。

このような訴訟形式は，弾劾訴訟と呼ばれる。弾劾訴訟は，犯罪による被害の回復は被害者自らが行うべきものとされ，犯罪の訴追がまだ公共の関心事とはなっていなかった中世ゲルマン社会に適合する訴訟形式である。これは，犯罪の公的訴追の前提条件となるべき，「いわゆる『物理的強制権力の正当な独占者』としての国家も国家権力も共に存在しなかった」，そして，「かかる権力〔が〕完全な自衛権と武装権を有するすべての人々によって分有されていた」中世世界の政治的状況に相応するものであった[2]。

2 弾劾訴訟

ゲルマン法における弾劾訴訟では，原告は宣誓補助者とともに訴えを確証することが求められ[3]，有罪・無罪を証明する方法として，雪冤宣誓・決闘・神判が用いられた。ローマ法や近世ヨーロッパ以降の法制においては，原告が被告人の有罪を立証しなければ被告人は無罪とされるのが原則である。しかし，ゲルマン法において，被告人は，①自白した場合はむろんのこと，②雪冤宣誓を行わないか，雪冤宣誓に失敗する場合，③神判の試練に耐えることができない場合，あるいは，④決闘に敗れる場合には，有罪とされた。また，これらの証明方法は，過去の事実の存否・内容を証明するのではなく，端的に被告人の有罪・無罪を決定するために用いられる方法であり，被告人による犯行の有無という証明されるべき事実と論理的な関連性を欠く点で，形式的で非合理なものであった。

他方，後述する現行犯手続の場合のように，被告人の犯人性を強く推認さ

---

[2] 堀米庸三『ヨーロッパ中世世界の構造』(1976年) 220頁。
[3] Rüping / Jerouschek, *a. a. O.*, S. 11. 原告は，憎悪，利欲等からではなく，十分な嫌疑に基づいて訴えを提起したことを宣誓した。Vgl. W. Schnelbögl, *Die innere Entwicklung der bayerischen Landfrieden des 13. Jahrhunderts*, 1932, S. 260.

せる証拠が存在する場合は、被告人の雪冤宣誓は行われなかった。被告人の犯行を強く推認させる実質的・合理的な証拠が存在するという事情[4]が、雪冤宣誓・決闘・神判という形式的証明手続を排除し[5]、原告が今日的な意味における証人に近い宣誓補助者とともに断罪宣誓を行う、例外的手続を認める背景の一つとなっているのである。このような意味において、ゲルマン証拠法にとって実体的真実という観念は全く未知のものではなく、また、形式的証拠方法が排他的な地位を占めていたわけでもない。雪冤宣誓・決闘・神判を用いる形式的な証拠法が行われたのは、①ゲルマン社会が、ジッペに所属しジッペによって保護される自由で対等な戦士の集団から構成されていたこと、②実体的真実を解明することに利益を見いだし、かつ、実体的真実の解明のために共同体構成員に強制力を行使しうる公的な権力装置が未成熟であったこと、③使用しうる証明方法に制約があったこと、④神判等を受容する宗教的・精神的背景が存在したことなど、ゲルマン社会の構造を反映した結果であったと考えられる。

3 雪冤宣誓・決闘・神判

雪冤宣誓は、被告人が原告の主張する犯罪を行っていないことを宣誓するものであり[6]、これを行うことで被告人は有罪判決を免れることが可能であった[7]。被告人の単独宣誓は稀であり、宣誓補助者が、被告人の宣誓の潔白を宣誓することが必要であった。宣誓補助者は、当該犯罪について知れるところを供述するのではなく、被告人の宣誓が「潔白で汚れのないこと」を宣誓した。宣誓補助者は、事実の有無を供述する知識証人ではなく（Wissenszeuge）、

---

[4] E. Schmidt, *Einführung in die Geschichte der deutschen Strafrechtspflege*, 3. Aufl., 1965, S. 81 f, は、現行犯手続における宣誓補助者は犯行の目撃証人ではないにせよ、高度の嫌疑を基礎づける間接事実を見た者たちであるとする。

[5] W. Sellert / H. Rüping, *Studien-und Quellenbuch zur Geschichte der deutschen Strafrechtspflege*, Bd. 1, 1989, S. 110 は、現行犯は「公知（notorisch）」であったために、雪冤宣誓や決闘が排除されたとする。

[6] R. Loening, *Der Reinigungseid bei Ungerichtsklagen im deutschen Mittelalter*, 1880, S. 15.

[7] Schmidt, *Einführung*, S. 41 は、ゲルマン証拠法上、証人による立証を行うことで原告が被告人の雪冤宣誓を妨げることが可能であったか否かという問題について、そのような可能性は考えにくいとする。もっとも、国王裁判権の行使として行われた重罪の職権訴追においては、被告人に雪冤宣誓を許さず証人による立証が行われたが（Schmidt, *Einführung*, S. 45 ; Rüping / Jerouschek, *a. a. O.*, S. 11）、このような職権訴追自体、例外的であった（Schmidt, *Einführung*, S. 44）。

I 中世ゲルマン法における刑事訴訟 　331

被告人の善性格を保証する性格証人である[8,9]。補助者は数十名必要な場合もあるが，通例7名である。雪冤宣誓という制度の背後には，「自由人としての地位に対する敬意」の観念があったと考えられる[10]。誰にでも雪冤宣誓の権利があったわけではなく，決闘人，遊芸人，非嫡出子，強盗・窃盗で断罪されたことのある者，生命刑・身体刑を贖罪金によって請け戻した者等は，権利喪失者として，雪冤宣誓の機会を認められなかった[11]。したがって，宣誓資格のない者には，身体に対する危険と苦痛を伴う神判や決闘によって雪冤する可能性のみが残された[12]。

　しかし，被告人の雪冤権が否定される場合があった。①平和侵害とみなされ，死刑・断手刑を科される殺人，強盗，放火，強姦等の場合には，原告は，決闘の申出（Kampfgruß）によって被告人の雪冤宣誓の可能性を奪い，あるいは被告人の行った雪冤宣誓が偽誓であることを決闘によって証明するこ

8　Rüping / Jerouschek, a. a. O., S. 12 は，宣誓補助者の一部を親族以外の者から提出しなければならないという点は実体的真実主義の萌芽であったとする。確かに，小共同体の中から選ばれた宣誓補助者による宣誓は，被告人の人格を保証するものとして，被告人の宣誓の真実性を一定程度担保する意味を有しえたであろう。
　　F. J. Kühns, Geschichte der Gerichtsverfassung und des Prozesses in der Mark Brandenburg, Bd. 2, 1867, S. 507 は，ゲルマン社会の閉鎖的な共同体において雪冤宣誓が一定の合理性を有しえた理由として，「個々人がそれぞれ知己であったから，虚偽の主張を偽誓によって真実らしく見せることは困難であった。宣誓の不正が発見され証明されるおそれは大きく，軽率な宣誓，悪意の宣誓をする妨げとなった」等の事情を挙げる。

9　ゲルマン法における雪冤宣誓は，他の証拠方法による証明が不可能であること，あるいは，一定の有罪証拠が存在することなどを前提としない証明方法であった。
　　これに対し，カノン法は，風評によって疑いをかけられた聖職者が潔白を証明する方法として，①何らかの徴憑に基づく風評が持続し，②通常の方法による立証が不可能であり，③弾劾人がいる場合は弾劾人が敗訴したことなどの要件を課した上で，ゲルマン法由来の雪冤宣誓を導入した。Cf. J. Ph. Lévy, La hiérarchie des preuves dans le droit savant du moyen-âge depuis la Renaissance du droit romain jusqu'à la fin du XIV siécle, 1939, p. 142 ff. 上口裕訳「ジャン・フィリップ・レヴィ『中世学識法における証明の序列』(1)」南山法学13巻2・3号（1989年）206頁以下参照（以下，巻号・頁数で表記する）。

10　Rüping / Jerouschek, a. a. O., S. 39.

11　ザクセンシュピーゲル・ラント法1・38・1（久保正幡・石川武・直井淳訳『ザクセンシュピーゲル・ラント法』〔1977年〕による。以下同じ）。

12　A. v. Kries, Der Beweis im Strafprozeß des Mittelalters, 1878, S. 39. ザクセンシュピーゲル・ラント法1・39は，権利喪失者として雪冤宣誓を許されない被告人について，「(灼熱している)鉄をもち支えること，または沸騰している釜の中へ（手を）肘まで入れること，または決闘人に対して身を守ること」の3種の選択肢を定めていた。
　　なお，ザクセンシュピーゲル・ラント法のドイツ語版の成立は1224 / 1225年頃とされており，1215年のローマ・カトリック教会による神判禁止の影響は明らかでない。

とを申し出ることが可能であった[13]。②現行犯手続において，宣誓補助者の数が不足する場合も，原告は決闘を申し出ることが可能であった[14]。③通常の訴訟において犯行の痕跡（傷害の傷跡，盗品）が存在する場合にも，原告の申立てによる決闘が許された[15]。

決闘は，当事者又は証人の宣誓を争うために用いられる「証拠の証拠」として，究極的な証明方法でもあった[16]。決闘に不慣れな都市住民にとって，被告人の雪冤宣誓を排除するために決闘を申し出ることは大きな負担であり，これは都市住民が原告となって被告人を断罪する手段が著しく制限される結果を招いた。後に見るように，都市は，決闘や神判を廃する特許状や，新たな断罪手続を行う特許状を得ることによって，実力を基礎に置く証拠法からの解放を企図することになる[17]。

4　現行犯手続

現行犯の場合，不法を行ったという事実それ自体によって犯人は平和喪失となり，被害者は適法に犯人を殺害し，あるいは身柄拘束することが可能であった[18]。現行犯逮捕は，「人間の不可侵性（Mannheiligkeit）と結びついたゲルマン人の生活感情から見て，本来であれば，耐えがたくかつありえない処置」であったといわれる[19]。現行犯逮捕は，「人間の不可侵性」の観念に基づく，被疑者であっても身柄を拘束されないという原則に対する例外と解することができる。

被害者が犯人を逮捕する場合は，犯罪の証跡となる盗品・剣等を犯人の身体に結びつけ，犯罪が一夜を越える前に，犯人を裁判所に引致した[20]。逮捕

13　v. Kries, *a. a. O.,* S. 39 f.; J. W. Planck, *Das deutsche Gerichtsverfahren im Mittelalter,* Bd. 1, 1879, S. 787 f.

14　Planck, *a. a. O.,* S. 789.

15　W. Schünke, *Die Folter im deutschen Strafverfahren des 13. bis 16. Jahrhunderts,* 1952, S. 17.

16　Lévy, *op. cit.,* p. 17. 上口訳・南山法学12巻1号（1988年）94頁参照。

17　v. Kries, *a. a. O.,* S. 85 ff.; Schünke, *a. a. O.,* S. 18.

18　Schnelbögl, *a. a. O.,* S. 261.

19　Schmidt, *Einführung.,* S. 81.「人間の不可侵性」とは，「神々によって保証された平和に与る個々のゲルマン人の民族同胞に対する関係」であり，個々のゲルマン人は不可侵であると同時に他の者の不可侵性を尊重する義務を負い，他の者を侵害した者は不可侵性を失い，自己と他者との間に存した平和の関係を破壊した者として，被害者による復讐を受けた（Schmidt, *Einführung,* S. 22）。

20　ザクセンシュピーゲル・ラント法1・66・1；2・35。Vgl. Schmidt, *Einführung,* S. 40, 81；v.

に当たって，被害者は，犯罪があったことを告げる「叫喚告知」を行う必要があり，これを聞いて駆けつけた者がシュライマネン（Schreimannen）である。犯行中又は逃走中の犯人を逮捕し裁判所に引致した原告は，宣誓補助者としてのシュライマネン6名とともに宣誓することによって犯人を断罪した[21]。シュライマネンは，犯罪発生の事実を確認するために叫喚告知によって呼び寄せられたのであるから，通常，犯行について直接・間接の知識を有する証人である。しかし，宣誓に際しては，犯行に関する知識を供述するのではなく，原告の宣誓の潔白を宣誓するのである[22]。もっとも，叫喚告知，犯人の逮捕，犯罪の証跡等，犯行と犯人を確信させるような客観的事情を前提としてなされる原告や宣誓補助者の「宣誓」は，通常の訴訟において被告人が行う雪冤宣誓とは異なり，犯罪事実に関する供述に近い意味を持っていたと考えられる[23]。

現行犯手続（Handhaftverfaren）の特徴は，①被告人が，自由人として認められる身体の不可侵性を保障されないこと，②通常の訴訟において有する雪冤宣誓の機会を奪われること，③原告が断罪宣誓によって被告人の有罪を立証しうることなどである。ここでは，自由人たる当事者の対等を前提とする弾劾訴訟の特徴が後退し，被告人の身柄拘束と原告側の有罪立証が認められている。

5 決闘・神判の禁止

1215年第4回ラテラノ公会議において，ローマ・カトリック教会は，決闘と神判に不可欠な宗教的儀式に司祭が関与することを禁じ，実質的に決闘と神判を禁止した[24]。ドイツでは，都市が特許状によって決闘・神判を廃止

Kries, *a. a. O.*, S. 52 f.
21 現行犯人を殺害した場合は，叫喚告知を行い，シュライマネンとともに死体を裁判所に運び，「死者に対する訴え」を行うことで殺人の責を免れえた。Vgl. Schmidt, *Einführung*, S. 40.
22 v. Kries, *a. a. O.*, S. 11, 52.
23 Loening, *a. a. O.*, S. 69は，この点を強調し，現行犯手続におけるシュライマネンは性格証人ではなく，知識証人であったとする。
24 R. C. Caenegem, *The Birth of the English Common Law*, 1973, p. 69は，神判廃止に至る経緯を，カノン法学者は，12世紀の間第4回ラテラノ公会議が決定を下すまで，神判の是非について逡巡・躊躇し，ローマ法学者は，ローマ法大全が神判に言及していないという理由で神判を冷ややかに黙殺し，王侯は，国家が犯罪訴追に乗り出した時代であるにもかかわらず神判によって犯罪者が罪を免れている，として神判に反対した，と要約する。

する権限を獲得し[25]，また，雪冤宣誓には，「盗人は，左手に盗品を持ちながら，右手を挙げて雪冤宣誓することが許されている」という批判の声が上がった[26]。伝統的な雪冤宣誓に対して疑問が提起されるという状況は，商業の復活等による社会的流動性の増大によって，雪冤宣誓の合理性を一定程度担保した閉鎖的な共同体の存在という前提自体が揺らぎ始めたことを反映するものであろう[27]。

特に都市では，証人の証言による原告側の断罪立証を許容する法域が南ドイツを中心に現れる。①「すべての訴訟事件において，誠実かつ名誉ある市民，ただし2名の市民たる証人の証言は，彼等が証人として取り調べられた係争事実について，自ら目撃し聞いたと供述する場合に限り，十分な証言となりうる」とする1293年のコルマール市の特許状，②「起きた事柄をその場所にいて自分の目で見たか自分の耳で聞いたことを宣誓の上供述するのでなければ，司祭の宣誓は許されない」と定める1323年のウップシュタールスボーム法，③原告が2名の証人によって被告人の犯行と犯人性を立証することを認める1470年ヴェストヴォルト・ラント法等がある[28]。このような目撃証人等による立証の意義については，これを実体的真実主義の現れとする

なお，R. Bartlett, *Trial by Fire and Water—The Medieval Judicial Ordeal*, 1986, p. 100（竜嵜喜助訳『中世の審判』〔1993年〕152-53頁）は，1215年における神判廃止は，既に始まっていた神判の衰退という現実を後追い的に認知したものではなく，教皇による政策決定であったとし，それが可能になった前提として，①教会内部の一派が神判が誤りであると確信すること，②この改革派が教会内部で指導権を握ること，③教会の行政機構が上からの指令が十分遵守されるように組織化されていることを挙げている。

25 v. Kries, *a. a. O.*, S. 85 ; W. Trusen, *Strafprozeß und Rezeption—Zu den Entwicklungen im Spätmittelalter und den Grundlagen der Carolina : P. Landau / F. -Chr. Schroeder（Hrsg.）, Strafrecht, Strafprozess und Rezeption*, 1984, S. 75.

26 Trusen, *Strafprozeß*, S. 55 f., 75.

27 注8参照。v. Kries, *a. a. O.*, S. 232は，11，2世紀から13，4世紀にかけて，ゲルマン証拠法が行われる前提となる社会状況が特に都市において大きく変化したとする。

28 Sellert / Rüping, *a. a. O.*, S. 174 f.; Schmidt, *Einführung*, S. 77 f.

なお，1120年のフライブルク市の設立文書（Stiftungsbrief）は，「市民でない者は市民に対する証人となりえず，市民に対しては市民のみが証人たりうる。すべての証言は2名の適格な者，ただし，目撃し聞いた者によってなされなければならない（Nullus extraneus testis erit super burgensem sed tantummodo burgensis super bergensem. Et omne testimonium duobus legitimis personis producitur et hoc de visu et auditu)」（zitiert bei : v. Kries, *a. a. O.*, S. 197）と定めていた。系譜は明らかでないが，神判廃止前の時代において，2名の目撃証人による立証という原則がドイツ都市法において知られていたことを示す文書である。

見解[29]と，適格とされる証人の供述は，宣誓の場合と同じく，無条件の証明効果を有しており形式的な証拠法の枠組を超えたものではないという見解がある[30]。

13世紀末に登場した7名断罪手続（後述）が象徴するように，13世紀は，犯罪に対する公的訴追が広く行われるようになった時代である。このような訴追手続の下では，被告人に雪冤宣誓権を認めることは，公的訴追を生み出した犯罪鎮圧の目的と相容れなかったであろうし，公益を代理する訴追者が決闘によって被告人を断罪する手続も問題になりえなかったであろう[31]。さらに，結果が偶然的であり，しかもすでにその合理性に疑問が生じていた神判もまた，犯罪訴追に対する公的関心に照らし，犯罪立証の方法として不適切なものとなったであろう。いずれの点から見ても，ゲルマン法の形式的証拠法は，公的な犯罪訴追を必要とする時代状況の下では，時代的要請をみたさない不合理なものとして衰退に向かわざるをえなかったといえる[32]。

II　過渡的訴訟形式

1　ラント平和令

ゲルマン法では，訴訟によることなく，自力救済すなわちフェーデに訴え

29　Sellert / Rüping, a. a. O., S. 110.
30　Schmidt, Einführung, S. 79. 直接証人であることを要求する都市法の例から見て，証人による証明がゲルマン証拠法の形式的証明方法であるという見解には議論の余地があろう。
31　J. H. Langbein, Prosecuting Crime in the Renaissance, 1974, p. 148. また，ibidem は，7名断罪手続や風評手続の対象とされた「ラント有害者」は，都市等にとって部外者であり，宣誓補助者を伴う雪冤宣誓の前提となるべき共同体への帰属関係を欠く者として，雪冤宣誓の機会を奪われたとする。

　なお，Schmidt, Einführung, S. 84 は，特に都市において設けられた弾劾官（öffentliche oder amtlicher Ankläger）による職権に基づく弾劾訴訟（Klage von Amts wegen）においては旧来の形式的証拠法が適用されたとするが，弾劾官は私人たる弾劾人と同様の危険を負担した，という趣旨ではあるまい。
32　W. Trusen, Der Inquisitionsprozeß—Seine historischen Grundlagen und frühen Formen, ZRG, Bd. 105, Kan. Abt. 1988, S. 210 は，イノケンティウス3世の下で，風評のある場合に聖職者に雪冤宣誓を課す手続（注9参照）に代わって糺問訴訟が導入された歴史的事実を，「証拠方法としての神判及び決闘を禁じた新たな合理的な精神から生じた論理的かつ必然的な帰結だと考えられる」と評価し，形式的証拠法からの脱却と新たな訴訟手続の導入との間に思想的関連性を見ている。

ることも公認された紛争解決の手段であった。しかし，11世紀から12世紀における商業復活，都市成立など社会的・政治的な時代環境の変化にともない，フェーデがもたらす治安悪化は，耐えがたい社会不安となり，その解決が公的課題となった。このため，フェーデを制限・禁止する国家的あるいは地域的な立法が行われるようになった。いわゆるラント平和令である。1103年の帝国ラント平和令を嚆矢として，1495年の永久ラント平和令に至るまで繰り返し発布され，殺人，窃盗，放火等に対し，贖罪金によって請け戻すことを許さない死刑・身体刑が定められた[33]。刑罰の公刑罰化である。また，「自由人は不可侵であり，その生命・身体は侵されない」という原則が崩れ，もともと死刑・身体刑を科されていた非自由人との区別が徐々に消滅していった[34]。このような公刑罰を実現するには，犯罪訴追のイニシャティブを被害者たる私人の意思に委ね，しかも，現行犯の場合を除いて身柄拘束を許さないという旧来の犯罪訴追制度は明らかに目的合理性を欠くものとなった。その意味で，刑罰の公刑罰化を実現したラント平和令は，公的イニシャティブによる犯罪鎮圧，すなわち職権による犯罪訴追制度の成立を促すこととなった[35]。

　公的イニシャティブによる犯罪訴追の必要性は，中世後期における飢饉，黒死病，戦乱等によってもたらされた「中世の危機」と呼ばれる社会的混乱と不安を背景とした犯罪の多発によっても高められた。このような社会的混乱の中から発生した徘徊・流浪する犯罪者群は，「ラントに有害な者たち(landschädliche Leute)」[36]と呼ばれた。訴追開始を私人の意思に委ね，また被告

33　K. Kroeschell, *Deutsche Rechtsgeschichte 2 (1250-1650)*, 1973, S. 208 は，アルトドルフ都市法の「窃盗ならば絞首，密行の殺人ならば曳摺りの上車輪で身体を破砕，殺人ならば斬首，教会窃盗及び殺人放火ならば焚殺，偽造ならば釜茹で，強姦ならば曳摺りの上鋸引き，強盗ならば斬首，夫殺しならば生きたまま穴埋め，妻殺しならば曳摺り，灼けた鉗子で頭部を3度引裂きの上車輪で身体を破砕」という規定を挙げ，この時代の残酷な死刑は，犯罪に対する「気の遠くなるような恐怖」の現れであったとする。また，Schmidt, *Einführung*, S. 67 は，刑罰の過剰な残酷さを，政治権力の治安維持能力の弱さから生じた威嚇的な反応と解している。

34　Schmidt, *Einführung*, S. 59 ; H. Hirsch, *Die hohe Gerichtsbarkeit im deutschen Mittelalter*, 1922, S. 151.

35　Schmidt, *Einführung*, S. 85 は，フリートリヒ2世の1235年マインツ・帝国ラント平和令以降，ラント平和令の内容が実体刑法的規定から，刑法を実現するための刑事手続的規定へと重心を移していることを指摘する。

36　Schmidt, *Einführung*, S. 83 によれば，当初は重罪の常習犯を意味したが，後には罪種を問わ

人の雪冤宣誓の余地を残す従来の手続では，これらの犯罪者群には無力であり，犯罪闘争のための新たな手続として，7名断罪手続以下の断罪手続が登場した。

2　7名断罪手続

1281年のバイエルン・ラント平和令や14世紀の都市特許状に現れた新しい断罪手続である[37]。犯罪の危険性のある外部者は，都市市民等から見て，同胞としての配慮と尊重を必要としない非市民・非居住者であり，治安維持の目的から，都市はこのような「ラントに有害な」外部者を逮捕する権限を獲得する[38]。この権限に基づいて逮捕され裁判所に引致された外部者に対する訴追手続が，7名断罪手続（Übersiebungsverfahren）である[39]。1281年バイエルン・ラント平和令14条の定める7名断罪手続は，「ある者が有害な者又は窃盗犯人[40]を逮捕し，裁判所に引致するときは，その者又は裁判官は，被逮捕者が有害な者であり，法に従い判決がなされるべきであると宣誓しなければならない。次に6名の者がその宣誓が真実であることを宣誓しなければならない。しかる後，いかなる判決がなされるべきかが〔参審人に〕問い質されなければならない」[41]，というものであった。

7名断罪手続は，①現行犯ではない者の逮捕が可能とされている，②訴追は私人たる原告による弾劾によっても，裁判官による職権によっても行いうる，③現行犯手続でないにもかかわらず，被告人には雪冤宣誓の可能性が認められない，④宣誓補助者は，シュライマネンと異なり，犯罪に関する知識を有せず，訴えの真実性を担保する役割を果たさない，などの点で伝統的な現行犯手続と異なる手続である。弾劾訴訟であるという点と6名の宣誓補助者の必要性という点で，現行犯手続と類似性がないわけではない。しかし，

　　ず死刑相当犯罪を行った余所者を意味した。
37　Rüping / Jerouschek, *a. a. O.*, S. 37 ; O. v. Zallinger, *Das Verfahren gegen die landschädlichen Leute*, 1895, S. 142 ff.
38　Schmidt, *Einführung*, S. 82, 88 f.; R. Ruth, *Zeugen und Eideshelfer in den deutschen Rechtsquellen des Mittelalers*, 1922, S. 186.
39　Zallinger, *a. a. O.*, S. 142 ; Hirsch, *a. a. O.*, S. 95.
40　Hirsch, *a. a. O.*, S. 24によれば，窃盗は身体刑・生命刑を科すべき犯罪の典型として扱われ，1217年のクレームスミュンスター文書において，"fur（窃盗犯）"は「盗人及び有害な者」と独訳されており，窃盗犯は死刑相当の犯罪者を示す集合名詞であった。
41　zitiert bei : Zallinger, *a. a. O.*, S. 147.

公共の治安維持を目的とした職権手続であるという点で、現行犯手続との違いは本質的なものである[42]。7名断罪手続が「ドイツ刑事手続における完全な革命」[43]であったとされる所以である。

3 風評手続

従来の弾劾訴訟に比べて革命的ともいえる断罪手続であったが、7名断罪手続には、その要式性から来る手続的煩雑性、断罪宣誓を行う適格性と意思を有する者7名を探し出すことの困難性、断罪したラント有害者側による宣誓者に対する報復のおそれ等、その効率性を害する制約が存在し、7名による断罪の手続が必ずしも容易ではないという事情があった[44]。このため、14世紀の多くの都市において、皇帝特許状等に基づいて、ラント有害者の断罪を一層容易にする新たな手続として、風評手続 (Leumundsverfahren) が導入された[45]。風評手続においては、原告及び宣誓補助者による宣誓は不要であり、捕縛され引致された者に対し、都市参事会が、被逮捕者の有害性を示す証拠を裁量的な方法によって入手し、その過半数をもって、被逮捕者に対し「有害な者であり、生よりも死がふさわしい (dass sy schedlich Lüt seind und nuzer und besser tod seyen denn lebend)」と判決することが可能であった。評決は最終裁判期日において2名の参審人によって報告され、これに基づいて刑が執行された[46]。

---

[42] R. C. van Caenegem, *La preuve dans le droit du moyen-âge occidental, Recueils de la société Jean Bodin*, t. 17, 1965, p. 728 は、雪冤宣誓・神判という形式的な証明方法に代わる新たな証明方法として、ローマ・カノン法の証拠法と陪審制度を挙げる。

　カネヘムは、陪審制度を、有罪・無罪の判断を地域を代表する非専門的な集団に委ね (民の声)、その判断が神判 (神の声) に代わるものとして裁判官を拘束する制度であると位置づけ、7名断罪手続もこの種の手続に属することを指摘する。このような観点から見るならば、「民の声」による裁判は、その後イギリスとドイツにおいて全く異なる歴史を歩むことになったといえる。なお、この点に関する英仏史を比較検討とするものとして、小山貞夫『絶対王政期イングランド法制史抄説』(1992年) 3頁以下参照。

[43] Loening, a. a. O., S. 69.

[44] Zallinger, a. a. O., S. 194.

　このほか、報酬を得て軽率な宣誓をする宣誓補助者が存在したという事実が、7名断罪手続の問題性として指摘されている。若曽根健治『中世ドイツの刑事裁判―生成と展開』(1998年) 465頁以下参照。

[45] v. Kries, a. a. O., S. 238 f.; Schmidt, *Einführung*, S. 83. シュミットは、特許状は都市の誇りでもあったとする。

[46] v. Kries, a. a. O., S. 239 ff; Ruth, a. a. O., S. 212 f.

風評手続と7名断罪手続の違いとして，風評手続では，①被告人の有罪を立証する者が法廷に現れないこと，②都市参事会の無制約な権限を前提に，手続が，逮捕された被疑者に無差別に適用されること，③アハトに処せられている（すなわち，平和喪失者として法的保護を失っている）か否かを問わず，参事会が疑わしいと判断した者を拘禁し職権で訴訟を開始することが挙げられる[47]。職権によって被疑者を逮捕した参事会は，被告人に対し「生よりも死がふさわしい」者であると判決する前に，風評に関する証人を取り調べ[48]，必要ならば，後述する拷問手続によって被告人のラント有害性を裏づける自白を収集したものと考えられる[49]。

　風評手続は，「疑わしい人物に対し，強い嫌疑に基づいて死刑さえ科すことが可能であり，すべてを判決人の確信に委ねている限りにおいて，ゲルマンの古い原則〔＝形式的証拠法〕から著しく乖離している」[50]，と評されており，実質において糾問訴訟の萌芽を含むとされる[51]。

　　Trusen, *Strafprozeß*, S. 76 は，1258年ケルン市とケルン大司教との間に生じた紛争に対して行われた調停の結果として，ケルン大司教が「悪行の公然たる風評のある者に対し，原告が現れない場合においても，糾問を行い，裁判を行う（inquirire et judicare）」権限を有し，他方，市長及び参事会も「尊敬され名誉ある人々の許で悪評のある」者に対して糾問を行う権限を有することが確認された事実を挙げ，これを，カノン法の糾問訴訟の影響を受けた風評手続の萌芽だとみなしている。

47　Ruth, *a. a. O.*, S. 213. アハトに処せられているか否かを問わないというのは，アハトの場合のように身柄拘束のための明確な法的根拠がない場合においても，都市参事会によって逮捕が行われたという趣旨である。

48　Zallinger, *a. a. O.*, S. 213.

　　G. Jerouschek, *Die Herausbildung des peinlichen Inquisitionsprozesses im Spätmittelalter und in der frühen Neuzeit*, ZStW, Bd. 104, 1992, S. 357 は，風評は被疑者が犯罪的な人間であるという風評では不十分であり，特定の犯行の犯人であるという風評でなければならないとした上で，「風評証人（Leumundszeuge）」は，犯罪の風評を供述する伝聞証人であり，宣誓補助者と知識証人との中間に位置するとする。

49　Schmidt, *Einführung*, S. 102.

　　E. Brunnenmeister, *Die Qullen des Bambergensis*, 1879, S. 29 もまた，風評手続において，裁判所は自らの心証に基づいて判断することを求められ，かつ，心証形成の証拠を自ら収集する必要があったから，疑いのある場合には被告人の自白を得ることは必須であり，拷問が原則化したことは当然であったとする。

50　A. Biener, *Beiträge zur Geschichte des Inquisitionsprozesses*, 1827, S. 140.

51　E. Schmidt, *Inquisitionsprozeß und Rezeption*, 1940, S. 45 は，風評手続ではたんに有害者であるか否かではなく，個々の犯罪の立証が問題となったのであって，糾問訴訟の萌芽を見るべきだとする。シュミットはまた，証拠評価の裁量性を指摘し，「官憲を構成する者が経験によって得た基準に照らし，証人又はその他の証拠方法によって被逮捕者の有罪を立証しうると判断される

4 拷問手続

7名断罪手続や風評手続と並んでこの時期に登場する新たな断罪手続が、拷問[52]手続である[53]。中世における拷問の歴史は、13世紀のイタリアに始まる[54]。拷問を定めた最初の都市法である1228年ヴェローナ市条例は、決闘その他の神判と並んで拷問を許容するという過渡的な内容を持つものであった[55]。カノン法においては、1252年にイノケンティウス4世の教勅 "Ad extirpanda" によって、異端審問のために拷問が導入された[56]。

場合は、当然に『死又は生のいずれがよいか』という件の評決に至り、有罪の結論となりえた」と述べている (*a. a. O.*, S. 46 f.)。

52 Trusen, *Strafprozeß*, S. 33 は、「犯罪それ自体又はその原因の真相を解明するために、裁判官によって適法に命ぜられ、身体的苦痛を加えて行われる、既発の犯罪に関する尋問 (interrogatio de crimine commisso per corporis tormenta, ad eruendam ipsius criminis sive causae veritatem, legitime a judice instituta)」という拷問の定義を挙げる (典拠不詳)。また、P. Fiorelli, *La tortura giudiziaria nel diritto commune*, vol, 1, 1953, pag. 4 は、「そのような方法により確証された真実を基礎とする判決によって訴訟を終結させるために、実力又は装置を用いて被告人又はその他の訴訟関係人の抵抗意思を排除し、他の方法では確証することのできない事実の確認に役立つ自白又はその他の供述を強要することを目的とする訴訟上の手続」と、訴訟上の拷問を定義する。

53 Schünke, *a. a. O.*, S. 160 は、7名断罪手続、風評手続、自白強要手続を、ラント有害者に対する犯罪闘争において、伝統的な証拠法では不可能であった原告側による有罪立証を可能にする証明手続であったと位置づける。また、Hirsch, *a. a. O.*, S. 104 は、7名断罪手続における宣誓が不確実なものであったため、14世紀以降、非現行犯人の断罪方法として自白が選好され、必要ならば拷問が行われるようになったとする。

54 Fiorelli, *op. cit.*, vol. 1, 1953, pag. 70 は、「神判廃止が拷問復活の消極的な要因であったとするならば、拷問復活の積極的な要因となったのは国家意識の強化であった。国家意識の強化は、一部は、ローマ的観念の復活に由来し、また一部は、国家的権威の高揚に伴い必然的に重大な国家的任務となった刑事訴追の手続が未整備であったため裁判権者 (il potere giudiziario) が強制力の行使によってこれを補完する必要があったという事情に由来した」と指摘する。

55 Fiorelli, *op. cit.*, vol. 1, pag. 85.

この他、1241年のヴェルチェッリ市条例は、「公然たる窃盗すなわち強盗又は悪しき風評のある者でなければ何びとも拷問されてはならない」と定め、フリートリヒ2世の1231年シチリア王国勅令 (メルフィ勅令) は、夜間若しくは秘密裡に行われた殺人その他の犯罪について強い嫌疑のある身分低き者に対する拷問を定め、裁判上の決闘を厳しく制限し、その他の神判を廃止した (*op. cit.*, vol. 1, pag. 85 e seg.)。

56 教勅第25法文は、「官憲又は君主は、捕らえたすべての異端者に対し、魂を強奪し殺害する者、神及びキリスト信仰の秘蹟を盗む者として、この世の物を盗み奪う者が共犯者の告発と犯行の自白を強制されるように、その四肢を損なわない死の危険に曝すことを避けつつ、彼等の過ちを明確に自白し、彼等が知る他の異端者、彼等の信仰、信徒、彼等を置い保護する者を告発し明らかにすることを強制しなければならない (Teneatur potestas seu rector omnes haereticos quos captos habuerit, cogere citra membri diminutionem et mortis periculum……tanquam vere latrones et homicidas animarum et fures sacramentorum Dei et fidei Christianae, erores suos expresse fateri, et accusare alios haereticos, quos sciunt, et bona eorum, et credentes, et receptatores et defensores eorum, sicut coguntur fures et latrones rerum temporalium accusare

II 過渡的訴訟形式 　341

　ドイツでは，14世紀前半に，司教都市等において拷問が許容されたことを示す記録が現れる。拷問の最も初期の記録が14世紀ドイツの司教都市（シュトラスブルク，シュパイエル，ケルン，レーゲンスブルク）のものであること，また，教会と教会に有害な異端者との関係が，都市と都市外のラント有害者との関係に相似であったことから，ドイツにおける拷問手続に対するローマ・カノン法の影響が指摘されている[57]。拷問手続は南ドイツから北ドイツに拡大するが[58]，14世紀末のザクセンでは拷問手続に対する躊躇があったようである。記録によれば，拷問によって自白した被告人が裁判所に対し，現行犯逮捕されたものではないから雪冤宣誓が許されるべきであると主張し，他方，原告が，自白を聴取した裁判所属吏と参審人の供述によって被告人が自白した事実を立証し，被告人の雪冤宣誓を防ごうとした事案において，参審人は，「慣習ではなく，法に基づく」手続に従うべきであるとして，被告人に単独での雪冤宣誓を許している[59]。「慣習」となりつつあった拷問手続に対するゲルマン法的観念の抵抗を示す例である。

---

suos complices, et fateri maleficia quae fecerunt)」 (referito dal : Fiorelli, *op. cit.*, vol, 1, pag. 80) と定める ("bona eorum〔彼等の財〕" の意味が判然としないが，文脈上，異端信仰の動機・内容を指すものと解される)。この法文は，異端を神に対する反逆罪と見ることによって，従来から反逆罪に関して許容されてきた拷問を異端審問において用いることを正当化するものではない。特にこの点を指摘するものとして，Rüping / Jerouschek, *a. a. O.*, S. 42 (異端を反逆罪とみなして異端に対する拷問を根拠付ける資料については，vgl. Trusen, *Strafprozeß*, S. 46 ff.)。

　H. J. Berman, *Law and Revolution — The Formation of the Western Legal Tradition*, 1983, p. 252 は，異端審問と拷問の関係について，「被告人の精神状態が争点である——異端がその好個の例である——場合，被告人の精神状態について適切な証言をしうるのは被告人を措いて他になく，犯罪となる精神状態を自認させる最適な方法は物理力である」とする。

[57] Trusen, *Strafprozeß*, S. 57. この点に関連して，Jerouschek, *a. a. O.*, S. 351 f. は，世俗的な都市領主でもあった司教は，異端審問を行う都市官憲に拷問を行う権限を与え，その結果として都市官憲は刑事訴訟において拷問の特許状なしに拷問を行うようになったことを指摘する。また，Schünke, *a. a. O.*, S. 167 は，ローマ・カノン法の有識者として採用された都市書記が，都市参事会に対する「法律助言」に際し，拷問手続の導入につながるローマ・カノン法の知識を用いなかったとは考えにくいとする。

　これに対し，Schmidt, *Einführung*, S. 91 ff. は，拷問手続は15世紀末のウォルムス改革法典に始まるローマ法継受の結果ではなく，ドイツにおいて独自に生成した手続であるとするが，今日では，ローマ・カノン法の影響を認める見解が一般的である。Vgl. Rüping / Jerouschek, *a. a. O.*, S. 42.

[58] Schünke, *a. a. O.*, S. 163 ff.

[59] Schmidt, *Einführung*, S. 96 f.; ders., *Inquisitionsprozeß*, S. 35 が挙げる，14世紀末ニコラウス・ヴルムによって著された法書 "*Die Blume des Sachsenspiegels*" に現れた事例である。

拷問手続は、公開の裁判期日に先だち密室で行われ、市参事会から2名の参審人が派遣されてこれに立ち会い、自白を聴取する。自白が得られるならば、最終裁判期日を開くことなく判決がなされる場合もあるが[60]、通例、最終裁判期日が設定され、最終裁判期日において、まず原告が訴えを提起する。被告人が自白する場合は、直ちに参審人に対し判決が求められる。被告人が否認する場合は、原告側の立証として、拷問に立ち会い被告人の自白を聴取した2名の参審人が宣誓の上被告人が自白した事実を供述し、引き続いて参審人に判決が問い質される[61]。最終裁判期日に原告が訴えを提起する弾劾訴訟の形式が取られているが、最終裁判期日前の拷問によって下すべき判決は実質的に決まっており、被告人には防禦の余地は残されていない。被告人が最終裁判期日において自白しない場合であっても、拷問による自白が有罪判決の基礎となる点で、風評の立証のみで被告人を断罪する風評手続と並ぶ、新たな効率的な犯罪鎮圧手続の役割を果たした。

拷問導入期においては、拷問実施に必要な嫌疑の程度をはじめとする拷問の要件、拷問の方法・程度に対する法的規制は確立しておらず、官憲の裁量に委ねられた[62]。これに伴う拷問の濫用は、後にカロリーナの序言において、「多くの地において、しばしば法と理性に反して訴訟が行われ、ために無辜が拷問され (gepeinigt)[63]、処刑されている」と指弾される事態を生み出し、帝国レベルでの司法改革立法を促す背景となった。拷問手続の整序と規律は15、16世紀のローマ・カノン法、いわゆる学識法の継受を待たなければならない。

5　拷問と糾問訴訟

このように、原告が登場する弾劾訴訟という形式の中で拷問による自白に基づいて被告人を断罪する手続が存在したが、このような訴訟形式は糾問訴

60　Schmidt, *Einführung*, S. 102, 104.
61　G. Kleinheyer, *Zur Rolle des Geständnisses im Strafverfahren des späten Mittelalters und frühen Neuzeit, Gedänisschrift für H. Conrad*, 1979, S. 371 が挙げる1485年のニュールンベルク刑事裁判令の例である。なお、若曽根・前掲410頁参照。
62　v. Kries, *a. a. O.*, S. 154 ; Schmidt, *Einführung*, S. 102 f.; Schünke, *a. a. O.*, S. 161.
63　"gepeinigt" の意義については解釈の違いがある。Remus, prooemium ; Vogel, p. 2 は「拷問」と解し、Gobler, praefatio ; Langbein, *Prosecuting*, p. 267 は「処罰」と解する。

訟とどのような関係に立つのであろうか。糺問訴訟を，被害者による申立てを待つことなく，公権力が自らの判断と意思に基づいて犯罪の訴追に着手する原則（職権主義）と，雪冤宣誓や神判のような形式的証拠法ではなく，合理的方法によって犯罪事実を解明するという原則（実体的真実主義）とに導かれる訴訟形式と解するならば[64]，最終裁判期日に先立つ手続において，官憲が身柄拘束された被告人から自白を採取し，これによって訴訟手続の目標である判決が決定される訴訟形式は，原告が最終裁判期日において訴えを提起する形式が維持されていたとしても，十分に職権主義的であるといわなければならない。

また，実体的真実主義との関係においても，拷問手続は，官憲が被告人の供述によって実体的真実を解明しようとする意図を示すものであり，糺問訴訟の「徴憑（Zeichen）」であるとするのが通説的な見解である[65]。確かに，何びとによってどのような犯罪的行為が行われたか，行われうるかを解明することが秩序と平和の維持に深くかかわる以上，秩序と平和の維持を責務とする官憲が行った拷問は，たんに被告人の有罪・無罪を決定するために「認諾」を獲得するだけではなく，被告人の犯行に関連する犯罪的事象の解明のためにも用いられたと考えるのが合理的である[66]。官憲が犯罪鎮圧に乗り出さざるをえない時代状況を考えるならば，「認諾」としての自白が獲得されるならば，それ以上その真偽や犯行の具体的内容を問われないという制度を想定すること困難だからである[67]。

64　Schmidt, *Einführung*, S. 86 f. は，職権主義と実体的真実主義が結合してはじめて糺問訴訟が成立するという。Trusen, *Inquisitionsprozeß*, S. 171 もまた，職権主義及び実体的真実主義を「糺問訴訟的要素」と位置づける。

65　Schmidt, *Einführung*, S. 91；ders., *Inquisitionsprozeß*, S. 24. なお，Sellert / Rüping, a. a. O., S. 109；ミッタイス＝リーベリッヒ（世良晃志郎訳）『ドイツ法制史概説』（改訂版・1971年）426頁参照。

　　むろん，糺問訴訟を職権主義と実体的真実主義によって定義する限り，拷問は糺問訴訟成立のための必要条件ではない。カノン法における糺問訴訟が成立期において拷問を前提としなかったことがその例である。

66　Schmidt, *Inquisitionsprozeß*, S. 24. また，G. Schmidt, *Sinn und Bedeutung der Constutio Criminalis Carolina als Ordnung des materiellen und prozessualen Rechts*：F.-Chr. Schroeder(Hrsg.), *Die Carolina*, 1986, S. 186 も，「犯行，共犯者その他官憲にとって有用と思われる事実」を拷問によって聴取するために，ラント有害者の身柄を拘束することが官憲の目標となったとする。

67　もっとも，Schmidt, *Inquisitionsprozeß*, S. 23 は，ごく初期において，官憲による事実解明と

しかし，拷問による自白強要に実体的真実主義の現れを見る従来の通説的な見解に対しては近時異論もある。中世後期・近世初頭のドイツの刑事手続においても，自白は事実を証明する手段ではなく，形式的な実体判決要件としての役割を担ったとする見解である[68]。この見解は次のように説く。①既に学識法を通して拷問による自白の真実性を担保するための準則が知られていたが[69]，この時期のドイツの拷問手続においてこれらの準則が遵守された形跡がなく，自白の真実性は問題とされていなかった。これは，拷問による自白採取は実体的真実主義と無関係であったことを示している。②本来，ゲルマンの形式的証拠法においては，被告人が自白する場合は，証明手続はおよそ問題とならず，直ちに有罪判決がなされた。この時期における自白もまた，形式的証拠法における自白と同様に，証明手続を不要とし直ちに実体判決をもたらす訴訟行為にとどまった。自白は，7名断罪手続における7名による断罪宣誓に代わるものであったが，同じように形式的な断罪方法であり，自白の真実性は問題にならなかった[70]。また，③拷問による自白を聴取

　　　いう背景なしに，「認諾」としての自白を獲得するために拷問が行われた可能性を全く否定することはできないとする。しかし同時に，自白強制という思想は，現行犯の場合に初めて被告人の雪冤宣誓権を否定するゲルマン的な訴訟観念とは異質であることを強調している。

68　Kleinheyer, *Zur Rolle*, S. 378 ; Trusen, *Strafprozeß*, S. 82.
69　Trusen, *Strafprozeß*, S. 79 f.
　　　トルーゼンは，学識法継受の例として，14世紀中葉都市書記ヨハネスによって著された『ブリュン市参審人の書（*Brünner Schöffenbuch*）』を挙げる（Trusen, *Strafprozeß*, S. 59 ff.）。その717章には，①「拷問を常に信用することも，また一切信用しないことも許されない。拷問は不確実かつ危険で真実を誤るものだからである。大部分の者は拷問に耐え，あるいは感応せず，拷問を嘲笑するために，彼らから真実を引き出すことは全く不可能であり，また，他の者は拷問に全く耐えることができず，拷問されるよりはいかなる虚偽でも述べることを選ぶために，種々自白をすることによって自分のみならず他人をも危険に陥れるという結果が生じている」，②「犯した罪を自発的に自白した場合であっても，常に信用すべきものではない。恐怖その他内心的な理由から自白する者がいるからである」など，自白の真実性に配慮する文言が見える（zitiert bei : v. Kries, *a. a. O.*, S. 152）。①は D. 48, 18, 1, 23 の，②は D. 48, 18, 1, 27 の引写しである（もっとも，Schmidt, *Inquisitionsprozeß*, S. 56 は，このような規定を，ドイツ独自に発展していた拷問の適用方法を規制するためにローマ法が参照されたものであるとする）。
　　　また，Kleinheyer, *a. a. O.*, S. 381 は，『ブリュン市参審人の書』の上記規定を挙げ，自白が真正の証拠方法となる変化を示すものと位置づけ，また，ウォルムス改革法典（1499年）第4巻第2部第10章の「ある者が拷問において自白し，それを維持するときは〔判決をなしうる〕」という文言を根拠として，自白の真実性を検証する原則が躊躇されながらも受容されるようになったのは15世紀末であったとする。

70　Kleinheyer, *Zur Rolle*, S. 384 ; Trusen, *Strafprozeß*, S. 82.

した参審人が最終裁判期日において自白を再現し，かつ，自白によって既に決まっていた判決が宣告される手続であっても，最終裁判期日において判決が発見されるという弾劾訴訟形式が維持されていた以上，法的な訴訟形式は変更されておらず，このような弾劾訴訟は，「自白訴訟」であるとしても，「糺問訴訟」と呼ぶことはできない[71]。

このような見解については，次の点が問題となろう。①この時期のドイツ法がローマ・カノン法から拷問を受容したとするならば，自白に関するローマ・カノン法，とりわけ徴憑理論が適用されなかったのはなぜなのか。これは，ドイツにおける拷問がローマ・カノン法から継受されたとする見解においても，解明されるべき点である[72]。②ゲルマン証拠法において，自白が証明手続を排除する効果を持つためには，被告人が裁判所の面前において任意に自白することが必要であった。これに対し，拷問による自白は，事後的に被告人によって認証されたとしても，ゲルマン法本来の意味で任意と見ることは困難である。にもかかわらず，ゲルマン法の形式的証拠法における任意の自白と同様，有罪判決の根拠となると考えられたのはなぜなのか。自白の意義について変化が生じ，自白の真実性が問題とされたからではないか[73]。

---

[71] Trusen, *Strafprozeß*, S. 84 f. トルーゼンは，さらに，拷問手続は糺問的「前手続」又は「警察的な」訴追活動とはいえるが（v. Kries, *a. a. O.*, S. 151 が既に同趣旨の指摘を行っている），中世において存在した厳格に様式化された「弾劾訴訟」との比較において，これを糺問訴訟と呼ぶことはできないという（なお，注103参照）。同じく，拷問と弾劾訴訟の両立可能性を肯定するものとして，Kleinheyer, *Zur Rolle*, S. 384.

[72] Schmidt, *Einführung*, S. 93 は，拷問はローマ法の影響を受けることなくドイツにおいて発生したという立場から，拷問がローマ法継受の結果だとする見解に対し，ローマ法継受の結果であるならば，1300年頃にイタリアで既に完成していた拷問要件論としての徴憑理論を継受しなかったのはなぜか，という疑問を提起している。

このような問題提起に対し，Schünke, *a. a. O.*, S. 168 は，①この時期の都市参審会は自立・自治を求めており，拷問手続を法律によって規律することに関心がなかった，②拷問は有害者の断罪に最適な手段であり，これに制約を加える必要性を認めなかったという理由を挙げ，拷問手続の欠陥が表面化したのは，15世紀において外部者ではない市民に対しても拷問が行われるようになってからである，としている。

[73] Lévy, *op. cit.*, p. 58 によれば，Baldus, *Consilia sive Responsa*, V, 479, は「しばしばポデスタの陪席判事は，拷問によって自白を採取しながら自白は任意であると称する。したがって，①犯罪が確かに行われ，かつ証明されること，②確かな徴憑及び証拠から（ex indiciis verisimiribus et probationibus）反対事実が明らかにならなかったことが必要である」と述べている（上口訳・南山法学12巻2・3号〔1988年〕47頁以下）。これは，拷問による自白を「任意」とみなすのであれば，その根拠は自白の真実性に求めるほかない，という趣旨に解されるのではあるまいか。

風評のような嫌疑があって被疑者の身柄が拘束された後に拷問が行われたのであるから，先行した嫌疑を自白によって確認・補強すること，また，先行した嫌疑によって自白内容を確認・補強することに関心が払われた，と考えるべきではあるまいか。③拷問を手段とする公的訴追活動が訴訟の帰趨に決定的な影響を与える訴訟形式を，弾劾訴訟と呼ぶことは妥当であろうか[74]。このような訴訟形式を，最終裁判期日に原告が介在し判決が発見されるという形式的理由で弾劾訴訟と呼ぶことは，原告の存在を過大視するものであるまいか[75]。また，形式的にすぎない原告の存在を根拠に手続を弾劾訴訟と位置づけるのは，裁判所及び原告が被告人に自己負罪的な供述を強制することを予定しない弾劾訴訟の基本的メルクマール（当事者対等原則）を無視するものであるまいか[76]。カロリーナにおける弾劾訴訟と拷問との関係について後述するように，当時の糺問訴訟法学が，弾劾訴訟において拷問が命じられる場合は弾劾訴訟は糺問訴訟へと変化すると捉えたのは，拷問と弾劾訴訟とは原理的に相容れないことを正確に理解したためであると思われる[77]。

---

[74] Schmidt, *Inquisitionsprozeß*, S. 11 は，トルーゼン説（注71）と異なり，法史学的な意味での「手続」は，「犯罪訴追のために公権力によって適用・執行されるすべて」を指し，専ら合目性に定位した警察的な処分も含まれるものと解して，糺問訴訟の成否を判断している。
　Sellert / Rüping, a. a. O., S. 109, Fn. 166 ; Jerouschek, a. a. O., S. 354, Fn. 89 は，「前手続」又は「警察的な」訴追活動は訴訟の一部ではないとするトルーゼンの見解に疑問を呈しており，Schünke, a. a. O., S. 160 も，「前手続」を「刑事手続外的な処置」と見ることを非歴史的と評価している。

[75] バンベルゲンシス 123 条は，最終裁判期日の制度を維持する理由として，「〔必要なるすべての審理は最終裁判期日前に慎重に行われていなければならないが，〕それにもかかわらず，上に定めるような公開の裁判手続が，善意からにせよ，最終裁判期日において行われないことは，一般民衆及び古き慣習のためにあってはならない（vnd soll doch nichtss dester weniger auff dem endhaften rechttag, *vmb des gemeynen volcks* vnd alter gewonheyt willen, die öffenlich gerichtlich handlung, wie vor davon auffgeschriben ist, auss guter meynung auch nit vnterwegen bleyben）」(J. Kohler / W. Scheel 〔Hrsg.〕, *Die Carolina und ihre Vorgängerinnen*, Bd. 2, 1902) と定める。
　J. H. Langbein, *Die Carolina : F.-Chr. Schroeder (Hrsg.), Die Carolina*, 1986, S. 263 は，イタリック部分に "*vmb* (der Erwartungen) *des gemeynen volcks*" という補足を加え，「〔最終裁判期日という〕儀式は，伝統に囚われた共同体に対し，連続性を保証することによって安心感を与えた」と位置づけている。したがって，Jerouschek, a. a. O., S. 354, Fn. 89 が指摘するように，最終裁判期日が維持されたことは最終裁判期日が訴訟の要であったことを必ずしも意味しない。

[76] R. Lieberwirth, "*Folter*" in : *HRG*, Bd. 1, 1971, Sp. 1150 が，拷問は，ゲルマン部族国家によってローマ帝国からの遺産として継承されるが，ゲルマン法の基本的原理に相応しくないものとして，後に大幅に意味を失うか，全く消滅したと述べるのは示唆的である。

[77] Trusen, *Strafprozeß*, S. 114 は，「糺問訴訟を知らなかったローマ法において拷問が存在した。……したがって，弾劾訴訟の本質に影響を与えることなく，弾劾訴訟においても拷問は行われえ

自白はその内容の真実性が問題とならない訴訟物の処分行為であったという見解によれば、拷問による自白の真実性について検証を求めるバンベルゲンシス（66条）や、拷問の有無を問わず自白について真実性の検証を求めるカロリーナ（54条）は、既に自生していた糺問訴訟を完成に導くという意味で糺問訴訟成立史の終章であるというよりは、むしろその序章と位置づけられることになる。

III　カール5世刑事裁判令（カロリーナ）

1　カロリーナの成立

(1)　意義　1495年ウォルムス帝国議会において、帝国改造計画の一環として、ラント平和令の実現を任務とする帝室裁判所が設置された。帝国の最高裁判所としての帝室裁判所には、領邦君主及び官憲によって日々多くの無辜が「不法に正当な理由なく」有罪とされ処刑されている、という刑事司法の惨状を訴える声が多数寄せられた。帝室裁判所は帝国議会に対し、刑事司法の現状に関する報告を行い、被害者の親族による救済申立てに対して取るべき処置の指示を求めた。これをうけた1497-98年のフライブルク帝国議会において、帝国立法による刑事司法改革に着手すべきことが決議された[78]。これによって、刑事司法改革を目指す帝国立法への第一歩が踏み出されるが、刑事司法に対する不満が帝国立法を促す力となりえた背景には、15世紀、拷問を伴う糺問訴訟の対象が、都市部外者である「ラント有害者」のみならず都市市民にまで拡大された結果、官憲の裁量に委ねられた拷問を手段とする糺問訴訟の問題性が先鋭化したという事情があった[79]。しかし、その後しばらく改革問題は放置され、カロリーナ第1次草案が成立するのは1521年であり、最終案が法律となるのは1534年である。この間、1507年

たのである」と述べる。誰に対する拷問に言及する趣旨か明らかでないが、自由民を当事者とする弾劾訴訟において、証拠方法たる非自由民である奴隷に対し拷問が行われる場合を指すのであれば、確かに、弾劾訴訟の性質は変わらないであろう。しかし、訴訟当事者たる被告人に対する拷問に言及する趣旨であるならば、疑問である。

78　C. Güterbock, *Die Entstehungsgeschichte der Carolina*, 1876, S. 18 ff.
79　Schünke, *a. a. O.*, 168 ; Schmidt, *Sinn und Bedeutung*, S. 186.

バンベルク司教領刑事裁判令（バンベルゲンシス）が，宮宰シュバルツェンベルク[80]の指導の下に制定され，ローマ・カノン法の影響を受けた革新的な規定が採り入れられた[81]。1521年のカロリーナ第1次草案はバンベルゲンシスを基礎としており，成立したカロリーナはバンベルゲンシスの主要な規定を引き継いでいる。この意味で，バンベルゲンシスは「カロリーナの母」と呼ばれる。

　バンベルゲンシス及びカロリーナの立法趣旨は，イタリアの学識法において形成された「真実及び正義の確保を目的として合理的に組み立てられた手続」を継受することによって，恣意的に運用されてきた糺問訴訟に秩序を与えることにあった[82]。風評手続や拷問手続を行う特権を行使してきた帝国都市側の，カロリーナ第1次草案に対する反応は，「刑事裁判令は，まさに帝国都市の不利益となるものであり，犯罪者を保護し繁殖させる以外何の意味もないものと考えられる。刑事裁判令は帝国都市の諸特権に抵触し，帝国都市にとって受け入れがたい」[83]というものであった。これは，カロリーナの革新性を象徴するものである[84]。

　カロリーナは，刑事訴訟における無秩序と不正義を改めるというその立法目的において刑事手続法であり，刑事実体法に関する規定もまた，犯罪構成要件の記述を目的とするものではなく，当該犯罪が訴訟手続の中でどのように扱われるべきかを示すという形式をとっている。

　(2)　構造　　カロリーナは，219条からなり，刑事手続法は，大略以下のような内容である。①裁判所の構成（CCC 1-5），②弾劾訴訟・糺問訴訟の要件（CCC 6-15），③拷問に必要な徴憑及び有罪立証（CCC 16-47），④拷問による自白の真実性の検証（CCC 48-57），⑤拷問の程度・方法（CCC 58, 59），⑥拷問による自白に基づく有責判決（CCC 60, 61），⑦証人による有罪立証（CCC 62-

---

[80] シュバルツェンベルク及びバンベルゲンシスの立法意図については，米山浩二「カロリーナの刑事手続き」『一橋研究年報・法学研究9』（1975年）172頁以下参照。
[81] バンベルゲンシス273条が，「皇帝法及び本裁判令に反する，犯人の7名断罪手続及びその他の濫用，並びにすべての旧刑事裁判令は，その新旧を問わず，これをもって廃止するものする」と定めたのはその象徴である。
[82] Schmidt, *Einführung*, S. 130; v. Kries, *a. a. O.*, S. 246.
[83] Schmidt, *Einführung*, S. 131.
[84] Trusen, *Strafprozeß*, S. 112.

76），⑧迅速裁判，判決評議，最終裁判期日等（CCC 77-87），⑨弁護人（CCC 88-90），⑩最終裁判期日における自白の撤回（CCC 91），⑪判決の作成・宣告・執行（CCC 92-103），⑫量刑（CCC 104），⑬正当防衛の立証（CCC 141-143），⑭裁判所書記の職務（CCC 181-190），⑮判決の方式（CCC 199-201），⑯訴訟費用，逃亡犯人の財産及び贓物の管理等（CCC 204-213），⑰法有識者団への一件記録送付（CCC 219）[85]。

2 裁判所の構成と一件記録送付制度

(1) 裁判所の構成　カロリーナは，「信仰厚く，名誉，知識，経験ある者，最も有徳かつ最良の者が，すべての刑事裁判所の裁判官，参審人，裁判所書記に任ぜられる」（CCC 1）べきことを命じている。カロリーナ制定から約1世紀後，ブルネマンは，「刑事裁判令1条がどの程度適切に遵守されているかは，遺憾ながら経験の示す通りであり，都市では学問も刑事裁判についての知識もない者によって，農村では農民その他刑事裁判の経験のない者によって刑事事件が取り扱われているのが実情である」と述べ（3章47），カルプツォフも同様の事情を指摘している[86]。17世紀初頭のザクセンには，ライプツィッヒ参審人会をはじめとする判決機関に鑑定を求める，約2000の第1審裁判所があったといわれる[87]。ブルネマン，カルプツォフの指摘はこのような事情を反映するものである。

この時代の裁判所には，領邦君主，都市が設置する裁判所と，領主（家産）裁判権者が設営する裁判所があった（3章注75参照）。中でも領主裁判権者は，「手数料の徴収と引換えに，紛争を平和的に解決するための制度を設営する義務」を負い，領主裁判権者は自ら裁判官となるか，代理者を裁判官に任じた。裁判官の訴訟手続に対する関係は，本来，「判決を行うのは，裁判官ではなく……参審人である。裁判官は，裁判所の構成員ではなく，その所有者であり，裁判所の上に立ち，これを主宰し，保護し，そして裁判所の判決の執行に配慮する」というものであった[88]。また，領主裁判権は，今日の

---

[85] カロリーナの諸規定の詳細な検討として，米山・前掲181頁以下参照。
[86] Carpzov, q. 116, n. 18 et seq.
[87] E. Boehm, *Der Schöppenstuhl zu Leipzig und der sächsische Inquisitionsprozeß im Barockzeitalter*, ZStW, Bd. 59, 1940, S. 388.
[88] A. Stölzel, *Brandenburg-Preussens Rechtsverwaltung und Rechtsverfassung*, Bd. 1, 1888, S. 25,

立法権・行政権をも含み，裁判手数料以外の種々の収益権を伴うものであり[89]（5章8参照），売却・質入れ等の経済的取引の対象ともなった[90]。これは，「刑事裁判官の多くは，残酷とはいわないまでも過酷であり，貧しい被告人をはなはだ厳しく扱い，法の制限，承認された慣行，慣習に反して，ある者を滅ぼし，ある者を屠り，ある者を不具にする」，あるいは，「裁判官はしばしば貪欲であり，何らかの利得，利益を期待して，残酷さではなく温情を示すことを好む」[91]などの非難を生む背景となった。このような領主裁判権の実情に照らすならば，カロリーナが適正な裁判所構成を命じ，法有識者団への一件記録送付制度を定めたことは当然であったと考えられる。

(2) 一件記録送付制度　カロリーナは，「裁判官は，その地に対して刑事裁判権を直接に有する官憲（oberkeyt），又は朕の本条令の末尾に示されたその他のところに，鑑定を求めなければならない」（CCC 7）として，法有識者団への鑑定・判決依頼を定める[92]。この規定にいう，「その地に対して刑事裁判権を直接に有する官憲」とは，領邦君主又はその顧問官を指し，「本条令の末尾に示されたその他のところ」とは，「法学部，都市，自治都市又はその他の法有識者」（CCC 219）を意味する（8章4節3参照）[93]。ブルネマンが，法有識者団の意義について，「法有識者団，すなわち法学部，参審人会，領邦君主」と述べているのが（8章4節2），これに対応する。

ドイツの大学法学部は，イタリアにおける法学者による助言（consilia）活動にならい，いわゆる判決機関（Urteilskollegium）として鑑定・判決提案を行った[94]。学部草創期の法学部教授は，個人の資格において法律鑑定を行っ

---

28. もっとも，カロリーナにおいて，裁判官及び参審人は伝統的な地位・役割とは異なる地位・役割を付与されている（3章注40参照）。
89　Stölzel, a. a. O., S. 26 f.
90　F. J. Kühns, Geschichte der Gerichtsverfassung und des Prozesses in der Mark Brandenburg, Bd. 1, 1865, S. 284 ff ; Stölzel, a. a. O., S. 27 ff. また，「今日，委譲の〔正当な〕理由が存在しない場合であっても，領主裁判権を売却し質入し，したがって委譲することも可能である」ということが，1730年の著作（Kress, art. 2, §. 6）においても指摘されている。
91　Carpzov, q. 116, n. 11 et seqq.
92　Oldekop. Observationes, tit. 1, obs. 7. n. 11 によれば，法有識者団への一件記録送付に言及する箇所は57に上る。
93　刑事裁判令219条は，刑事裁判権をめぐる皇帝・領邦君主と都市・領主裁判権者との間の利益対立を調整する意味合いを持つ規定であった。Cf. J. P. Dawson, The Oracles of the Law, 1968, p. 198.

たようであるが[95]，1730年の著作であるクレスのカロリーナ註解は，実務において1，2名の個人としての博士に鑑定を求めることはない，と述べている[96]。

参審人会（scabinatus, Schöffenstuhl）は，大学法学部と同じように，裁判所から送付された記録に基づいて鑑定や判決提案を行った判決機関である。ブランデンブルク選帝侯領では，1611年に，フランクフルト・アン・デア・オーデル大学法学部及びブランデンブルク参審人会に鑑定・判決提案を依頼すべきことが定められ，選帝侯領外の判決機関への依頼が禁止されている（8章4節5）。参審人会としては，カルプツォフが所属したライプツィッヒ参審人会が著名であるが，ライプツィッヒ市の都市裁判所に起源を有し，1574年にザクセン選帝侯によって選帝侯領の判決機関に改組されたものである。ローマ法継受以前のドイツにおいて，土地貴族，都市貴族，大商人等の名士によって構成される参審裁判所（Schöffengericht）が，伝統的な法意識，慣習に基づいて判決を行った[97]。その中で，「上級裁判所（Oberhof）」[98]として，他の参審裁判所から法律鑑定の依頼を受ける役割を担うことになった都市裁判所が，ここでいう参審人会である。ローマ法継受以降，学識法曹を受け入れた参審人会が，法学部と並ぶ判決機関へと成長を遂げることが可能となったのである[99]。

カロリーナにおいては，疑問のある場合について一件記録送付が命じられているが，その後の実務では，刑事事件に関する判決は外部の法有識者団に記録送付を行うことが必要的となった[100]。これは，領邦立法によって一件記

94　F. Wieacker, *Privatrechtsgeschichte der Neuzeit*, 2. Aufl., 1967, S. 181.
95　G. Baumgärtel, *Die Gutachter-und Urteilstätigkeit der Erlanger Juristenfakultät in dem ersten Jahrhundert ihres Bestehens*, 1962, S. 13.
96　Kress, art. 219, §. 2 ⑶．すでに，Carpzov, q. 116, n. 22 は，1名の法有識者の鑑定によるべきではないと述べていた。
97　参審人制度は，一般自由民の裁判協力義務を軽減するために，カール大帝によって導入された制度である。継続的に職務に従事するため一定の家産を有する名望家が任命された。ミッタイス＝リーベリッヒ・前掲174頁参照。
98　Kress, art. 219, §. 1は，カロリーナ219条の"Oberhof"について，「領邦君主がそこへの上訴，鑑定依頼を許した参審人会，裁判官，都市参事会」と註解する。Vgl. D. Werkmüller, "*Oberhof*" in : *HRG*, Bd. 3, 1984, Sp. 1134 ; Schroeder, S. 197.
99　Wieacker, *a. a. O.*, S. 112 ff., 179 ff.
100　S. F. Boehmer, *Elementa iurisprudentiae criminalis*, ed. quarta, 1749, sect. 1, cap. 42, §.

録送付が義務付けられたためであり，17，18世紀には，重刑を科す法学部の判決提案も領邦君主の允許が必要とされるに至った[101]。

3 訴訟手続

(1) 弾劾訴訟　　弾劾訴訟において，弾劾人（kläger）は被告人（angeklagter）の犯罪事実とその適法な（redlich）徴憑を陳述し，被告人の逮捕拘禁を申し立てることができる（CCC 11, 14）。被告人が拘禁される場合は，弾劾人もまた，担保を提供するまで身柄を拘束される（CCC 12）。弾劾人は，①訴えを追行しない場合，犯罪事実の十分な立証若しくは犯罪事実に関する確たる徴憑の立証を行わない場合，又は，敗訴する場合において責を負うべき訴訟費用及び被告人に対する賠償の担保として，裁判官が十分と認めるものを提供しなければならない（CCC 12, 13）。②被告人が自白せず，弾劾人が犯行を立証しようとする場合は，法の定めに従って立証を行うことが弾劾人に許される（CCC 62）。信用すべき良き2名ないし3名の証人（CCC 67）によって犯行が立証された場合は，自白しない被告人に対し，有罪が立証された事実を告げ自白を促すが，なお自白しないときは，被告人は拷問されることなく有罪判決を受ける（CCC 69）[102]。これに対し，③有罪立証に成功しなかった弾劾人が，拷問に必要な適法な徴憑を立証した場合は，被告人の拷問を申し立てることができる（CCC 45）。拷問によって得られた自白が，信用性の検証の結果，真実であるときは，これに基づいて被告人は有責判決を受ける（CCC 60）。

以上のように，カロリーナにおける弾劾訴訟は，ゲルマン法における弾劾訴訟との共通性に乏しい。特に，弾劾人が被告人の犯行を立証することができない場合であっても，犯行の徴憑が立証されるならば，被告人に対し拷問を行うことが可能となる。この場合，カロリーナに明文はないが，弾劾訴訟は糾問訴訟に変化するものと解されていた[103]。

273.

101　A. Hegler, *Die praktische Thätigkeit der Juristenfakulitäten des 17. und 18. Jahrhunderts*, 1899, S. 1, 6.

102　既に有罪が立証された被告人の自白を促す手続は不要であるように思われるが，この点について，Langbein. *Prosecuting*, p. 157 は，非専門家によって構成される裁判所が的確な証拠評価を行うことは困難であるために，カロリーナは証拠評価の労を省くことができる被告人の自白を促すべきことを定めている，と解している。

103　1章21参照。これに対し，Trusen, *Strafprozeß*, S. 114, 116 は，拷問は弾劾人による徴憑の

カロリーナは,「弾劾が職権による場合は,この種の弾劾においては常に弾劾人の氏名とともに,弾劾が官憲及び職権によるものである旨を明示することに留意しなければならない」として,職権による弾劾訴訟の可能性を認めている（CCC 88. なお,8章1節34参照）。カルプツォフによれば,糺問訴訟が稀な地域においては,「裁判官が自ら訴えを提起し,弾劾訴訟において弾劾人と裁判官の役割を同時に果たしていると見られないように」,国庫官による弾劾訴訟が行われたようである[104]。カロリーナは,公的弾劾人の資格等職権による弾劾訴訟の詳細を規定していないが,弾劾訴訟の規定が準用される趣旨と解されている[105]。

　(2)　糺問訴訟　　糺問訴訟[106]は,「犯行について一般の風評があり,又は信ずべき徴憑（glaubwirdige anzeygung）によって犯行を疑われた」ことを根拠

　　　立証と申立てに基づいて行われるのであるから,中世ゲルマン法における弾劾訴訟とは異なり実体的真実主義に服すが,拷問によって弾劾訴訟としての性格に変化は生じないとする。中世的な弾劾訴訟においても,非自由人等の雪冤権を有しない被告人が神判に服することを強制されたことを考えるならば,被告人に拷問を科すことと弾劾訴訟は両立しうるといえるかもしれない。しかし,雪冤権を有した自由人と弾劾訴訟の関係は,上述したように,自由人に対する拷問が行われることによって変質すると考えるべきでないか。

104　Carpzov, q. 104, n. 6, 7.
105　Biener, a. a. O., S. 142. なお, vgl. A. Schoetensack, *Der Strafprozeß der Carolina*, 1904, S. 27.
106　カノン法上の糺問訴訟は,不正の風評のある上級聖職者に対し事実解明を行う職権手続としてイノケンティウス3世によって導入された訴訟手続である。1215年のラテラノ公会議の第8決議は,高位聖職者が「不当に罰せられることのないように」,また,高位聖職者が「恣に罪を犯すことのないように」,次のような「相応しい薬」が用いられるべきであるとして,「頭格刑（diminutio capitis）,すなわち僧籍剥奪（degradatio）に連なる刑事弾劾は,予め適法な訴追登録がなされなければ,許容されない。しかし,ある聖職者に対し不正の風評があり,もはや公衆の憤激（scandalum）を招くことなく無視しえない,あるいは危険を招くことなく放置しえないほどに,一般の非難の声が高まったときは,逡巡することなく……不正の糺問,処罰が行われなければならない」と定め,糺問訴訟を弾劾訴訟と並ぶ訴訟手続として認知した（X. 5. 1. 24）。
　　　ヨハネ伝8・11-12には,「イエス……言ひ給ふ『をんなよ,汝を訴へるにたる者どもは何処にをるぞ,汝を罪する者なきか』女いふ『主よ,誰もなし』イエス言ひ給ふ『われも汝を罪せじ,往け,この後ふたたび罪を犯すな』」という章句があり,聖書における本来の訴訟手続は弾劾訴訟であると観念されていた（Carpzov, q. 107, n. 16）。
　　　糺問訴訟導入以前には,風評のある聖職者に雪冤宣誓を命ずる風評手続が存在したが（注9参照）,風評手続に比較するならば,職権による真実解明を可能にした糺問訴訟は革新的であったといえる。Vgl. M. Schmoeckel, *Humanität und Staatsraison—Die Abschaffung der Folter in Europa und die Entwicklung des gemeinen Strafprozeß-und Beweisrechts seit dem hohen Mittelaler*, 2000, S. 245. カノン法において形成された糺問訴訟手続がイタリアの世俗裁判所における糺問訴訟実務に影響を与えたことについては, Biener, a. a. O., S. 91 ; Trusen, *Inquisitionsprozeß*, S. 220, 230参照。

として行われる被疑者の逮捕拘禁をもって始まる（CCC 6）[107]。風評及び犯行の嫌疑が糾問の端緒である[108]。逮捕拘禁された者を直ちに拷問することは許されず，「拷問を行うに先立ち裁判官は……被拘禁者が行ったという風評及び嫌疑のある犯罪が現に行われたか否かを，慎重に取り調べなければならない」（CCC 6）。拷問には，「犯罪が現に行われた」こと，すなわち罪体の確認が求められるのである。

カロリーナでは，犯罪の有無を取り調べる一般糾問と，特定された被告人の有罪・無罪を決定する特別糾問は区別されていない。カロリーナ自ら，「風評及びその他の十分な徴憑が先行しないにもかかわらず，軽率に，憐れむべき者たちが官憲によって逮捕，投獄される」悪弊が廃棄されることを命じている（CCC 218）。風評その他の徴憑の有無を確認する先行的な手続が必要となることは当然であり，カロリーナ以降の学説では，逮捕拘禁によって始まる特別糾問に先行する手続が，一般糾問として，特別糾問から明確に区別されている[109]。

カロリーナ以前のドイツ刑事訴訟における趨勢から見て，糾問訴訟の実務的な重要性が大きかったにもかかわらず，糾問訴訟に関する明文が乏しいだけではなく，むしろ，弾劾訴訟に関する規定を糾問訴訟に準用する形式が採用されている。すなわち，「死刑相当の犯行が公知であるか，又は，死刑相当の犯行に関する適法な徴憑が立証されたときは，拷問及び真実発見に役立つ取調べ並びに犯人の自白に基づく判決（rechtfertigung）について，被弾劾人に関し以下に明確に定めかつ命じられる方式が遵守されなければならない」（CCC 8）[110]，「被拘禁者が，拷問によらず又は拷問によっても犯行を自白

---

[107] むろん，文書又は口頭によって召喚する場合もあった（8章1節4）。
[108] カノン法上の糾問訴訟は本来，風評を開始要件とするものであった。カロリーナは，「信ずべき徴憑」にまで糾問訴訟の開始要件を拡大したことになる。これに対し，バンベルゲンシス10条は，「弾劾人がない場合」における「風評のある事件（beruchtig vbeltat）」について逮捕拘禁を定めるにとどまる。

なお，弾劾適格のない未成年，婦女子，下僕であっても，告発（delatio）によって，「徴憑」を提供することが可能であった。4章25参照。
[109] 2章参照。
[110] テキストは，"Item so die missethat eyner todtstraff halben kündtlich, oder aber deßhalb redlich anzeygung, wie dauon vor berürt ist, erfunden wirdt, So soll es der peinlichen frag vnd aller erkundigung halben, so zu erfindung der warheyt dinstlich ist, auch mit rechtfertigung auff

しない場合において，犯行につき有罪を立証（überwisen）[111]しうるときは，犯行の立証及び有罪立証に基づく死刑の判決を行うについて，被弾劾人に関し以下に明確に定める方式が遵守されなければならない」（CCC 9），とする規定がそれである。同じく，カロリーナは，「被害者が刑事弾劾を行わない場合においても，官憲は職権をもって犯人に対し訴訟手続を行い，犯人及び犯行の状況に応じ処罰することができる」と定める（CCC 214）。条文上は，「正規訴訟（processus ordinarius）」としての弾劾訴訟が主，「特別訴訟（processus extraordinarius）」である糺問訴訟が従，の外観を呈している[112]。

4 証拠法

(1) 有罪立証　(i) カロリーナは，ローマ・カノン法から法定証拠主義を継受し，有罪判決には，自白又は2名の証人による証明が必要なことを定める[113]。すなわち，「何びとにせよ刑事罰（peinliche straff）の最終有罪判決を受けるべきときは，最終有罪判決は，自白又は証明（beweisung）に基づいて行われなければならない」，「何びとも，何らかの徴憑，疑念，指標又は嫌疑（anzeygung, argkwons warzeichen, oder verdacht）に基づいて刑事罰の最終有罪判決を受けることがあってはならず，これらに基づいては専ら拷問のみを行うことができる」（CCC 22）。この「証明」とは，「犯行が，真実の知識について供述する，少なくとも2名又3名の信用すべき良き証人によって証明（beweisen）される」（CCC 67）ことをいう。有罪判決には，犯行（主要事実）に関する直接証拠（自白又は2名の目撃証人）が必要とされ，徴憑（間接事実）に

---

das thetters bekennen, gehalten werden, wie klerlich hernach von den jehnen die auff ankleger einbracht werden, geschriben vnd geordnet ist"である。4種の英仏羅訳はそれぞれ異なるが，Remus, cap. 8 の羅訳がテキストに比較的忠実と思われる。疑問もあるがこれに従う。"Si de delicto, quod capitis supplicum mereatur, constet, &（vt loquuntur）notorium sit, aut eius indubitata indicia probata sunt : is modus in quaestionibus, & aliarum rerum, quae ad inustigandam facti veritatem, & conuincendum reum spectabunt, seruari debet, qui verò ordo, & progressus in iis, qui accusatorem inscriptum nacti sunt, seruandus, paulò post adnotabitur."

111　2名の適格な目撃証人による有罪立証を指している。
112　この点について，Biener, *a. a. O.*, S. 158 は，職権による弾劾訴訟（CCC 88）も可能であったため，糺問訴訟の実際的な必要性は乏しかったと解している。
113　もっとも，Brunnenmeister, *a. a. O.*, S. 222 は，カロリーナの母法であるバンベルゲンシスは，直接イタリアの著作から学んだものではなく，すでにローマ・カノン法の影響を受けていたニュールンベルク改革法典（1479年），ウォルムス改革法典（1499年），『訴訟法鑑（*Klagspiegel*）』（1436年）に学んだものであろうとする。

よる有罪判決は不適法とされるのである。

　(ii)「信用すべき良き証人」，すなわち「十分なる証人」とは，「風評のない，又は適法なる理由によって不適格とされない」証人をいう（CCC 66）[114]。具体的には，素性不確かな証人や報酬を受けた証人が，「許容されない（nit zulessig）」証人として例示されている（CCC 63, 64）。証人尋問に際して，「証人は，知識の根拠を示して自らの真実の知識に基づいて供述しなければならない。証人が伝聞に基づいて供述するときは，供述は十分なものとみなされてはならない」とされ（CCC 65），証人の供述の方法と，伝聞証拠の証明力の制限が明文化されている。また，証人尋問に際して裁判官は，「証人の供述が動揺変遷するか否か，及びその種の事実に留意し，証人の態度から看取された事柄を記録に留めなければならない」として（CCC 71），証拠評価に影響する態度証拠の取り方を定めている。

　(2)「徴憑理論」　(i) 拷問を行う要件を詳細かつ具体的に規定している点が（徴憑理論），従前の刑事手続に対するカロリーナの革新性を示している。まず，「当該犯行の適法な（redlich）徴憑が予め存在しかつ証明されていない場合は，何びとも拷問されてはならない。それにもかかわらず，拷問によって犯行を自白するときは，自白は信用されてはならず，何びとも自白に基づいて有罪とされてはならない」として，拷問要件としての「適法な徴憑」を挙げ，これに反して得られた自白について，自白排除を定める（CCC 20）。拷問要件としての「十分な（genugsam）徴憑」はいずれも，「2 名の良き証人」によって証明されなければならないが（CCC 23），「犯行の主要事実（hauptsach）が 1 名の良き証人によって証明されるときは，半証明として十分な徴憑となる」（CCC 30）[115]。

　(ii) 徴憑の分類としては[116]，各犯罪に共通する一般的徴憑と，個々の犯罪

114　証人の不適格事由については，8 章 2 節 17 以下参照。
115　R. v. Hippel, *Deutsches Strafrecht*, Bd. 1, 1925, S. 210 ; G. Radbruch / A. Kaufmann (Hrsg.), *Die Peinliche Gerichtsordnung Kaiser Karls V. von 1532（Carolina）*, 4. Aufl., 1975, S. 17 は，拷問に必要とされる徴憑がもたらす嫌疑の程度は今日ならば有罪判決に十分な程度であったとするが，F.-Chr. Schroeder, *Die peinliche Gerichtsordnung Kaiser Karls V.: F.-Chr. Schroeder (Hrsg.), Die Carolina*, 1986, S. 329 は，今日ならば未決勾留の嫌疑の程度で拷問が行われたとする。
116　徴憑の分類については，8 章 5 節 2 以下参照。

に特徴的な個別的徴憑が区別される。一般的徴憑は，さらに単独では拷問に足りない徴憑（CCC 25, 26）と，単独で拷問に足る徴憑（CCC 29, 30, 32）とが区別される。個別的徴憑として，単独で拷問に足る徴憑が個々の重要な犯罪類型ごとに示される（CCC 33-44）。単独では拷問に足りない徴憑については，それが競合する場合，全体として適法な徴憑となりうるか否かを考量すべきこと（CCC 27），拷問を行うに十分であるか否かに疑義がある場合は，法有識者団に鑑定を依頼すべきこと（CCC 28）が定められている。

(iii) 「多くの者が，無罪であるにもかかわらず，無知又は驚愕のため，自らの無罪を主張し立証する方法を申し立てることができない」ことに配慮し，裁判官は，拷問を行う場合はそれに先だって被告人に防禦を促すべきであり，被告人が自己のために証人尋問を申し立てる場合は，被告人の費用負担においてこれを許さなければならない（CCC 47）。

また，被告人が拷問によって自白した場合は，被告人が拷問から解放された状態において，さらに慎重に尋問すべき「真実発見に役立つ種々の事項」が，若干の犯罪類型について示される（CCC 48-51）。その他の犯罪に関する尋問事項は，若干の犯罪類型に示された事項から類推すべきこと，また，一般的な準則として，犯人でなければ知りえない事実（いわゆる「秘密の暴露」）について尋問すべきことが定められている（CCC 53）[117]。

5 法定証拠主義

(1) 法定証拠主義の成立　　(i) ローマ法は本来，証拠の評価を裁判官の裁量に委ねる自由心証主義をとっていた。「ある事実の証明として，どのような証拠がどの程度あれば十分であるかは，十分確定的に述べることはできない。……ある場合には証人の数が，ある場合には証人の地位と権威が，ある場合には一致した風評が，問題となっている事柄の証拠となる。……何を信用するか，何が証明されていないかは，自らの確信（sententia animi）に基づいて判断しなければならない」（D. 22, 5, 3, 2）という法文がそれである。

(ii) しかし，ローマ帝政後期には，「証人の数が定められていない場合は，2名で足りる。複数形の表現は2名によってみたされるからである」（D.

---

[117] 裁判所は，任意になされた自白についても，その信用性を検証すべきものとされている（CCC 54）。

22, 5, 12. ウルピアヌス)，という証人の数への言及が現れ，さらに時代が下ると，「いかなる種類の事件においても，裁判官は1名の証人の証言を安易に許容してはならない。……ただ1名の証人の証言は，それが元老院議員という高い身分の者であっても聴かれるべきでない」(C. 4, 20, 8, 1. コンスタンティヌス帝勅答)，という証明力に対する明確な法的規制が現れる。帝政後期において証人の数が法定されるに至った事情については，「殺すべき者は二人の証人(あかしびと)または三人の口に依てこれを殺すべし惟一人の証人の口のみをもて之を殺すことは為(な)べからず」(申命記17・6)，「何の悪にもあれ凡てその犯すところの罪は只一人の証人によりて定むべからず二人の証人の口によりまた三人の証人の口によりてその事を定むべし」(申命記19・15)，「二三の証人の口に由りて，凡ての事の慥(たし)かめられん為なり」(マタイ伝18・15)，「また汝らの律法に，二人の証(おきて)は真(あかし)なりと録されたり」(ヨハネ伝8・17)，「二三の証人の口によりて凡てのこと慥かめられるべし」(コリント後書13・1) 等の旧新約聖書の影響があったといわれる[118]。

カノン法においても，聖書のこれらの章句が決定的な影響を与え[119]，「ある種の事件には2名以上の証人が必要であるが，いかなる事件にせよ，その証言がいかに法に適ったものであろうとも，専ら1名の証人の証言によって決することは正しいことではない」(X. 2. 20. 23) として，2名の証人による立証の原則が定式化された[120]。

(iii) 自白に関しては，ローマ法は12表法以来，被告人が自白する場合は原告側は挙証責任を解除され，有責判決をなしうるという原則を採用していた。「自白する者は判決を受けたものとみなされる。いわば，自ら下した判決によって有罪とされるのである」(D. 42, 2, 1. パウルス)，「自白した者は判決を受けた者とみなされる」(D. 42, 2, 6, 2. ウルピアヌス)，「裁判上自白した者は判決を受けた者とみなされる」(C. 7, 59) 等の法文がそれである。

カノン法における自白の地位は，「われ汝の口によりて汝を審かん」(ルカ

---

118 Lévy, *op. cit.*, p. 12. 上口訳・南山法学12巻1号 (1988年) 91頁参照。
119 C. Groß, *Die Beweistheorie im canonischen Prozeß*, 2. Teil, 1880, S. 292.
120 C. Groß, *Die Beweistheorie im canonischen Prozeß*, 1. Teil, 1867, S. 293 は，2名証人の原則は，「完全証明・半完全証明・4分の1証明・8分の1証明」という数量的な証拠評価の出発点になったという。

伝19・22）とする聖書の権威によって決定され，「何びとにせよ，有罪を立証されたか，あるいは，自白したのでなければ，これに対し判決をすることはできない」（Nos in quequam C. 2 q. 1 c. 1）とされた[121]。また，「自白若しくは適法な証明によって，又は，言い逃れによって隠蔽されることのできない事物の明証性（evidentia rei）[122]によって，公知となった罪は，明白である（manifestus）と呼ばれる」と定める法文（X. 5. 40. 24），あるいは，「非行が事物の明証性，自白，又はその他適法な方法によって明白な場合」は上訴は許されないと定める法文（X. 2. 28. 61）においては，自白は，事柄の明白性をもたらす証拠として，最も高度の証明力を意味する事物の明証性と同視されている。

(2) 法定証拠主義の意義　　(i) 2名の目撃証人の証言及び自白は，ローマ・カノン法において最も重要な証拠となり，2名による目撃証言又は自白がなければ有罪にすることができないという法定証拠主義が成立する[123]。他方，ローマ法上の証明水準は，「適格性のある証人によって確定され，あるいは明白な書証（documentum）によって裏付けられ，あるいは証拠として疑いのない，光よりも明白な徴憑によって明らかにされる」ことを要求するものであった（C. 4, 19, 25）。この証明水準はカノン法にも採用されている（Sciant cuncti C. 2 q. 8 c. 2）。このような高度の証明水準の要求をみたすものが，法定証拠主義であった。

ローマ帝政後期に法定証拠主義的な法文が現れているが，同時に自由心証主義がローマ法の伝統であったことも考えあわせるならば，ローマ・カノン法が，断片的ともいえるローマ法の法文，聖書の章句から出発して，裁判官

121　Groß, a. a. O., 1. Teil, S. 96 は，カノン法において，自白は，証拠としての意義に加えて，悔悛及び積極的な服罪としての意義を与えられたとする。

122　Lévy, op. cit., p. 43 は，「万人の目に現れるもの，すなわち，否定することができないような事実の明証性を帯びるもの《Qoud exhibet et offert se oculis omnium, id est quod ita habet facti evidentiam quod non potest negari》」という，カノン法学者テウトニクス（Johannes Teutonicus）の定義を挙げる。上口訳・南山法学12巻2・3号（1988年）29頁参照。

123　P. Fournier, Les officialité au moyen âge ― Étude sur l' organisation, la compétence et la procédure des tribunaux ecclésiastiques ordinaires en France de 1180 à 1328, 1880, p. 177, 193. 塙浩訳「フールニエ『フランス中世カノン法訴訟制度要説』(1)」神戸法学雑誌22巻3・4号（1973年）105, 115頁参照。

もっとも，Lévy, op. cit., p. 7 et seqq. は，ローマ・カノン法において法定証拠主義は実質的に採用されていたが，法定証拠主義への言及がみられるのは16世紀以降のことであるとする。上口訳・南山法学12巻1号（1988年）88頁以下参照。

の事実認定を規制する詳細な体系を構築するに至った理由と必要性が奈辺にあったのかが問題となる[124]。特に，この時期において，世俗裁判所が職権による犯罪訴追を自己の責務として自覚しつつあったという事情に照らすならば，世俗裁判所が犯罪訴追を困難にする証拠法を採用した理由は一層問題となるのではあるまいか。また，カロリーナ以前のドイツとは異なり，比較的早期から整備された都市裁判制度の下で学識法曹による裁判が行われていたイタリアにおいて法定証拠主義が成立した理由も，やはり解明される必要があるのではなかろうか[125]。

(ii) この点が意識的に論じられることは多くないが，法定証拠主義成立の背景として，神判廃止後の裁判ないし証拠法の正統性にかかわる事情が指摘されている。13世紀の伝統志向の宗教的な社会に，「神による裁き」から「人による裁き」へという大きな変革を受容させるためには，法定証拠主義のような厳格な証拠法則が必要であった，という指摘である。2名の目撃証人の一致した証言という疑いのない証拠，又はそもそも証明を不要とする被告人の自白のいずれかがなければ有罪判決は許されないとすることによって初めて，神判に代わる証明手続の正統化が可能になったのであり，法定証拠主義は，2名の目撃証人又は自白という客観的基準を強調することによって，事実認定に対する疑義を排除し，他方，裁判官の主観的な評価と確信に依存するという理由から，情況証拠に基づく事実認定を禁止した，と説かれている[126]。研究の方向性を指し示す有意義な仮説であろう。

---

[124] 形式的な証拠法則と裁判官の心証の関係については，法定証拠主義は，裁判官の判断を排除するものではなく，誤りうる人間の判断と一般的規則とを競合的に用いることによって，判決と真実との一致を担保しようとする制度であり，有罪判決を下す裁判官は，形式的な証拠法則をみたすだけではなく，被告人の有罪を確信することを求められた，という Schmoeckel, a. a. O., S. 193, 289 の指摘がある。Groß, a. a. O., 1. Teil, S. 127 が，法定証拠主義は，「個々の証拠原因の重要性をいわば等級付けるような精密な証拠規則」というよりは，「証拠評価における裁判官の裁量を拘束する，一部は一般的で一部はごく個別的な明確な諸規範」である，と述べるのもほぼ同じ趣旨であろう。また，Lévy, op. cit., p. 28 は，ローマ・カノン法において，裁判官の確信が証明の目的であったことを指摘する。上口訳・南山法学12巻1号（1988年）104頁参照。
[125] 他方，非専門家によって構成された裁判所における恣意的な刑事手続に直面し，これを改革することを意図したカロリーナが，イタリア法学において既に完成されていた法定証拠主義を，裁判所の恣意的な証拠評価を規制するために採用したのだとすれば，それ自体了解可能な歴史的事実であるといえよう。
[126] J. H. Langbein, Torture and the Law of Proof, 1976, p. 6. また, op. cit., p. 55 は，「当時成長

さらに，都市国家内の政争激化を背景に 12 世紀後半以降イタリア諸都市において行われたポデスタ制（podestà）と法定証拠主義との関連性も検討する意味があるように思われる。ポデスタ制の下では，期限（通例 1 年）を限って，都市外から採用された裁判官の職務執行の適法性を審査する査問手続（Sindikatsverfahren）[127]が存在した。任期終了後の裁判官は，その職務の適法性について都市側の査問を受け，職務執行に違法がある場合は民刑事の責任を追及された[128]。したがって，裁判官は，任期終了後の査問手続に備えて，職務執行の適法性について疑義が生じた場合，法学者の助言を受けておくことが必要となった[129]。この法学者の助言は，通説すなわち「註釈（die Glosse），

しつつあった比較的脆弱な政府」は新たな裁判手続の正統性を示す必要があったとする。

 法定証拠主義の意義・目的は神判廃止後の証明手続の正統性を根拠付けることにあったとする仮説は，決闘や雪冤宣誓の廃止についても類推可能であろう。決闘は被告人が自力によって有罪・無罪を決める方法であり，宣誓補助者を必要とする雪冤宣誓は共同体における被告人の評価あるいは被告人の地位によって有罪・無罪が決まる方法である。ともに有罪・無罪の立証に被告人が主体的にかかわり，また被告人の社会的属性が決定的な意味を持つ証明手続であり，少なくとも雪冤宣誓をなしうる被告人から見る限り，権利と観念することが可能な証明手続である。このような証明手続を被告人から奪うためには，客観的で確実な証明手続であって，被告人も受け入れざるをえない証明手続が必要とされたであろう。そのような正統性のある証明手続として，ローマ法と聖書に根拠を持つ 2 名証人の原則がふさわしかったのではあるまいか。

127 裁判官及び官吏の在任中の職務義務違反，民刑事責任を基礎付ける作為・不作為を審判する手続であり，査問裁判所が職権で，かつ民事訴訟手続に拘束されることなく，審理・判決を行った。また，何びとも査問裁判所に対し裁判官及び官吏の不法行為を問責することが許された。Vgl. W. Engelmann, *Wiedergeburt der Rechtskultur in Italien durch die wissenschaftliche Lehre*, 1938, S. 468, 514.

 たとえば拷問に関連して，P. Fiorelli, *La tortura giudiziaria nel diritto commune*, vol. 2, 1954, pag. 180 e segg. は，①違法に拷問を命じた裁判官について，バルドゥスを含む法学者は死刑相当としたが，多くの都市条例は高額な罰金刑を定めるにとどまった，②拷問によって被告人が死亡した場合は死刑，死亡しなかった場合はタリオ刑としての拷問刑又は特別刑を主張した法学者もおり，タリオ刑として拷問刑を科した都市条例の例もあった，とする。また，Clarus, q. 64, versi. Anteqvam は，違法に拷問を命じた裁判官は死刑相当とする法学者の共通意見は実務では受容されず，被告人が死亡しなかった場合は通例特別刑が科されるが，ナポリ王国では，違法に拷問を命じた裁判官は 2 年間の投獄及び財産 3 分の 1 の没収を科されたと述べている。

128 Schmoeckel, *a. a. O.*, S. 249 f. は，規則に縛られず裁量によって判断する素人（富裕市民，小売商，職人）によって判決が下された中世ドイツの参審人裁判について，「裁判官の法的知識の欠如は，事件が複雑でない限り，商人としての専門知識と衡平に基づく裁判によって補われた。これに対し，参審人は法的知識の欠如を当然に免責されたから，参審人を法規で拘束することはできなかったが，裁判官〔＝参審人〕が法規によって拘束されないことは，都市との強固な結び付きによって埋め合わされた」と述べた上で，ポデスタ制の下での裁判官について，「（外部から期限を限って採用された）裁判官を検証可能な規則で拘束し，その違反を査問手続によって責任追及する」ことに官憲が関心を寄せた，という事情を指摘している。

129 Engelmann, *a. a. O.*, S. 255.

学者の一致した見解，少なくとも最も著名な権威者が採用する見解」に基づいてなされたのであり，十分な根拠なく通説あるいは有力な見解と異なる見解をとることは，学者としての名声を危険に曝すことにもなった[130]。このような学識者による助言活動は，客観的な規範の提示という形式をとることによって，ローマ・カノン証拠法が個々の証拠類型の証明力を客観的に定める法定証拠主義へと向かう政治的・制度的な背景となったのではないかと考えられる[131]。

　(iii)　法定証拠主義の成立過程は不明の点が多いが，法定証拠主義はその硬直性と謙抑性によって，刑事手続の職権主義化と合理化を可能にし，官憲による事実認定と裁判の正統性を根拠付けることに寄与した，と見ることが可能であろう。他方，法定証拠主義は，自白がなければ，密行された犯罪の処罰が不可能となる証拠法則であり[132]，法定証拠主義の下で犯罪訴追が可能となるためには，拷問が刑事訴訟制度の一部となる必要があった[133]。拷問が廃止されるためには，2名の証人による完全証明に基づかない有罪判決を可能にする実務と理論が出現する必要があった[134]，といわれるのもこの点に関連する。拷問を規制する徴憑理論が，ローマ・カノン法の大きなテーマとな

---

[130]　G. Dahm, *Das Strafrecht Italiens im ausgehenden Mittelalter*, 1931, S. 80.

[131]　Groß, *a. a. O.*, 1. Teil, S. 128, Fn. 1 は，カノン法について，「証拠評価における裁判官の完全な自由が積極的法定証拠主義に変化した要因」として，①既に古典期後のローマ法に見られた法定証拠主義の萌芽の「学問化」が進み，一般的原則の発見が志向された，②この時代の学問の方法は，「裁判官の裁量が決定的である場合についても，裁判官の判断を規制すべき規則を定立することを志向するスコラ的方法」であった，③このようにして定立された規則はカノン法立法者によって採用された，という事情を指摘する。このような事情もまた，法定証拠主義成立の背景を説明する一個の事情といえるのではなかろうか。

[132]　Carpzov, q. 117. n. 1 et seq. は，この間の事情について，「自白を拒み，かつ適法で十分な証拠によって有罪を立証することができない場合であっても，被告人は直ちに放免されるべきではない。犯罪が処罰され，犯罪者が社会から除かれることは国家の重大な関心事であり，あらゆる方法によって真実が解明されなければならない。そして，真実は，拷問によって最も適切に解明されうるものであり，また現に解明されてもいる」と述べている。

[133]　Schmoeckel, *a. a. O.*, S. 250 は，証拠が乏しい上に，その証拠の自由な評価も法定証拠主義によって禁じられていたために，裁判官は，明白な証拠よりも被告人による自己負罪を選好することになったとする。

[134]　Cf. Langbein, *Torture*. p. 45 ff. ラングビーンは，16世紀から18世紀にかけて証拠法革命があり，嫌疑刑が許容されるようになって初めて拷問廃止が可能になったのであるから，拷問廃止を啓蒙主義の成果と見るのはお伽噺だとする。これに対しては，嫌疑刑は13世紀以降知られていたとする立場から，Schomoekel, *a. a. O.*, S. 300 ff., 358 ff., 504 ff による批判がある。

り，また近世ドイツ刑事手続法に対するカロリーナの最大の寄与となったのはそのためである。

IV　カロリーナ以降の糾問訴訟

　カロリーナは，糾問訴訟に関するローマ・カノン法を継受したものであるが，必ずしもこれを包括的に摂取したものではない。カロリーナ以降のドイツ糾問訴訟法学は，ローマ・カノン法の詳細を摂取しつつ，カロリーナの糾問訴訟手続の形式と内容を拡充する役割を果たすことになる[135]。以下では，カロリーナを基礎とした糾問訴訟法学の展開を，若干の事項について検討する。

1　弾劾訴訟と糾問訴訟

(1)　弾劾訴訟と糾問訴訟の関係　　上述したように，カロリーナの規定振りは，糾問訴訟は弾劾訴訟より重要性において低いという印象を与える。しかし，弾劾訴訟に関するブルネマンの記述は，その内容に触れていないという点では実質的に皆無であり，弾劾訴訟に言及されることも稀である。カルプツォフが独立の設問（quaestio104-106）を設け，刑事の弾劾訴訟は民事訴訟と異なるところはあまりないとした上で，弾劾訴訟の提起・管轄裁判官，代理人・弁護人の関与の可否，訴訟手続（訴状提出，担保提供，争点決定，証明手続，挙証責任，判決）について論じているのとは対照的である。

　これは，弾劾訴訟に対する位置づけが両者の間で異なることを反映している。①糾問訴訟の対象犯罪について，カルプツォフは，「ザクセン法では，国家の平穏を害する重大かつ公衆の憤激を引き起こす犯罪に限って，かつ，弾劾人が存在しない場合に，現在する被告人に対して特別糾問が行われる」とする[136]。これに対し，ブルネマンは，「何らかの法律によって禁じられ，か

---

[135]　Schmidt, *Einführung*, S. 176.
[136]　Carpzov, q. 107, n. 22（「現在する被告人」というのは，アハト手続，すなわち不在の被告人に対する特別手続を念頭においた表現である）．糾問訴訟に対するカルプツォフの姿勢は，ザクセンの1612年警察令が，糾問訴訟の濫用によって「名誉ある人々の名声と評価」が損なわれていることを問題視し，糾問訴訟の対象犯罪を限定している（n. 27）ことを反映している。Vgl. G. Kleinheyer, *Zur Rechtsgestalt von Akkusationsprozeß und peinlicher Frage im frühen 17.*

つ，法律に反して行われたことはすべて糺問の対象になるというのが最も正しい」（5章3）とする。②争点決定がなされ，訴訟が開始された後に弾劾人が訴訟を追行しない場合について，カルプツォフは，裁判官が弾劾人に代わって正規手続を継続すべきだとする（1章17の注）。これに対し，ブルネマンは，裁判官が職権で糺問を行い，犯人に不利益な証人を取り調べ，犯罪事実の糺明に向けて，糺問訴訟を並行して行うことができる，とする（1章15）。③弾劾訴訟が開始された場合において，裁判官は糺問訴訟を行いうるかという問題に対し，カルプツォフは，ザクセン法では弾劾訴訟は糺問訴訟を排除し妨げるとする[137]。これに対し，ブルネマンは，弾劾人が弾劾訴訟を追行するが立証に失敗するおそれがある場合は，裁判官は弾劾人の存在にもかかわらず職権により真相を解明すべきだとする（1章18，8章2節84）。

　弾劾人が被告人の有罪を立証することができないが，拷問に足る徴憑を立証した場合は，被告人は拷問に付される。この場合，弾劾訴訟は糺問訴訟に移行する，という点においてブルネマンとカルプツォフは一致している（1章21）。

　(2)　弾劾訴訟の意義　　カロリーナにおける弾劾訴訟は，担保提供又はそれに代わる弾劾人の身柄拘束，挙証責任，敗訴の場合の損害賠償など，大きな負担を伴うものであった。ブルネマンは，「細民は弾劾訴訟を行うこともできないし，また，敢えてそうすることもない」（4章12）と述べているが，弾劾訴訟に着手したが，資力不足のため訴訟追行が不可能となる場合もあったようである[138]。特に担保提供，それに代わる身柄拘束について，弾劾訴訟を困難にする目的を有していたとする見解と，敗訴した弾劾人にタリオ刑を科す古い原則を廃止した点で，むしろ弾劾訴訟を推奨する趣旨であったとする見解がある[139]。その種の立法目的が現実に存在したか否かはともかくとし

Jahrhundert, 1971, S. 38 f.
[137]　Carpzov, q. 107, n. 38.
[138]　Carpzov, q. 107, n. 51 は，「弾劾人が召喚を受けて出頭せず，資力不足のため訴訟を追行できない旨書面で答弁したのであるから，被告人は当該審級（instanz）から放免されなければならない。しかし，弾劾人の資力不足によって悪行が処罰を免れることがあってはならないから，裁判官は，自己の費用においてこの被告人に対し糺問によって手続を行うべきである」という，ライプツィッヒ参審人会の1550年の鑑定を挙げている。
[139]　前者として，Schmidt, *Einführung*, S. 126, 後者として，Kleinheyer, *Zur Rechtsgestalt*, S.

て，自らの身柄拘束もありうる弾劾人の負担は軽いものではない。被害者から見て，告訴が糾問訴訟の端緒となり（3章17），告訴を行うならば処罰目的は達成しえたのであるから，弾劾訴訟が衰退に向かうことは避けられなかったと考えられる。

　弾劾人に課される手続的負担の重さは，逆に，弾劾訴訟の被告人にとって一定の手続的保障を意味する[140]。この意味で，弾劾訴訟を，被告人の立場から見て有利な制度と捉えた階層も存在した。ブランデンブルクでは，1602年の等族会議において，領邦等族及び官吏の弾劾訴訟を受ける権利があらためて確認されている[141]。等族・官吏が国庫官（フィスカル）による略式の糾問に不服があり，正規訴訟を申し立てる場合について，「国庫官が訴えを裁判所に提起し，これについて被告人が聴聞され，本証及び反証が行われ，かつ必要なる取調べが行われ，これに基づいて終局判決が下されかつ執行されるという方法により，公正なる裁判が行われる」ことを，領邦君主が文書によって確認したのである（8章3節43）。しかし，領邦等族への譲歩でもあった弾劾訴訟は，プロイセン王国成立後の1724年，「糾問訴訟の迅速化及び濫用根絶に関する勅令」によって廃止されることになる[142]。これは，絶対主義に向かいつつあった領邦国家体制が，特権的階層の訴訟法的権利を廃棄しうるまで強化されたことを示している。

2　一般糾問・特別糾問

　弾劾訴訟の場合は，被告人の特定をまって開始されるが，糾問訴訟の場合は，裁判官がまず被告人を特定しなければならない。カロリーナは，風評又は犯罪の嫌疑がある者を逮捕拘禁しうることを定めるが（CCC 6），逮捕拘禁の要件となる風評や嫌疑を糾明する手続については特段の規定を置いていない。

　　16がある。ちなみに，Carpzov, q. 106, n. 40 et seq. は後者の見解にたつ。ザクセン法におけるタリオ刑については，ザクセンシュピーゲル・ラント法1・50・1，2・13・8参照。
140　Carpzov, q. 106によれば，一定の方式が要求される起訴状に瑕疵がある場合は訴えが却下され（n. 9），争点決定後は，原告は新たな証拠を提出することができない（n. 89）のである。
141　正規訴訟請求権が領邦国家における等族身分の特権であったことについては，Schmidt, *Einführung*, S. 199.
142　Schmidt, *Einführung*, S. 202.

イタリアでは、既に14世紀、バルドゥスが、それぞれ一般糺問と特別糺問に対応する「事実糺問」と「法律糺問」の区別を認めていた（2章5）[143]。16世紀中葉のイタリアについて、クラールスは、要件・目的において異なる一般糺問と特別糺問を区別するのが実務であると述べている[144]。ドイツでは、おそくとも16世紀後半には一般糺問と特別糺問の区別が導入されている[145]。

ブルネマンは、「一般糺問においては、裁判官は罪体、すなわち犯行それ自体の糺明に努力すべきである。なぜなら、罪体が糺明されなければ、裁判官は、拷問はいうまでもなく、特別糺問を行うこともできないからである」として、罪体の確認の必要性を強調する（7章3）。一般糺問において、「犯罪が行われたことが確実となり、かつ特定人に対して犯人であるとの推定が生じた場合は、その特定人に対して特別糺問が行われ、その犯罪について何を知るかについて、証人尋問が行われる」（3章11）。特別糺問の冒頭に、まず証人尋問を行うべきか、あるいは被告人尋問を行うべきかという問題について、ブルネマンは、「〔被告人が尋問項目書について尋問され、〕被告人によって争点決定がなされない限り、適法に証人尋問を行うことができない、とするのが確立した法範（regula juris）であ（る）。……先に被告人を尋問しておかなければ、何について証人を尋問すべきかを、裁判官はどのようにして知るのであろうか。また、被告人が犯行若しくは犯行事情を自白した場合は、それを証明する必要もなくなるのである」という理由を挙げて、被告人尋問を先行させるべきだと論じている（8章1節2）。後に補充されることを予定する尋問項目書を用いる被告人尋問もまた、一般糺問と同じく、実務上の必要から生み出された手続である。

カロリーナは尋問の形式について特段の規定をおいていないが、カロリーナ以降の糺問訴訟においては、尋問項目書による尋問が一般化する。ブルネマンは、「裁判官は、略式に尋問するのではなく——これでは諸事実の真相が正しく解明されないから——尋問項目書に対する被告人の答弁を促す方法

---

[143] Biener, a. a. O., S. 85 f. によれば、既に13世紀中葉の教皇イノケンティウス4世の『教令集註解』が一般糺問と特別糺問を区別していたようである。
[144] Clarus, q. 5 versi. Poterit.
[145] Carpzov, q. 107, n. 9 は、N. Reußner, Sententiarum seu Decisionum juris singularium lib. I, 1599 を、一般糺問と特別糺問を区別する著作として引いている。

によるべきである」(8章1節33) と述べ，被告人尋問，証人尋問において用いるべき一問一答式の尋問項目書の様式に言及している (8章1節34-36, 8章2節50)。また，供述態度及び供述内容の正確な録取が強調されている (8章1節87, 92, 93, 8章2節60, 72)。いずれも，判決機関による正確な鑑定・判決提案を確保するために不可欠な供述の証拠化手続である (CCC 189)。

3　裁量刑[146]

カロリーナは，有罪判決について完全証明を求めている (CCC 22, 67)。他方，カロリーナは文理上，拷問を死刑 (todsstraff) 事件に限定するようにも解されるが (CCC 8)，カロリーナ以降の学説は，死刑及び身体刑事件について拷問が行われるものと解した (8章5節20)[147]。ここから，拷問による事案解明が不適法とされる非死刑・非身体刑事件について，完全証明がないが，しかし強い嫌疑がある場合，直ちに無罪判決をすべきかという問題が生じる。

このような問題に対するイタリア法の対応は，完全証明が必要とされるのは死刑及び身体刑を科す場合に限られ，罰金刑を科す場合は「疑いのない徴憑」による不完全証明で足りる，とする嫌疑刑の創出であった。16世紀中葉には，罰金刑以外にも嫌疑刑が拡大された[148]。クラールスは，「重大な徴憑」に基づく有罪判決に関する学説は全く不統一であるが，ミラノ市の実務は，「特に，密行される犯罪，証明が困難な犯罪，陰謀による犯罪，それ以

146　裁量刑 (poena arbitraria) は，裁判官の裁量によって刑種・刑量が定まる刑をいう。特別刑 (poena extraordinaria) は，正規刑 (poena ordinaria) 以外の刑を指し，「法律自体が刑罰を定めることなく科刑を裁判官の裁量に委ねている場合，及び，行われた犯罪が特定の名称を有せず，かつ法律・法令に明示的に規定されていない場合」の刑をいう (以上について3章注24参照)。これに対し，嫌疑刑は，必要とされる完全証明がない場合に科される刑をいう。したがって，重罪・軽罪を問わず，有罪判決に完全証明を必要とするカロリーナの下で，徴憑に基づいて軽罪に刑を科すことは，嫌疑刑であり，正規刑より軽い刑を科すのであれば特別刑であり，かつ裁量刑となる。もっとも，カルプツォフ，ブルネマンの時代には，嫌疑刑という術語は存在していない。Vgl. Schmoeckel, *a. a. O.*, S. 295 ff.

147　Clasen, art. 8 ; Boehmer, art. 8, §. 2. ただし，クラーセンは，真実発見の手段の苦痛が刑罰以上に重くなるのは不当だとし，ベーマーは，身体刑事件について拷問可能であるが，手段が刑罰より重大になってはならないから拷問の程度を軽減すべきだとする。

　Clarus, q. 58, versi. Præterea によれば，イタリアでは，拷問は身体刑と同様の苦痛を与えるから，身体刑事件以上の重罪に限られるとする見解もあったが，身体刑を科されない軽罪についても拷問を許すのが共通意見であった。

148　J. M. Allmann, *Außerordentliche Strafe und Instanzentbindung im Inquisitionsprozesse*, 1905, S. 17 ff.

上真相を解明することが不可能な犯罪」の場合は「疑いのない推定根拠」に基づいて有罪とすることができるという立場であり,「日々, 参事会は被告人を, 徴憑及び推定根拠に基づいて, 死刑及び当該犯罪に対する正規刑を除く, 漕役刑, 笞打刑, 縄打刑その他の身体刑に処している」, と述べている[149]。

カルプツォフは, イタリアの学説を引用し, 非死刑・非身体刑事件の被告人に対して,「推定規定及び徴憑が, 犯行を否定することがほとんど不可能な程度に, 決定的, 強力かつ確実である」ときは,「被告人が犯行を否認する場合であっても裁判官の裁量によって処罰することができる」とする (8章2節注49参照)。軽罪においては, 法定証拠主義の基準に照らし完全証明とはならないが, 裁判官の心証において被告人の有罪に疑いがない場合は, 裁量刑を科すという趣旨であるとするならば, 法定証拠主義の過度の厳格性の下では, 必ずしも不合理だといえないであろう。これに対し, ブルネマンは,「軽罪の〔完全証明がない〕場合は, 特別刑を科し, あるいは雪冤宣誓を科す (これは偽誓の機会を与えることになる) よりは, 被告人を手続から仮放免すべきだ」とする (8章2節2)[150]。

裁量刑は, カルプツォフの名声が高まるにともない, ドイツ全体に広がったとされる。カロリーナとの整合性には疑問を残すものであったが[151],「実際上の必要性が勝利した」[152]のである。しかし, カルプツォフにおいて, 裁量刑は法定証拠主義によって生ずる処罰の間隙を埋める手段というだけにはとどまらなかった。「今日, ほとんどすべての犯罪〔の成否〕は裁量的であって

---

[149] Clarus, q. 20, versi. Scias tamen.「重大な徴憑」に基づく有罪判決に関する学説には, ①徴憑に基づく有罪判決は不適法である, ②罰金ならば適法, 身体刑ならば不適法である, ③推定に基づく場合は刑を大幅に緩和し, 例外的かつ抑制的でなければ, 罰金も身体刑も不適法である, ④推定に基づいて正規刑を科すことは適法である等の見解があったようである。

[150] もっとも, 罰金刑については,「法律上の推定である場合は, 特別刑による処罰を可とする共通意見に従いたい」としている (9章5参照)。また, 被告人が拷問による自白を認証しない場合について,「十分な有罪の証明も, 適式な自白もないが, 他方, 無罪を推定することもできない」として, 特別刑を肯定する (8章5節85)。

[151] なお,「刑事罰 (peinliche straff)」について完全証明を要求しているカロリーナ22条が, 不完全証明に基づいて「非刑事罰」を科すことを正当化する根拠になりうるか議論があったことについては, Vgl. P. Holtappels, *Die Entwicklungsgeschichte des Grundsatzes "in dubio pro reo"*, 1965, S. 48.

[152] C. L. v. Bar, *Geschichte des deutschen Starfrechts und der Strafrechtstheorien*, 1882, S. 146.

(hodiè ominia ferè crimina sunt arbitraria），法規によることなく処罰されるべきである。したがって，裁判官は法律（statutum vel lex）によって定められた刑罰を加重し，減軽し，刑種を変更することができる」[153]という，裁判官の裁量権を強調する裁量刑をも意味した。カルプツォフは，「今日，すべての裁判は裁量的である。犯行の性質及び態様，さらに犯人の性質及び身分に応じて刑を減軽することができる」とも述べており[154]，カロリーナの定める正規刑のほとんどが死刑であったという事情を考慮するならば，裁量刑は正規刑を減軽する機能を併有していたと考えることも不可能ではない。しかし，上述したように，裁量権の行使者である裁判官に対するカルプツォフの評価は，「裁判官はしばしば貪欲であり，何らかの利得，利益を期待して，残酷さではなく温情を示すことを好む」というものであった。このような司法制度の下で，裁量刑は，裁判官の恣意という普通法時代の深刻な問題を生じさせる原因の一つとなったと考えられる[155]。

4　仮放免

有罪・無罪のいずれも宣告することなく，手続を打ち切る判決が仮放免判決である。既判力を有しない手続打切り判決である。新たな徴憑が出現した場合には手続を再起することが可能であったため，嫌疑刑と同じく，法定証拠主義に起因する処罰の間隙を埋める役割を果たした。ブルネマンによってイタリア法学からドイツにもたらされたものといわれる[156]。カロリーナの明文との抵触が問題となった嫌疑刑と異なり，仮放免の場合は，判決の効力に関する明文を欠くカロリーナとの抵触は形式上問題とはならなかった。

クラールスは，ミラノ公国の慣習法として，「罪を犯していないという理由で放免される場合は，無条件かつ確定的な放免判決がなされ，罪を犯した

153　Carpzov, q. 24, n. 9.
154　Carpzov, q. 25, n. 1.
155　Vgl. v. Hippel, *a. a. O.*, S. 238 f.
156　Schmoeckel, *a. a. O.*, S. 376 ; H. Holzhauer, *"Instanzentbindung"* in : *HDR*, Bd. 2, 1978, Sp. 389. しかし実際には，既に Zanger, cap. 4, n. 3, 6, 11 が，「拷問を受けて犯行を否認した者の場合は，終局的ではなく，徴憑に関して仮に放免されなければならない」，「少なくとも拷問によって雪冤された徴憑に関しては被告人は放免されなければならない」，「新たな徴憑が現れた場合は，裁判官の手は縛られておらず，同一人に対し新たに糺問を行うことを妨げられない」として，明確に仮放免について言及している。

ことが証明されていないという理由で放免される場合は,『事情変更のない限り (rebus stantibus, prout stant)』という文言が付される。後者の場合において, 新たな徴憑が現れたときは常に手続が行われるが, 無条件の放免の場合は, もはや手続を行うことはできない」[157], と述べている。クラールスによれば, 仮放免判決が言い渡されるのは,「専ら拷問に〔自白しないこと〕によって無罪を証明した場合, 拷問を行うのに十分な徴憑が存在しない場合, 又は, 特別刑を科すのに十分な徴憑が存在しない場合」であり, 既判力を有する終局的な放免判決が言い渡されるのは,「被告人が拷問〔に自白しないこと〕以外の方法によって無罪を証明した場合」である[158]。

ブルネマンは,「有罪が立証されず, かつ拷問によって徴憑を雪冤した者は終局的な放免判決を受けるべきか否か」という問題について,「無罪であることについて疑問のある者が既判事件の抗弁を援用することは不当である」とする共通意見を挙げ,「無罪を証明しない限り, 被告人が訴追から終局的に放免されることはない」とする (9章1)。これに対し, カルプツォフは, 拷問に自白しなかった者は終局的に放免されるべきであるとする[159]。しかし, 終局的放免判決の既判力に例外を認め, 放免判決を受けた被告人に対し, 犯行の新たな徴憑が明らかになった場合は, 弾劾訴訟, 糺問訴訟のいずれもが再起可能であり, 強力な徴憑があれば再度拷問することも可能である, とする[160]。これは, 今日的意味での不利益再審に該当するものであり, 「再審理由」に特段の厳格な制限を設けず,「新たな徴憑」があれば足りるとするのであるから, 仮放免を認めるのと異なるところはない。むしろ, 終局的な放免判決の既判力に例外を設けることは, 自己の無罪を立証して終局的な放免判決を受けた者が既判力の抗弁を主張することを困難にする危険を孕むことになろう[161]。

---

157 Clarus, q. 57, versi. Sed hic quaero.
158 Clarus, q. 62, versi. Forma avtem.
159 Carpzov, q. 125, n. 10. Schmidt, *Einführung*, S. 178 ; Holtappels, *a. a. O.*, S. 53 が, カルプツォフは仮放免の「反対者」だったというのはこの点を指すのであろう。
160 Carpzov, q. 125, n. 9.
161 Allmann, *a. a. O.*, S. 44.

V むすび

　ゲルマン法の弾劾訴訟からローマ・カノン法の糾問訴訟に至るドイツ中近世刑事訴訟史を概観した。被害者訴追原理と形式的証拠法に立脚する弾劾訴訟から，職権主義と実体的真実主義に導かれる糾問訴訟への変化は，要した長い時間を考慮しても，非常に鮮やかな大きな変化であった。ドイツ刑事訴訟はその後，18世紀の拷問の禁止，法定証拠主義の廃棄によって再び大きな変容を遂げる。しかし，糾問訴訟を特徴付けた職権主義と実体的真実主義は揺らぐことなく，19世紀中葉フランス法の影響下に成立した「改革された刑事訴訟」の時代を経て，現在のドイツ刑事訴訟においても堅持されている。

　我が国の刑事訴訟法は，19世紀後半から20世紀中葉まで専ら大陸法（フランス法，ドイツ法）を受容し，20世紀中葉以降アメリカ法の影響を受けている。大陸法及びアメリカ法から継受された刑事訴訟法は，言語化され規範化された法技術である。しかし，各法体系の法技術を生み出し，かつその運用の実際を規定するものは，法体系の根幹にある法の精神，すなわち，風土と歴史に培われ，国家・社会を支える固有の価値体系である。これは容易に継受しえないものであるが，我が国が受容した法技術を生み出したものとして記憶され想起されるべきものである。ドイツにおける弾劾訴訟から糾問訴訟への歴史を辿ることは，我が国の刑事訴訟法に影響を与えたドイツ法の精神を垣間見る一つの機会となろう。

※本「解題」は南山法学35巻2号所掲の論稿に加筆したものである。

訳者紹介
上口　裕（かみぐち　ゆたか）
　1946 年　仙台市に生まれる
　1970 年　中央大学法学部卒業
　1975 年　一橋大学大学院法学研究科博士課程
　　　　　単位取得満期退学
　現　在　南山大学大学院法務研究科教授
　　　　　博士（法学，一橋大学）

著書
『刑事司法における取材・報道の自由』（成文堂，
　1989 年）
『基礎演習刑事訴訟法』（有斐閣，共著，1996 年）
『刑事訴訟法』第 4 版（有斐閣，共著，2006 年）
『刑事訴訟法』（成文堂，2009 年，第 2 版・2011 年）

近世ドイツの刑事訴訟
2012 年 5 月10日　初　版第 1 刷発行

訳　者　　上　口　　裕
発行者　　阿　部　耕　一

〒 162-0041　東京都新宿区早稲田鶴巻町514番地
発行所　株式会社　成　文　堂
電話 03(3203)9201　FAX 03(3203)9206
http://www.seibundoh.co.jp

製版・印刷　藤原印刷　　　　　製本　佐抜製本
©2012 Y. Kamiguchi　　Printed in Japan
☆落丁本・乱丁本はおとりかえいたします☆
ISBN978-4-7923-1936-6 C3032　　　検印省略
定価（本体 7000 円＋税）